オウム

なぜ宗教はテロリズムを生んだのか

島田裕巳

トランスビュー
TRANSVIEW

オウム―なぜ宗教はテロリズムを生んだのか―＊目次

第四章　殺人を肯定するヴァジラヤーナの教え

第五章　なぜ無差別大量殺人は敢行されたのか

第六章　実践されたチベット密教

第七章　信者がオウムに求めたもの

第八章　村上春樹のオウム事件

第九章　バッシングと宗教学の方法

第十章　オウム問題の現在

オウム

──なぜ宗教はテロリズムを生んだのか──

たとへばひとを千人ころしてんや、しからば往生は一定すべしとおほせさふらひし……

『歎異抄』

序章　オウム事件と私

私の責任

私は、この本のなかで「オウム真理教」の問題について論じたいと考えている（以下、引用やとくに必要な場合を除いて、オウム真理教を「オウム」と表記する）。

私は、オウムが引き起こした一連の事件の意味を探り、ひいてはオウムとは何か、さらにはなぜ日本の社会にオウムのような集団が出現したのかを明らかにしていきたいと考えている。

しかし、私にはその作業を進める上でためらいがあることを告白しなければならない。それは、私にとってひどく気の進まないことでもある。私の人生はオウムとかかわることによって、あるいはオウムについて発言することによって、大きくそのコースを変えることとなったからである。私は勤めていた大学を辞めなければならなかった。そして私には「オウムを擁護した宗教学者」という負のレッテル、「スティグマ」が貼りつけられた。そのスティグマは、今もはがれてはいない。

地下鉄サリン事件が起こり、警察による大規模な強制捜査が入ってから、私はテレビに出演し、オウムについてコメントをした。すると大学には、抗議の電話が殺到するようになった。私はテレビに出演した際、オウムが地下鉄サリン事件の犯人であることを否定する発言をしたわけではない。だが、テレビに出るたびに、大学には私を批判する電話がいっせいにかかってきたという。

地下鉄サリン事件から半年が経った一九九五年九月の末、『日刊スポーツ』が、私が麻原彰晃からホーリーネームをもらい、幹部の待遇を受けているといった記事を、一面のトップニュースとして大々的に報じた。この記事をきっかけに、テレビのワイドショーで連日私のことがとりあげられ、私が学生をオウムに調査に行かせ、入信させたなどという、事実に全く反する報道がなされた。それはまた、大学への抗議電話となった。それだけ大学に大きな迷惑をかけてしまった以上、私は大学を辞めざるをえなかった。

『日刊スポーツ』の記事はまったくのでたらめで、私は大学を辞める前に名誉毀損で新聞社を訴えた。裁判の審理の過程で、『日刊スポーツ』の記者が、若いまだ十代のオウム信者の言ったことをそのまま信じ、裏づけ取材をしないまま記事にしてしまったことが明らかになった。その信者が、記事が出たあとに自殺していたことも判明した。

裁判は私の全面的な勝訴に終わった。『日刊スポーツ』は訂正記事を掲載した。(1) 私はオウムの教団と特別の関係にあったわけではない。麻原からホーリーネームなどもらってはいないし、幹部の待遇を受けてもいない。学生をオウムに調査に行かせてはいないし、まして入信させたなどということはない。その点は裁判を通して明らかになった。

しかし、私はオウムの問題に対して責任がないなどと言うつもりはない。というのも、松本や地下鉄のサリン事件が起こる数年前に、私が、オウムの宗教としてのあり方に一定の評価を与えたことは事実だからである。

一九九一年九月末、テレビ朝日系列で放送された『朝まで生テレビ』で宗教の問題がとりあげられた。番組には、麻原をはじめ上祐史浩などのオウムの幹部、それに幸福の科学の幹部と、その信者で後に自宅の火災で亡くなった作家の景山民夫などが出演した。私もその番組に出演したが、オウムと幸福の科学は番組のなかで激論を展開した。この番組は深夜にもかかわらず、五パーセントという高い視聴率を獲得した。私はこの番組を見たという人に数多く出会った。そのなかにはオウムに対する見方を変えたという人間が少なくなかった。翌週に発行された週刊誌では、コラムニストたちがいっせいにこの番組についてふれ、おおむねオウムに好意的な記事を書いていた。(2)

私もこの番組を踏まえて、『週刊朝日』に、オウムと幸福の科学を比較する記事を寄稿した。私はそのなかで次のようにオウムを評価した。

「オウム」のほうは必ず、仏典に立ち返って、自分たちの教えを説いている。「オウム」は最初ヨーガから始まったが、その後は、仏教の本来のスタイルに近づいている。日本の仏教は世俗化しているために「オウム」が特異な集団に見えるが、むしろ仏教の伝統を正しく受け継いでいる。パーリ語の仏典を訳したりして、勉強している点も、それを裏づけている。

そして、オウムが社会と軋轢（あつれき）を起こしている原因を次のように分析した。

仏教では、この世における生活はすべて苦であると考え、世俗的なものを一切断ち切る出家を重視している。現在の「オウム」は出家者の集団であって、出家という行為が俗世における価値を否定するから、どうしても摩擦が起きることになる。(3)

『朝まで生テレビ』の直前に、私は景山をはじめとする幸福の科学の信者から、宗教的人格権を侵害したとして訴えられていた。私が幸福の科学に対してかなり批判的なとらえ方をしていたからである。したがって私は、番組のなかでも幸福の科学に否定的で、オウムに対しては好意的だった。

私は麻原と一九九〇年の暮れから九一年の暮れまで、『朝まで生テレビ』を含め都合四回会う機会があった。

ただし、私と麻原のあいだに私的な関係があったわけではない。あとの三回のうち二回は、新聞社の取材や雑誌での対談を通してで、もう一回は千葉県の柏にある気象大学校の学園祭で、実行委員会の企画で行なわれた麻原と私との対談講演においてだった。一九九二年のはじめには、上祐からロシアに一緒に行かないかと誘われたが、その誘いは断った。そして一九九二年以降、地下鉄サリン事件が起こる一九九五年までオウムとの直接のかかわりはほとんどなくなった。一度、早稲田大学の仏教青年会が企画したシンポジウムで上祐などと顔を合わせただけである。

しかし、私がオウムに一定の評価を与えたという事実が消えるわけではない。その意味で、私に大きな責任があることを認めなければならない。私は責任の一端を果たすために、地下鉄サリン事件から二年が経った一九九七年三月、『宗教の時代とは何だったのか』（講談社）を上梓した。この本のなかで私は、自らのヤマギシ会における体験を踏まえ、オウムの起こした事件に考察を加えた。閉鎖的な集団のなかで、いかにして外部に対する暴力的な性向が芽生えていくのかを分析したのである。

オウムの復活

今から振り返ってみると、私が『宗教の時代とは何だったのか』を書いたとき、私のなかにはオウムの起こした事件を分析することで、私の人生を大きく曲げてしまったオウムを、過去の問題として葬り去ろうとする意識が働いていたように思われる。それは終章を、「オウムとは何だ、った、のか」と題したところに示されている。

ところが、私の期待は裏切られる結果となった。オウムは決して過去の問題にはならなかった。やがて一九九九年に入ると、オウムの復活が伝えられるようになった。

オウム事件によって、教祖である麻原彰晃をはじめ主だった幹部は逮捕された。一般の信者のなかにも逮捕された者があった。教団は宗教法人格を剝奪され、破産に追い込まれた。上九一色村のサティアン群は完全に解体され、信者は各地に散った。政府はオウムに対して「破壊活動防止法（以下、破防法と略称）」の団体適用を決め、その手続きを進めた。破防法の適用によって、オウムの息の根は止まるだろうと判断された。

ところが、破防法の適用の是非を審査した公安審査委員会は、オウムに対する破防法の適用を見送った。事件後のオウムは人的・物的・資金的な面での能力を弱体化させ、隔離された閉鎖集団から分散した宗教生活団体に移行しており、公安調査庁が提出した証拠では、破防法適用の要件となる、近接した時期に暴力主義的破壊活動におよぶ明らかな怖れがあるとは言えないというのである。

公安審査委員会の結論が出たのは、私が『宗教の時代とは何だったのか』のゲラ刷りを校正していたときのことだった。私はオウムに破防法が適用されることを前提に原稿を書いていた。私は棄却の報を聞いて、あわててゲラに手を入れた。

しかし、その後の経緯を考えると、公安審査委員会の判断には重大な誤りがあったことになる。オウムは必ずしも、その能力を弱体化させたわけではなかった。また閉鎖集団を形成することをやめようとはしなかった。破防法適用の棄却は、オウムに生き延びる余地を与えた。オウムは任意の宗教団体として存続し、宗教活動を中止することはなかった。相当数の信者が教団にとどまった。逮捕された信者のうちおよそ半数が、釈放され、あるいは刑を終えたのち、教団に復帰した。

そこにはもちろん、オウムの信者、元信者に対する世間の目が厳しいという事情もかかわっている。オウムを抜けようとして抜けられない信者もいたであろう。しかし事件後に新しく信者になった者もいる。彼らにはそうした事情はあてはまらない。彼らはオウム事件のことを知りながら、それでもオウムを選んだ。教団にとどまった信者たちや復帰した信者たちも、結局は同じである。彼らはオウムが一連の事件を起こし、多数の死傷者を出したにもかかわらず、オウムを脱会しようとはしていない。

教団は長らく関係を否定していたが、秋葉原にあるパソコンショップの業績は好調で、教団を経済的に支えていた。オウムの店のパソコンはたしかに値段が安かった。最近では一般のメーカーからも十万円を切るパソコンが販売されるようになったが、オウムのパソコンはそれ以上に安価で性能がよく、アフターサービスも悪くないと言われていた。

信者獲得のためのセミナーも再開され、教団の重要な資金源になった。街頭での布教活動も行なわれ、その様子はテレビでくり返し報道された。オウムの施設のある地域では地元住民との対立が激化し、オウムは追い詰められていった。オウムの教団が事件についての反省や謝罪を行なわないばかりか、事件への関与を認めることさえ拒んでいたからである。

一九九九年前半の段階で、オウムのことが連日のように報道されるようになった。新聞を開きテレビをつければ、すぐにオウムということばが目に飛び込み、耳に入ってくる状況になった。私は、そう簡単にオウムを過去の問題として葬り去ることができないことを覚悟しなければならなかった。

私は『宗教の時代とは何だったのか』のなかで、オウムの復活をある程度予想していた。それは一般の宗教教団の例を考えてみればわかることである。教祖の死はそのまま教団の消滅には結びつかない。麻原は拘禁され、その教えを信者に直接伝えることはできなくなり、社会的には死んだに等しい状態にある。しかし教祖が不在でも、その教えを解釈する、たとえばキリスト教におけるパウロのような人間が出てくれれば、教団の維持運営、さらには発展が可能になる。これまでの宗教の歴史は、むしろ教祖の不在のあとに教団が大きく発展していった事例が少なくないことを示している。キリスト教も仏教も教祖の死後に大きく発展した。それは人間の究極的な問題である死という事柄を、教祖の死が意味づける役割を果たすからである。イエス・キリストの十字架上での死と復活は、最後の審判における人類全体の復活を予告する出来事として解釈された。また釈迦の死は涅槃(ねはん)として、仏教の修行に励む者に理想の死を示した。オウムの場合にも、教祖の不在という事態を説明する論理が構築されれば、発展をとげていく可能性をもっている[4]。

こうした点を考えれば、オウムの復活は必ずしも驚くべき事態ではなかった。宗教には教祖の不在から発展をとげていく傾向があり、ましてオウムの場合、麻原は死んではいない。実際、麻原は法廷という場にくり返し姿をあらわしている。たとえオウムの信者であっても、傍聴券さえ手に入れることができれば、麻原の姿を、それほど遠くはない距離から自分の目で見ることができる。しかも教団は麻原のいる東京拘置所を「聖地」と定め、その周辺に移り住んだ信者も少なくない。

オウムが近い将来において消滅してしまう可能性は、ほとんど考えられなかった。私はオウムの復活を告げる報道に接するにつれて、そのことを認めなければならなくなった。そして次第に『宗教の時代とは何だったのか』のなかで行なった自らの分析に、不十分なものを感じるようになっていった。

すでに述べたように、私は『宗教の時代とは何だったのか』のなかで、自らのヤマギシ会体験を踏まえて、オウムについて分析を加えた。オウムもヤマギシ会も、それぞれ「サティアン」、「実顕地」と呼ばれる共同体を営み、その共同体は閉鎖的な性格を示していた。その点で、オウムをヤマギシ会と比較することには一定の意味があった。

しかし、ヤマギシ会とオウムとのあいだには決定的なちがいがあった。ヤマギシ会が農事組合法人の形態をとる農業集団、あるいは農業産業であるのに対して、オウムは宗教法人格をもつ宗教集団である。宗教の世界においては一般に、日常を超えた世界の実在が想定されている。オウムでは、まさにそうした非日常の世界の実在が説かれていたが、ヤマギシ会では、非日常の世界の実在は想定されていない。その点で、オウムについて、ヤマギシ会の体験をもとに分析することには自ずと限界があった。私は、オウムをあくまで宗教教団として考察する必要があることを痛感するようになった。

日本の宗教教団の場合、一般に教義というものはそれほど大きな意味をもっていない。教義よりも、むしろ儀礼の方が重視される。ところが、オウムの場合には、一般の日本の宗教とは異なり、教義の比重が重い。麻原は、ヨーガやチベット密教の教義をもとに独自の教義体系を築き上げていった。オウムの信者たちは、その教義にしたがって修行にいそしんできた。神秘的な体験にしても、教義によって裏づけられている。オウムについて研究するためには、その教義を明らかにしていく必要がある。そして、教義が信者たちのあいだでどのように受容され、それが信者たちの行動にどのような影響を与えていったのかを考えていかなければならない。

幸い、事件後にオウムの教団が刊行した『尊師ファイナルスピーチ』を入手することができた。これは麻原の著作や説法などを集めた四巻本で、「I、尊師著作・寄稿集（上）」「II、尊師説法集（上）」「III、尊師説法集（下）、尊師著作・寄稿集（下）」「IV（サマナ用）」に分かれている。IVが四百頁強であるのを除けば、各巻千頁前後にもおよんでいる。IIとIIIにおさめられた麻原の説法は、ほとんどがこれまで教団の刊行物に収録されていた。しかしなかには、はじめて公表されたものも含まれている。また最後のIVは補遺で、IからIIIの出版後に刊行されたものと思われるが、そこにおさめられた説法はすべて、これまでどこにも発表されていなかった。

『尊師ファイナルスピーチ』が貴重なのは、麻原の説法が年代順に並べられている点にある。麻原の説法を順に読んでいけば、その内容がどのように変化していったのかを確認できる。私は『尊師ファイナルスピーチ』

に目を通し、オウムの教義と修行の体系がいかなるものであるかを踏まえたうえで、その体系がどのような方向に変化していったのかをたしかめることができた。どうやらオウムの起こした事件は、そうした教義と修行の体系の変化と深く結びついているようなのだ。

さらに、信者たちが、オウムの教義をどのように受容していたのかを明らかにしてくれる資料が次々と出版されるようになった。そのなかには、毎日新聞社会部編『オウム「教祖」法廷全記録』のシリーズや、朝日新聞社の降旗賢一による『オウム法廷』のシリーズなど、オウムの教祖や信者たちの裁判記録が含まれている。(5)

瀬口晴義による『検証・オウム真理教事件』、地下鉄サリン事件の実行犯、林郁夫の手記『オウムと私』、教団元広報局長・元自治相次官の早坂武禮の手記『オウムはなぜ暴走したか。』、そして作家の村上春樹による『約束された場所で』など、オウムの元信者あるいは現役の信者の手記や証言も刊行されるようになった。(6) 私が『宗教の時代とは何だったのか』を書くなかで利用できた元信者の手記は、高橋英利の『オウムからの帰還』、それに田村智の『麻原おっさん地獄』くらいしかなかった。(7)

「先生は……」

オウムの事件に関連して一つ忘れられない出来事がある。

それは地下鉄サリン事件が起こる前の年、一九九四年の七月中旬のことだった。その時期、「コスモメイト」という宗教教団のことが話題になっていた。コスモメイトは女性問題や金銭をめぐるトラブルによって、マスコミから叩かれていた。そうしたなか、当時刊行されていた『宝島30』が、コスモメイトの教祖である深見青山と麻原彰晃による対談を企画した。私はその対談の司会を依頼された。(8)

ところがオウムの教団からは、麻原が病気なので、対談は秋まで延期してほしいという申し出があった。今から振り返ってみれば、その時期、オウムは武装化を進めていたことになるが、当時その事実は教団の外には明らかになっていなかった。私も『宝島30』の編集者も、麻原が病気であることを疑わなかった。

そのとき、石川公一という若いオウムの信者が、麻原のメッセンジャーとしてその謝罪の気持ちを伝えるために、私のところへやってきた。石川は前にも一度、私のところにきたことがあった。彼はその際、自分は東京大学医学部の学生だが、休学してオウムに出家したと語った。私がそれを聞いて「もったいない」と言うと、石川が怪訝(けげん)な顔をしたことを覚えている。

問題は、石川が二度目に私のところを訪れた際、帰りがけに言い残したことばだった。石川は「先生はお信じにならないと思いますが、松本のサリン事件は私たちオウム真理教に対する攻撃なのです。麻原尊師の病いも国家権力、アメリカによる毒ガス攻撃によるもので、自分を含めて大半の出家者が体に不調をきたし、教団活動もままならない状態にあるのです」と、私に訴えた。

松本サリン事件が起こったのは、その半月程前の六月二十七日夜のことだった。猛毒のサリンによって七人の方が亡くなり、重軽傷者は百四十四人にもおよんだ。当初は第一通報者の会社員が疑われていた。

私には、石川が前置きしたように、彼の言う話が信じられなかった。松本サリン事件がオウムに対する攻撃であることも、日本やアメリカの国家権力がオウムに対して毒ガス攻撃を仕掛けるなどということも、到底ありえない話に思えた。それでも石川は、真剣な表情で自分の体の不調を訴えていた。

もちろんこの時点では、松本サリン事件がオウムと関係があるという報道はまったくなされていなかった。警察を含めまだ誰も、オウムの犯行を疑ってさえいなかった。それは私も同様である。私はオウムが毒ガス攻撃を受けていると訴えた石川という男が、教団のなかでどういった地位にあるのかを知らなかった。彼が教団内での地位について何も言わず、若くてまた麻原の伝言を伝えるだけのメッセンジャーにすぎなかったために、私は彼を麻原の使い走り程度にしか考えなかった。

ところが地下鉄サリン事件が起こり、警察による大規模な強制捜査が行なわれ、マスメディアがオウム一色に塗りつぶされてゆくなかで、石川のことも取り上げられるようになり、私は石川が教団内でいかなる地位を占めていたかを知ることになった。

石川は強制捜査の直後、一九九五年四月八日に有印私文書偽造の容疑で警視庁に逮捕され、同じ月の二十九日には監禁の容疑で再逮捕された。私は報道を通して、石川が麻原の三女、アーチャリーが長官をつとめていた法皇（ほうこう）官房の次官で教団の幹部であり、麻原の側近中の側近であることを教えられた。彼はたんなる使い走りではなかった。

石川本人は、麻原が逮捕された直後の五月二十日、処分保留のまま釈放された。しかし私はその後、石川が私に語った話の内容についてくり返し考えてみないわけにはいかなかった。なぜ石川はわざわざ松本サリン事件のことを話題にしたのだろうか。彼は本当に自分たちが毒ガス攻撃を受けていると信じていたのだろうか。

石川の名前は一連のオウム裁判のなかでもくり返し言及されている。教団諜報省の大臣であった井上嘉浩は、一九九六年九月十九日に東京地裁で開かれた麻原の第八回法廷で証言を行なっているが、そのなかで彼は石川の名前をあげている（なお、オウム関連の裁判はすべて東京地裁で行なわれており、以下本書ではとくに明記しない）。

地下鉄サリン事件の二日前、一九九五年三月十八日の午前一時から、東京杉並区内にあった教団経営の飲食店「識華（のりか）」で、新しく「正悟師」になるサマナを祝うための食事会が開かれた。食事会は午前二時に終わり、上九一色（かみくいっしき）村へ帰るリムジンには麻原のほか、教団の科学技術省大臣・村井秀夫、厚生省大臣・遠藤誠一、法務省大臣・青山吉伸、それに石川と井上が乗り込んだ。井上によれば、その車中で強制捜査を遅らせるための手立てについて話し合われたという。

教団は三月十五日に、ボツリヌス菌の発生装置がついたアタッシェケースを地下鉄霞ヶ関駅に仕掛けたが、失敗している。井上がボツリヌス菌ではなくサリンがよかったのではないかと言うと、村井が「地下鉄にサリンを撒けばいいんじゃないか」と言い出した。そうすればパニックになるかもしれないからだという。

麻原はサリンの揮発性について村井と話をしていた。そして井上に「アーナンダ（井上のホーリーネーム）、この方法でいけるか」と尋ねた。井上が、オウムがサリンを作っていることは山梨や長野の県警に知られているので、牽制のために硫酸か何かを撒けばいいと答えると、麻原は「サリンじゃないとだめだ。アーナンダ、お前はもういい。マンジュシュリー（村井のホーリーネーム）、お前が総指揮だ」と言った。

村井は、今度正悟師になる豊田亨、林泰男、広瀬健一、横山真人の名前をあげ、井上が林郁夫の名前をあげた。皆、地下鉄サリン事件の実行犯となった信者たちだが、正悟師とはオウムの修行体系のなかで「マハー・ムドラー」の成就者に与えられるステージのことである（マハー・ムドラーについては、第三章と第四章で詳しく述べる）。

麻原は車のなかにいた五人に「サリンを撒いたら強制捜査が来るか来ないかどう思うか」と尋ねた。そのとき石川が「関係なしにくるでしょう」と答え、「強制捜査が入ったら、私の足など撃ってもらえれば、世間の同情を買えるのではないでしょうか」と発言したという。(9)

この井上の証言は、検察側によって、麻原と幹部たちが共謀して地下鉄サリン事件を起こしたことを立証する重要な証拠と見なされている。それが事実なら、石川もまたその場にいたことになる。石川はオウムがサリンを保有し、それを地下鉄で撒こうとしていたことを事前に知っていたわけである。それは石川が松本サリン事件についても、オウムの犯行であることを知っていた可能性を示している。

ただし石川は、一九九九年七月八日に開かれた井上の公判に証人として出廷し、リムジンに同乗していたことは認めたものの、地下鉄にサリンを撒く謀議については、井上が身を乗り出したりしたので聞こえなかったと証言している。[10]

しかし私には、石川の証言が信じられない。たとえ地下鉄にサリンを撒く話が聞こえなかったとしても、それは彼が、オウムがサリンを保有し、松本で使用したことを知らなかったという証拠にはならない。石川が私にむかって松本サリン事件について語ったとき、彼はそれがオウムの行なったことだと知っていながら、オウムが被害者であるかのように装っていたのではないだろうか。

井上の方は、一九九六年十一月八日に開かれた麻原の第十五回公判で、薬物を使った儀式「キリストのイニシエーション」を、法皇官房がなぜやったと思うかという弁護人の質問に、一九九四年七月か八月にフランス・ツアーをした法皇官房の次官ら二人、つまりは石川らが「これからは法皇官房の時代、策略、計略の時代だ」と言っていたし、ロシアに行った時も「もっとキリストのイニシエーションを利用して信徒を誘導できないか」と言っていたと証言している。さらに井上は法皇官房の役割について、オウムの組織を立て直し救済のスピードを高めるための命令機関だと言い、エリート中心の法皇官房がメインになって人事がなされ、自分は法皇官房から捨てられたと思い悲しくなった経験があったとも述べている。[11]

井上は、一九九七年一月十六日に開かれた麻原の第二十一回公判でも、石川がキリストのイニシエーションを受ける信者のリストを作っていたということを聞いたことがあり、また麻原の信頼する人物だったということも聞いたことがあると証言している。[12] 井上は、同年七月二日に開かれた教団の自治省大臣・新實智光の公判では、石川や青山がサリン事件のことで逮捕されないのは「なんでやろと思う」と述べている。[13] 石川や青山はプランを作る人間で、新實や自分は彼らのプランの後始末をさせられる立場だったという。

一九九八年四月二十四日に開かれた麻原の第七十六回法廷でも、証人となった地下鉄サリン事件の実行犯、林泰男に対する弁護側の反対尋問のなかで、石川の名前が出ている。林は地下鉄でサリンを撒いた後、集合場所だった渋谷のマンションの一室に戻った。ところがそこでは井上が石川に対して怒っていた。石川が犯行声明文を出す役だったのに、寝過ごしたか何かで出し遅れたようで、二人は「犯行後にやっても意味ないじゃないか」「今からファックスのあるコンビニに行って出しましょうか」と話していたという。(14)

さらに井上の方は、一九九八年一月二十日に開かれた教団建設省大臣・早川紀代秀の公判に出廷し、自分が担当していた信者が薬で死んでしまったことがあったが、そのとき石川に詰め寄ると、麻原に言われたとおりにやっただけで自分は知らない、なんで自分が悪いのだと言って逃げたと証言している。(15)

信者たちの証言は、石川がオウムの教団のなかで極めて重要な地位を占めていたことを明らかにしている。しかも石川は、LSDなどの薬物を使ったキリストのイニシエーションにおいて中心的な役割を果たしていた。

林郁夫の告発

石川公一のことは、林郁夫の『オウムと私』のなかでもくり返し言及されている。林は、石川と青山吉伸のグループが、一九九四年に思考操作の基本材料として「決意I〜IV」や「省庁特別決意」を作ったと述べている。(16)

「決意I〜IV」とは、麻原への帰依や修行の決意を唱和するためのことばのことである。そのうちの「決意III」は次のようなものである。

世の中で一般的に言われている善悪は、観念であって正しくない。／これは輪廻転生、魂の落下と上昇のプロセスを知らない無智な人間たちが作り上げた観念である。／よって観念を捨断するぞ。／観念にとらわれずに、魂の向上のために、利益になることを実践するぞ。／これまで培ってきた価値観に反しても、本当に魂の向上に役立つことを迷わず実践するぞ。／ヒナヤーナやマハーヤーナの見解を乗り越えたヴァジラヤーナの見解に立つぞ。／この世の中を法則の世界にするために、悪趣を高い世界へポワするぞ。

（略）

ハードなカルマ落としを喜ぶぞ。／なぜなら、わたしは自分自身で、自分のカルマを落とすことはできないからである。／いくら功徳を積んだとしても、わたしの悪業は落ちない。／したがって、周りから落とされるハードなカルマ落としを喜ぶぞ。／たとえ恨まれようと、憎まれようと、どんなことをしても、真理に結びつけ、救済することが真の聖哀れみである。／真の聖哀れみを持って、厳しく衆生を救済するぞ。

（略）

大切なのは迷妄の人々を真理に結びつけることであり、真理を実践させることであり、／そのためには、いかなる手段でも用いて救済するぞ。／救済を成し遂げるためには手段を選ばないぞ。／救済を成し遂げるためには手段を選ばないぞ。／救済を成し遂げるためには手段を選ばないぞ。／そして、周りの縁ある人々を高い世界へポアするぞ。／周りの縁ある人々を高い世界へポアするぞ。／周りの縁ある人々を高い世界へポアするぞ。[17]

林によれば、石川らはＬＳＤや覚醒剤を使ったキリストのイニシエーションとルドラチャクリンのイニシエーションを主導し、それと麻原彰晃の一番弟子と言われた教団大蔵省大臣・石井久子による瞑想の伝授、石川と青山らが作った思想統一用サブリミナルビデオ、バルドーの導きの修行、正悟師の面談、そして「決意Ⅰ～Ⅳ」の記憶チェックなどをセットにして、一九九四年の段階で情報操作のシステムを作り上げていたという。[18]

今引用した「決意Ⅲ」では、救済のためにはどのような手段をとっても許されるとされ、また殺人を勧めているように読める。というのもチベット仏教で説かれた「ポワ」に由来するオウムの「ポア」は、人を殺すことを意味するからである[19]（オウムの出版物では、「ポワ」が使われることもあるが、主に「ポア」が使われている。以下、オウムについて述べる際には「ポア」を用い、チベット仏教については「ポワ」と表記することにする）。これを石川らが作ったのだとすれば、彼らは無差別大量殺人をはじめとする犯罪を正当化し、オウムの信者たちを犯罪へと駆り立てたことになる。

林はさらに、いわゆるヘッドギア、「PSI（パーフェクト・サーベーション・イニシエーション）」にはじまり、一九九四年に入って次々と考え出されたイニシエーションの狙いも、多くのサマナたちを効率よく動かすという目的につながっており、その完成した姿が省庁制プラス師長制で、ここにも石川と青山が一枚かんでおり、一九九三年秋からのオウムの動きは、もともと石川らが麻原と語らって作ってきたものだと述べている[20]。

林は医師であり、教団治療省大臣として薬物を使ったイニシエーションやスパイチェックなどにかかわった。そこで法皇官房の石川らとの関係が生まれ、彼らがしていたことについて知ったわけである。教団のなかで、その種の立場にあった者は少ない。その点で彼の証言は貴重である。林は、石川たちが兵士にするためにホームレスやフーテンを集めていたとも述べている[21]。さらに林は、麻原がオウムの教団を残すには、石川たちのグループが蓄積した人間の意識をコントロールするノウハウがあればいいと考え、石川のグループを表に出さず温存しようとしていたとも述べている[22]。

青山は当初、名誉棄損や犯人蔵匿・隠避など比較的軽い罪で起訴された。本人も初公判において、二件の起訴事実については認め、教団からの決別を宣言した。ところがのちに彼が、滝本太郎弁護士をサリンによって殺害しようとした「滝本サリン事件」にかかわっていたことが明らかになり、殺人未遂で追起訴されている。

初公判で青山はそのことにまったくふれなかった[23]。

青山は反省したふりをして裁判を切り抜けようとした。青山の試みは失敗した。だが石川の方はいったん逮捕されたものの釈放されている。それは石川らのグループを温存しようとした麻原の意図通りにことが運んだことを意味している。

林はオウムの教団が外部からの毒ガス攻撃を受けていると信じて、信者に対して健康状態についてのアンケート調査を実施した。毒ガス攻撃を訴える『ほふられた小羊』という教団のビデオに出演した上、一九九五年元旦の『読売新聞』による、上九一色村でサリンの残留物を検出したという報道を受けて行なわれた記者会見にも出席し、自分たちは被害者であると訴えた。林は、アンケート調査の結果をマスコミに流し、『ほふられた小羊』を作成した石川や青山によって自分が乗せられたと考えており、彼らのことを恨んでいるように見受けられる[24]。

その点で、林の石川らについての評価には偏りがある。しかし、林の述べていることは他の信者の証言とも合致している。石川が、武装化を進める教団のなかで果たした役割は極めて重要なものだった。一九九三年秋ごろとは、ＰＳＩが開発された時期である。それ以降、薬物を使ったイニシエーションが行なわれるようになる。それは石川のグループが蓄積していたとされる、人間の意識をコントロールするノウハウと深い結びつきをもっているにちがいない。林は、イニシエーションの目的が麻原至上主義の刷りこみにあったとも述べている。石川たちは、教祖の命令であればどんなことでもためらわずに実行する人間を作り出すノウハウを蓄積していたという[25]。

林の『オウムと私』は、彼の懺悔の書である。林は、取り調べにあたった警察官が自分を一人の人間としてあつかってくれたことから信頼感をいだくようになり、地下鉄サリン事件の実行犯であることを自白した。自らの法廷における被告人質問でも、涙ながらに「私はやっぱり生きていちゃいけない、と思います」と語っている。[26]

ただし、『オウムと私』には、石川を告発するというもう一つ別の目的がある。ここまで見てきたように、石川は、オウムにおいて極めて重要な役割を果たしていた。それは、石川が一連の事件と何らかのかたちでかかわっていた可能性を示唆している。その石川が私に、オウムと松本サリン事件との関係について語ったということは、事件の意味を暗に伝えようとしたとも考えられる。それは石川の意志ではなく、その背後にある麻原の意向であったのかもしれない。麻原＝石川は、サリンを撒くという行為に宗教的な意味があることを、私に伝えようとしたのではないか。

では、その宗教的な意味とは何なのだろうか。本当にそこには宗教的な意味はあるのだろうか。その点について考えるためには、オウムの起こした事件全体の構図を明らかにしていく作業を行なう必要がある。そして、その作業を通してオウムという宗教の本質を明らかにしていかなければならない。オウムの本質について把握できなければ、これから日本の社会がオウムに対していかなる姿勢で臨むべきかということも見えてこないはずである。

私が、その作業をまっとうすることができたとしたら、私は自らのスティグマをはがしていくことができるであろう。それは私自身の「再生」に結びつく。さらには、オウムという鬼っ子を生み出してしまった日本の社会の再生にも結びついていくはずなのである。

＊本書に登場する人物のうち、オウムの一般の信者について、その証言を引用した書籍の表記にしたがって、仮名が使われている場合がある。また、引用にかんしては、段落を一つにするなど、適宜改めた。

第一章　事件は解明されたのか

検察側冒頭陳述

最初に明らかにしなければならないのは、なぜオウムがサリンを生成し、それを撒くことで無差別大量殺人を実行したのかという理由についてである。その点はまだ十分には解明されていない。そこには、多くの謎が残されているように思われる。

そういうことを言えば、オウム事件の真相はすでに一連の裁判のなかで明らかにされているではないかという反論を受けるかもしれない。麻原彰晃の裁判は、いつ判決が出るかもわからない状況にある。だが多くの信者たちの裁判は終わり、なかにはすでに刑に服し、さらには出所した者もいる。殺人に関与した信者たちの場合には、麻原との共謀が認められ死刑や無期懲役の判決を下されている。

坂本堤弁護士一家殺害に関与したオウムの元幹部、岡崎一明には、一九九八年十月二十三日に死刑判決が下った。判決理由のなかでは、坂本弁護士を放置すれば組織の拡大に大きな障害になると危惧した麻原が、坂本弁護士の殺害を決意し、岡崎らを集めて「坂本堤をポアしなければならない」などと言って、その殺害を命じたとされている。(1)

地下鉄サリン事件の実行犯の一人、林郁夫の場合には、自首が成立するとして一九九八年五月二十六日、求刑通り無期懲役の判決が下ったが、判決理由のなかで、地下鉄サリン事件は麻原を首謀者とした組織的犯行であると認定されている。(2)

また信者であった落田耕太郎のリンチ殺害にかかわった保田英明に対しては、一九九六年六月二十六日、懲役三年執行猶予五年の判決が下ったが、判決理由のなかでは、この事件が麻原を中心とする教団の組織的犯行であるとともに、教団の独自の論理にもとづく私的制裁であって、その動機も著しく反社会的で酌量の余地はまったくない悪質極まりない犯行だと述べられている。(3)

さらにVXを使って会社員などを殺害した山形明には一九九七年二月四日、懲役十七年の判決が下ったが、判決理由のなかでは、この事件は、麻原が教団に敵対すると判断した人間を殺害することを企図し、幹部らと共謀の上で行なわれたとされている。(4)

これらの判決では、犯行計画の発案者、首謀者は麻原であるとされ、幹部と共謀した麻原の指示によって信者たちが犯行に及んだと認定されている。その点で、一連の事件は狂信的な教祖と、それに盲目的にしたがおうとした信者たちが起こしたもので、そこには謎などないと言われるかもしれない。

しかし、刊行されている裁判の記録を見るかぎり、本当の意味で事件は解明されていないのではないかという疑問を感じざるをえない。なぜオウムは無差別大量殺人を実行しなければならなかったのか、これまで説明されてきた理由は十分に納得のゆくものではない。(5)

その点を確認するために、ここではまず一連のオウム裁判のなかで事件の原因がどのように解釈されているのかを見ていくことにしたい。

検察側は、麻原や教団幹部の法廷における冒頭陳述を通して、オウムが武装化を進め、サリンを撒いて無差別大量殺人を敢行した目的について解明を試みている。

まずそれは、一九九五年十月二十日に開かれた高橋昌也、畠山博伸、冨樫若清夫、岡田弘幸という四人の信者に対する初公判において行なわれた。高橋ら四人は、上九一色村の第七サティアンに作られたサリンの製造プラントの建設にかかわったとして、殺人予備罪などで起訴された。彼らは化学プラントの建設にたずさわったことは認めたものの、それがサリンを作るものだという認識はなかったと主張し、殺人目的を否定していた。

その初公判の際に朗読された検察側による冒頭陳述では、麻原がサリンを大量製造しようとした目的が説明されている。

麻原はかねてから信者らに対して、ハルマゲドンの到来や毒ガス被害などの予言・説法を行なう一方、ひそかに教団の武装化を計画していた。一九九三年三月ころ、その武装化計画の一環として村井秀夫に対して、大学院で化学を専攻した土谷正実に、化学兵器である毒ガスを大量生産するための研究・開発を行なわせるよう指示した。

麻原と村井はその独自の教義・思想を実現するため、ひそかに一部の信者にサリンを大量に生産させた上、これを散布して多数の人間を殺害することを計画し、その準備として九月ころ、教団防衛庁長官・岐部哲也らを米国に派遣して、ヘリコプターの免許を取得させた。また、そのころから早川紀代秀に指示して、旧ソ連製ヘリコプターの購入交渉を行なわせた。早川は十二月に、「MI－17」と呼ばれる約三十人乗りの大型ヘリコプター一台の購入契約を結び、このヘリコプターは一九九四年六月一日、日本に到着した。

村井の指示によって、土谷やそのパートナーとなった中川智正らはサリンの製造に成功する。麻原は、土谷が生成したサリンを使用して創価学会の池田大作名誉会長の殺害を企てた。農薬噴霧器械の搭載可能なラジコンヘリコプターを購入して試験飛行を行なわせたが、岐部らが操作に失敗しラジコンヘリを大破させてしまった。そこでラジコンヘリによるサリンの空中散布をあきらめ、噴霧器による噴霧に切り替え、その実験を行なわせた。ところが、噴霧器の性能が悪くこの実験にも失敗した。その際に新實智光がサリンを吸入し瀕死の状態になったが、治療の結果一命をとりとめた。[6]

この冒頭陳述では、サリンの製造が教団の武装化計画の一環であったことが指摘されている。ただし、その計画が麻原の説いたハルマゲドン到来の予言や毒ガス被害の説法とどのように関係するかについては、具体的に説明されてはいない。

続いて行なわれたのが地下鉄サリン事件についての冒頭陳述である。高橋らに対する初公判の四日後の一九九五年十月二十四日、中川に対する初公判が開かれ、その際に地下鉄サリン事件の冒頭陳述が行なわれた。なお中川は地下鉄サリン事件だけではなく坂本堤弁護士一家殺害、松本サリン、元信徒リンチ殺害など多くの事件にかかわったとされている。検察側は、地下鉄サリン事件の動機を次のように説明している。

一九九五年元旦の『読売新聞』が、上九一色村で前の年に悪臭騒ぎがあり、その発生源と見られる場所の土壌などを鑑定した結果、サリンを生成した際の残留物であり、松本サリン事件の際に現場から検出された有機リン系化合物が検出されたと報道した。そのため麻原は犯行の発覚をおそれ、教団施設に対する警察の捜査に備え、サリン生成の証拠を残さないため、村井を介して土谷に命じ残存していたサリンを処分させた。ところが、同年二月、仮谷清志目黒公証役場事務長の拉致監禁事件が起こり、その事件がオウムの教団によるものではないかという報道がなされた。さらに一部の週刊誌で、四月上旬にも警察による強制捜査が行なわれるという報道がなされた。

そこで麻原は、近く警察の教団に対する大規模な強制捜査が実施されるという危機感をいだき、警察組織に打撃を与えるとともに、首都中心部を大混乱に陥れるような事件を敢行することによって強制捜査の実施を事実上不可能にさせようと考えた。松本サリン事件でその効果が実験済みであったサリンを、警視庁などのある霞ヶ関駅を走行する地下鉄列車内で撒き、多数の乗客らを殺害することを決意した。

検察側は、地下鉄にサリンを撒いたのは強制捜査を遅らせるためだったととらえている。サリンの大半は処分されていたが、中川がサリンの中間生成物であるジフロ（メチルホスホン酸ジフロライド）を自らの判断で保管していた。そのためすぐにサリンを生成することができた[7]。

高橋らの公判で明らかにされたのは、一九九三年から九四年半ばまでの経緯である。実際には、その後に松本サリン事件が起こっているわけだが、裁判ではそれを飛ばして、次には地下鉄サリン事件にいたる経緯が説明された。松本サリン事件についての冒頭陳述はそのあとに、やはり中川智正の法廷において行なわれている。

一九九六年一月二十三日に開かれた中川の第三回公判で、検察側は高橋らの法廷で述べられた創価学会の池田名誉会長殺害計画の失敗が松本サリン事件に発展していったという冒頭陳述を行なった。

麻原は二度にわたる池田名誉会長の暗殺計画が失敗に終わったことから、この上は大量のサリンを撒き、多数の者を巻き添えにして殺害してでも池田名誉会長の暗殺計画を実行しようと考え、一九九三年十二月中旬ころ、村井に対しサリンの大量生成を指示した。村井は麻原に対して、一九九四年一月に池田名誉会長を再度狙う旨を告げた上、中川にサリン五十キログラムの生成を指示し、土谷に対しても早急にサリン五十キログラムを生成するよう指示した。

この指示によってサリン三十キログラムが生成された。しかし時期が遅れたため、池田名誉会長暗殺計画は事実上中止された。そのかわり麻原は、サリンの効果を都市部の人口密集地で実験することを企て、その具体的目標として、教団松本支部の開設にからんで民事紛争が起こった際、建築工事妨害禁止仮処分で教団の主張を認めず、近く行なわれる本訴判決でも、教団の主張を排斥する恐れが強い長野地方裁判所松本支部を選んだ。

麻原は同支部を目標にサリン噴霧を行ない、かねて教団に対する敵対者とみなしていた裁判官や反対派住民を含む付近の住民多数を殺害することを決意し、一九九四年六月二十日ころ、その計画を村井に打ち明けるとともに、村井に対しその計画を実行するのに必要なサリンの噴霧装置を製作することを指示した。この指示が松本サリン事件に結びついた(8)。

武装化の経緯

検察側は、松本サリン事件の目的がサリンの噴霧実験と、敵対する長野地方裁判所松本支部の裁判官の殺害にあったと解釈している。その際にサリンが使われたのは、それ以前に池田大作創価学会名誉会長暗殺を目的としてサリンの大量生成が計画され、実際にサリンが生成されていたからである。

では、そもそもオウムの武装化は何のために行なわれたのだろうか。

検察側が地下鉄と松本の両サリン事件を生むにいたる武装化の経緯について詳しい解明を行なったのは、一九九六年五月二十三日に開かれた麻原彰晃の第三回法廷においてである。

麻原は一九八七年七月ころ、「オウム神仙の会」を「オウム真理教」に変更したが、そのころまでにはハルマゲドン、最終戦争の到来を予言する説法を行ない、一部の出家信者に対しては、麻原の説く特殊な教義を実践するためには、自分が認めれば人を殺害することも正当な行為であると説き、それをポアと称していた。

一九八八年九月下旬ころ教団の施設内で在家信者が死亡したが、教団の宗教法人化のため事前の折衝を東京都と行なっていた時期だったため、組織の拡大をさまたげることになるとして、麻原は村井秀夫らに命じて在家信者の死体を秘密裏に焼却処分させた。

その焼却処分に関係した教団の出家信者田口修二が脱会を希望したため、田口の口から死体を焼却して処理したことが表沙汰になるのを恐れ、一九八九年二月上旬、村井らに命じて田口を殺害させた。そして麻原は一部の出家信者に対して、ヴァジラヤーナの教えと称して殺人行為を容認する説法をくり返した。

さらに教団活動にかんする批判を行なった坂本堤弁護士を放置しておけば、将来教団活動の大きな障害になると考え、早川紀代秀らに命じて妻子とも殺害させた。

検察側は、麻原が教団に敵対する人間の殺害を正当化する教えを説き、実際にその教えにもとづいて信者たちが殺害を実行したとしている。しかし、それが武装化や無差別大量殺人の計画に直結するわけではない。検察側は、その契機を一九九〇年の衆議院議員選挙における落選に見ている。

衆議院議員選挙の落選は決定的な敗北で、将来も当選の可能性がないものであった。そのため一部の出家信者から教団を抜けたいという話も出て、在家信者の麻原に対する帰依心も大きく動揺した。そこで麻原は信者らに対し、自分が選挙に落選したのは国家権力が票のすり替えをして、オウムが当選するのを妨害したからであると述べ、合法的な人類救済計画は不可能であり、現代の人類は悪業を積み重ねており、麻原がポアすることによりその魂を救うしか救済方法がないとして、一般人もポアの対象に組み入れ、一般人に対する無差別大量殺人を行なうことを決意した。

これがボツリヌス菌の培養計画に結びついた。ボツリヌス菌培養計画は衆議院議員選挙の直後から行なわれたが、それを担当した遠藤誠一らはボツリヌス菌の分離に失敗し、大量培養するためのプラントも完成にはいたらなかった。それでも麻原は一九九〇年秋ころから、教団の出家信者を、一般的な宗教活動を行なう人間と、ひそかに細菌兵器などを作り、麻原の意思により殺人行為を行なうなどヴァジラヤーナの計画を推し進める裏の部隊に分けた。

さらに一九九二年の夏ころから、麻原は遠藤に炭疽菌の培養を計画させた。遠藤は炭疽菌の性質を調べ、培養に成功する。しかし噴霧装置を亀戸道場に設置し、一九九三年六月から七月にかけて、付近の住民に対する無差別大量殺人を行なう目的で二度炭疽菌を散布したが、噴霧装置の噴射圧が高圧であったため炭疽菌が死滅し、悪臭を発しただけに終わった。その一カ月後に、麻原は遠藤らとともに、トラック数台に積載した噴霧装置を使って東京都内で炭疽菌を撒き散らそうとしたが、これにも失敗する。

麻原は、このように細菌兵器の開発および散布が思うようにいっていなかったため、一九九二年末ころから人類救済のためには、教団に敵対する者を含め一般人に対する無差別大量殺人の実現と、国家権力を攻撃し打倒することが必要であるとし、ひそかに教団内で自動小銃などの武器の量産および毒ガス等の化学兵器の量産を決意し、教団の武装化を図ることにした(9)。

これが自動小銃の生産計画とサリンの大量生成プラントの建設計画に結びつき、やがては松本サリン事件、さらには地下鉄サリン事件という無差別大量殺人の計画に発展していったというのが、検察側による解釈である。

検察側による冒頭陳述は、すでに述べたように事件が起こった順に行なわれたわけではなかった。一連の事件の最初に位置するはずの武装化の発端についての解明は、最後にまわされている。したがって、どのようなかたちで武装化が地下鉄サリン事件へと発展していったのかを見ていくためには、時系列にそって検察側冒頭陳述をまとめ直す必要がある。

まず麻原はハルマゲドン、最終戦争の到来を予言するとともに、自分が認めたものであれば殺人も容認されるというポアないしはヴァジラヤーナの教えを説いていた。そして教団の拡大をさまたげる可能性のある人間については実際に殺害を命じ、信者たちはその命令を実行に移していった。

武装化や無差別大量殺人に結びついたのが衆議院議員選挙の落選である。決定的な敗北を喫したことから、信者のあいだに動揺が起こった。そこで麻原は国家権力が票をすり替え自分たちの当選を妨害したと説くとともに、悪業を積み重ねた現代の人間をポアすることによってしか救済はありえないと、無差別大量殺人と国家権力の打倒を決意した。そこから麻原は信者にボツリヌス菌や炭疽菌の培養をさせたが、散布計画は失敗した。そこで自動小銃などの武器の量産や毒ガスなどの化学兵器の量産に計画を変更し、サリンを大量生成するためのプラントの建設を命じた。

生成したサリンをラジコンヘリや噴霧器で撒く実験を行なったが、敵対関係にあると考えた創価学会の池田名誉会長の殺害に失敗したことから、創価学会の信者もろとも名誉会長を殺害しようとしてサリンの大量生成を指示した。サリンの効果をたしかめ、あわせて裁判を遅らせるため、長野地裁松本支部の裁判官を殺害することを目的として松本でサリンを撒いた。また強制捜査を遅らせるために地下鉄でサリンを撒き、多数の死傷者を出すことになった。

これが検察側の描く一連の事件の経緯である。では、この検察側の解釈によって、オウム事件はすべて解明されたと言えるのだろうか。

おそらくそれは難しいであろう。たとえば二度にわたる池田名誉会長の暗殺計画が失敗に終わったことから、麻原は多数の者を巻き添えにして殺害してでも暗殺を実行しようと考え、そこで大量のサリンを撒こうとしたとされている。しかしこの説明には大きな飛躍がある。一人の人間を暗殺するために大量のサリンを撒く必要はない。

麻原弁護団の団長、渡辺脩は、強制捜査を免れるために地下鉄にサリンを撒くことになったという検察側の冒頭陳述について、その矛盾を指摘している。[10]

序章でも見たように、法廷での井上嘉浩による証言では、謀議に加わった全員が、強制捜査を遅らせるためにサリンを撒くことには賛成していない。逆にサリンを撒いたらよけい目をつけられるから、かえって効果がないと反対している。

ただし地下鉄サリン事件の実行犯となった信者たちは、村井秀夫から強制捜査の矛先をかわすために地下鉄にサリンを撒くよう命じられたと証言している。その一人、林郁夫は、村井が顔を上に向けるようなしぐさをして「これは……からだからね」と言い、麻原からの指示であることを暗示したと述べている。[11] もう一人の実行犯、広瀬健一も、村井の話の内容から麻原がサリンを撒けという指示をしたと判断している。[12]

村井が麻原の指示で実行犯たちにサリンを撒くよう命じたのだとすれば、麻原はいったいいつ村井に指示したのだろうか。リムジンの車中で「地下鉄にサリンを撒けばいいんじゃないか」と言い出したのは村井だとされる。ならば、地下鉄サリン事件にかんして、村井の方が麻原よりも主導的な役割を果たしていた可能性も考えられる。

渡辺弁護団長は、検察側の冒頭陳述は、麻原の命令一下、非常に強力な組織体制のもとで一連の狂暴な犯行が行なわれたという筋書きを描いているが、それは当時適用が検討されていた破防法に引きずられたものだと述べている。検察側の解釈はオウムの実態にあっていないという。渡辺はオウム事件の弁護を担当した人間としては「場当たり的な行動が多くて、教団のなかも本当にバラバラなんだ」というのが実感だと述べている。[13]

検察側の冒頭陳述を素直に読んだとしても、そこからオウムが無差別大量殺人を敢行した動機を理解し、納得することは難しい。無差別大量殺人がオウムの教義とどのように関係するのかも説明されていない。

検察側は当初、地下鉄サリン事件についての冒頭陳述のなかで、麻原が事件を計画したのは、それが「特殊な教義にも合致すると考え」たからだと述べていた。ところが一九九八年一月十六日の第六十二回公判では、冒頭陳述の修正手続きが行なわれ、その部分は削除されてしまった(14)。

検察側は松本サリン事件に結びつくサリンの大量生成について、池田名誉会長の二度にわたる殺害計画が失敗したためだと説明している。しかし、サリンを大量生成するためのプラント作りは殺害計画以前から進められていた。サリンの生成が計画された時点から、それは大量生成を目的としたものだった。池田名誉会長の殺害計画が失敗したためにプラント建設をはじめたわけではない。その点でも検察側の説明は矛盾している。

おそらく一番の問題は、サリンの大量生成を目的としたプラントの建設が、なぜ計画されたのかということである。それが武装化計画の発端であるとするなら、そもそも武装化計画の目的は何だったのかという点が問題になってくる。検察側冒頭陳述では、その点は必ずしも明らかにされていない。

憎悪という理由

検察側は、衆議院議員選挙の落選が武装化計画の発端となったと解釈している。しかし検察側の説明では、国家権力が票をすり替えたという理屈がひねり出されたのは、落選によって信者が動揺し、その動揺をおさえるためだったとされている。それでは麻原彰晃自身は国家権力による票のすり替えを信じていなかったことになる。たとえ麻原が国家権力による票のすり替えを信じていたとしても、それが一般人に対する無差別大量殺人の計画に結びつくという点も理解しがたい。麻原が、国家権力が自分たちを妨害していると感じたならば、その敵意は国家権力に向けられるはずである。にもかかわらず、その敵意は国家権力ではなく、まず一般の人間に向けられたと説明されている。国家権力を打倒する決意をしたのは、ボツリヌス菌や炭疽菌の開発と散布に失敗してからあとのことだという。

検察側がこうした無理としか思えない説明をしているのも、最初の無差別大量殺人の企てだとされる炭疽菌の散布が、亀戸道場の付近の住民という一般の人間たちに向けられたからである。最初に一般の人間が対象になったことを説明するためには、麻原の敵意が、そのときは国家権力にではなく一般の人間に向けられたとする必要がある。

検察側の冒頭陳述は説得力のあるものとは言いがたい。納得できない部分が多く、随所でほころびを見せている。検察側は井上嘉浩の証言をもとに事件全体の構図を組み立てている傾向がある。ただし、井上証言の信憑性については疑問の声が投げかけられている。

一九九七年一月三十日に開かれた麻原の第二十三回公判に出廷した杉本繁郎は、井上について、目的のためには手段を選ばぬ傾向があり、人を差しおいてでも麻原に認められようと勝手に行動する傾向があったと述べている。(15)

また、その翌日一月三十一日に開かれた麻原の第二十四回公判で、中川智正が井上についての証言を行なっている。井上の方は、地下鉄サリン事件の前にサリンの原材料となるジフロを中川が保管していたと証言しているが、中川は、井上が長官をつとめていた諜報省の「杉並アジト」に、井上がジフロを隠していた可能性を示唆した。(16)

麻原は同年四月二十四日の第三十四回公判で、自らの無罪を主張する英語まじりの奇抜な意見陳述を行なっているが、弁護団はそのあとの意見陳述で、井上の証言が他の証言と矛盾していることを指摘している。捜査段階ではまったく述べていないものが法廷で次々と出てくる上に、井上本人がたんなる村井の指示の連絡役に過ぎなかったと証言しているのに対し、他の共犯者は井上が現場指揮者であったと相矛盾する証言をしている。弁護団は、井上が虚偽を述べていることは明白であるとし、井上の証言をもとにして組み立てられている検察側の立証に疑問を投げかけている。(17)

井上には、二〇〇〇年六月六日に無期懲役の判決が下されたが、それは井上を「現場指揮者」としてとらえる検察側の主張が入れられなかったからである。裁判所は、井上の地下鉄サリン事件における役割は、「後方支援、連絡調整的役割にとどまる」と判断した。(18)

井上証言への疑問は、裁判所によって退けられたが、同年六月二十九日に下された林泰男の死刑判決では、井上の役割は「現場指揮役」と位置づけられている。(19)裁判所の解釈自体が揺れていることになる。

検察側が武装化や無差別大量殺人にいたる経緯について冒頭陳述を行なったのち、法廷における審理のなかで、武装化や無差別大量殺人にいたった動機や目的について議論がつくされたとは言いがたい。麻原の裁判はまだその段階に達していないということであろうか。あるいは麻原本人を対象とした被告人質問の段階にでもならなければ、オウムの教団が武装化や無差別大量殺人にいたった動機については問題にされないのかもしれない。しかしこれまでの状況から見て、麻原が被告人質問で真相を語るとは考えられない。

裁判は起訴された個々の犯罪について、その事実関係を明らかにしていくことを目的としたものであり、起訴の対象になっていない事柄についての審理は行なわれない。ノンフィクション作家の岩上安身はかつて、オウムに対して内乱罪もしくは内乱予備罪を適用し、法廷の場でオウム事件の全貌を解明すべきだという主張を展開した。(20)しかし内乱罪の適用は行なわれなかった。武装化計画について、オウムの教団が集団として罪を問われることはなかった。その点で、裁判において武装化の目的が明らかにされることは期待できないのかもしれない。

ただし、麻原の挫折とそこから生まれた社会への憎悪に武装化の原因を求める傾向は、検察だけに見られるものではない。一般にもこのような解釈が広く行なわれている。

ジャーナリストの江川紹子は、一九八九年から九〇年が転機となってオウムが変わったと解釈している。江川は当初、オウムに素朴な修行者の団体という側面があったことを認めている。しかし宗教法人の認証を得ようとして東京都がなかなか認証しなかったことを弾圧ととらえ、衆議院議員選挙で敗北を喫したところから、麻原は社会に対する怨念を深め、より攻撃的になっていったという。

江川は、麻原がやったことは、本来は真面目に心の成熟や人間性の向上、人々を救う道を求めて集まってきた信者たちを狂気の世界に誘い、犯罪者にしてしまうことだったと糾弾している。その結果多くの犠牲者を生むことになったが、その背景にあるのは高邁な思想ではなく、麻原自身の支配欲や拡大欲、それに気まぐれ、さらにはゆがんだ被害者意識と小心さに裏打ちされた攻撃性である。それは当初からずっとこの教団の根底にあったが、年を追うごとにますます過激になっていったという。

江川は、こういうことを書くと麻原だけが悪いのかという論調がきっと出てくるだろうが、麻原は人類救済を謳いつつ人間の尊厳を踏みにじり不幸をばらまいてきた根源であると言い切り、彼が負わなくてはならない罪は途方もなく大きい、と述べている。(21)

ノンフィクション作家の高田文彦は、麻原に権力欲が生まれた原因をその生育歴に求めている。自分を盲学校に追いやった肉親を憎悪し、薬事法違反など二度の逮捕で挫折を経験した麻原は、不幸な生い立ちや肉体的なコンプレックスを乗り超えるためにヨーガから宗教へとのめりこんでいき、その過程でコンプレックスと裏腹の名誉欲が頭をもたげていったという。(22)

哲学者の梅原猛も、地下鉄サリン事件が麻原の心の闇から生じたことはまちがいないとし、そのルサンチマンが無差別大量殺人に結びついたという解釈をとっている。麻原は日本の非常に貧しい階層の身体の不自由な子どもとして生まれ育ち、あらゆるかたちの屈辱を受けてきた。その屈辱が彼のなかに巨大な憎悪を生み、その憎悪は政治家になり日本を支配しようとする野望となっていった。その野望が挫折したとき、彼はこの世とは別の聖なる世界を創出し、その聖なる世界の支配者となって、この世そのものに復讐することを希求したという[23]。

宗教学者の島薗進は、個人主義的な解脱志向の人間たちが寄り合い、内向的、現世離脱的な修行に没頭しようとした宗教集団が、どのようにして極端な集団行動主義へと落ち込んでいったのだろうかと問いかけ、麻原が多くの信者を自らの下につなぎとめ、自分の意思に従順に従い続けるよう望んだことに主要な要因がある、と述べている。麻原が自らの権力欲を抑制できなかったことが悲劇を生んだのであり、この集団の暴力性の責めが主に麻原に帰されるべきであることはまちがいないという[24]。

法廷においても、麻原の挫折に無差別大量殺人の原因を見ようとする見解が出されている。それが林郁夫の弁護側による冒頭陳述の補充書である。これは一九九七年九月十日に開かれた林の第十五回公判に提出されている。

その補充書において、武装化にいたる根本的な要因は、麻原の社会への漠然とした反感と「自己愛的人格障害」に求められている。麻原は、父親になかば強制的に盲学校に入れられたことへの恨みをもち、権力への反発と絶対的な力へのあこがれをいだくようになった。そこから医師をめざすが、目が不自由であるため鍼灸師にしかなれなかった。また法学部に進学して政治家をめざそうとしたが、妻知子とのあいだに子どもができ結婚しなければならなかったため、その夢も頓挫した。

そして偽薬を売ったかどで薬事法違反により逮捕され、社会的信用を失うという最大の挫折を経験し、潜在していた社会や他者一般に対する憎悪、反感を急激に強めていった。そこから麻原は、自分が特別な能力と運命をもっているというイメージを自己に投入し、現実から心理的に逃避していった。

麻原は自らが思い描いたイメージをさらにふくらませ、挫折による屈辱を吸収しようとしたが、自分が無価値であるとされたことの補償ないしは代償として、自分は天から世界を支配する特別な使命と、あらゆる試練を乗り超えることのできる特別な能力を与えられた者であって、そのような運命をもってこの世に生まれてきた人間であるからこそ、他の人間が経験しないような大きな挫折を経験する運命にあるという、誇大なイメージを思い描いた。

さらには自分の意のままに動かせる武装集団をあやつって日本に暴動を起こし、自分を受け入れようとしない社会、自分を挫折に追い込んだ警察ひいては国家権力を打倒して、自らが支配する国を造って世界を制覇するという野望を思い描いて自らの気持ちを納得させるとともに、これを実現したいと考えるようになった。

麻原はチベット密教のタントラ・ヴァジラヤーナの教えを曲げて殺人を正当化する教義を編み出し、実際に信者に殺害をさせた。そして坂本堤弁護士一家の殺害が発覚しないことから自信をもったが、衆議院議員選挙での落選によって、すべてを見切った最終解脱者である自分の存在がひどく傷つけられたと感じてそれに怒り、その怒りの表現として武力を背景に暴動を起こし世の中を大混乱に陥れ、自分を受け入れようとしない社会や国家権力を打倒して、自分の支配する祭政一致の国を造るほかないとあらためて確信し、その実行を強く決意した。これがボツリヌス菌やサリンあるいは自動小銃の製造などに結びついていき、ひいては松本や地下鉄の両サリン事件に発展した。これが林側の解釈である。

降旗賢一は、これがその時点でもっとも完成度の高い説得力のある麻原分析であると高く評価している。(25)

この弁護側冒頭陳述の補充書のなかには、「見切った」ということばがくり返し使われている。このことばはもともと麻原自身が使っていたものだが、林は『オウムと私』のなかで、それをかなり頻繁に使っている。その点で補充書の分析は林本人によるものと考えられる。弁護士の協力をあおいだ部分もあろうが、林の意向が強く反映されていることはまちがいない。林は元医師として、麻原の自己愛的人格障害つまりは病的なナルシズムとその挫折に、事件の根本的な原因を見ようとしている。

このように、挫折体験に発する麻原個人の社会に対する憎悪が、無差別大量殺人に結びついたという解釈がさまざまになされ、広く受け入れられている。

挫折と成功

麻原彰晃の人生は、たしかに不幸と挫折の連続であった。

麻原は一九五五年三月二日、熊本県八代郡金剛村（現八代市）に松本智津夫として生まれた。生家は畳屋だった。土地の故老や県立盲学校で麻原を受けもった元教師は、麻原の生家が貧しかったと証言している。子どもは七人いて、そのうち麻原を含め三人の眼が不自由であった。高山文彦は、麻原の左眼はほとんど見えなかったが、右眼は一・〇近い視力があったと述べている。ただし、右眼には先天性緑内障と視野狭窄症の兆候が見られた。それは将来において失明の可能性が高いことを意味する。

麻原は六歳になると親元を離れ、やはり目が不自由であった長兄と同様に全寮制の県立盲学校に入る。盲学校に入ると補助金がもらえるうえに食費がただになる。貧困にあえぐ松本家は、経済的な理由から子どもたちを盲学校に入れたのであろう。

すでに盲学校に入っていた長兄が麻原の将来を案じ、いやがる麻原をねじ伏せて盲学校に連れていったとも言われる。のちに麻原は、「彰晃」の名を授けてもらった社団法人社会総合解析協会会長の西山祥雲に対して、「兄が盲学校に行くのはわかります。どうして眼のみえる私を盲学校にいれなきゃならないんです。私は親に捨てられたんですよ」と、涙ながらに親への恨みを訴えたという。

麻原は盲学校時代に児童会長や生徒会長の選挙に立候補したが、落選している。これもまた麻原にとって小さな挫折であった。盲学校の高等部を卒業した麻原は、専攻科に進み鍼灸師の免許をとった。そして東京へ出て鍼灸院でアルバイトをしながら大学受験をめざし、予備校に通ったり、熊本へ帰って長兄の漢方薬店を手伝ったりしていた。しかし目標とした東京大学に合格することはできなかった。ここにも麻原の挫折を見ることができる。

一九七八年、麻原は予備校の代々木ゼミナールで出会った石井知子と結婚した。結婚後、麻原は千葉県の船橋に新居をかまえ、そこで「松本鍼灸院」を開業したが、同年九月松本鍼灸院を閉めて、船橋の別の場所に「亜細亜堂」という診察室を開いた。だが一九八〇年七月には保険料の不正請求が発覚して、六百七十万円の返還を求められている(26)。

さらに麻原は一九八一年、「BMA薬局」を、やはり船橋に開いている。BMAとは「ブッダ・メシア・アソシエーション」の意味だという。BMA薬局ではダイエット食品などを売っていた。ところが一九八二年六月、薬事法違反で逮捕された。麻原は漢方薬の原料を硝酸と消毒用エタノールの液につけこみ、それを「風湿精」「青竜丹」などと称し、リューマチ、神経痛などに効くとして販売していた。これは薬事法の無許可製造医薬品販売にあたった。麻原は二十日間拘留され、罪を認めて二十万円の罰金を支払っている(27)。

罪状自体はそれほど重いものではなかった。しかし新聞紙上では麻原の顔写真入りで、ニセ薬を販売して荒稼ぎをしていたと報道された[28]。麻原の妻の知子は教団の機関誌上で当時をふりかえり、この事件によって世間の白い目にさらされ、子どもとともに家に閉じこもって暮らしたと述べている[29]。

麻原が宗教に関心をもつようになったのは、松本鍼灸院を開いていたときのことだとされる。松本鍼灸院には、すでに大学生や予備校生くらいの若者たちが集うようになっていたとも言われる。麻原には予備校時代に知り合ったブレーンがいて、その人間が友だちを誘ってくるので支持者が生まれ、麻原はそこで世直しの集会を開いていると公言していたという[30]。

麻原ははじめから人の心をつかむ力をもっていたのかもしれない。そして保険料の不正請求が発覚した直後に、麻原は阿含宗に入信している。島薗進によれば、一九八〇年代の前半に麻原を囲む人間たちは、ヨーガの修行を熱心に実践するグループとして阿含宗のなかでも際だっていたという[31]。

麻原は薬事法違反で逮捕された翌年、一九八三年夏に、西山からもらった「彰晃」を名乗るようになるとともに、渋谷区桜ヶ丘に「鳳凰慶林館」を開いた。これはヨーガの道場で、鳳凰慶林館はやがて「オウムの会」に変わる。麻原はそこでヨーガの実践に打ち込み、ヨーガ道場の主宰者となっていく。当時、山本まゆみ、飯田エリ子、石井久子といった、のちにオウムの幹部となる女性たちが入会している[32]。

麻原がオカルト雑誌の『トワイライトゾーン』にはじめて登場したのは一九八五年十月号のことで、それ以降、彼は、『トワイライトゾーン』や『ムー』といったオカルト雑誌に頻繁に登場するようになり、超能力やオカルトに関心をもつ人間たちの注目を集めていく。また『トワイライトゾーン』に登場した直後の一九八五年十一月には、神奈川県丹沢山麓にある青山荘という山荘を借り切って集中セミナーを行ない、そこには八十人ほどの参加者があった[33]。

麻原の最初の著作『超能力「秘密の開発法」』が、このセミナーから半年も経たない一九八六年三月二十五日に出版されている。この本の初版は大和出版という一般の出版社から刊行されている。麻原は次第に頭角をあらわそうとしていた。

麻原は四月には、「オウムの会」を「オウム神仙の会」に改めている。[34] 五月には数名の弟子とともにインドへ赴き、インドの宗教家、パイロット・ババの指導を受けた。その際にすさまじい勢いでクンダリニーの覚醒が起こり、もう一歩で解脱を迎えるまでにいたったという。七月には妻の知子とともにふたたびインドを訪れ、ヒマラヤの高峰、ガンゴトリのふもとで瞑想に入り、解脱を果したとされている。[35] この解脱はやがて「最終解脱」と呼ばれるようになっていく。

同年十二月二十五日に刊行された麻原の二冊目の著作『生死を超える』では、その解脱の体験が語られている。麻原の解脱体験については、次の章でふれる。この間各地に支部が作られるようになり、出家者も生まれた。麻原は一九八七年二月に、インドのダラムサラでダライ・ラマと対談を行なっている。

そして六月ごろに、「オウム真理教」が誕生すると、麻原はヨーガ道場の主宰者から宗教教団の教祖へと変貌をとげていった。石井久子をはじめ、岡崎一明、大内早苗、上祐史浩、山本まゆみ、都澤和子、飯田エリ子、新實智光といった弟子たちが次々と解脱し成就したと認定されていった。ニューヨークにも支部が作られ、一九八八年八月には静岡県富士宮市人穴に富士山総本部道場が開設された。開設記念セレモニーには、チベット仏教の高僧、カール・リンポチェが二人の弟子とともに参加している。

しかし、一九八九年三月に東京都に宗教法人の認証を申請したときには、都に信者の家族から「入信した子どもが家に帰らなくなった」「面会に行ったが会えなかった」といった相談が寄せられたため、都は申請を預かりとして、すぐには受理しなかった。

麻原は認証が遅れたために、文部省（現在の文部科学省）の宗務課や都に抗議に出かけ、認証は得たものの、十月には『サンデー毎日』の糾弾キャンペーンの対象となった。坂本堤弁護士一家の拉致事件への関与を疑われ、マスメディアからの厳しい批判にさらされることになった。

さらに翌年のはじめには、衆議院議員選挙に麻原以下二十五名の幹部たちが立候補したが、全員落選した。得票数はごくわずかで法定得票数にも足りず、供託金は全額没収されている。そして熊本の波野村に進出したものの、地域住民からの激しい反発を受けた上に、二度にわたって大規模な強制捜査を受け、逮捕者を出すまでになった。

ただし一方で、麻原の宗教家としての姿勢やオウムの宗教教団としてのあり方は、やがて一定の評価を受けるようになっていく。その先鞭をつけたのが、当時新潮社から刊行されていた雑誌『03（ゼロサン）』での作家の荒俣宏と麻原との対談だった。雪をかぶった富士山をバックにした二人の写真が表紙を飾っていた。

荒俣は対談を行なった感想として、麻原はきわめてオーソドックスな二十世紀チベット仏教派新宗教の教祖だと思ったと述べ、オウムがオーソドックスである理由として、修行、師、神秘的覚醒の三つの要素があることをあげている。チベットでは絶対的な師のもとで出家修行し、死や狂気とスレスレのところまでいって宇宙的覚醒に到達することが行なわれているという。

荒俣は、麻原が気配りをする人間であり、また弟子に対して客観的で冷静な見方をしている点などから、現世に真の師匠や魔術師が存在しているとは思えないものの、麻原にはかぎりない好感を抱いたと述べている。(36)

この対談を皮切りに、その後麻原はさまざまな雑誌に登場するようになる。(37)

序章でもふれた、九月末に放送された『朝まで生テレビ』への出演を契機に、オウムは、社会的な評価を変えることに成功する。麻原は、さまざまなメディアで取り上げられていった。(38)さらに麻原は、とんねるずやビートたけしのバラエティー番組にまで出演した。(39)今ではふれられることが少ないが、麻原は一時期ではあるものの、ユニークな宗教家としてマスメディアの人気者に祭り上げられたのである。

憎悪説への疑問

麻原彰晃の人生は不幸と挫折のくり返しである。しかしその人生を振り返ってみたとき、麻原が、必ずしも幸福とは言えない自らの境遇に敗北感を感じてしまう人間であったようには見えない。彼には不幸と挫折を乗り超え、社会のなかで成り上がっていこうとする強烈な野心があった。その野心はときに空回りすることはあったものの、彼はその野心をある程度まで満たすことに成功した。麻原はたんなる敗北者だったとは言えない。社会に対して憎悪をつのらせる原因となったとされる衆議院議員選挙の際に、麻原は自分が当選できるものと思いこんでいた節がある。また供託金の没収が、教団にとって経済的な打撃となったことはたしかである。(40)その意味で衆議院議員選挙の落選は、麻原にとって大きな挫折であったはずである。

しかし、社会とさまざまなトラブルを起こすことで、逆に社会から注目されるようになり、一九九一年の時点で麻原は、これまでどの教祖もなしえなかった高い評価と注目を得ることに成功した。それは衆議院議員選挙での決定的な挫折を帳消しにするものだったのではないか。

一九九二年、オウムはロシアに進出し、ロシアでの活動に力を入れるようになる。ロシアでは三万人の信者を獲得し、ラジオ局を買って日本向けの放送をはじめた。「キーレーン」と名付けられたオウム専属のオーケストラをロシアから呼んだこともあった。ソビエト連邦の崩壊による混乱状態のなかで、オウムは拡大に成功した。

ところがオウムは、教団が拡大し、社会に受け入れられ、ロシアへの進出を果たした後に、社会を徹底的に破壊する方向へむかっていった。一九九三年に入ると、オウムはサリンの大量生成や自動小銃の製造などを計画した。それがやがては松本、地下鉄の両サリン事件へと結びついていった。

なぜオウムはこの時期になって武装化をめざし、社会全体を破壊しようとする方向にむかわなければならなかったのだろうか。検察側は、麻原が衆議院議員選挙の敗北を契機に無差別大量殺人を決意し、ボツリヌス菌培養を信者たちに命じたとしている。

しかしボツリヌス菌の培養に失敗したのは一九九〇年四月のことで、炭疽菌の培養が計画されるのは一九九二年の夏になってからのことである。しかも亀戸道場でそれを散布するのは、一九九三年の六月から七月にかけてのことである。そこには二年から三年以上の空白がある。この二年から三年のあいだに、オウムはある程度社会に受け入れられていった。

ボツリヌス菌による無差別大量殺人の計画と、炭疽菌による無差別大量殺人の計画とのあいだには、さらに質的な面での差がある。炭疽菌の培養やサリンの製造をめざしたプラント建設は相当に大規模なものであり、実験室で行なわれたボツリヌス菌の培養とはレベルがちがう。

オウムがロシアに進出した後、日本のマスメディアはオウムのことをほとんど取り上げなくなっていく。オウムがふたたび取り上げられるようになるのは、一九九四年八月に波野村が道場の立退き料、九億二千万円をオウムに支払うことを約束するという出来事が起こり、九月に宮崎県の資産家の拉致監禁事件が起こってからである。

オウムは社会から注目されなくなった時期に武装化を進め、サリンによる無差別大量殺人を計画していた。それはなぜなのだろうか。この時期オウムは社会と激しくぶつかっていたわけではない。激しくぶつかっていたのは、麻原がマスメディアに頻繁に登場し、社会にある程度受け入れられる前のことだった。

社会と激しくぶつかり受け入れられていない時代なら、麻原やオウムの信者たちが社会に対して憎しみをいだいたとしても不思議ではない。しかしオウムが武装化を進め、サリンによる無差別大量殺人を計画していたのは、むしろ受け入れられている時期だった。これもまたオウムの武装化や無差別大量殺人を、麻原の社会に対する憎悪から解釈するという見方が成り立ちにくい、もう一つの理由である。

麻原が自らの第三十四回法廷において、起訴された事件についてはじめて意見陳述を行なったとき、彼はまず、地下鉄サリン事件は弟子たちが起こしたもので、撒かれたサリンの量が少なかったことから傷害にあたると主張し、自分は弟子たちを止めようとしたが、結局彼らに負けてしまったのだと述べた。そして検察庁も裁判長も自分を無罪と認定していると述べた。落田耕太郎リンチ殺害事件について述べはじめたときには英語まじりになり、それ以降英語で述べた意見を日本語に翻訳し、その逆に日本語で述べた意見を英語に翻訳するという奇妙な行動に出た。

麻原はエンタープライズのような原子力空母の上で、アメリカ政府やチベット仏教の指導者など全世界から集まった高度な人々の前で事件についての論証を行なっているのだと述べ、彼の意見陳述に注目した人々を煙にまいてしまった。その意味不明な陳述のなかで、麻原はほとんどの事件への関与を否定し、落田事件などについては弟子たちがその自発的な意志でやったことだと主張した。(41)

麻原がなぜこのような奇妙なパフォーマンスを行なったのか、その理由については第五章で検討するが、少なくとも麻原は事件への自らの関与を完全に否定した。

麻原は信者たちに対する説法のなかで、このまま生き続けていれば必ず悪業をなす人間がいたとしたら、その人間を殺しその魂をよりよい世界に転生させることは、殺生ではないと説いていた。それが「ヴァジラヤーナの教え」であり、麻原が殺人を肯定した証拠と考えられている。

しかし、こうした説法は論理的な可能性について述べたものにすぎないとも考えられる。少なくとも麻原は信者たちに対する説法で、悪業をなしている人間をはっきり殺せと説いたわけではない。まして社会を破壊せよ、東京都民を皆殺しにせよと説いたわけでもない。教祖のアジテーションに煽られた信者たちが、そのまま武装化や無差別大量殺人に向かっていったというわけではない。

オウムが行なったことは無差別大量殺人であり、テロリズムであることはまちがいない。しかし一般のテロリストであるならば、自分たちに敵対する社会の破壊を公言するはずである。社会の破壊を目標にかかげ、その構成員も目標を共有しているにちがいない。ところがオウムの場合には、社会の破壊を公言しているわけでもなければ、それを公然の目標にかかげてもいない。

信者のなかに、社会に対して憎悪をいだいていたと明言している者もほとんど見当たらない。社会を破壊するためにオウムに入信したという人間もいない。その点でも、オウムは一般の政治的なテロリストとは異なっている。私はそこに不可解なものを感じざるをえない。

麻原はオウム程度の宗教団体の教祖になるだけでは満足できなかったのかもしれない。だからこそ日本で最大の信者数を誇る新興宗教教団、創価学会の名誉会長を殺害しようと計画したのだとも考えられる。マスメディアにもてはやされたにしても、関心はすぐに失せていく。実際、一九九二年に入ると、麻原にテレビ出演の機会は与えられなかった。麻原は、気まぐれなマスメディアのあり方に強い反発を感じたのかもしれない。

しかしそれまでの麻原なら、満たされないものを感じたときには、さらにその上の目標をかかげ、新たな目標を実現しようとしてきたはずである。社会にある程度受け入れられ、マスメディアに注目されたことを生かして、さらに野心をふくらませていったのではないだろうか。少なくともその時点で、麻原が社会に対する憎悪をつのらせる理由はなかったように思われる。

武装化や無差別大量殺人の原因を麻原個人の憎悪に求めることは議論としてはわかりやすい。裁判においても、麻原が社会に対して憎悪をいだき、武装化や無差別大量殺人を計画し、信者は教祖の意思に従って計画を実行に移したと考えた方が、犯罪事実の立証は容易なのかもしれない。しかし現実が必ずしも単純であるとはかぎらない。

麻原がオウムという宗教を開くまでの人生は必ずしも幸福とは言えない。彼の人生につきまとった苦難がオウムの教義に反映されている部分はある。だが麻原の社会に対する憎悪だけから、オウムの起こした事件全体を解釈することは難しい。

ただしオウムの教団全体を考えた場合、社会に対する憎しみがなかったとは言えない。オウムは宗教法人の認証をなかなか認めてもらえず、法人格を獲得したあとには『サンデー毎日』の糾弾キャンペーンの対象になった。そして坂本事件では犯人とされた。もちろんオウムがその犯人だったわけだが、犯行にかかわらなかった信者たちは、オウムが犯人であるなどとは考えず、社会からの非難や糾弾を理不尽なものと感じていた。林郁夫は、オウムと坂本事件を結びつける報道に対して、信徒にしてみれば「なんでオウムが」という心境で、報道はまったくの捏造、言いがかりだと思っていたと述べている。(42)

波野村では地元住民の反対にあい、住民票の不受理という事態に直面する。不売運動にもあっている。熊本は麻原の故郷である。教祖の故郷に受け入れられなかったことは、麻原だけではなくオウムの信者全体に、社会に対する憤りを生んだことが予想される。その憤りが憎しみに発展したとしても不思議ではない。(43)この教団全体の社会に対する憤り、憎しみは、事件全体を考える場合に意味をもってくるはずである。

終末論からの解釈

オウムの事件を、その教祖である麻原彰晃の憎悪から解釈しようとするのとは別に、その原因をオウムのかかげた終末論、ハルマゲドンへの信仰に求めようとする試みも行なわれている。

社会学者の橋爪大三郎は、オウム事件の直後、仏教に根差す出家主義とキリスト教に根差すハルマゲドンという本来異質な要素が結びついたところに、地下鉄サリン事件の原因があったのではないかという見解を発表した。

麻原の周囲に集まった弟子たちは当たり前の日本人で、近代日本の組織しか知らず、出家主義の伝統とは無縁であった。そのため彼らは麻原を頂点とする官僚組織をこしらえてしまった。その体質は省庁制度にあらわれている。教祖である麻原が官僚組織の頂点にも位置するため、オウムの組織は政教一致たらざるをえなかった。また出家主義を旨として一般の社会と距離をおくことで自律的な傾向を強め、その支配は神聖政治のかたちをどこまでも純化していった。

橋爪はオウムとマルクス主義との関連を指摘する。マルクス主義は、終末の到来は人類史の法則によってすでに決まっていると考える「神聖政治」の一種であり、オウムはマルクス主義を奉じた新左翼・過激派と同じ病理を有している。ユダヤ・キリスト教の一神教の伝統では、終末は神が引き起こすもので、人間は介入できない。ところがオウムの場合は仏教の因果、あるいは縁起論的世界観がベースにあり、終末の原因は人間社会に内在すると考えられている。神ではなしに、人間ないしはその業（カルマ）が終末を引き起こすことになる。最終解脱した麻原は仏陀に等しい一切知をもち、予言をすることができる。ところが予言が的中しなければ、麻原の宗教的権威に傷がつく。そこで教団は麻原の権威を守るもっとも確実な方法として、教団自らの手で終末を作り出すことを考えた。本当の終末が到来する前に、その予告編を実演して見せる。その結果やはり終末はあるのだと信じた人々が入信すれば、彼らも救われるし、場合によっては終末そのものさえ防げるかもしれない。万一終末が訪れなければ、それは麻原が防いだことにすればいい。

橋爪はオウムと新左翼・過激派は同型で、予言による教勢の拡大をはかった時点から過激化への必然性を備えるにいたったと結論づけている。また橋爪は、終末論だけではなく、新左翼・過激派に似たオウムの官僚組織的な側面を問題にしている(44)。

オウムについての研究は現在のところ、当の日本でよりもかえって海外で盛んであるように見えるが(45)、海外の研究者の場合には、オウムの終末論的な要素をとくに強調する傾向がある。彼らはオウム事件の原因を終末論に求めようとしている。

一九九五年から九七年にかけて、オウムの元信者十人にインタビューを行なったアメリカの心理学者、ロバート・ジェイ・リフトンは、麻原は死自体と同様に古いと考えられる「世界の終わり」というビジョンにとりつかれていたと言い、それが今日のキリスト教の預言者たちと共通していることを指摘している。ただしオウムの場合には、キリスト教の預言者たちの先を行き、自分たちでハルマゲドンを起こそうとした。終末を求める宗教的な熱狂が、歴史上はじめて世界を破壊することのできるサリンという武器と結びつき、実際に彼らはその方向にむかった。リフトンは、オウムの試みを「黙示録的暴力」という概念によって説明している(46)。

これはイギリスの宗教学者、イアン・リーダーの場合にも共通している。リーダーは、オウムにおいて千年王国論が現世拒否の姿勢と結びついたところに注目している。リーダーも衆議院議員選挙の敗北に転機を求め、仏教的な出家主義、現世拒否とキリスト教的な終末論、千年王国論が結びつくことによって、オウムは否定的な価値しかない現実の社会を破壊し、自分たちの宗教世界を生み出そうとする方向へむかったと解釈している。[47]私も『宗教の時代とは何だったのか』のなかでは、同じように無差別大量殺人の原因をオウムの終末論に求めようとした。

キリスト教的な終末論においては、終末をもたらす主体は現実の社会を創造した神である。しかしオウムの場合には、神や仏といった超越的な存在はそれほど重要な意味をもっていない。オウムの終末論においては終末をもたらす超越的な存在は欠けている。その意味でオウムがかかげた終末論は、「神なき終末論」である。

神が終末をもたらすものでないとすれば、終末をもたらす主体は人間に求めなければならない。オウムは物質文明を否定し、精神文明を確立しようとしている自分たちの試みを、フリーメーソン＝ユダヤ人が妨害しているととらえた。フリーメーソン＝ユダヤ人は聖書の預言を成就し、キリストの統治を実現するために、世の終わりとしての最終戦争を計画している。オウムは、フリーメーソン＝ユダヤ人による陰謀が実現される前に、その先回りをして終末論的な状況を作り出そうとしたのではないか。私は神なき終末論が無差別大量殺人へ結びついたという解釈をとった。[48]

私を含め終末論からオウム事件を解釈しようとする試みが生まれてくるのは、麻原がごく初期の段階から、終末論、ハルマゲドンへの信仰を説いていたからである。麻原は最初に『トワイライトゾーン』に登場したとき、神から西暦二一〇〇年から二二〇〇年ごろにシャンバラが登場することを教えられたと述べている。シャンバラとは、イスラームによる迫害のもとで仏教がヒンドゥー教から移入した観念である。それは救世主である理想の帝王、転輪聖王によって支配された理想社会のことをさしている。シャンバラには、聖人が住み、全宇宙の過去から未来に至るすべての叡智がおさめられていて、昔はチベットのポタラ宮殿地下の一室がシャンバラへの入口になっていたという。[49]

麻原は『トワイライトゾーン』の一九八八年一月号にも登場しているが、一九八五年七月の瞑想中に、核兵器を使用した第三次世界大戦が二〇〇六年には起こってしまっていることを知ったと述べている。一九八五年七月とは『トワイライトゾーン』による最初の取材の時期にあたる。

これからの人類は苦難の時代を迎え、ノストラダムスの予言した一九九九年以降に最悪になる。麻原は、東京からはじまって日本列島が沈みはじめ、日本を取り囲む海面が急に盛り上がって大地を飲みこむ水のビジョンを何回も見ていると言う。沈まずに残っているのは青森県と九州の阿蘇山周辺だけしかなかったという。

それが起こるのは一九九五年から九六年にかけてで、さらに一九九九年にはアメリカ、ソ連、イスラーム教国、日本が正面きってぶつかる世界戦争が起こり、二〇〇三年には核兵器による決定的な破局が訪れる。それがハルマゲドン、人類最終戦争で、ほとんどの人類は死に絶えるが、霊的進化をとげた神仙民族、麻原の使っていることばでは、解脱者、成就者だけが生き残るという。

噴火や地震などは怒りのエネルギーが引き起こすものである。解脱者には、そうした怒りのエネルギーを静める力があり、三百人以上の解脱者が生まれれば、日本を沈没から救うことができる。麻原はそのために、近く富士山近辺に修行場を建設する計画を進めていると述べ、富士山総本部道場の開設を予告している。(50)

ただし麻原は、最初の著作『超能力「秘密の開発法」』から五番目の著作『マハーヤーナ・スートラ』にいたる自らの著作のなかでは、ハルマゲドンについてはあまりふれていない。

四番目の著作『イニシエーション』に収録された一九八七年五月四日の秩父集中セミナーにおける説法で、一九九三年までにオウムが世界の二つ以上の国に支部をもつことができなければ、再軍備が起こり、一九九九年から二〇〇三年のあいだに核戦争が起こると予言され、一切の戦いをなくすためには完璧な修行の体系をもったオウムが世界に広まらなければならないと説かれている程度である。(51)

麻原が自らの著作のなかでハルマゲドンについて詳しく述べたのは、一九八九年二月に刊行された『滅亡の日』や、五月に刊行された『滅亡から虚空へ』などにおいてである。『滅亡の日』は漫画化され、『マンガ・滅亡の日』として四月に刊行されている。ただしどちらの本においても、ヨハネの黙示録の解読作業にあたったのは、麻原自身ではなく信者たちである。

一方、説法のなかで、麻原は何度か終末予言についてふれている。一九八七年六月二十八日の丹沢集中セミナーでは、ノストラダムスの予言と富士山の爆発についてふれ、シヴァ神から富士山に道場を作らなければならないという示唆を得たと述べている(52)。

十一月二十九日の大阪支部での説法では、『トワイライトゾーン』での核戦争についての予言にふれている(53)。翌三十日に和歌山県で行なわれた「真理の集い」で、麻原は二〇〇三年に確実に核戦争が起こると言い、それを回避するためにオウムがあると述べている(54)。一九八八年十二月十三日の富士山総本部道場における在家信者向けのポアセミナー用の説法では、最後に近々刊行される『滅亡の日』にふれている(55)。一九八九年二月五日の福岡支部での説法でも、最初に、出たばかりの『滅亡の日』にふれ、そのなかで人類が滅亡するという話をしたが、救済の可能性がないわけではないと述べている(56)。

さらに一九九一年十一月には三回に分けて「予言セミナー」を行なっている。九日の川崎市幸市民館での第一回セミナーと、十七日の上九一色村教学センターでの第二回セミナーでは、「ヨハネの黙示録」の終末論的な預言について、三十日の京都市東部文化会館での第三回セミナーでは、ノストラダムスの予言についての解釈を行なっている(57)。

ハルマゲドンの信仰

麻原彰晃は、今見てきたようにハルマゲドンについて述べ、「ヨハネの黙示録」やノストラダムスの予言の解釈を試みていた。ただし、その著作や説法のすべてが終末論、ハルマゲドンに費されていたわけではなかった。予言セミナーにしても一度しか行なわれていない。麻原の著作や説法のなかでハルマゲドンの予言について述べた部分は、全体からすればむしろわずかであったとさえ言える。

麻原がハルマゲドンにかんする予言をとくに頻繁に、また熱を入れて語るようになるのは、ロシアへの進出がはじまった一九九二年六月以降のことである。六月四日の北海道大学での説法では、『滅亡の日』で二〇〇〇年代の初頭にソ連が崩壊するという予言を行なったが、十年ほど早くソ連は崩壊し、予言は確実に成就してきていると述べている(58)。ただし、同じ日に札幌支部で行なわれた説法では予言にはまったくふれていない(59)。

同年八月からはロシアからのラジオ放送「エヴァンゲリオン・テス・パシレイアス」で『ノストラダムス秘密の大予言』と題して、村井秀夫などとともにノストラダムスの予言の解釈を試みている。この番組は一九九三年六月まで四十四回続けられた(60)。一方、九月二十七日の富士山総本部道場での大説法祭では、その四日前にアストラル世界において放射能を浴びるビジョンを見たと言い、それが一九九七年から二〇〇一年にかけて必ず起きる核戦争の疑似体験であると述べている(61)。

麻原は説法のなかで、しだいに世界情勢について頻繁に言及するようになっていく。十一月三日の千葉大学での説法では、この年にPKO法案が成立し自衛隊が海外に出兵したことで、一九九三年に再軍備という予言が的中したとしている(62)。一九九三年三月二十七日の京都支部での説法では、さくら銀行の人員削減案や大企業の連続倒産にふれ、フリーメーソンについて語っている[63]。四月八日の広島支部での説法では、ハルマゲドンに対して準備している者が勝利すると述べ[64]、同月九日の高知支部での説法では、ハルマゲドンとなる第三次世界大戦ではプラズマ兵器が中心的な兵器になると述べている[65]。

そして十月二十五日の清流精舎での説法では、この一週間のあいだに麻原の家族や弟子が、頭痛や吐き気を訴えてきたと述べ、これはマスタードガス、サリンあるいはＶＸといった毒ガスによるもので、オウムが毒ガス攻撃を受けていると訴えている。これがサリンについて麻原が言及した最初の説法だった[66]。

麻原は地下鉄サリン事件の直前に刊行された『日出ずる国、災い近し』のなかで、冷戦後の世界は、物質文明と精神文明との対決の時代であることを強調している。物質文明が邪であり精神文明が聖である。そしてオウムを精神文明の担い手として聖なるものに位置づけ、自分たちに敵対する勢力を物質文明を守ろうとする邪と見なしている。邪の勢力は、最終戦争としての第三次世界大戦によって都会を完全に死滅させ、無政府状態を作り、地球の統一的な政権を作ろうと画策している。麻原は邪の勢力として、具体的にはフリーメーソン＝ユダヤ人を想定し、フリーメーソン＝ユダヤ人がオウムを徹底的につぶそうとして、アメリカ軍や自衛隊を手先として使い、毒ガス攻撃をしかけていると説いていた[67]。

麻原は以上のように、武装化に着手したあとになると終末論をさかんに説くようになっていった。麻原が自らの予言が的中したと語るとき、その解釈は見てきたようにきわめて恣意的なものであった。しかしオウムの信者たちは、麻原の説くハルマゲドン到来の予言を信じた。

教団諜報省に所属し、三菱重工広島研究所に侵入したとして建造物侵入で起訴された永井靖は、一九九五年九月二十二日に開かれた自らの初公判における被告人質問で、オウムの教団が行なっていたイニシエーションを受けたときには幻覚剤を使っていることはわかったが、ハルマゲドンは本当に来ると思っていたので、教団の救済の仕事を手伝わなければいけないと思ったと言い、ハルマゲドンを信じたのは、麻原が宗教生命を賭けるとまで言い切ったからだと述べている。[68]

永井とともに三菱重工広島研究所に侵入したとして建造物侵入で起訴された現役自衛官、東山(とうやま)達也も、十月三日に開かれた自らの第二回公判での被告人質問で、井上嘉浩の「まもなくハルマゲドン（世界最終戦争）が起こって資料がなくなってしまうので、資料を後世に残すための仕事だ」という説明をそのまま信じ込んだと答えている。[69]

井上の直属の部下として地下鉄サリン事件の前夜に教団の東京総本部に火炎瓶を投げつけ、また私が以前住んでいたマンションの入口に爆弾をしかけた元自衛官、白井孝久も十二月一日の初公判で、「ハルマゲドンが近い」「日米戦争で、再び日本は壊滅させられる」という井上の話をそのまま信じたと述べている。[70]

早川紀代秀も十二月十三日の初公判における意見陳述で、出家してからは自己の悟りをめざす一方で、きたるべきハルマゲドンから一人でも多くの同胞を救おうとの一心で重大な事件に関与したと述べている。[71] 教団諜報省次官・平田悟も、一九九六年十月二十二日の第五回公判の被告人質問で、時間がないという感じで一九九七年にハルマゲドンが起きるという切迫した気持ちをもっていたと述べている。[72]

林郁夫は、麻原やその家族、修行中のサマナまでが生命を狙われているという麻原の説法を聞いて驚き、憤りを感じたと述べ、一九九三年十月半ばに第二サティアンで中川智正が排気筒を調べている姿に接していたため、麻原の説法の内容を信じたと述べている。[73] 一九九四年の十一月半ばには、近く強制捜査が行なわれるという「尊師通達」が出された。林によれば、これによって教団内部の切迫感や緊張感は高まっていったという。[74]

オウムの信者のなかには、オウムに入信する前からあるいはオウムを知る前からハルマゲドンを信じていたという人間が少なくない。そうした人間たちにハルマゲドンの予言は強くアピールしたことであろう。

瀬口晴義の『検証・オウム真理教事件』では田島和雄として、村上春樹の『約束された場所で』では細井真一として登場する元信者は、若い多感な時代に五島勉の『ノストラダムスの大予言』（祥伝社）を読み「一九九九年七の月、恐怖をまき散らす大王が天から降りてくる」という破滅の予言によって、彼の心の奥底に潜んでいた破壊願望、終末待望感が激しく揺さぶられたと言い、オウムの本に「この世界は悪い世界である」とはっきり書かれていたことが心地よかったと述べている[75]。『約束された場所で』に波村秋生として登場する元信者は、ノストラダムスの大予言にあわせて人生のスケジュールを組んでいて、高校を出るころから出家するか、死ぬかを考えていたと言う。そして宗教ウォッチングを続け、オウムに出会う前にはキリスト教や創価学会にも関心をもっていたと語っている[76]。

元信者の高橋英利は『約束された場所で』でのインタビューのなかで、信者たちがオウムに引きつけられたのは親子関係のこじれや軋轢からではなく、むしろ世界の行き過ぎに対する終末的な感情によるものではないかと言い、終末感にひしひしと侵されていく感覚はみな心のなかに感じていたのではないかと述べている[77]。高橋は自らの手記『オウムからの帰還』のなかでは、『宇宙戦艦ヤマト』や『風の谷のナウシカ』『ＡＫＩＲＡ』といった、巨大な破局のあとの世界をテーマとしたアニメに親しんできた自分の世代には、気分として終末がすりこまれており、ハルマゲドンは笑いとばすべきものではなかったと述べている[78]。

終末論の機能

オウムの信者たちはハルマゲドンを信じていたわけだが、それを説いたはずの麻原彰晃は、自分がハルマゲドンを説いたこと自体を否定している。

麻原は、一九九六年五月十五日に東京拘置所で行なわれた第三回破防法弁明手続きの際の意見陳述で、一九九五年十一月初旬にイスラエルのラビン首相が暗殺され世界の首脳が集まったことで、ハルマゲドンに集まったというプロセスは終了したと思っていると言い、ハルマゲドンについて信者に予言したわけではなく、一九九七年にハルマゲドンが起こると断定してはいないと述べている。誰もがハルマゲドンに出会うかもしれないし、出会わないかもしれない。しかし死ぬことはまちがいなく、死に備える必要がある。そのようなことは説いたが、ハルマゲドンを起こせとか、起こるということは一言も言っていないという。さらにフリーメーソンについては、弟子たちが自分に、これは悪いフリーメーソンの計画であるという情報を入れたもので、自分もそうかなと思っていたと言い、最終戦争を起こすのはフリーメーソンであって、オウムではないとはっきり否定できると主張している[79]。

この麻原による意見陳述はオウムの危険性を否定し、破防法の団体適用を回避するために行なわれた。意見陳述は教団の代理人との問答のかたちで行なわれているが、代理人も麻原から教団の危険性を否定する発言を引き出そうとしている。その点で、麻原の発言を額面どおりに受けとるわけにはいかないが、今まで見てきたように、麻原は決してハルマゲドンばかりを説いていたわけではない。

島薗進は、オウムにおいて終末論がそれほど重要なものではなかったことを指摘している。島薗によれば、オウム事件後に会ったオウムの信者は、終末予言は出家する前の信者には重要かもしれないが、出家すると一般社会への関心は薄れ、自己の解脱へと関心が集中していくと述べ、終末予言の重要性を否定したという[80]。島薗は、ハルマゲドンの予言は麻原にとってゲームかギャンブルのようなもので、新たに信徒を引き寄せる方便としては重要だったかもしれないが、それはオウムの教団や日本の社会、人類社会の未来を深刻に考えるという性格のものではなかったのではないかと疑われてくると述べている[81]。

この島薗の主張を裏づける事実がある。オウムの教団が事件後に刊行した『尊師ファイナルスピーチ』についてはすでに序章でふれたが、『尊師ファイナルスピーチ』のⅡでは、富士山総本部道場が開設されて以降の麻原の説法について、直弟子用あるいは集中修行者向けのものとそうでないものとが区別されている。前者には「★」印がつけられ、出家信者向けの説法となっている。後者は主に在家信者を対象としたものである。

一九八八年八月に富士山総本部道場が開設されるまで、麻原の説法は主に各支部や世田谷道場あるいは丹沢や秩父での集中セミナーで行なわれていた。そうした説法の場には出家信者と在家信者がともにつどっていた。入信していない人間さえ含まれていた。その時代には、出家信者向けの説法と在家信者向けの説法は区別されていなかった。

富士山総本部が開設されてからは、麻原は、そこに集った修行者に修行のあり方やその目的などについて説くことが多くなった。富士山総本部道場での出家信者向けの説法で、麻原はほとんどハルマゲドンにはふれていない。一九八九年一月二十八日の説法では、欲望におぼれた人間についてふれ、それでは「滅亡の日ならぬ、滅亡の人生」だと述べ、かえって『滅亡の日』を冗談のネタに使っている。(82) この時期、麻原がハルマゲドンについて説いているのは、在家信者を対象とした説法においてである。

麻原が出家信者に対してはハルマゲドンについてほとんどふれず、もっぱら在家信者に向かって語ったということは、島薗の言うようにそれが新たに信徒を引き寄せる方便であった可能性を示唆している。在家信者向けの説法は危機感を煽り、入信や出家を勧めることを目的としたものだったと考えられる。

一九九一年の夏以降、麻原が出家信者向けに説法を行なう機会は激減した。しかし、ハルマゲドンが在家信者向けに説かれるという点に変化はなかった。十一月に行なわれた予言セミナーは、一般の会館や在家信者向けの教学センターで行なわれている。また「エヴァンゲリオン・テス・パシレイアス」のラジオ放送は、誰もがチャンネルを合わせれば聞くことができるわけで、一般向けである。

麻原が説法のなかでハルマゲドンにまつわる予言を強調するようになったのは、すでに述べたように一九九二年の半ば以降である。ただしこの時期においても、麻原はハルマゲドンにかかわる事柄だけを述べていたわけではない。以前と同様に修行に対する心構えや姿勢について説いており、その方がハルマゲドンについての言及よりも割合としては多かった。

同様の傾向は、一九九四年八月に創刊されたオウムの雑誌『ヴァジラヤーナ・サッチャ』についても言える。『ヴァジラヤーナ・サッチャ』は地下鉄サリン事件以降も続けて刊行され、オウムがサリン事件の犯人でないことをアピールすることを目的としていた。『ヴァジラヤーナ・サッチャ』は外部の人間を対象とした雑誌であり、創刊号からハルマゲドンの到来を予言するような記事が多くを占めていた。その傾向は事件後においても変わらなかった。強制捜査を受けてからも、オウムの教団は外部に向かって依然としてハルマゲドンが近いことを強調した。それも、新たに信徒を引き寄せる手段、方便であった可能性が高い。

一連のオウム裁判において、信者たちは、ハルマゲドンを自分たちで招き寄せるために武装化や無差別大量殺人を計画したという証言を行なっているわけではない。そもそもすでに見たように検察側の冒頭陳述でも、ハルマゲドンの予言と武装化や無差別大量殺人との関連性は説明されていない。

麻原がハルマゲドンについての予言を強調するようになったのは、オウムがロシアに進出し武装化がはじまる時期にあたっている。武器や毒ガスの製造に従事することを信者たちに納得させるためには、ハルマゲドンが近づきオウムが危機にさらされているという認識を植えつける必要があったにちがいない。

それをオウムの幹部や麻原がどの程度信じていたかはわからない。林泰男は一九九八年三月二十六日に開かれた麻原の第七十一回公判で、オウムが毒ガス攻撃を受けているということについて、自分はまったく信じて

いなかったが、麻原や村井秀夫、井上義浩らは信じていたように見えると証言している。(83)

麻原は毒ガス攻撃を信じているふりをすることで、オウム自身が毒ガスを製造している事実を隠そうとしたのであろうか。それとも彼は被害妄想に陥り、攻撃されていると信じて、外部からの毒ガス攻撃に対する防御のために武装化を計画したのであろうか。ただし麻原が説法のなかではじめて毒ガス攻撃に言及したのは、すでに見たように一九九三年十月二十五日のことである。そのときにはすでに、サリン大量生成のためのプラント作りは進められていた。これは毒ガス攻撃への防御が武装化の原因ではなかったことを意味している。

オウムは本当にハルマゲドンを自ら招き寄せるために武装化を進め、サリンによる無差別大量殺人を実行したのだろうか。これもまた麻原の憎悪に原因を見ようとする解釈と同様にわかりやすい説明であり、そうした考え方とも結びついている。社会に対する激しい憎悪をいだいた麻原が、社会の破壊をめざして終末論を強調したとも言えるからである。しかしすでに見たように、麻原の憎悪から事件を説明することには無理がある。またオウムがハルマゲドンを招き寄せるために武装化を進めたことを裏づける明確な証拠も見出されていない。

ただしハルマゲドンの信仰が、オウムの教団のなかに強い危機意識を作り上げていたことはたしかである。信者たちは麻原の毒ガス攻撃についての説法を、ハルマゲドンが近づいている証拠としてとらえた。ハルマゲドンが近づいているなかでは、救済活動のために法を犯す行為をしたとしても許される。信者たちはそのように考えたのではないか。そこには、すでに述べた、信者たちのいだいていた社会への憎しみがかかわっていたことであろう。自分たちを受け入れない社会なら滅びるのが当然だ、という意識が生み出されていったのかもしれない。

たとえハルマゲドンへの信仰がオウムの信者たちを犯罪行為に駆り立てたのだとしても、ハルマゲドンを招き寄せるために武装化や無差別大量殺人が進められたわけではない。少なくともハルマゲドンの信仰が武装化や無差別大量殺人の主たる原因であったとは言えない。それはあくまでも、数ある原因のうちの一つだった。私がかつて終末論に事件の原因を求めたのも、結局のところ、なぜオウムが無差別大量殺人を敢行しなければならなかったのか、『宗教の時代とは何だったのか』を書いていた時点では、その理由を見出せなかったからである。私には、オウムの教祖や信者たちに無差別大量殺人にいたる動機があるようには思えなかった。そこで終末論を持ち出して事件の原因を明らかにしようとしたのだが、今の時点で考えると、それでは事件の本質はとらえられないように思われる。

救済としてのサリン

オウム事件の根本的な原因を麻原彰晃の憎悪や終末論に求めることができないのだとしたら、ではそれはどこに求めるべきなのだろうか。

裁判にかけられたオウム信者たちのなかには、サリンを撒くといった行為を、犯罪ではなく救済としてとらえていたと証言する者が少なくない。地下鉄サリン事件の実行犯となった豊田亨と広瀬健一は、一九九五年十二月十一日に開かれた彼らの初公判で、「教祖の指示は救済である。やるしかない、と思った」「グル（教祖）を観想し、マンダラ（真言）を唱えて、感情を抑えた」と証言している。[84] 豊田は、一九九六年十一月二十一日に開かれた麻原の第十六回公判に出廷し、「我々の行為によって亡くなられた方や被害を受けた方は救済されている、というふうに解釈しました」と証言している。[85]

もう一人の実行犯、林郁夫も、一九九七年十二月九日に開かれた自らの第二十一回公判での被告人質問で、次のように、サリンによる殺人をポアとしてとらえていたと証言している。

このままではオウムが潰されるから、麻原がギリギリの決断をして事を起こす。真理を守るためだと麻原が言っているから、と考えた。麻原はこのころから聖者が戦わなければならない時代だと言っていたから、その戦いの一環だと思った。……麻原が私たちに言っていたのはポアしてくれる、(犠牲になる人は)真理を守るために亡くなるのだと。今から言うと恥ずかしいが、生きていれば救いがないが、麻原にポアされれば救われると考えた(86)。

林は、その手記『オウムと私』のなかでも、同様の趣旨のことを述べている。サリンを撒くことに抵抗を感じながらも、次のようにその行為を救済に結びつけていたという。

私たちが地下鉄にサリンをまくことで、強制捜査のホコ先をそらせば、オウムが守られて、真理が途絶えないですむのだから、サリンで殺され、ポアされることになった人たちも、真理を守るという功徳を積むことになるので、誰であろうと、殺された人は最終解脱者・麻原によって、高い世界に転生させられて、真理を実践できるようになるのだ。誰も無駄死にということにはならないのだ(87)。

林がサリンを撒く決断をしたのは、村井秀夫の部屋で地下鉄にサリンを撒くように求められたとき、村井から最後に「これはマハー・ムドラーの修行だからね」と告げられたからだという(88)。林は、一九九六年九月十九日に開かれた麻原の第八回公判に出廷し、マハー・ムドラーの修行の意味について、それは心を動かさないための修行であり、その修行をすると正悟師の位が与えられると説明している(89)。

このように地下鉄サリン事件の実行犯のなかには、サリンを撒くことを救済としてとらえていた人間がいる。彼らは人を殺傷する可能性のあるサリンを撒くことに強いとまどいを感じ、その心は揺れていた。彼らは、オウムの手によってすでに松本でサリンは撒かれ、その際には多数の死傷者が出ていたことを知っていた。密閉された空間である地下鉄でサリンを撒けば、松本以上に多くの死傷者が出る可能性があることも理解していたであろう。

ただしすべての実行犯が、サリンを撒く行為を救済としてとらえていたわけではない。横山真人は、サリンが人を殺せるほどの薬物とは知らなかったと言い、救済と考えたとは述べていない。林泰男も、サリンを製造することは仏教の教えから逸脱しており、ついていけなかったと述べている(90)。

地下鉄サリン事件の実行犯のなかに、なぜサリンを撒く行為を救済としてとらえる人間が出てしまったのであろうか。彼らはどうして、オウムとは何の関係もない人たちを殺傷してしまうことに、宗教的な意味があると思ってしまったのだろうか。彼らはそれほど、麻原によってマインド・コントロールされていたということなのだろうか。

サリンを撒くことに宗教的な意味があると感じたのは、実行犯となったオウムの信者たちだけではなかった。オウム事件の直後、サリンによる無差別大量殺人が宗教的な論理にもとづいて実践された可能性を示唆する知識人たちがいた。

吉本隆明は、自分は誰よりも麻原のことを過大に評価していると言い切り、麻原が法廷で、自分たちは大いなる善にいたる過程で無差別大量殺人をよぎなくされたのだと主張し、市民社会の善悪の価値観を超えたところで自分たちの行為の正当性を揺るぎない確信をもって語ったとしたら、キリストと同じように生き残る可能性があると主張した(91)。

山崎哲も、オウムが自分たちは宗教による革命をめざしたとはっきり主張しないことに不満を示した上で、サリンによる殺人に他者の救済という考え方が含まれていたことがはっきりするなら、それを親鸞の「悪人正機説」などと対比させ、思想的、宗教的な問題として論じる意味が出てくると語った(92)。

中沢新一も、殺人を犯していながらそこに宗教的な真理があると主張する人間がいたとしたら、宗教学者として非常に関心があると言い、そこまで徹底した論理が存在するならば、簡単に善悪の判断を下すのではなく一つの宗教思想として認めてもいいのではないかと述べた。そして人間の善悪のレベルを超えた目をもつことの危うさを指摘した上で、麻原が殺人者であることを公言し、その姿勢を崩さなかったとしたら、その自己解体をいとわない覚悟のほどは、宗教思想としてすごいことだと思うとも述べた。(93)

中沢は、麻原が社会的に差別された階層に属していることで、そのような宗教思想をもつにいたったことを示唆した。中沢によれば、中世インドで発達したタントリズムは、アウトカーストあるいはアウトローの小集団のなかで伝えられた思想であるという。厳しい階層制をもった社会のなかで発達したタントリズムの思想には、さまざまな価値観を根こそぎ否定してしまうような過激な批判性が隠されている。麻原はタントリズムに秘められたアウトロー的、アウトカースト的本質に気づき魅了されたという。(94)

もちろん麻原はこれまでのところ法廷において、殺人を正当化する宗教思想を語ってはいない。その点で吉本らの期待は裏切られたかたちとなっている。しかし、信者たちの方は法廷において、オウムが犯した数々の事件が救済を目的としたものであったと証言している。その救済についての考え方は独善的で、オウムの信者ではない人間にとっては言語道断であるにしても、オウムの教祖や信者たちが何をめざしたのかを理解しなければ、オウム事件の本質はわからないままになってしまう。

とくに私は中沢の発言に注目したい。私は以前、オウム事件さらにはオウムそのものに対する中沢の発言に疑問を呈したことがある。(95) 中沢は大学院の学生だった時代にネパールにわたり、チベット人僧侶のもとでチベット密教について学んだ。彼は研究者として、外側からチベット密教の世界を観察したわけではない。チベット密教の内側の世界に飛び込み、一人の修行者としてそれを学んだ。中沢がチベット密教のグルであるケツン・サンポとの共著で刊行した『虹の階梯』(96)は、麻原も目を通した、オウム信者の必読書であった。

吉本は親鸞との比較から、山崎は演劇の体験からオウムの宗教思想に着目しているわけだが、中沢の場合には、オウムの核となったチベット密教そのものへの関心から麻原の宗教思想に注目している。中沢は仮定のかたちで述べてはいるものの、その発言は、オウムには殺人に宗教的な真理を見出す「徹底した論理」が存在することを認めたうえで、それを議論に値するものとして評価しているように読める。中沢は、オウムの事件がたんに偶発的なものではなく、それがオウムの教義にもとづく宗教的な行為であることを暗示している。

なぜ中沢は、そうした見解を述べなければならなかったのだろうか。私には、そこにオウム事件のもつ意味を明らかにする上での鍵が潜んでいるように思われる。オウムの起こした事件は、日本の社会に生きていながら、社会のあり方に強い違和感をもつ人間たちの、無意識の願望を象徴するものだったのではないだろうか。

第二章　ヨーガからの出発

独学のヨーガ

オウムが一連の事件を起こすにいたった根本的な動機に結びつくはずの、その宗教思想を明らかにしていくためには、まずオウムの教義と修行の体系がいかなるものであるのかを見ていく必要がある。

オウムの宗教集団としての歴史は必ずしも長いものではない。麻原彰晃が、オウムの前身にあたる「鳳凰慶林館」を開いたのは一九八三年夏のことであった。「オウム神仙の会」の誕生は一九八六年四月で、それが「オウム真理教」に改称されるのが一九八七年六月ころのことである[1]。鳳凰慶林館の開設から地下鉄サリン事件まで、わずか十二年しか経っていない。またオウム真理教の誕生からは十年にも満たない。オウムの名は陰惨な事件を通して世界中に知られることになったが、その歴史は相当に浅い。

それはオウムの教義と修行の体系が完成されたものではなく、発展途上にあったことを示唆している。実際、教義や修行の体系は最初の時点からは変化をとげている。その変化はオウム事件が起こった時点では、未だ終わりを告げていなかった。

では、オウムの教義と修行の体系はどのように変化してきたのだろうか。その変化のなかに、オウムが事件を起こすにいたる鍵が潜んでいるように思われる。ここではオウムの教義と修行の体系を、大きく二つの時期に分けて考えてみる。

二つの時期を分けるのが一九八八年八月の富士山総本部道場の開設である。この道場は静岡県富士宮市人穴に作られたもので、一九九五年当時は第一、第四サティアンと呼ばれていた。富士山総本部道場の開設によって、オウムの信者たちは一堂に会して修行ができるようになった。オウムはそこではじめて共同生活の場、共同体をもったと言える。そして、この点が重要なのだが、オウムがさまざまな事件を起こすのは富士山総本部道場開設以降のことなのである。

富士山総本部道場開設以前をオウムの初期の段階としてとらえ、この第二章ではその時代におけるオウムの教義と修行の体系を明らかにしていく。次の第三章からはそれ以降の時代をあつかうことにする。

ところで、あらかじめ断っておかなければならないことがある。麻原は自らの宗教思想を形成するにあたって既存のさまざまな宗教から教義や修行体系をとりいれている。したがって、麻原の説く教えのなかには他の宗教で説かれた教義や修行の方法が含まれている。麻原は他の宗教からとりいれたものに独自の解釈を施し、また若干異なる名称を与えている。オウムの出版物の巻末には「言語対比表」が載せられ、仏教やヨーガで一般に使われている用語をオウムでどのように表現しているかが示されている。たとえば釈迦は「サキャ神賢」、如来は「真理勝者」、菩薩は「到達真智運命魂」、阿羅漢は「供養値魂」と呼ばれている。(2)

ここではオウムに独自の用語が、伝統的な用語とどのように異なっているかという問題には、いちいちふれないことにする。それにふれていけば、議論はあまりに煩瑣になる。これから述べていくのは、あくまで麻原が説いた教えであり、修行の体系である。それが伝統的な宗教のとらえ方とどのように異なるかは、改めて第六章でふれる。

さらに麻原が体験したとされる「解脱」についても、それが本当の意味での解脱にあたるものなのかどうかはここでは問わない。麻原の解脱体験の問題点については、すでに『宗教の時代とは何だったのか』のなかで検討を加えたし、(3)第五章でも改めてそれにふれる。ここで解脱ということばを使ったとき、それはオウムの教団のなかでの用語法にもとづいている。したがって本来なら括弧つきで表記すべきであろうが、煩瑣なものになるので括弧ははぶくことにする。

初期のオウムの教義と修行の体系を作り上げたのは麻原である。したがって、その形成過程を追うことは、麻原の宗教家としての歩みを追うことを意味する。

麻原は最初の著作『超能力「秘密の開発法」』のなかで自らの宗教遍歴にふれている。麻原は鍼灸師を職業とし普通の生活を送っていたが、無駄なことをしているのではないかと疑問を感じるようになり、そこから気学、四柱推命、気門遁甲といった運命学によって自らの運命を知ろうとしたと述べている。さらに仙道関係の著作を読んで、その修行を行ない、独学でクンダリニーの覚醒に成功し超能力を身につけた。しかし麻原は、超能力を身につけても精神の安らぎをえることができなかった。そこで宗教に傾倒し、ＧＬＡ（ゴッド・ライト・アソシエーション）の創始者である高橋信次の著作に目を通したが解答をえることができず、中村元の『原始仏典』（筑摩書房）と増谷文雄の『阿含経典』（同）にめぐりあった。(4)

そこから原始仏教の修行をはじめ、阿含宗に入信した。阿含宗では「千座行」という修行を行ない、それを三年で終了したが、その三年間でかえって自分の煩悩は増大し、心の安定が得られないばかりか、薬事法違反に問われて経済的な基盤を失ってしまった。そのなかで麻原は『ヨーガ・スートラ』と劇的な出会いを果たし、佐保田鶴治訳のヨーガ経典をもとに独学で修行をはじめた。それが空中浮揚という超能力の獲得に結びついていく。(5)

麻原が宗教に関心をもつようになったのは、第一章でも見たように結婚後の一九七八年からのことである。ただし麻原はそれ以前に長兄から、創価学会や阿含宗関係の書物を読むよう勧められていた。(6)麻原が阿含宗に入信したのは、一九八〇年八月二十五日のこととされている。麻原は約三年間かけて阿含宗の千座行を実践したと述べているが、(7)阿含宗の主宰者である桐山靖雄は、麻原が阿含宗に在籍していたのはわずか三カ月にすぎなかったと述べている。

麻原は阿含宗に入信したもののすぐにやめ、抜けたあとも千座行の修行を続けていたということなのかもしれない。しかしそうなると、第一章でふれた麻原のグループが阿含宗のなかで注目を集めていたという話とは矛盾する。阿含宗にいたことのあるオウムの元信者は、桐山が、信徒が次々にオウムに流れていくことに怒り、説法のなかで「あの若造め。生意気な」と麻原の悪口を言い、手にしていたものを思い切り床にたたきつけたのを目撃したと語っている。(8)

麻原がオウムを開いてから、何人もの阿含宗の信者がオウムへ移っていった。林郁夫夫妻もそのなかに含まれている。桐山は林夫妻のことは記憶していると言い、林は温厚で立派な技術をもった真面目なドクターという印象があったと述べている。序章でふれた石川公一も阿含宗の信者だった。そうした人間たちが麻原のもとへと去ってしまったわけだから、桐山は麻原に注目せざるをえなかったはずである。しかし桐山は、麻原のことは「全然、記憶にない」と述べている。(9)

このように麻原の阿含宗時代のことは必ずしも明確ではない。さらに麻原がいつ『ヨーガ・スートラ』と劇的な出会いをしたのかもわかってはいない。本人は時期を特定していない。

麻原が最初の活動の拠点、「鳳凰慶林館」を渋谷区桜ヶ丘に開いたのは一九八三年のことであった。高山文彦は鳳凰慶林館が学習塾であったとしているが、その指導内容は「サイコロジー（心理学）・カイロプラクティック理論・東洋医学理論・ヨーガ理論・仙道理論・漢方理論を応用した食餌療法」というもので、[10]鳳凰慶林館は学習塾というよりもヨーガの道場であった。麻原は一九九一年十一月六日の富士山総本部道場における説法で、渋谷にヨーガの道場をもったときには鳳凰慶林館という名称を使ったと述べている。[11]麻原は説法のなかで渋谷コーポという名前にしばしば言及している。[12]鳳凰慶林館は渋谷コーポに生まれたヨーガの道場だった。

麻原が一九八三年の時点でヨーガ道場を開いていたということは、『ヨーガ・スートラ』との出会いは阿含宗に入信した一九八〇年から鳳凰慶林館を開く八三年のあいだであったことになる。佐保田訳の『ヨーガ根本経典』は阿含宗系の平河出版社から一九七三年に刊行されており、麻原がそれと出会ったのは阿含宗への入信以降のことと考えられるからである。麻原は『ヨーガ・スートラ』と出会ってからかなり短期間でヨーガ道場を開くまでにいたったことになる。

ヨーガ道場として

「鳳凰慶林館」は、第一章で見たように一九八四年二月に「オウムの会」と改称され、五月には「株式会社オウム」が設立されている。この会社では健康飲料を販売していた。当時オウムの会の道場に通っていた学生は、この時代のオウムには宗教めいたところはまったくなく、麻原彰晃がハルマゲドンについて語ることもなかったと証言している。皆まじめで純粋にヨーガの修行を行なっていた。麻原も「解脱できない、解脱できない」

と頭をかきむしりながら皆と一緒に修行を重ねていたという(13)。

オウムの会を作っていた一九八四年当時、麻原は毎日朝から晩まで一日中激しいムドラーを行ない、修行に専念するとともにシャクティーパットを行なっていた。ムドラーとは両脚をそろえ伸ばしたまま座るか、蓮華座を組んで胸を息で満たし、喉、肛門、腹を引き締めて、尾てい骨にあるとされるムーラダーラ・チャクラに精神集中するものである。シャクティーパットは、ヨーガのエネルギーであるクンダリニーを覚醒させるためのものである。麻原はシャクティーパットを行なう際に、クンダリニーの覚醒をめざす人間を仰向けに寝かせ、自らはその頭のところに蓮華座を組んで座り、額に親指を押しあて、それをこすりつけるようにしていた。

第一章でも述べたように、オウムの最初のセミナーが開かれたのは一九八四年の暮れから八五年のはじめにかけてのことだったが、そのセミナーで石井久子と飯田エリ子がクンダリニーの覚醒を体験している。

一九八五年二月、麻原は空中浮揚に成功したとされている。そして、四月から五月にかけて神奈川県の三浦海岸で「頭陀(ずだ)の行」を行なった。麻原が五体投地を行なっていたとき、天から神が降り「アビラケツノミコトを任じる」と申し渡される。これは「神軍を率いる光の命」を意味しており、麻原は救済者としての強い自覚をもち、シャンバラのような王国、神仙の民の国を築く必要性を感じるようになった。

六月、麻原は永久にさびない不思議な金属「ヒヒイロカネ」を探しに岩手に出かけている。宿泊した旅館の主人からヒヒイロカネを研究している人物を紹介され、貴重な資料とともに本物のヒヒイロカネを譲ってもらう。そして、岩手の五葉山でヒヒイロカネの調査を行ない、ハルマゲドンの黙示を神授されたという酒井勝軍(かついさ)と行動をともにした老人から、「今世紀末、ハルマゲドンが起こる。生き残るのは、慈悲深い神仙民族だ。指導者は日本から出現する」という予言を教えられた(14)。

麻原は第一章でもふれたように、オカルト雑誌『トワイライトゾーン』一九八五年十月号にはじめて登場する。『トワイライトゾーン』の編集者によれば、麻原の方から空中浮揚ができるようになったから取材してくれという依頼があったという。編集者が行ってみると、そこはヨーガのアシュラム（道場）で、トランクス姿の麻原が六人の女の子と一生懸命ヨーガをやっていた。記事のタイトルは「最終的な理想国を築くために　神を目指す超能力者」となっていた。[15]

レポーターの高井志生海は、麻原があと一年もすれば空を自在に飛ぶ人であり、人間の師をもたないと紹介している。また高井は、麻原が特定の宗派の僧でもなければ、団体のトップに座っている人でもないと述べている。麻原は仙道、大乗仏教、密教、チベット密教、ヨーガの修行を行ない、トランス状態のなかで神々から「生きることを否定せよ」ということを教えられた。麻原はこの年の五月、神からのメッセージを受け取った。二〇〇六年には核戦争の第一段階が終わっており、麻原は極熱と放射能に耐えられる体を作るために修行をしているという。麻原は高井の目の前で実際に修行の一部を行なった。チャクラを開発するためのさまざまな印を結んだり、腹のなかを動かしたりする浄化法、ナウリを実践し、クンダリニーの覚醒に必要なポーズをとっている。

麻原は修行のなかで神秘体験をしたと語っている。そのなかには光や音があらわれた。麻原は未来や過去にタイムスリップし、霊体の離脱も体験している。麻原は正しい食事をし、正しい修行を行なえば、超能力を得ることができ、それは魂の浄化、向上と矛盾しないと述べている。麻原の当面の目標は空中浮揚とアージュニァー・チャクラから自分の身体を抜き出させ、目的としている相手の身体に入る大脱身を成功させることにある。その時点ではハタ・ヨーガで言うところの解脱はすでにしていて、真我も見ており、すべての修行段階の四分の一を達成している。これからは仏教で言う最高の真解脱をめざすという。[16]

この記事の取材が行なわれたのは第一章でも述べたように一九八五年の夏である。麻原は記事のなかで空中浮揚をめざしているものの、そこには麻原が空中浮揚している写真が掲載されている。この写真は翌年に刊行された麻原の最初の著書『超能力「秘密の開発法」』では表紙に使われ、本文中では、麻原が空中浮揚に成功したのは『トワイライトゾーン』の取材の前の一九八五年二月のことだとされている。ただし空中浮揚とはいっても、一瞬体が跳び上がるといったものにすぎなかったように思われる。決してふわふわと宙に浮いている状態ではない。その証拠に、空中浮揚の写真のなかで麻原は歯をくいしばっている。

上祐史浩は一九九七年二月五日に開かれた自らの第十回公判における被告人質問で、自分がオウム神仙の会に入会もしくは入信したのは一九八六年八月か九月のことで、出家は一九八七年のことだと証言している。上祐はヨーガに興味をもっていたが、『トワイライトゾーン』で麻原がヨーガの行法のポーズをしている写真を見て、入信の一年前から手紙を出していたと述べている(17)。上祐は、麻原がはじめて『トワイライトゾーン』に登場したときの記事を目にしたものと思われる。上祐の証言は、最初期のオウムがヨーガの道場として受け取られていたことを示している。当初のオウムは宗教団体ではなかった。麻原はヨーガ道場の主宰者にすぎず、宗教教団の教祖ではなかった。

『トワイライトゾーン』に麻原がはじめて登場した直後の一九八五年十一月、丹沢で行なわれた集中セミナーで、麻原は会員に対しては一回二万円で、非会員に対しては三万円でシャクティーパットを行なった。このセミナーで麻原からシャクティーパットを受けたある元信者は、背骨が熱くなり、その晩はちょうどストーブをうしろに置かれているような感じで、背中が熱くて眠れなかったと語っている。また別の元信者はシャクティーパットだけは本物だったと言い、尾てい骨がガスバーナーで焼かれているようだったと述べている。熱の塊が背骨にそって頭のてっぺんまで上昇していき、頭に手のひらを置かれたとき、頭蓋骨がバリバリッという音を立てた。それはどのように表現したらいいかわからない感覚だったが、慈愛の気持ちが満ちあふれてきたという。

この時代の麻原は熱心に会員の指導にあたっていた。護摩を焚くための薪集めにも率先して山に入った。「私には霊障があるんです」と言う受講生を気味悪がる会員に対して、麻原は「きみたちは、いったいなにをしに来てるんだ。ひとのためになってこそのヨーガだろ。邪気を吸収するくらいの気持ちでやらなくてどうする」と叱りつけた。さらに麻原は夜遅くまで会員の相談にのり、セミナーを開催している一週間の平均睡眠時間は二時間ほどだった。シャクティーパットをしているときには消耗が著しく、熱を出したり足の甲から血を流したりしていた[18]。

この時代の麻原は熱心なヨーガの指導者であった。だからこそ多くの会員を集めることができたのであろう。ただしヨーガ道場の主宰者としての麻原の心のなかには、『トワイライトゾーン』の記事にあるように世界の終わりへの関心もすでに芽生えていた。

ヨーガの技法

麻原彰晃の最初の著作『超能力「秘密の開発法」』が出版されたのは、丹沢でのセミナーから半年も経たない一九八六年三月二十五日のことだった。その題名が示すように、『超能力「秘密の開発法」』は空中浮揚などの超能力を獲得するための方法を記した書物であり、その方法として使われていたのがヨーガの技法だった。

麻原はヨーガの技法として、はじめのころは瞑想を中心としたラージャ・ヨーガと、アーサナ（体位）や調気法といった身体技法を中心としたハタ・ヨーガを行なっていた。だがその後、神に対する献身に重きをおくバクティー・ヨーガへ進み、当時はこの三つのヨーガに加えて、すべての生物の内側に神性・仏性を見出して学び奉仕するカルマ・ヨーガを実践していると述べている。[19]

修行の方法のなかには、麻原がヨーガに出会う以前に取り組んでいた仙道や仏教の修行法も取り入れられている。またラージャ・ヨーガの瞑想は原始仏教で説かれた四つの記憶修習述にあたるとされている。四つの記憶修習述とは「我が身これ不浄なり」「受は苦なり」「心は無常なり」「法は無我なり」という四つの瞑想を行なうものである。[20]

麻原は透視、遠隔透視、念力、遠隔透耳（天耳通）、天気の変更、病気治療といった超能力を身につけていると言い、そのなかでもとくに自分でこれだと思うのは、丹沢でのセミナーで精力的に行なったシャクティーパットであると述べている。シャクティーパットを行なえば、相手のクンダリニーが覚醒していく様子が霊眼で見えてくるという。[21]

クンダリニーの覚醒はオウムにおいてきわめて重要な意味をもっている。麻原はクンダリニーの覚醒のための方法をくり返し説き、それはオウムにおける解脱の第一の条件として考えられるようになる。

麻原は『超能力「秘密の開発法」』のなかで、クンダリニーが覚醒していくプロセスを次のように説明している。

まず、相手の眉間に当てたわたしの親指から白銀色の光がスシュムナー管（クンダリニーの通り道）を通って尾てい骨のムーラダーラ・チャクラまで降りていく。これを三回ほど繰り返すと、光はぱっと消えてしまう。これは、スシュムナーにクンダリニーの通り道ができたことを意味する。さらにシャクティーパットを続けていると、小さな豆粒ほどの赤い点が相手のムーラダーラ・チャクラに四点ほど見え始める。このとき、わたしのムーラダーラ・チャクラも呼応してむずかゆくなる。それらの点は初めは離れて見えるのだが、やがて一カ所に集まり、逆三角形を作る。その時、わたしのムーラダーラ・チャクラは熱くなる。

三角形は次第に大きくなり、骨盤ほどの大きさにまでなる。わたしのムーラダーラ・チャクラはいっそう熱くなり、エネルギーが上へ昇り始める。同時に相手の赤いクンダリニーも上へと昇り始めて、それがわたしの親指のところにまで到達すると、相手の身体全体が赤く見えるようになる。[22]

このプロセスを経てクンダリニーが覚醒する。シャクティーパットを受けた人間はそれ以降、超能力を次々に獲得していく。クンダリニーが覚醒することによって超能力が身につくのは、それぞれ超能力を司っている七つのチャクラがクンダリニーの覚醒によって開発されるからだという。

七つのチャクラとは、尾てい骨のムーラダーラ・チャクラ、性器のスヴァディスターナ・チャクラ、へそのマニプーラ・チャクラ、左右の乳頭とその中間の三カ所にあるアナハタ・チャクラ、喉のヴィシュッダ・チャクラ、眉間のアージュニァー・チャクラ、大脳中央のサハスラーラ・チャクラである。たとえば、空中浮揚を司るのは、三つあるアナハタ・チャクラのうち中央のチャクラであり、サハスラーラ・チャクラはどんなものでも作り出すことができる。[23]また人間の身体は、プラーナ気、サマーナ気、アパーナ気、ウダーナ気、ヴィアーナ気という五つの気からなっており、この五つの気に集中し、チャクラを利用すれば病気を治すことができるという。[24]

具体的な修行は、「火と水の洗礼」と呼ばれる。人間の霊体（エーテル体）のなかにはエネルギーが流れる七万二千本の管があり、そのなかにピンガラ気道、イダー気道、スシュムナー気道という三本の管がある。このうちピンガラ気道とイダー気道が通るようになると、尾てい骨から背骨に沿って真っ赤なエネルギーが上昇してゆき、頭頂にあるサハスラーラ・チャクラに入る。今度は会陰からサハスラーラ・チャクラにスシュムナー気道が通ると、そのなかをクンダリニーが上がっていく。それが四つのチャクラを貫いたとき霊的覚醒が終了する。四つのチャクラとはスヴァディスターナ、マニプーラ、アナハタ、ヴィシュッダの各チャクラのことである。[25]

クンダリニーがチャクラを貫いているとき、人間は「魔境」に入りやすい。異次元のエネルギーを受けることによって精神のコントロールが効かなくなるからである。麻原は自分が四年のあいだ魔境に入っていたことを告白し、魔境を抜け出すことの難しさを強調している。[26]

クンダリニーの覚醒によってエネルギーを自由に動かすことができるようになれば、自由に呼吸を止めておけるようになる。これは密教で「風の制御」、仙道で「胎息」、ヨーガで「サヒンタクンバカ」と呼ばれる。ただしこの時期は危険で身体を痛める可能性がある。それでも表層意識が消滅し、潜在意識が浮き上がって、表層意識の葛藤がなくなっていく。この状態が百五十日から二百日続きエーテル体が浄化されると、本格的なクンダリニーの覚醒が一気にはじまるという。

二度目のクンダリニーの覚醒では最初とは異なり、高次元のチャクラ、四次元のチャクラが活性化する。各チャクラを貫くとき、爆発音とともに白銀色の閃光がきらめき、背骨をゆさぶる。丹田に性交以上の快感が走り、自分一人が異次元に放り出され、愛着しているものから離れなければならない悲しみを覚える。これが一カ月半くらい続くと空中浮揚が起こり、超能力を獲得することができる。ここまでくると解脱が近い。解脱には離欲が必要で、麻原は「離欲の状態になったとき、必ずやあなたは解脱するであろう」と述べている。[27]

『超能力「秘密の開発法」』では、火と水の洗礼のための修行のカリキュラムが具体的に記されている。修行はアーサナ、基本呼吸法、スクハ・プーヴァカ調気法、マントラと瞑想からなっている。

アーサナは呼吸法、精神集中、体を一定の形に止める保持を含む体位法で、背中を伸ばして前屈する体位、木の体位、三角の体位の三つが紹介されている。基本呼吸法は正座して下腹部を引き締め鼻から息を吸い、それを止めてまた鼻から吐き出すことをくり返すものである。スクハ・プーヴァカ調気法は息を吸ったあと、鼻孔を指で押さえ、胸に息を十分に満たしてから息を出していくものである。瞑想とマントラは蓮華座を組んで印を結び、ストリームなどといったマントラを唱えながら観想するものである。ここではムーラダーラ、マニプーラ、アナハタ、アージュニァーという低次の四つのチャクラを開発する方法が述べられている。チャクラを開発するためには、こうした修行を行なうとともに正しい生き方を実践しなければならない。それが大乗仏教で「六波羅蜜」、小乗仏教で「七科三十七道品」と呼ばれるものである。(28)

そのあと麻原は、空中浮揚、願望成就、透視・遠隔透視、テレパシーといった超能力を身につけるための具体的な修行方法について述べている。空中浮揚のためにはアーサナと気をめぐらして甘露を滴り落とすツァンダリー、布を飲み込むダウティ、すばやく息を出し入れするバストリカー調気法が必要である。願望成就には水行と断食行が必要で、透視・遠隔透視には微小な標的を見つめるトラータカとひもを口から鼻に通すネーティが、そしてテレパシーには慈悲喜捨の四無量心の実践が必要であるという。(29)

麻原はタントラ、左道、房中術におけるセックスの技法を使った幽体離脱の方法についても言及している。まず射精をともなわない自慰や性交を行なったあと、マントラを唱えながら性交し、終わったあとにはツァンダリーを行なう。そして最後にエネルギーの流れを観想する性交を行なえば、幽体離脱の超能力を身につけることができるという。(30)

なおオウムの出版物はたびたび改訂が施されており、『超能力「秘密の開発法」』の場合にも一九八八年に増補版、一九九一年に増補大改訂版などがオウム出版から刊行され、そのたびに内容に変更が加えられている。セックスの技法を使った修行の方法については、一九九一年の増補大改訂版から削除されている。(31)

『超能力「秘密の開発法」』では超能力を獲得するための方法が記されているわけだが、その根本はクンダリニーを覚醒させチャクラを開発することにある。そしてクンダリニーの覚醒とチャクラを開発するための方法として、さまざまなヨーガの技法が使われている。『超能力「秘密の開発法」』が刊行されたのはオウム神仙の会が誕生した直後のことだった。オウム神仙の会時代の教義と修行の体系はヨーガ道場という性格を反映し、あくまでヨーガを基盤としたものだった。

麻原の解脱

オウムの教団は第一章でもふれたように、事件後、麻原彰晃の出版物をまとめて『尊師ファイナルスピーチ』として刊行しており、この四巻本には麻原の著作のほとんどが再録されている。そこでは麻原の説法について は、麻原の四冊目の著作『イニシエーション』のように初期に本としてまとめられたものを除いて、まとまった著作のかたちでは収録されていない。説法は解体して時代順に並べ直され、ⅡとⅢに再録されている。『尊師ファイナルスピーチ』におさめられた麻原の説法のなかで一番時期が古いものが、一九八六年八月三十日に丹沢集中セミナーで行なわれたものである。これは『超能力「秘密の開発法」』の刊行よりも時期としては遅い。それ以前にも麻原は説法を行なっていたものと考えられるが、今のところどの出版物にも収録されていない。この丹沢集中セミナーでの説法は二つの部分に分かれており、異なる人間を対象に行なわれたものと思われる。説法の前半では平等に見ることの重要性が強調され、後半では修行における精神集中の重要性について説かれている。

平等に見ることは慈悲喜捨という四無量心のうち「捨」にあたる。麻原は初期の時代において、それを平等心と呼ぶこともあった。麻原はその説法のなかで平等に見ることについて次のように説いている。

次の瞑想は、わたしは果たしてすべてを平等に見ているだろうか。例えばここに愛する者がいる。ここに憎む者がいる。それをわたしは、果たして平等に見ているだろうか。わたしは果たして、すべてに対して愛を注いでいるだろうか。しかもそれは、平等な愛であろうか。

麻原は、自分の目の前に憎い相手と愛している相手をならべてみて、その二人に対して同じように心が動くようになったとしたら、それで平等心のベースはフィニッシュしたことになると述べ、平等心を徹底的にマスターする必要性を説いている。後半の説法では七科三十七道品のうちの五根（信根、精進根、念根、定根、慧根）五力（信力、精進力、念力、定力、慧力）にふれ、信じること、努力すること、記憶して忘れないこと、精神集中をすること、智慧をもつことなどの重要性を説いている[32]。

このように説法においては、『超能力「秘密の開発法」』では萌芽的なかたちでしか言及されていなかった仏教の教義が、しだいに強調されるようになっていく。そして麻原は最初の段階から平等の問題に強い関心をもち、四無量心に言及していた。この四無量心は、第四章でも述べるように、オウムの教義において重要な意味を担っていく。

麻原は最初の説法から三カ月ほど経った同年十一月三十日の上町短期ミニセミナーでの説法で、父親のことにふれている。麻原が説法のなかで自らの家族のことにふれたのはこれが最初だが、同時に最後でもあった。その点できわめてめずらしい説法である。

麻原は畳屋の息子で、商売人である両親は周りに対してものすごく気を遣った。麻原の兄は悪くて、よくいたずらをしたが、兄が客の子どもと一緒にいたずらをしても、両親が叱るのは兄だけだった。そのため兄はひねくれた。ところが両親の方は「そういう子に育てた覚えはない」と言うだけだったという[33]。

この兄というのはおそらく、麻原を盲学校に入れ、また創価学会や阿含宗関係の書物を読むように勧めた長兄のことであろう。麻原は、自らの両親が兄のことを正しく平等に見なかったことを批判的にとらえていた。

麻原が最初の説法のなかで平等の問題についてふれ、平等心を含む仏教の四無量心にこだわり続けたのも、こうした家族の問題があったからかもしれない。麻原は第一章でふれたように、自分が親に捨てられたという感覚をもっていた可能性がある。あるいはそのために麻原は宗教に関心をもったのかもしれない。

麻原はこの時期、二冊目の著作『生死を超える』を刊行している。発行日は一九八六年十二月二十五日となっている。麻原はその本の「はじめに」のなかで、その年の五月からの二カ月以上におよぶインド滞在が、結果的には解脱をもたらすことになったと述べ、自らの解脱体験について語っている。

麻原が書いていることをそのまま受けとるならば、麻原は二カ月以上インドにとどまっていたように読める。しかし第一章で見たように、麻原は五月にインドを訪れ、いったん日本に戻って、ふたたび七月にインドを訪れたとも言われている。

麻原はヨーガの最終段階に到達したものの、それが自分の求めていた解脱とはちがうと感じていた。そこでインドへ飛び、有名な行者の弟子となったが、何も教えてはもらえず、結局ヒマラヤ山中で一人で修行することによって解脱を果たした。解脱とは苦を滅し、生死を超越した絶対自由で絶対幸福の状態だった。麻原は釈迦の残した「縁起の法」が実は解脱の方法を記したものであることを知ったとも述べている[34]。

麻原は縁起の法にもとづいて、解脱にいたるためのプロセスを次のように説明している。

> 「苦」を感じると、藁をもつかむ気持ちから解脱したいという強い思いが生じる。これを「信仰」という。信仰があると解脱への「修行」をするようになる。修行をすると「クンダリニーが覚醒」する。クンダリニーが覚醒すると「悦」が生じる。それがサハスラーラ・チャクラに到達すると「喜」が生ずる。喜がサハスラーラ・チャクラに満ちると「軽安（きょうあん）」が生じる。軽安が体を満たすと「楽」が生じる。精神的にも肉体的にも楽で満たされると、強い精神集中を得ることができる。それによって「三昧（さんまい）」に至る。三昧によ

ってすべてのことを完全に知ることができる。これを「如実知見」という。すべてのことを理解できたとき、この世が幻影だと悟り「遠離（おんり）」する。[35] 遠離すると「離貪（りとん）」する。離貪することによって「解脱」する。自分でも解脱したという納得が生じる。

麻原は、ヨーガ経典やバグワン・シュリ・ラジニーシなどは、このうちの悦の段階までしか言及しておらず、日本の太古神道の川面（かわづら）凡児や仙道のチョー・サンポーが書いた『三峰金丹説要』でも喜までのことしかふれられていないと説明している。[36]

三昧の段階においては熱のヨーガ、バルドーのヨーガ、夢見のヨーガ、幻身のヨーガ、光のヨーガという五つのヨーガを経験するとされ、それぞれのヨーガはスヴァディスターナ、マニプーラ、アナハタ、ヴィシュッダ、アージュニァー、サハスラーラの各チャクラとかかわっていると説明されている。[37]

この三昧の段階をクリアすると如実知見の段階に入り、諸行は無常である、諸法は無我である、存在が悪業を積むという考えに到達する。そして社会生活から離れて遠離し、離貪を経て、生きていながら苦のない状態、解脱に達する。それでニルヴァーナに入ることができるが、麻原はそうなってしまえばこの世に帰れなくなるため、意識を移し替えるヨーガによって自由に転生することを可能にする必要があると述べている。[38]

以下『生死を超える』では、クンダリニーを覚醒させ解脱を果たすためのアーサナ、調気法、ムドラー、瞑想の具体的な方法について説明されている。それぞれが『超能力「秘密の開発法」』以上に詳細に述べられており、この修行を実践すれば、四カ月で解脱への出発点となるクンダリニーの覚醒が起こるとされている。

宗教へ

麻原彰晃は『生死を超える』のなかで、調気法や瞑想を行なう前提となる五つの基本座法をマスターしなければならないと述べている。それはヴァジラアーサナ（金剛座）、ヴィラアーサナ（英雄座）、スワスティカアーサナ（吉祥座）、シッダアーサナ（達人座）、パドマアーサナ（蓮華座）の五つである。

一カ月目はもっぱらアーサナを行なう。ここであげられているアーサナの種類は『超能力「秘密の開発法」』よりも数が増えている。アーサナには大きく分けて、前屈のアーサナ、伸展のアーサナ、ねじりのアーサナ、首を柔軟にして強化するアーサナの四種類があるとされ、さらにそのなかのいくつもの種類のアーサナが言及されている。

前屈のアーサナは各部分の関節や筋肉を緩め、柔軟にし、心を落ち着かせることで、瞑想に入りやすくし、眠りを深くする。伸展のアーサナは心身共にエネルギッシュにし、勇気、決断力、強い精神集中力を与える。ねじりのアーサナは背骨のずれを修正し、スシュムナー管をまっすぐにし、クンダリニーが上昇しやすくする。首を柔軟にして強化するアーサナは首から上の血液交換を十分に行なうことで、ストレスや精神的疲労を速やかに取り除き、ホルモンのバランスを整え若返らせ、神経系統の働きを整えて静める。これは三昧の段階における幻身のヨーガ、光のヨーガと密接な関係があるとされる。

毎日それぞれの種類から二、三のアーサナを選んで一時間ずつ続け、疲れたらリラックスするためのシャヴァ・アーサナを行なう。アーサナの効果として次の五つがあげられている。

一、異常な興奮や無気力を取り除く。

二、筋肉・関節を緩め、かつ強めることによって、長時間の瞑想に耐えられる体をつくる。
三、大脳・神経・ホルモンのバランスを整え若返らせる。
四、背骨を修正し、クンダリニーの通り道であるスシュムナー管を浄化する。これがクンダリニーの覚醒を促す。
五、体を健康にし、内臓を強化する。これがハードな調気法の準備となる。
アーサナはクンダリニー覚醒のための準備段階としての性格をもっている[39]。

次の一カ月は、このアーサナに加えてイダー管、ピンガラ管、スシュムナー管を浄化して、クンダリニーを覚醒しやすくする調気法の実習を行なう。早い人はこの段階でクンダリニーの覚醒が起こる。調気法は、プラーナーヤーマと呼ばれる。ここでは、アヌローマ・ヴィローマ・プラーナヤーマ以下八つの調気法が紹介されている[40]。

三カ月目にはさらにムドラーが加わる。ムドラーは両脚をそろえ、伸ばしたまま座るか蓮華座を組んで、胸を息で満たし、喉、肛門、腹を引き締めて尾てい骨のムーラダーラ・チャクラに精神集中するものである。ムドラーとしては、マハー・プーラカ・ムドラー以下の四つがあげられている。調気法は選ぶことができるが、ムドラーは四つ全部を行じる必要があるという[41]。

最後の四カ月目には瞑想が加わる。それが『超能力「秘密の開発法」』では四つの記憶修習述と呼ばれていた「四つの記憶修習の現象化の瞑想」と呼ばれるものである。麻原自身、解脱のためにこれを用いたと述べている。たとえば三番目の「心は無常なり」の場合、瞑想の具体的な方法としては愛着している異性との恋愛からはじまって、結婚、家庭生活、死別・生別にいたる過程をくり返し瞑想し、最後の死別・生別の場面を重点的に瞑想する。そうすれば心の動きが無常であり、苦の原因であることを悟るとされる[42]。

麻原は魔境から抜け出すには正しいグルをもち、功徳を積み、強い信をもち、行の種類を少なくすることが必要であると述べ、グルに言及している[43]。そしてクンダリニーを覚醒させ、戒を確立して、修行を進めていけば、四つの静慮（じょうりょ）に入ると説いている。四つの静慮とは第一静慮が歓喜、第二静慮が喜、第三静慮が静あるいは楽、第四静慮が不苦不楽で、最後の段階に達すると、呼吸が停止し感覚も完全に止まる。四つの静慮を通過すると神足通、天耳通、他心通、宿命通、死生智という五つの超能力、神通さらには漏尽通が身につくという[44]。

『生死を超える』に記された修行法と『超能力「秘密の開発法」』に記されたものを比較してみると、アーサナと調気法は共通している。ただし『生死を超える』の方が種類は多い。『超能力「秘密の開発法」』にあった瞑想とマントラは『生死を超える』にはなく、かわりにムドラーが取り入れられている。四つの記憶修習の現象化の瞑想は『超能力「秘密の開発法」』では具体的な修行法のなかには含まれていなかった。『生死を超える』で述べられた修行の方法は『超能力「秘密の開発法」』で述べられた方法に比べてかなり複雑になっている。

『生死を超える』でも、『超能力「秘密の開発法」』と同様に修行によって超能力が身につくとされている。しかし『生死を超える』では、『超能力「秘密の開発法」』よりも超能力の比重は小さくなっている。『超能力「秘密の開発法」』にあったチャクラの開発による病気治しへの言及はない。それは『生死を超える』に続いて刊行された『超能力「秘密のカリキュラム」（健康編）』に譲られたかたちとなっている。

『生死を超える』では、病気治しのような現世利益的な要素は削られ、かわりに四つの記憶修習の現象化の瞑想がクンダリニーを覚醒させる修行の四カ月目の部分に組み込まれ、その説明は『超能力「秘密の開発法」』よりもはるかに詳しい。記憶修習の現象化の瞑想は現世利益を志向するものではなく、逆に無我や無常を認識する点で現世否定、現世拒否を志向するものである。

麻原はこれに関連して、増谷文雄の『阿含経典』から釈迦の次のことばを引用している。

わたしは、すべてを経験し尽くした。これ以上何を経験する必要があるだろうか。わたしの迷いの生はこれで終わった。すべての苦は滅尽したのである。さあ、わたしは絶対自由で幸福なニルヴァーナへ入ろう。もはやこの世に再生することはないであろう。[45]

この釈迦のことばは現実世界からの離脱の意義を説いたものである。『生死を超える』においては、『超能力「秘密の開発法」』にはほとんど見られなかった現世否定、現世拒否の姿勢が強調されている。修行の目的も超能力の獲得から人間の生が無常であることを納得していく方向に移行している。そこには、麻原が体験したとされる解脱がかかわっているものと思われる。麻原は解脱の体験を契機に、ヨーガの世界から宗教の世界に踏み出そうとしていた。

教団の誕生

麻原彰晃が自らの解脱を宣言した直後、一九八六年八月には丹沢でセミナーが行なわれている。ここでの説法が、すでに見たように『尊師ファイナルスピーチ』におさめられた麻原の最初の説法である。九月には「サンガ」が作られ、オウムにはじめて出家制度が導入された。十月に「オウム神仙の会」は渋谷から世田谷の上町に移る。[46]

『オウム法廷』下の巻末におさめられた年表では、オウムが出家制度をとるようになったのは本部が世田谷に移った一九八六年十月からであるとされている。『検証・オウム真理教事件』に山下勝彦として登場するオウムの元名古屋支部長は、一九八六年夏から横浜市内に一軒家を借りて十数人の仲間と共同生活をはじめており、それが出家制度の原型となるサンガであったと述べている。[47]

山下は丹沢の山荘などで開かれたオウム神仙の会のセミナーでは、永平寺や高野山の僧侶が参加し激しい修行をする光景はめずらしくなかったと述べている。僧侶のなかには「ここの修行はうちの寺より厳しい」と音を上げる者もいた(48)。麻原は、一九八六年暮れから八七年初頭にかけて開かれた丹沢での集中セミナーの際、シャクティーパットを行なった後、高熱を出して倒れてしまったという(49)。

一九八七年に入ると、一月には大阪支部が誕生している。麻原は二月に、インドのダラムサラでダライ・ラマと対談を行なっている。三月には、麻原の三冊目の著作『超能力「秘密のカリキュラム」(健康編)』が刊行される。

ゴールデンウィークには、秩父で集中セミナーが行なわれている。ここでの麻原の説法は、八月に四冊目の著作『イニシエーション』として刊行される。その説法は次のように進められていった。

第一話　修行の目的とプロセスそして成就
第二話　悟りの障害と六つの極限
第三話　悟りの道程
第四話その一　三毒の浄化こそ成就の鍵
　その二　十二縁起の法
第五話その一　潜在意識をつかめ
　その二　苦の滅尽を知りなさい
第六話　予言と救済
第七話　タントライニシエーションの全貌

第一話では、真我が、功徳、悪徳、行動という三つのグナに影響され自分本来の姿を見失っていると説かれている。クンダリニー・ヨーガが解脱を目的とするのに対し、悟りを目的とするのがジュニアーナ・ヨーガである。ジュニアーナ・ヨーガによる精神的な基礎がないと修行者は現世の欲望を満たす方向へ行き、それがカルマになってしまう。また理論的な追究をした場合に悟りが、物理的な追究をした場合に解脱が起こるという。(50)

第二話では、思い込みが悟りの障害になっており、あるがままに見ることが必要だと説かれている。人間はカルマによって生きており、良いカルマを作り出すためには布施、持戒、忍辱、精進、禅定、智慧という大乗仏教の六波羅蜜の修行をする必要がある。そして瞑想修行である禅定に入ったならば、大乗の仏陀になる道とタントラの仏陀になる道の二つがあるとされる。(51)

第三話では、悟りを開くためには観念を崩壊させ、愛着を捨て、すべての人を愛し、プライドを捨てることが必要であるとされ、菩薩道には愛、哀れみ、喜び、平等心の四無量心が不可欠であると説かれている。(52)

第四話その一では、仏教で言われる貪(とん)、瞋(じん)、癡(ち)が、それぞれ体内のエネルギーの通り道であるスシュムナー管、ピンガラ管、イダー管と関係するとされ、修行によってそれを浄化する必要性が説かれている。(53)

その二では、三グナの干渉によって真我が無明に陥り、そこから行、識、名色、六処、触、受、愛、取著、有、生を経て苦が生じてゆくとされ、逆に苦から解脱へといたるプロセスが説かれている。これはすでに述べた『生死を超える』の記述と共通している。(54)

第五話その一では、人間の意識が顕在意識と潜在意識に区別され、潜在意識が顕在意識の原動力になっているとされる。瞑想によって顕在意識をなくし、潜在意識だけの世界に入り、潜在意識の働きをすべてストップしてしまった段階で、その人間は仏陀になるという。(55)

その二では、八正道について説明されているが、現代の日本社会では八正道を実践することは無理であるとされる。七科三十七道品も現代では使えないとされ、むしろ大乗仏教の六波羅蜜が勧められる。それは出家で

きないが解脱を望む現代の日本人にはぴったりの修行法だという。(56)

第六話についてはすでに第一章でふれた。麻原は一九九九年から二〇〇三年のあいだに核戦争が起こると予言している。

第七話では、タントラのイニシエーションについて説かれ、イニシエーションは秘伝であるとされる。その方法の最初の段階はチベット仏教と同じだが、後はオウムに独自なものであり、カルマをすべて消滅させるミロベスンジュの段階まで進んでいく。それによってタントラの仏陀になることができるという。

このように、『イニシエーション』のなかでは具体的な修行の方法はほとんど述べられていない。ただし前の二つの著作『超能力「秘密の開発法」』と『生死を超える』のなかで言及されていなかった事柄として、タントラのイニシエーションについてふれられている。イニシエーションとは秘伝であり、グルが弟子に教え、霊的なエネルギー、経験を授ける儀式である。それは修行を促進するための手だてとしてとらえられている。

タントラのイニシエーションは第一イニシエーションから第四イニシエーションまで四つの段階に分かれている。これはチベット仏教の技法を取り入れ、それをさらに発展させたものだという。

第一イニシエーションはチベット語で「プモワン」と言う。このイニシエーションを受けるには布施、持戒、忍辱、精進の四つの極限の修行が必要である。第一イニシエーションは水、王冠とラトナサンバヴァ(宝生如来)、ヴァジラ(金剛)とアミターバ(阿弥陀如来)、ヴァジラベルとアモガシッディ(不空成就如来)、ヴァイローチャナ(大日如来)、アクショブヤ(阿閦如来)の六つの段階に分かれている。

イニシエーションがいったいどういうものなのか具体的には説明されていない。たとえばヴァジラとアクショブヤになるための修行をクリアすると、修行上のゆるぎない基礎ができるなどとされているだけである。ただ、ヴァイローチャナになる修行法では、グルが異性と交接しているアストラル的なイメージを与えると述べられている。

第二イニシエーションはシークレット・イニシエーションである。グルが弟子に白い精液と赤い血を与えることになるが、一般には白ワインと赤ワイン、ヨーグルトと茶で代用される。第三イニシエーションはチベット語で「デワチェンボ」、サンスクリット語で「マハースカ」と呼ばれる。ダキニのイメージを与えて性的に刺激し、性エネルギーを強化する。第四イニシエーションはスンジュとロベスンジュに分けられ、最後の段階であるミロベスンジュではカルマを落としきり、グヤサマンジャ、タントラの仏陀になると説明されている。(57)

このように四段階のイニシエーションは、性の技法を使ったタントラ的なものとして説明されている。それは、『超能力「秘密の開発法」』の初版で説明されていた房中術の延長線上に位置するものである。ただし『超能力「秘密の開発法」』とは異なり、具体的な方法は必ずしも明確にされていない。こうしたイニシエーションが実際にオウムのなかで、どの程度行なわれていたかもわからない。

『イニシエーション』に先立つ『超能力「秘密の開発法」』と『生死を超える』においては、修行者自らが行なう修行の方法が主に説かれていた。グルが弟子の修行を手助けする方法としてはシャクティーパットがあげられていただけだった。これに対して『イニシエーション』では具体的な修行の方法についてはふれられず、最後にイニシエーションの意義が説かれている。イニシエーションはグルによって授けられるものであり、グルが重要な役割を果たすことになる。

また『超能力「秘密の開発法」』や『生死を超える』のなかでは、『イニシエーション』の第四話その二に見られる三グナの干渉によって真我が無明に陥るという観点は見られなかった。第五話その二の八正道についても、『超能力「秘密の開発法」』のなかでは、それを含む七科三十七道品の名前があげられていただけだった。第六話の核戦争についての予言も『トワイライトゾーン』の記事には見られたが、『超能力「秘密の開発法」』

と『生死を超える』ではふれられていなかった。カルマについての言及も『超能力「秘密の開発法」』や『生死を超える』には見られなかった。ただし修行の方法や十二縁起の法に代表される教義の部分は『超能力「秘密の開発法」』や『生死を超える』で説かれたものをほぼ踏襲している。さらに『イニシエーション』の特徴はチベット仏教の考え方がとりいれられているところにある。これは『超能力「秘密の開発法」』や『生死を超える』には見られなかった。

『生死を超える』の刊行後、「オウム神仙の会」は「オウム真理教」に改称される。麻原は六月二十四日の丹沢集中セミナーの説法で、改称を発表すると会員から「教」がつくから古いとか、「教」というのは宗教っぽくて嫌だという電話や手紙が寄せられたと述べている。麻原が改称の理由を説明したのはそうした反響に答えるためだった。麻原は、「教」は教科書の教、教典の教で、教えの意味だと言い、「わたしたちは、今真理の教えを実践しているわけだから、真理教でおかしくない」ことを強調している(58)。

元名古屋支部長の山下勝彦は、麻原がオウム真理教への改称を提案したとき、石井久子をのぞく全員が強い拒絶反応を示したと述べている。それまで宗教ではないという感覚でやってきたのに、「真理教」ではいかにも新興宗教と同じだというのである。改称後は他の宗教団体への所属が禁止され、セミナーの費用もあがった。そのため会員の三分の一がオウムを去ったという(59)。

ある元信者は、オウム真理教に改称されて驚いたと言い、布施がいるようになってセミナーの金額も高くなったと述べている。布施は強制ではないが、功徳になるからと言われれば出してしまう。布教・宣伝活動も前はなかったが、真理教に変わってからはビラ配りやポスター張りをやらされるようになった。ポスターを張っていて警察の厄介になった人間もたくさんいた。「布施本」という麻原の書いた本を買ってあちこちに配ることも行なわれたという(60)。

「オウムの会」にしても「オウム神仙の会」にしても、それはヨーガの道場であり宗教団体ではなかった。「オウム真理教」への改称は、麻原の主宰する団体がヨーガを実践する同好者の集まりを脱して、教祖を中心とした宗教団体へと変貌をとげつつあることを意味した。

『イニシエーション』が刊行されるのはオウム真理教への改称直後の八月一日のことだが、それは『超能力「秘密の開発法」』や『生死を超える』とは異なり、麻原が直接原稿を執筆したものではなく、その説法をまとめたものだった。これ以降麻原の著作は『イニシエーション』のスタイルを踏襲するようになり、麻原が直接原稿を書くことはなくなっていく。それは麻原がヨーガの修行者から教祖へと変貌したことと連動していた。

一番弟子の解脱

麻原彰晃に次いで解脱を果たしたのが、その一番弟子石井久子であった。石井は一九八七年六月二十八日に解脱を果たしたとされる。

これはオウム真理教が誕生した時期にあたるが、オウムではこの時期、解脱にいたる最終段階を迎えた修行者は必ず「独房」に入るシステムになっていた。食事やトイレなど身の回りの世話役が一人ついて、部屋をできるだけ暗くし、一日平均十八時間の修行を行なった。石井は一九八七年六月十九日から二十三日まで独房で修行を行ない、二十四日からは丹沢での集中セミナーに参加している。その期間における石井の修行プログラムは次のようなものであった。

午前六時～十二時　ヴァヤヴィヤ・クンバカ・プラーナーヤーマ
午前十二時～午後四時　浄化法（サンカプラクサラーナ・クリヤ、ダウティ、ネーティ、バスティ、ガージャ・

カラニー）
午後四時〜七時　　　食事
午後七時〜翌午前二時　ツァンダリー（プラーナーヤーマ）
午前二時〜六時　　　睡眠　ツァンダリー（瞑想）

このなかにあるヴァヤヴィヤ・クンバカ・プラーナーヤーマは蓮華座を組み、眉間に精神集中して両鼻孔ですばやく二十五回呼吸をくり返し、喉、肛門、腹の引き締めを行ない、息を吐ききったままできるだけそれを保持するものである。サンカプラクサラーナ・クリヤは微温湯にレモンの搾り汁と塩を入れ、それを飲み干したあとにアーサナを行なうものである。ネーティは塩の入った湯を鼻から吸い上げて口から出したり、紐を鼻に差し込んで口から出し、静かにしごくものである。バスティは浣腸のことで、浄化法と位置づけられている。ガージャ・カラニーは立ったまま塩水を飲み、プラーナーヤーマを行なって水を嘔吐するものである。布を呑み込むダウティと、気をめぐらして甘露を滴り落とすツァンダリーについては、すでに『超能力「秘密の開発法」』のところでふれた。

石井はこうした修行を行なうなかでどういう体験をしたか詳しく述べている。

六月十九日に石井は身体が跳ね出すダルドリー・シッディを体験している。石井はしばしばアストラル体に入ってしまう体験をした。修行の期間中、麻原は石井のもとを訪れ修行の指導を行ない、シャクティーパットによってエネルギーの注入を行なっている。石井は、麻原から精妙なエネルギーを入れてもらうと落ち着き、安心感があって光に満ちていたと述べている。

二十二日、石井には、自分は救済するためにこの世に生まれてきたのではないか、すべての魂は悟り、解脱するために存在しているのではないかという強烈な思いがわきあがってきた。二十四日、足の痛みがひどくなり寝つかれないので、朝まで座ろうと座法を組んで頭頂に意識を集中した。この痛みは自分のものではない、この身体は自分のものではないと、マントラを何回も唱え続けると足の痛みは引いていった。

石井はそれから集中セミナーに参加し、そこで修行を続ける。二十五日には心にひっかかるものが出てきて修行もできない状態になり、麻原にザンゲする。それは石井が生きてきた二十六年間に積もりに積もった心の覆いを落とす時であり、石井はそのあと数時間泣き続けた。

私が今まで大切にしてきたものは何だったんだろう。私と思っていたものは、私ではなかった。美しいと思っていたものは、すべて汚れていて、私の大切な自己は、プライドは、すべてエゴが作り出した幻影であったのだ。もう私には何もない。

石井はその日の夜はじめて三昧に入った。

石井は二十七日に、気持ちがよくボーッとしていたいという新しい状態を体験する。麻原からは「その状態を越したら解脱だ。もう少しだ。近いぞ。頑張れ」と言われる。

二十八日、石井は黄金の光が眼前と頭上にあらわれるのを体験する。光があらわれているあいだ全身に快感が走り、光が強まれば強まるほど快感状態は長くなった。光に意識を集中していると意識がとぎれ、それが肉体を抜け出し戻ってくるときのショックはいまだかつて経験したことのないもので、黄金色の光に吸い込まれるようなものだった。石井はその決定的な体験について次のように述べている。

快感が走る。震動する。しびれる。そして、太陽の光のようにまぶしく、ものすごく強い、明るい黄金色の光が頭上から眼前にかけて昇った。金色の光が、雨のように降りそそいでいる。その光のなかで、私は至福感に浸っていた。この太陽は、その後何回も昇り、そして最後に黄金色の渦が下降し、私の身体を取り巻いた。このとき、私は光の中に存在していた。いや、真実の私は光そのものだったのだ。その空間の中に、ただ一人私はいた。ただ一人だが、すべてを含んでいた。本当の幸福、真実の自由は、私の中にあることを悟った。真実の私は光の身体であって、肉体ではないことを悟った。真実の私は、光であることを知った。

石井は最後に「そして、私の修行はこれから始まる……。」と付け加えている。この体験によって石井は、麻原から解脱したと認められた。[61]

この石井の体験を『生死を超える』に記された麻原の解脱体験と比べた場合、石井のものの方が麻原よりもはるかに鮮明でありリアルである。石井の記述は概念的ではなく具体的で、彼女がどういう体験をしていったかがよくわかる。麻原は「ケイマ大師（石井のこと）の成就で、オウムの修行システムが本当に正しかったことを証明できたんじゃないかな」と述べているが、[62]それは麻原の具体性を欠いた体験だけではオウムの修行システムの正しさを証明できなかったかのようにも解釈できる。その意味で石井の体験は重要であり、それはオウムの教団において解脱、成就のモデルと見なされていく。

石井の次に解脱を果たしたのが、やがて坂本堤弁護士一家の事件に関与することになる岡崎一明である。当時岡崎は佐伯姓を名乗っていたが、ここでは岡崎として述べていく。岡崎は石井よりも早く五月から独房修行に入っている。しかし修行は二カ月続き、解脱は石井のあとになる。

岡崎の修行プログラムは石井のものとほとんど変わらない。ただし途中二十三日目から五十日目までのあいだは、一日三時間五体投地も行なっている。岡崎の場合にも三十日目くらいにダルドリー・シッディを体験している。辛かったのは暑さだったと言い、石井と同じように暑いと思うのは自分がいるからで、自分をなくし滅尽しようと考えて、暑さを乗り超えた。また一番しつこく残っていたのはプライドであると言い、ザンゲもしている。

岡崎は解脱の三日前に、三グナのうちサットヴァとラジャスを見ている。サットヴァは白の発光体、ラジャスは黄色の発光体で、それが絡み合いラジャスがまわっていた。それから円形のなかに星がちらばっているのが見えた。その円形の中心に白と黄金と青緑の三つの発光体があった。次の朝その三つが大きく見えた。岡崎はそれが三グナだと思っていて最終解脱を意識していたため、三グナから離れて本当の真我を手にとって見つめてみたかった。自分としては途中の段階だと思っていたが、麻原から電話があって「エンライトメントしてるじゃないか」と言われ、自分が解脱したことを知ったという。(63)

独房には外部とつながる電話が設置されていた。岡崎の体験は本人も自覚しているように、石井の体験に比べてはるかに明確さを欠いている。しかし麻原は岡崎が三つの発光体の光を見たことで解脱したと認めている。この時点では、岡崎の場合にはラージャ・ヨーガの解脱で、石井はクンダリニー・ヨーガの解脱をしたとされている。また岡崎は最終解脱や真解脱といったことばを使っている。これはのちの用法とは異なっている。次の節で述べる麻原の五冊目の著作『マハーヤーナ・スートラ』が刊行されるのは二人の解脱の後のことになるが、そこではラージャ・ヨーガの次にクンダリニー・ヨーガがくるとされている。また最終解脱をしたのは麻原だけだとされるようになり、真解脱ということばも使われなくなっていく。石井と岡崎の解脱は、オウムにおいて教義の集大成が行なわれ、修行が体系化される前の出来事だった。

上祐史浩の場合は七月から九月にかけて独房修行を行なっている。その際にクンダリニー・ヨーガを成就しているが、岡崎と同様に麻原から言われてはじめて成就したことを知る。上祐は九月二十日にオレンジ色の光が見えてきたと言い、普段と同じように行法を済ませ食事をした後、知らないまに三昧に入ってしまったと述べている。呼吸が止まって心臓の鼓動がものすごく速くなった。意識ははっきりしていなかったが、その状態に一時間くらい入っていた。そこから出てくると、麻原から電話があって「クンダリニー・ヨーガが終わったんじゃないか」と言われる。上祐は自分には全然その意識がなかったが、その後瞑想してみるとオレンジ色の光を頻繁に見るようになった。麻原によれば、上祐は過去世においてクンダリニー・ヨーガを終了しているために激烈な体験がなかったのだという(64)。

上祐の体験も岡崎の場合と同様に石井ほど強烈なものではない。体験の強烈さに差があったところに、石井が麻原の一番弟子とされた原因があった。以降石井は次々とステージをクリアしていくことになる。

教義の集大成

「オウム真理教」という宗教教団が誕生するまで、麻原彰晃は会員たちから「先生」と呼ばれていた。それが一九八七年八月に創刊された『マハーヤーナ』の創刊号では、「麻原彰晃大師」と呼ばれている(65)。ただし麻原が大師と呼ばれたのはこの号だけで、九月発行の『マハーヤーナ』No.2では、麻原は「尊師」と呼ばれている(66)。これ以降尊師の呼称が定着していく。ただし尊師と呼ばれるようになっても、信者たちは麻原のことを先生と呼び続けていた。

一方六月二十八日に丹沢の青山荘で解脱し成就したと認められた石井久子は、「マザー・シャクティー・ケイマ大師」と呼ばれるようになる(67)。麻原と石井などの高弟を区別するために、尊師と大師の使い分けが行なわれるようになったものと思われる。

十月二日から十一日にかけて秩父で行なわれた集中セミナーで、麻原はオウムの教義と修行体系の集大成を試みる。これが翌年二月に『マハーヤーナ・スートラ』として刊行される。麻原はこのセミナーの意義について次のように述べている。

私は今までステージについて詳しく説いたことはないし、ヨーガのレベルについて詳しく説いたこともない。今回はじめて、それに挑戦してみたんだ。で、私なりにその結果というものが出たような気がするね。そしてあなた方に納得させるものを与えられるんじゃないかと考えている。(68)

『マハーヤーナ・スートラ』には「大乗ヨーガ経典」という副題がつけられていた。マハーヤーナ・スートラを訳せば大乗経典となる。『マハーヤーナ・スートラ』はオウムの経典として位置づけられ、そこではオウムの教義と修行の方法が体系化されたかたちで示されていた。

麻原は『マハーヤーナ・スートラ』とそれに先立つ『生死を超える』『イニシエーション』との関係を次のように述べている。

『イニシエーション』自体は悟りのプロセスが中心だったと思うんだよ。『生死を超える』では、ヒナヤーナ、小乗のプロセスについては触れているけれども、本当の大乗の仏陀になるためにはどうしたらいいかということについては書かれていないよね。解脱については書いているけれども、それについて書かれているという点が『マハーヤーナ・スートラ』の特徴だね。(69)

『マハーヤーナ・スートラ』ではオウムの宇宙観からはじまって、オウムの教義がかなりまとまったかたちで示され、段階を追った修行の体系化も進められている。

宇宙は現象界、アストラル界、コーザル界の三つの世界に分かれている。仏教用語で言えばそれぞれ欲六界、色界、無色界にあたる。現象界はさらに下から地獄界、餓鬼界、動物界、人間界、阿修羅界、天界に分かれ、アストラル界は上位と下位に、コーザル界は上位、中位、下位にそれぞれ分かれている。下位コーザル世界は下位アストラル世界と現象界と重なっていて、中位コーザル世界は上位アストラル世界と重なっている。そしてコーザル世界の上には、マハーヤーナがあるという。

また七つのチャクラにはそれぞれ身体が存在していて、それはアストラル世界やコーザル世界へ行くためのものである。それぞれのチャクラと身体の関係は次のようになっている。

ムーラダーラ・チャクラ＝下位の幽体
スヴァディスターナ・チャクラ＝上位の幽体
マニプーラ・チャクラ＝変化身
アナハタ・チャクラ＝法身
ヴィシュッダ・チャクラ＝報身
アージュニァー・チャクラ＝本性身
サハスラーラ・チャクラ＝金剛身

金剛身が最高の段階で、それは創造主である。すべてが思いのまま自由自在で、純粋真我の状態である。(70)

続いて修行のステージがどのように進んでいくかが順を追って説明されている。そのステージは次のようになっている。

一、四向四果
　預流向―預流の果　↓　一来向―一来の果　↓　不還向―不還の果　↓　阿羅漢向―阿羅漢の果
二、ラージャ・ヨーガ
三、クンダリニー・ヨーガ
四、ジュニアーナ・ヨーガ
五、大乗のヨーガ

六、アストラル・ヨーガ
七、コーザル・ヨーガ
八、マハーヤーナ

四向四果は阿含経に説かれたものである。『マハーヤーナ・スートラ』では、これに先行する著作で述べられていたヨーガのステージが、四向四果の次にくるものとして位置づけられている。四向四果のうち、預流果は仏陀の教えを実践している人間たちに帰依することである。一来向は説法を聞くという功徳によって、現象界に降りてきて修行することである。不還向は現象界ではなく、微細な物質でできたアストラル世界へ今度は生まれ変わることであり、不還向の修行の結果である不還果をえたときに阿羅漢となり、ニルヴァーナに入る資格を得ることができるという。

麻原は、釈迦はここまでしか説いていないが、それはほんの入口にすぎないと言う。そこからラージャ・ヨーガ以降の段階がはじまる。ラージャ・ヨーガを成就するためには、戒律の遵守と六波羅蜜の実践が求められる。六波羅蜜は、オウムでは「六つの極限」とも呼ばれている。それは布施、持戒、意志の強化、精進、禅定、智恵の六つであり、ラージャ・ヨーガの成就には、そのうち意志の強化までが必要で、ラージャ・ヨーガを意志が支えていることが強調されている(71)。

戒律は、禁戒と勧戒の二つに分けて説明されている。禁戒は「すべての生き物を慈しみなさい」「貪るな。人の物を盗むな」あるいは「施しなさい」「邪淫をするな」「ウソをつくな」というものである(72)。

なぜ戒律を守らなければならないのか。麻原は独特な説明を行なっている。たとえば「貪るな。人の物を盗むな」ということについては、「修行では粗雑次元から離れることによって、他のアストラル世界、コーザル世界に入っていく。なのに、盗むことによって粗雑次元にしばられるならば、完全に逆行だ」と述べられている。

このように、戒律を守ることは、修行と結びつけて考えられている。それはとくに「邪淫をするな」の場合に明確にあらわれている。この戒を守る目的は、性のエネルギーをロスしないことにある。麻原は性エネルギーをロスするとラージャ・ヨーガを支えている意志の力が弱くなり、そうなると自分を防御できなくなると言い、だからこそラージャ・ヨーガにおいては絶対に性エネルギーをもらしてはならないと警告している。つまり性行為や自慰が禁じられている。

一方勧戒は三つの布施のことで、それは財施、安心施、法施に分かれている。財施とは金を布施することであり、安心施とは自分がもっとも苦しんでいるとき、他人の苦しみを聞いてあげて安らぎを与えることである。そして法施は麻原の書いた本を読ませたりすることで、真理をダイレクトに伝えることである。(73)

こうしたラージャ・ヨーガの修行方法は日常生活における倫理、道徳としての性格が強く、それは本格的な修行、クンダリニー・ヨーガの準備段階として位置づけられている。

クンダリニー・ヨーガは、それまで刊行されていた麻原の著作でも述べられていたクンダリニーの覚醒を核としたものだが、それにはグルに対する帰依、功徳、真理の実践が必要である。そして『生死を超える』で述べられたバルドーのヨーガ、夢見のヨーガ、幻身のヨーガ、光のヨーガのプロセスをたどっていく。

クンダリニー・ヨーガについて、『マハーヤーナ・スートラ』では、ラージャ・ヨーガの完成が終わった段階で、次はクンダリニー・ヨーガのプロセスに入っていくとされ、このプロセスに入った人はエネルギッシュで意志も強いとされている。クンダリニー・ヨーガで気をつけなければいけないのはエネルギーであり、いかに生命エネルギーを蓄えるかが問題になる。クンダリニー・ヨーガの修行に入っている人間は性欲が強く、性欲イコール生命欲である。生命欲というエネルギーを上昇させて頭頂のサハスラーラ・チャクラを突き破らせ、それからマハーヤーナまで到達した段階がクンダリニー・ヨーガの成就だという(74)。

次のジュニアーナ・ヨーガは、四無量心のうち平等心を身につけるものである。その段階では真の平等心の芽生えが起こる。そこではクンダリニー・ヨーガの成就によってアストラル、コーザルの世界を知ることになるが、もう一つジュニアーナ・ヨーガには、グルが直接伝授する公式が必要である。ただしその公式がどのようなものであるかは説明されていない(75)。

大乗のヨーガは四無量心のうち残りの三つを行なうものである。その実践によって善行を積むことができる(76)。アストラル・ヨーガの段階では、報身に意識を移しデータの入れ換えが行なわれる(77)。コーザル・ヨーガの段階では、三昧三時間以上が解脱の条件であるとされ、本性身に意識を移すことになる(78)。コーザル・ヨーガを完成して最終解脱したマハーヤーナの状態では、欲界、色界、無色界、真我の意識をもった真の三昧に入る(79)。さらに色（肉体）、受（感覚）、想（表層意識）、行（潜在意識）、識（意志）からなる五蘊（ごうん）から離れることの重要性が説かれ(80)、カルマを浄化するための四正断（随護断、律儀断、修断、断断）という修行法についてもふれられている(81)。『マハーヤーナ・スートラ』では修行の進んでいく段階について、ラージャ・ヨーガからコーザル・ヨーガまで六つに分けられ修行方法の体系化が進められている。

麻原は『マハーヤーナ・スートラ』の刊行後、在家信者向けにその勉強会を行なっている。それは一九八八年一月二十三日の世田谷道場からはじまり六月四日の同じく世田谷道場までくり返されている。こうした勉強会が行なわれたのは『マハーヤーナ・スートラ』がはじめてで、それ以降も行なわれることはなかった。そこに『マハーヤーナ・スートラ』の重要性が示されている。『マハーヤーナ・スートラ』は、どのように修行を進めていけば解脱に達することができるかを明確に示したものである。『マハーヤーナ・スートラ』は、この時期におけるオウムの教義の集大成だった。

『マハーヤーナ・スートラ』としてまとめられた秩父の集中セミナーでの麻原の説法は、石井からはじまり岡崎一明、上祐史浩、さらにはそのセミナーで「ブラフマニー」というホーリー・ネームを授けられた山本まゆみといった弟子たちが解脱したという出来事を踏まえて行なわれている。麻原は、自らの開発した修行の方法によって弟子たちが解脱していったことで自信を深め、教義の集大成と修行の体系化を果たすことができた。その意味で弟子たちの解脱体験はきわめて重要な意味をもった。オウム真理教の誕生と石井の解脱は同時期であり、それはともにオウムを宗教へと転換させていく出来事となった。弟子の存在は、麻原を宗教教団の教祖たらしめる役割を果たした。

『マハーヤーナ・スートラ』でも以前の著作に引き続き、ヨーガがもっとも重要な意味をもっていた。それは仏教で説かれた四向四果の先にヨーガの各段階が位置づけられているところにあらわれている。ヨーガの段階が進むと大乗のヨーガといったものがあらわれるが、この段階になると修行の方法についてはそれほど詳しく述べられてはいない。その点で実際的な意味をもっているのは、クンダリニー・ヨーガの段階までだと言うことができる。『マハーヤーナ・スートラ』におけるオウムの本質は、あくまでヨーガとくにクンダリニー・ヨーガにおかれていた。

総本部道場開設

一九八七年十二月二十六日から翌八八年一月五日にかけて、埼玉県奥秩父の和田平キャンプ場ではじめての「狂気の集中修行」が行なわれた。そのうたい文句は「悟るか、狂うか、狂気の十日間—必遺書」というものだった。そこには二百四名の参加者があった。

この集中修行について麻原彰晃は次のように述べている。

この「狂気の集中修行」は、私がインドへ行ったとき、色々な聖者から「Mr.麻原、その修行は素晴らしいが、大変危険である。」と言われた高度な修行の集積である。よって、もし生命に愛着の強い人は参加しないでほしい。もちろん、それだけ危険な行法だから、参加者には多大な修行上の進歩が待っているだろう。

ただし参加者のなかから、事前に発表された修行プログラムでは少しなまぬるい、「これでは『狂気』とは言えないのではないか」という声があがり、修行プログラムには大幅に変更が加えられ、さらに厳しいものになったという。

参加者はまず遺書を書き、希望によって初級、中級、上級のランクに分かれ修行を行なった。立ったままでマントラ(真言)を唱え、次に五体投地を行なう。それから大乗の発願、トライバンダ・ムドラー、バストリカー・プラーナーヤーマと続き、寝る前にビバリータ・カラニーを行なって終わるというものだった。五体投地はチベット仏教で行なわれている行法だが、大乗の発願とは以下の詞章を唱えるものである。

ホー、湖面に映る虚像のような／様々な幻影に引きずられ／輪廻の大海を浮沈する生き物たち／彼らすべてが／絶対自由・絶対幸福なるマハーヤーナにて／安住することができるよう／四無量心込めて／大乗の発願をいたします。(82)

バストリカー・プラーナーヤーマは、『超能力「秘密の開発法」』で述べられたバストリカー調気法のことであり、ビバリータ・カラニーも『生死を超える』で説明されていた。トライバンダ・ムドラーは息を吐き切った状態で喉、肛門、腹を力いっぱい引き締め、そのまま限界まで保息し続けるというものである。

一日目の修行は午前二時まで続き、翌朝は午前六時起床だったため、一日目、二日目で帰りたくなったという参加者が非常に多かった。狂気の集中修行はかなり厳しいもので、それは参加者全員を悟らせるためのものであるとされたが、それを終えても解脱したと認められた者はいなかった。

狂気の集中修行が続くなか、十二月三十日の夜、参加者の前で「エアー・タイト・サマディ」の予備実験が行なわれている。これは外部の空気を遮断するアクリル製の密閉容器ができあがったからだが、エアー・タイト・サマディとは、修行者が酸素量のかぎられた密閉容器のなかで三昧の状態に入り、その酸素濃度を測定しようというものだった。三昧に入れば呼吸は停止し、よって容器内の酸素濃度はほとんど変化しないというのである。この時の予備実験では、参加者の一人と石井久子が容器のなかに入り、酸素濃度の測定が行なわれた。参加者の場合には最初の十分間で酸素量が〇・五パーセント減少したが、石井の場合には〇・二パーセントしか減少しなかったという[83]。

このエアー・タイト・サマディは最初、地中で行なわれる予定だった。地中で行なわれるものは「アンダーグラウンド・サマディ（地中サマディ）」と呼ばれた[84]。しかしそれはすぐに「水中エアー・タイト・サマディ」に変更された。今度は二重水槽を作り、その内側に修行者が入り、外側に水を入れて空気をシャットアウトしようというものである。

この水中エアー・タイト・サマディは一九八八年三月十五日から二十日まで、麻原と石井が行なうことになっていたが、その直前、準備不足でいったんは延期されている。実際にそれが行なわれたのは五月十七日のことだが、これも原因不明の毒ガスが出たということで、一日弱で終わりを告げた。水中エアー・タイト・サマディが行なわれたのは静岡県富士宮市人穴の総本部道場建設予定地だった[85]。

オウムにおいて総本部道場建設の話がもちあがったのは一九九七年の六月のことだった[86]。それが翌一九八八年八月の富士山総本部道場の開設に結びついていくわけだが、総本部道場は最初から富士宮市に建設されることになっていたわけではなかった。

麻原は機関誌の『マハーヤーナ』で一九八七年のオウムの活動をふりかえり、「支部の数だけは予定通りだったけれども、一つ残念だったのは、総本部道場が建たなかったことだね。十一月に土地を確保して、できたら即着工と考えていたけれどね」と述べている(87)。

それが一九八八年一月二十四日に行なわれたインタビュー記事では、水中エアー・タイト・サマディは「富士山のふもと、オウム真理教総本部道場建立予定地において決行されていることであろう」とされている(88)。この点から考えて、富士宮市に総本部道場を建設することが決まったのは一九八七年暮れから八八年年頭にかけてのことと考えられる。富士宮市が選ばれたのは、序章でふれたように、麻原がシヴァ神から富士山に道場を作るよう指示されていたからであろう。

教団が総本部道場建設に着工したのは一九八八年四月のことであった(89)。だが総本部道場の建設予定地で五月十七日に行なわれた水中エアー・タイト・サマディの様子を伝える写真を見るかぎり、そこにはまだ建物は写っていない。麻原は、水中エアー・タイト・サマディが道場建立地の浄化に役立ったと述べている(90)。その言い方からは、建設ははじまったばかりという印象を受ける。富士山総本部道場の開設まで着工から四カ月しかかかっていない。建設は突貫工事で進められた。

一九八六年に「オウム神仙の会」が発足し、麻原は解脱を果たした。そして翌一九八七年には石井らが解脱を果たし、「オウム真理教」が誕生した。ヨーガの道場として一九八三年にはじまったオウムは、急速度で宗教集団へと変貌をとげていった。

ただし初期のオウムの教義と修行体系のなかに、のちに武装化や無差別殺人に発展していく要素を見出すことは難しい。終末論、ハルマゲドンについてもあまり多くは説かれていない。実際この時代のオウムは社会とぶつかることもなく、とくに問題を起こしてはいなかった。中沢新一がオウムのことを知ったのもこの一九八七年ごろのことだったという[91]。それは当時のオウムが神秘体験や修行に関心をもつ人間たちのあいだで、めずらしく修行に熱心な集団として評価されていたからであろう。

しかし、総本部道場の建設はオウムをさまざまな意味で大きく変えていくことになる。

第三章　グルイズムへの傾斜

マハー・ムドラーの成就

一九八八年五月十二日、石井久子がオウム信者のなかではじめてマハー・ムドラーを成就したと認められた。石井は第二章で見たように、前年の六月、クンダリニー・ヨーガを成就したと認められている。オウムの教義体系を集大成した『マハーヤーナ・スートラ』では、ラージャ・ヨーガの上にクンダリニー・ヨーガが位置づけられ、さらにその上にジュニアーナ・ヨーガが位置づけられている。

オウムにおいて、それまでジュニアーナ・ヨーガを成就したのは麻原彰晃だけだった。麻原は、ジュニアーナ・ヨーガとマハー・ムドラーの関係について、行き着く場所は同じであるが行く道程がちがうと考えればよいと言い、マハー・ムドラーを成就したということはジュニアーナ・ヨーガを成就したことと等しいと説明している。麻原は、その道程のちがいについて次のように述べている。

まずジュニアーナ・ヨーガから説明すると、コーザルにあるデータ、特に現象界に降りてきているデータを解析することによって、その原因を知る。そしてその原因を取り除く。それがジュニアーナ・ヨーガです。そして、マハー・ムドラーは、コーザルにある、この現象界にかかわるデータを一時的にグルが具現化する、現象化して現わすということだ。たとえば、嫉妬心があるならば、その嫉妬心を出させると。例えば怒りというデータがあるならば、その怒りを一時的に出させると。無痴があるとしたならば、その無痴を意図的に出させると。そして経験させて、それが苦であることを理解させた上で、一気にグルの力によって抜き去るという方法だね。[1]

ここではジュニアーナ・ヨーガとマハー・ムドラーのちがいは、グルが具現化するかどうか、つまりはグルが介入するかどうかというところに求められている。ジュニアーナ・ヨーガではグルは介入しないが、マハー・ムドラーではグルが修行者の嫉妬心や怒りといったものをわざと引き出し、それを経験させることで嫉妬心や怒りを抜き去ってしまうという。

麻原は第二章で見たように、最初の段階から平等に見ること、つまりは嫉妬や怒りにかられず公平に物事を見る平等心の重要性を説いていた。しかし、その際にグルの介入が必要だとは説いていなかった。『マハーヤーナ・スートラ』では、ジュニアーナ・ヨーガの条件として片寄らないものの見方をし、自己のあり方を冷静に分析することをあげていたが、グルの介入をともなうマハー・ムドラーについてはふれていなかった。

麻原は第二章で見たように、『生死を超える』のなかで、マハー・ムドラーのムドラーについてふれていた。それは尾てい骨にあるムーラダーラ・チャクラに精神集中するための方法であった。[2] 教団の機関誌『マハーヤーナ』の創刊号でも、ムドラーは霊的な覚醒のための身体技法としてとらえられていた。[3]

ところが、石井がマハー・ムドラーを成就する半年ほど前の一九八七年十二月十二日の世田谷道場での説法で、麻原はそれまでとはちがうマハー・ムドラーの説明をした。

例えば、ラクシュミー大師の場合はマハー・ムドラー的な一種の悟りをしたわけだ。彼女は修行中、グルがまったく会いに行かないで、いじめられました。そして、彼女から電話がかかってくるわけだ、たまに。「先生、わたしはもう自宅に帰りたいんです」と。「修行したくないんです」と。それで、「ああ、そうか、修行したくないのか。で、どうするんだ」「いや、わたしはもう、もともと修行には興味はなかったんです」と、必死に今の苦しみから抜け出したいと、電話で訴えてくる。「ああ、わかった、わかった」そこで、わたしはうまくだますわけだね、相手を。それを二回、三回とやっているうちに、ある日突然ブツッと切れる。今まで苦しみだったものが、パッと喜びに変わり、喜びだったものが苦しみに変わる。それを、ラクシュミー大師は経験しているんだね。これは、マハー・ムドラー的な悟りだね。(4)

ここで説明されているマハー・ムドラーは、ヨーガ的な身体技法とは言えない。それはグルによるいじめであり、しごきである。弟子はグルの突き付けた苦を乗り超えることによって悟りを得られるとされている。実際麻原は、マハー・ムドラーを成就させるために石井を追い込んでいった。石井はクンダリニー・ヨーガの成就のあと、麻原から修行に励み功徳を積むよう指示された。クンダリニー・ヨーガを完成させるには、性エネルギーを完全に昇華させるツァンダリーのプロセスを完成させる必要があったが、功徳を積むためにはシャクティーパットとシャクティープラヨーガを行ない、信徒の悩みごとの相談にのって行法を指導しなければならなかった。

ところが石井は、シャクティーパットや信徒のザンゲを聞くことでカルマを背負い、エネルギーをロスしてしまう。そこで二月十四日から三月八日にかけての一回目の独房修行では、彼女に欠けていたジュニアーナ・ヨーガの考え方や公式を麻原から徹底的にたたき込まれる。石井は直感的な人間で考えて行動することが少なかったが、そのときには経典を暗記するくらい読まされた。経典の内容を自分の体験にあてはめていくのである。石井ははじめ経典を読んでも頭に入らなかった。人生が苦であるということの根本が全然理解できなかった。しかし修行を進めるにつれて、ジュニアーナ・ヨーガの苦がラージャ・ヨーガやクンダリニー・ヨーガの苦とはレベルのちがう深いものだということがわかり、苦の本質が見えてきたという。

四月四日からは二回目の独房修行がはじまり、四月中旬以降は修行プログラムにビバリータ・カラニー・ムドラーが加わった。石井は一切の欲望が苦の原因であることを知り、この世が苦しみのみでよりどころとするものがなにもないと知り、空しさと悲しさのため死を考えるようになった。

石井はグルから自分が一番弱いところを徹底的に突かれる。これ以上の苦しみはなく、自殺しようと考えたが、麻原から「今ここで出ていって、オウムを去って、グルに背いて死んだとしても、涅槃には入れない」と言われ、今ここでは死ねないと考える。

そして麻原に遺書のような手紙を書き、最後の三日間は泣いたり怒ったりと激しい感情の揺れを経験する。石井が追い詰められると、麻原からはこのまま修行を続けるか、グルに頼んで涅槃させてもらうかという二つの道を示される。石井が「涅槃します」と言うと、麻原からは「今の君の状態というのは甘えである。君は幼い頃から甘えられない環境にあったから、グルに対して甘えている。甘えるものを見つけたんだ。そして、自分に対しても甘えている」と言われ、それでハッと目が覚めたようになり一瞬のうちに石井の心は変化した。石井はその変化について、ことばでは表現できないが、苦だったものが苦ではなくなり、性欲も働き出さなくなり食べても食べなくても大丈夫になり、そして闘争心と嫉妬心がスパッと切れたと述べている。これで平等心が養われ、本当の幸福を得たという(5)。

石井がどのようなかたちで苦を突き付けられたのかは、必ずしも明確には述べられていない。しかし石井はグルに徹底して追い詰められることによって、精神的な転換を体験し、マハー・ムドラーを成就したと認められた。ここで使われたマハー・ムドラーはもはや行法ではない。それは精神的な拷問に近いものだった。修行者に苦を与えることは、クンダリニー・ヨーガの段階では行なわれなかった。その意味で麻原は、石井にマハー・ムドラーを成就させることによって、新しい方向へ踏み出していったのである。

リンポチェに教えられたもの

麻原彰晃は、石井久子がマハー・ムドラーを成就した翌一九八八年六月十二日には、石井らをともなってアメリカを訪れる。前年の十二月に開設されたニューヨーク支部で信者たちの相談会を開くことが目的だった(6)。六月二十五日、麻原は妻の松本知子と六人の高弟を連れてインドへ向かっている。ダライ・ラマからイニシエーションを受けるためである(7)。麻原は七月六、七日に二日間かけてダライ・ラマからイニシエーションを受けている。同行した弟子たちが受けなかったのは、彼らが「グルは麻原尊師しか持ちたくない」と言っていたからだった(8)。

麻原は七月十二日からダージリン地方のソナダを訪れ、チベット仏教の高僧、カール・リンポチェに会い秘儀を伝授される。リンポチェによれば、釈迦はヴァジラヤーナ以上にかんしては、教えられるにふさわしい特別な人に教えられるべきであると言ったという。リンポチェはヴァジラヤーナをヒナヤーナ、マハーヤーナとは区別している。そして欠陥のない瞑想がマハー・ムドラー、ゾクチェンであるとしている。麻原はリンポチェと対話を交わすことによって、オウムのマハー・ムドラーとチベット仏教のマハー・ムドラーが同じものであり、インド・ヨーガに四無量心を合わせたものが釈迦の教え、仏教なのだということがわかったと述べている(9)。

第二章で見たように、初期の時代、麻原はヨーガを説くとともに、ヨーガによって得られる神秘体験を仏教の考え方によって解釈していた。麻原は、リンポチェの話が自らが築き上げた体系を正当化するものととらえたのであろう。ただしリンポチェはヴァジラヤーナがどういった教えであるのか、それほど具体的には述べていない。麻原はそれをグルに完璧に帰依した弟子に与えられる秘儀として解釈している。麻原はその点について「ヴァジラヤーナはタントラヤーナのことであるが、リンポチェがヴァジラヤーナという言葉をお使いになるので、以後本文中ではヴァジラヤーナを使うことにする」と述べている[10]。

麻原は『マハーヤーナ・スートラ』の刊行後、一九八八年の年頭に行なわれたインタビューで、今年はさらに『タントラヤーナ』について書くつもりでいると述べていた。麻原は「タントラヤーナ」とはマハーヤーナの上、あるいはそれに併行するもので、タントラヤーナに入るにはマハーヤーナを熟知していなければならないと説明していた[11]。

麻原は『マハーヤーナ・スートラ』が刊行された前後の説法のなかでも、タントラヤーナについてふれている。一九八七年十二月十二日の世田谷道場での説法では次のように述べている。

> オウムでは特殊な、タントラヤーナに近いことをやっている。この「タントラヤーナ」というのはマハーヤーナ・ステージの千生分を一生に集約して成就させようというものだ。そのためには何をやるかというと、秘儀伝授、それからグルのエネルギーの移入。この連続です。オウムを見てごらん。プルシャがそうでしょ。甘露水がそうでしょ。シャクティーパットがそうでしょ。特別イニシエーションがそうでしょ。それから超純粋甘露水がそうでしょ。それと香りのイニシエーションもそうでしょ。すべて秘儀でしょう。マハーヤーナのステージを成就するためには千回以上生まれ変わらなければならない。だが、タントラヤーナの修行はグルのエネルギーを移す秘儀やイニシエーションによって、それを一気に成就させるというので

ある。[12]

こうした秘儀やイニシエーションは麻原の特別な力によって与えられる。つまり、タントラヤーナとはグルである麻原の力によって解脱を早めるための道なのである。[13]

麻原はリンポチェに会う前の段階で、このようにタントラヤーナについて説いていた。しかしその時期、ヴァジラヤーナということばを使ってはいない。

麻原は『マハーヤーナ・スートラ』の刊行後、グルの力によって解脱を早めるタントラヤーナの構想をもっていた。そこにリンポチェからヴァジラヤーナについてはじめて教えられた。それは麻原にとってかなりの驚きだったのではないだろうか。麻原はチベット仏教において自分の知らないヴァジラヤーナの教えが説かれ、しかもそれがふさわしい人間にしか教えられない特別なものであることを知った。それは彼自身の無知を露呈しかねない出来事だった。そこで麻原は未知のヴァジラヤーナを自分も知っているタントラヤーナと同じものとして解釈しようとしたのではないだろうか。

ただし麻原は第二章で見たように、『マハーヤーナ・スートラ』のなかで金剛身についてふれていた。麻原は金剛身を三つのグナに干渉されない本来の真我と同一視し、それがサハスラーラ・チャクラに宿る創造主と同一のものととらえていた。金剛とはサンスクリット語で「ヴァジラ」である。麻原は仏教に金剛という概念があることを知っていた。だからこそ金剛乗、つまりはヴァジラヤーナということばを受け入れることができたのであろう。[14]

麻原はリンポチェのもとから帰国した直後、一九八八年七月二十三日の世田谷道場での説法で、ヴァジラヤーナということばを使っている。これがオウムにおけるヴァジラヤーナの初出と思われる。小乗仏教が誰でもできる簡単な方法であるのに対し、大乗仏教はありのままを見つめなければならないので大変なのだが、「タントラヤーナ、別の言い方をすればヴァジラヤーナというわけだけど、ヴァジラヤーナというものは、もっと大変で、しかも難しい」ものだという[15]。

八月二日には、六日に開かれる富士山総本部道場の開設セレモニーに出席するためにリンポチェが二人の弟子とともに来日している[16]。

麻原は開設セレモニーの前日、八月五日の富士山総本部道場での最初の説法のなかではヴァジラヤーナについて次のように述べている。

大乗の上にあって、はい。ヴァジラヤーナの定義というものは、すべての現象を、諸現象を完璧に解析し切ることだ。もちろん、それは大乗を背景としていなければならない。いいか。じゃあいったい、その諸現象とは何かというと、自己の煩悩だね、あるいは他の煩悩だ、これを解析しきって、昇華して、そして完全にその煩悩から解放されると。これがヴァジラヤーナの教えであると。

煩悩を解析し切る、つまり何が自らの煩悩であるかを知ることによって、その煩悩から解放されることがヴァジラヤーナであり、それはこの世の諸現象を完全に否定する小乗（ヒナヤーナ）とも、世の中をありのままに見て、エネルギーを昇華する大乗（マハーヤーナ）とも異なっている。そしてヴァジラヤーナに入るための条件として、グルに対する帰依を背景とした二十四時間の「ワーク」があげられている。ワークとは信者に課せられた作業のことである。麻原は大乗ではグルを尊敬していればいいが、ヴァジラヤーナでは完璧な帰依、二十四時間のワークが必要だと述べている[17]。

このようにヴァジラヤーナの教えは、富士山総本部道場の開設と前後して説かれるようになった。ここで注意しておかなければならないことは、この時点ではヴァジラヤーナの教えに、殺人を肯定したりそれを勧めたりすることばはいっさい含まれていなかった点である。

出家主義への転換

一九八八年八月六日の富士山総本部道場の開設セレモニーでは、マハー・ムドラーを成就したばかりの石井久子が大師たちを代表して祝辞を述べている。そのなかで石井は、三年前、渋谷のマンションの一室で「オウム神仙の会」が幕を開けたときにはスタッフは三人のみだったが、現在では信徒が約三千名、スタッフが百二十五名と飛躍的な発展をとげたと報告している[18]。

麻原彰晃は一月二十三日の世田谷道場での説法では、「スタッフ」ということばを使っていた[19]。五月二十九日の札幌支部での説法では、「会員」と「非会員」を区別し、また「出家行者」と「在家の修行者」を区別していた[20]。六月四日の世田谷道場での説法では、「信徒」と「スタッフ」を区別していた[21]。

この時代のオウムで、出家信者はスタッフと呼ばれていた。しかしスタッフということばのニュアンスとしては、専従で一般の信者たちの世話を担当する人間という以上の意味があるようには思えない。前の章で、オウムの出家制度が一九八六年の段階で開始されていたことにふれたが、スタッフということばが使われていた段階では、出家という概念はそれほど明確ではなく、出家制度も確立されていなかったのではないだろうか。出家という考え方が明確になるのは、富士山総本部道場が開設されてからのことであると思われる。開設後の八月二十一日の説法では、出家信者をさして「シッシャ」という言い方がなされている[22]。シッシャとはサンスクリット語で弟子の意味である。出家信者は「弟子」あるいは「サマナ（沙門）」とも呼ばれた。ただし弟子やサマナの語が使われるようになっても、シッシャの語は併用されている。

オウムは富士山総本部道場の開設を契機に「在家主義」から「出家主義」へと大きく転換していったように

思われる。というのも麻原は、それ以前の段階ではむしろ出家という行為を否定的にとらえていたからである。
富士山総本部道場開設の一年ほど前、一九八七年七月二十六日の世田谷道場での説法で、麻原は在家での修行の意義を次のように強調していた。

そして、まず在家修行の話から入ろうかね。というのは、在家の修行、オウムの修行から解脱、そして解脱後の救済という話の展開になるから。(23)

この説法を載せた『マハーヤーナ』No.3では、その後の部分に「在家の修行から出家、解脱へ」という見出しがつけられている。この見出しからは、麻原が説法のなかで出家を勧めているように読める。しかし麻原は、その部分で出家ということばを使っていない。逆に次のようにかえって安易に出家することを戒めている。

そして、それではもの足りなくなった人は、もしだよ、例えばここに奥さんがいて、奥さんを捨てても奥さんは生活できると、例えば子供さんはきちんと教育できるという条件があるならば捨てればよろしいと。そうじゃなくて、周りに対して苦を生じさせるようだったら、捨ててはならない。いいですか。もし仮にだよ、捨てたとして、その上に解脱できなかったらどうなるかわかるか。来世はだいたい逆転します。来世は妻として生まれて、夫が捨てます。これは間違いがない。しかもだよ、この世は嫌いだから、解脱の修行の方が楽だからといって修行に入った者は最悪だ。これは。(24)

また麻原は、増谷文雄の『阿含経典』にたびたび登場する「アナータピンディカ長者」について、在家信者のモデルとして説法のなかでくり返し言及している。今見た七月二十六日の説法では次のように述べられている。ここではアナータピンディカ長者はピンディカ長者と呼ばれている。

ピンディカ長者とは誰かというと、要するに祇園精舎をお建てになったお金持ちの方だ。この方は、釈迦牟尼に会うまでは大変豪華な生活をしていらっしゃった。ところが、釈迦牟尼に会われて、釈迦牟尼の説法を聞かれて、ぼろ布をまとうようになられた。しかしだよ、仕事は仕事として続けられた。そして、それは仏教教団を支えるということが一つであるということと、それから、自分についてきている人たちを、豊かにすることが、わたしの使命であるというふうにお考えになったわけだ。いいですか。(25)

九月十四日の大阪支部での説法でも、アナータピンディカ長者はその功徳によって兜率天に生まれ変わり、また病気をしても苦を感じないほどになったと説かれている。(26)

このように麻原は、オウム神仙の会が発足した直後の説法では在家での修行を強調していた。そして麻原自身も、自らを在家の修行者として規定していた。実際麻原は結婚生活を続け、子どもを儲け続けていた。麻原は『超能力「秘密の開発法」』のなかで、原始仏教の修行に入ったとき、修行が進めば進むほど現実的な生活ができなくなり、出家をしないかぎり修行の成就はありえないと考えるようになったと述べている。しかし日本では托鉢では生きていけない。自分には修行に没頭するだけの金銭的な蓄えがなく、生活していくために現実的な仕事が必要であった。そのうえ妻子がおり、妻子を捨ててまで出家することはためらわれたという。

しかし、わたしは生活のための仕事も愛し妻子も捨てることができない。出家の条件を満たせないのだ。嘆いても始まらない。在家のまま、現実的な生活を営んだまま解脱にいたることのできる方法はないだろうか。わたしは再びそれを探しに出発しなければならなかった。(27)

麻原は出家をあきらめ、在家で修行を続けた。そうである以上、弟子たちに対しても在家での修行を勧めなければならなかった。麻原は初期の段階では在家主義の立場をとっていた。

ところが富士山総本部道場の開設以降、麻原は出家の意義を強調するようになる。一九八九年三月二十一日の世田谷道場での非信徒向けの説法で、麻原は出家と在家のちがいについて次のように述べている。

そして、経験者はどうかというと、在家の人、あるいは——在家の人ってわかるね、普通の生活をしている人——あるいは、出家の人——出家というのは、現世を捨ててわたしの弟子になった人——この人たちが、ま、だいたい、成就者としては六十名ぐらいいると。(28)

四月二十二日の水戸支部での説法では、在家として徳を積んでいけば出家して最終的な解脱に向かうであろうと述べられ、出家による解脱が最高の徳であることが強調されている。(29) 一九九〇年十二月二日の大阪支部での説法では、在家信者の限界とそれを超えていく出家信者の可能性が指摘されている。在家信者の場合には身のけがれが消滅するわけではなく、そのため苦しみのなかに身をおくと苦しみを感じる。ところが、出家信者は苦しみに身をおいてもそれに平然と耐えることができる。麻原は、在家信者には現世の幸福を説くが、出家信者には説かないと述べている。(30)

このように富士山総本部道場の開設を契機に、出家という考え方が明確に打ち出されるようになり、次第に在家での修行よりも出家しての修行の方が重視されるようになっていく。しかし出家を打ち出したことは一つの矛盾を生むこととなった。というのも麻原は、オウムが誕生してから今にいたるまで一度も出家したことはなく、あくまでも在家の修行者だからである。

麻原は、その最後の著作『亡国日本の悲しみ』のなかで次のように述べている。

わたしは在家修行者である。したがって、子供もいる。在家修行者に対する世間の誹謗中傷というものは、それほどカルマになるものではない。したがって、わたしへの悪口については、わたし自体それに対してなんら頓着していないから、誹謗されたとしても、あるいは中傷されたとしても、大した問題ではない。しかし、出家した弟子たちは違う。彼らは性エネルギーを保全し、そして出家修行者としての戒を守り、絶えずグル、シヴァ大神、すべての真理勝者方に対する帰依を培い続けている魂である。(31)

麻原はここで自らを在家の修行者として規定し、自分のような在家よりも出家の修行者の方に価値があると述べている。

実際、麻原は成就した大師などに言及する場合には敬語を使っていた。たとえば一九八九年七月十七日の富士山総本部道場での石井久子の「大乗のヨーガ成就式典」で、麻原は「この度ケイマ大師がシャクティーパット、それから特別イニシエーションといったオウムの加行を一応終了なさった」と敬語を使っている。[32]

林郁夫は、麻原が成就者に対しては弟子であるにもかかわらず必ず敬語を使っていたと述べている。たとえ弟子であっても成就という偉大なステージに到達した同じ修行者として、仏性をあらわした者への尊敬を示しているように思え、林はオウムを純粋な求道心にのっとった釈迦の教団のようだと思っていたという。[33]

一九八六年十二月三十一日の丹沢集中セミナーの説法では、石井はただ「ケイマ」と呼ばれていた。[34] この段階では石井はまだ成就していない。ところが麻原は一九八七年六月二十八日のやはり丹沢集中セミナーの説法では、ケイマが「真解脱」したことを報告し、[35] 七月十六日の世田谷道場での説法ではケイマ大師と尊称をつけ、林が言うように「今ケイマ大師が成就なさって」と敬語を使うようになっている。[36]

しかし、これによって麻原と弟子との関係にねじれが生じることとなった。より高い地位にあるはずの出家信者たちが在家信者である麻原の弟子ということになったからである。このねじれから、出家信者が修行を続け解脱するならば禁戒や勧戒といった戒律から自由になることができるという考え方が生み出されていったのではないか。修行の進んだ出家信者は麻原と同様に在家の生活をしても欲望に左右されず、何を食べてもかまわないし、性関係を結んでもかまわないということになっていったのではないだろうか。[37]

忍辱精進極厳修行

富士山総本部道場が開設されるまで、本部がおかれていたのは東急世田谷線松原駅近くにあった世田谷道場だった。そこは小さなビルの一、二階を使ったもので、手狭だった。オウムは総本部道場を開設することで、百名を超える出家信者を住まわせることのできる場所を確保した。麻原彰晃も富士山総本部道場で生活するようになり、そこはまさにオウムの中心拠点となった。富士山総本部道場はたんなる生活の場ではなかった。それは修行のための道場でもあった。信者たちは麻原の本に示されている修行を実践し、解脱をめざした。解脱にいたるためには、修行に専念できる環境が必要であった。その意味で富士山総本部道場の開設は待望されていた。

富士山総本部道場が開設されると、さっそく出家信者たちは修行に入る。この修行はやがて「忍辱精進極厳修行」と呼ばれるようになるが、一日の修行は朝六時から深夜二時までの二十時間休みなく続けられた。修行者はそのあいだ道場から一歩も外に出ることは許されなかった。そのうち十六時間が立位礼拝で、四時間が麻原のビデオ説法に当てられた。修行後の四時間の間に食事、入浴、睡眠、その他身の回りのことをするのが許された。また併行して「無言の行」が課せられ、修行中は必要なこと以外一切口にしてはならなかった。[38]

岡崎一明や上祐史浩などは第二章で見たように、独房修行の際にチベット仏教の五体投地を行なっていた。オウムの立位礼拝は、直立の姿勢からすばやく額、両ひじ、両ひざの五体を地につけ立ち上がることを延々とくり返すという点ではチベットの五体投地と同じだが、グルとシヴァ神への帰依の詞章を唱えることも求められている。背筋を伸ばすことでエネルギーが上昇し、股関節を柔軟にすることで座法を安定させ、さらにはことばに意識を集中することで瞑想と同じ状態に入ることができる[39]。それまで独房システムで成就した人間たちは、独房を出て活動するうちに外界の影響でバランスを崩すことがあった。しかし忍辱精進極厳修行によって成就した者は、外界の影響を受けず、常に安定した状態を保つことができるという[40]。

この忍辱精進極厳修行によって四十五人が成就した。『マハーヤーナ』No.18には成就した修行者たちの体験談が載っている。彼らはクンダリニー・ヨーガを成就したと認定されている。

岐部哲也は独房で修行した石井久子たちと同様に、この忍辱精進極厳修行においてダルドリー・シッディからザンゲへと進み最後に光を体験している。十月十九日、蓮華座で修行を行なっていたときに周りが明るくなってきて、特に上方が大変まぶしく光っていて、自分が下の方にいるのを感じるという体験をする。翌日麻原がきたときに「どうだ」と聞かれた岐部が、「明るくなってきて、昼間みたいになるんですよ」と答えると、麻原からは「ひょっとしたら、成就しているのかもしれないよ」と言われる。さらにその次の日には成就したとされホーリーネームを与えられる[41]。

村井秀夫の場合には、遅れて十月三日から忍辱精進極厳修行に入っている。村井もダルドリー・シッディなどを体験しているが、その体験談のなかでもっとも強調されているのが心の問題である。村井は自分の性格の弱点は逃げや脆弱さ、自信のなさにあると言い、それが「冷たい心（アナハタ）」に発していることを認識する。冷たい心があるがゆえに、自分のみに危険がおよばないよう逃げてきた。村井は、苦手だったヴァヤヴィヤが六時間全力でできるようになると、体の調子がよくなり、瞑想に入るとすぐに身体が跳ね出したと述べている。意識は覚めていて、それを客観的に見ているような状態だったが、そのとき明かりが強くなるのを感じた。そこからどんどん明るくなってきて、いよいよ光かと思うと身体の振動がおさまり、抜けたかなと思ったら、暗い宇宙空間のようなものが見えた。真っ暗な空間だったが、星のような光点が何個かあって動いていた。曇り空にロケットを打ち上げて宇宙空間にやっと出たような感じで、それが最後の体験になった。村井は麻原から、死後ショックのない段階に脱しており成就したと言われる。村井はこの体験を二回しており、自分の体験に自信をもっていたという。(42)

ただしなかには、光の体験をしないまま成就したと認められた修行者もいる。

十一月九日にクンダリニー・ヨーガを成就したとされ「アッサージ大師」というホーリーネームを与えられた二ノ宮耕一は、麻原から蓮華座を二時間組めたら成就と言われていた。しかし痛みに耐えながら二時間組むと今度は三時間組むように言われる。そして三時間蓮華座を組めるようになって成就したと認められている。(43)

忍辱精進極厳修行は成就者を大量に生むシステムであった。それまで石井や岡崎、上祐の場合に見られるように、弟子を成就させるために麻原は個別に指導していた。しかしそれでは多くの人間を一挙に解脱させることはできない。そこで信者の増加に対応して新しいシステムが生み出されていった。

しかし忍辱精進極厳修行に参加した修行者たちが、すべて熱心に修行にいそしんだわけではなかった。麻原は修行者たちの修行に対する甘さを厳しく、しかもくり返し叱っている。

九月一日の説法ではじめに、説法をする場所に供物を並べたままにしている修行者たちを叱っている。以下この章では、とくに明記するものをのぞいて麻原の説法はすべて富士山総本部道場で行なわれたものである。

わたしの弟子がこれだけ集まっていて、今日あなた方は説法を聞こうとしているのに祭壇を全くいじらなかった。ここで立位礼拝をやっている者は気付いたはずだ。わたしがここでじーっと立って供物を見ていたのを。気付かなかったか。どうだ。これだけ人がいて、もし、真にだよ、ヴァジラヤーナ一直線で、例えば半年とか一年でね、最終解脱をする人間がいたとしたら、さっと説法のできる空間を作っていただろう。つまり、あなた方は大変な無智に絶えず覆われているということになる。(44)

九月三日の説法でも次のように修行を怠ける人間を叱っている。

わたしのいないとき、手を抜いている人もいるみたいだけど、それは意味がない。なぜ意味がないかというと、それは君たちが損をしているだけだ。私が損をしてるわけではない。(45)

九月二十二日の説法でも同様に手抜きを叱っている。

ところが立位礼拝を見ていると、ねえ、わたしが上がってきたときは大きな声を出して立位礼拝をやっているけども、あとは手抜きをしていると。……だからわたしは、今日出発しますよという話をしたんだ。つまり、このことを聞いて手抜きをしたい人は喜ぶだろう。ああ、これで今日から麻原はいないからと。三日間は手抜きができると。しかし、わたしの聖なる弟子たちは、いや、今こそ励まなければならないと考えるだろう。(46)

十月五日の説法では、成就するためには怠けるのではなく、強い意志の力をもって修行にあたらなければならないと説いている。

成就の決め手となるのは、最後は人智——人智とはあなた方が普段考えている思考のレベルだ——を超えた強い意志の力、強い確信、これが成就をもたらすんだということを言っておきたいんだ。(47)

麻原は八月三十日をもって肉体の限界を理由にシャクティーパットをやめている。(48) 麻原がシャクティーパットによって直接弟子たちのクンダリニーを覚醒させ成就へと導いていくことはなくなった。かわりに麻原は一つの方法として説法を通して指導するようになった。

『尊師ファイナルスピーチ』Ⅱにおさめられたものを見るかぎり、富士山総本部道場が開設された一九八八年八月から翌一九八九年一月までのあいだに、麻原はそこで出家信者向けに四十三回の説法を行なっている。一九八九年二月から三月にかけて、麻原は各地の支部をまわっており、その間に富士山総本部道場で行なわれた説法は『尊師ファイナルスピーチ』Ⅱにはおさめられていない。そのあと三月末からさらに翌一九九〇年四月までのあいだに、麻原はやはり富士山総本部道場で出家信者に対して五十四回の説法を行なっている。『尊師ファイナルスピーチ』Ⅳにも、この時期の説法がおさめられており、麻原は一九八八年八月から九〇年四月まで富士山総本部道場で四十回の説法を行なっている。ただし、収録されている説法が出家信者向けなのか在家信者向けなのかは明記されていない。

麻原がシャクティーパットを中止したことと、忍辱精進極厳修行の導入とは密接な関係をもっているであろう。シャクティーパットによって個々の信者を成就に導いていくことができなくなったために、新しいシステムの導入が必要とされた。しかし、そのシステムは当初の段階では必ずしも円滑に機能しなかった。修行者の姿勢が甘かったというだけではなく、シャクティーパットの中止そのものも影響していたことであろう。そこで麻原は説法のなかでくり返し弟子たちを叱り、厳しさを求めたのである。

マハー・ムドラーの日常化

麻原彰晃は、シャクティーパットをやめた二日後の一九八八年九月一日の説法で、タントラヤーナが空(くう)に到達しイメージや真言を使うのに対し、ヴァジラヤーナは方便であるとし、両者を区別している。そして富士山総本部道場に集った出家信者が行なっているのは最高のヴァジラヤーナの修行であり、立位礼拝やワークを集中して行なえば、必ずや煩悩が消滅し、解脱できると説いている(49)。

麻原はカール・リンポチェからヴァジラヤーナについて教えられたとき、それをタントラヤーナと同じものとして解釈したわけだが、ここでは両者を区別しようとしている。そこには麻原の迷いが示されているのではないか。彼にはタントラヤーナとヴァジラヤーナがまったく同じものであるという確信がなかった。そのために両者のちがいを強調してみたりしているのであろう。

しかし麻原は、しだいにヴァジラヤーナに重点を移していく。あるいはタントラヤーナとヴァジラヤーナを合体させた「タントラ・ヴァジラヤーナ」という言い方をするようになる。結局、タントラヤーナとヴァジラヤーナのちがいは曖昧なものになっていった

麻原は九月二十一日の説法では、ヴァジラヤーナの世界に入ると、すべてを肯定し、それを受け止めて解析し、止滅しなければならないと説いている(50)。

十月二日の説法で、麻原はヴァジラヤーナが次のように「グルのクローン化」に行き着くものであると述べている。

金剛乗の教えというものは、もともとグルというものを絶対的な立場において、そのグルに帰依をすると。そして、自己を空っぽにする努力をすると。その空っぽになった器に、グルの経験、あるいはグルのエネルギー、これをなみなみと満ちあふれさせると。つまりグルのクローン化をすると。あるいは守護者のクローン化すると。これがヴァジラヤーナだ(51)。

グルのクローン化という表現は異様なものとして受け取られたが、それは修行を早めるための方法を譬(たと)えたものであった。

翌一九八九年一月二十日の説法では、大乗の修行者とタントラ・ヴァジラヤーナの修行者のちがいが、走って行くことと新幹線で行くことのちがいに譬えられている。タントラ・ヴァジラヤーナの修行は速いが、新幹線に乗るときのように功徳と帰依という費用がいるという(52)。

ヴァジラヤーナもしくはタントラ・ヴァジラヤーナは、煩悩を肯定しそれを解析して止滅させるものである

とともに、功徳と絶対的な帰依によって修行を進め、より早く解脱に達するための方便としてとらえられている。こうしたヴァジラヤーナの考え方は草創期のオウムには見られなかった。

では、ヴァジラヤーナの修行は具体的にどのようなかたちで行なわれたのだろうか。

麻原は一九九〇年三月三十一日の説法で、ヒナヤーナに対してはラージャ・ヨーガ、マハーヤーナに対してはクンダリニー・ヨーガ、タントラ・ヴァジラヤーナに対してはマハー・ムドラーの修行法が対応するとし、タントラ・ヴァジラヤーナとマハー・ムドラーを結びつけている。さらに麻原は、それぞれの修行法に対応して三つのグルが存在すると説いている。

ラージャ・ヨーガはすべてを否定し、現世に生きることをも否定する。クンダリニー・ヨーガは現世で修行することも可能である。だがこの二つの修行法には限界があり、その完成までには「ものすごく長い長い道のりを」歩いていかなければならない。これに対して、マハー・ムドラーはグルが修行している人間のもっとも引っかかっている部分に課題をしぼり、その課題を瞑想修行の中心において乗り超えさせるものである。それによって修行のステージは飛躍的に進歩する。それがヴァジラヤーナにおけるマハー・ムドラーの修行法だという。

麻原はマハー・ムドラーの方法を、二つに分けて説明している。以下の部分ではヴァジラヤーナがマハー・ムドラーと同義に使われている。

では、ヴァジラヤーナはどうかというと、その人の気づかない潜在的な煩悩、あるいは思考のプロセスというものに対してグルが完璧にそれを見抜き、そしてそれを瞑想課題として突き付ける。当然突き付けられるわけだから、その人は苦しいだろう。その苦しみというものは、百生分かもしれない、あるいは二百生分かもしれないけれど、その苦しみを乗り超えたとき、その人は二百生分ジャンプしたことになる。あるいは、煩悩の喜びというものがあって、その煩悩を突き付ける。例えば、君たちが行なっているツァンダリーの瞑想法などは、その一つの例だ。もし、これをアストラル世界において、瞑想体験において体験することができるならば、その歓喜というものは、君たちが実際、生身の体でセックスをするその比ではないはずだ。それを実際に経験することによって、そしてその煩悩を昇華させることによって、一生分、五生分、十生分といったその歓喜を経験し、それを昇華させていく。ということは、この経験は、当然大乗の仏陀に到達するスピードを速めることになろう。

マハー・ムドラーには、修行者に苦を与えるものと歓喜を与えるものの二つの種類がある。二つの方法は併用して使われるということかもしれない。そしてタントラ・ヴァジラヤーナのグルは、ヒナヤーナとマハーヤーナについて完全におさめている上、弟子の煩悩を完全に見抜くことができなければならない。したがってこのグルはもっとも大変で、弟子に苦を突き付けるわけだから、憎まれることもあるという(53)。

ここで説明されているマハー・ムドラーは、まさに石井久子を成就させるために用いられた方法である。その際に麻原は、石井の煩悩を見抜き、それを本人に突き付けることで苦を与えた。そして、それを乗り超えさせることによってマハー・ムドラーを成就させた。ここではそれがヴァジラヤーナの修行法として説明されている。

こうした考え方は、富士山総本部道場が開設されるころにはすでに萌芽的なかたちで示されていた。麻原は開設から一カ月経った一九八八年九月九日の説法で次のように述べている。

私達の心というものは、いらないものをたくさん取り込んで、何が真実であるか、何が真実でないかがわからない状態にきている。そして、それを落とすプロセスによって、それはラージャ・ヨーガの「否定」、あるいはクンダリニー・ヨーガの「否定でも肯定でもない」プロセス。あるいは、ジュニアーナ・ヨーガ、マハー・ムドラーの「徹底的に肯定して、その原因を突き止め、完全に分解してしまう」という三つのプロセスによって、私達の心のデータが働かない状態を作っていく。

麻原は立位礼拝を一生懸命修行し、ワークを一生懸命すると、今まで引っかかっていた食欲や性欲といった雑念の影響を受けなくなり、以前よりも幸福を得られると説いている[54]。

ここではヴァジラヤーナの名前はあげられていない。しかしラージャ・ヨーガ、クンダリニー・ヨーガ、ジュニアーナ・ヨーガもしくはマハー・ムドラーという三つのステージは、ヒナヤーナ、マハーヤーナ、そしてヴァジラヤーナという三乗に対応している。麻原は富士山総本部道場が開設された直後から、ラージャ・ヨーガを修行法とするヒナヤーナからはじまって、クンダリニー・ヨーガを修行法とするマハーヤーナを経て、マハー・ムドラーを修行法とするヴァジラヤーナへといたる新たな体系を構築しようとしていた。これは『マハーヤーナ・スートラ』で説かれたジュニアーナ・ヨーガの段階をヴァジラヤーナ、あるいはマハー・ムドラーと置き換えただけであるようにも見える。しかし『マハーヤーナ・スートラ』で説明されたジュニアーナ・ヨーガには、苦を意図して与えるというマハー・ムドラー的な考え方は見られなかった。

さらに重要なことは、グルが弟子に苦を与えるマハー・ムドラーが、ワークというかたちで、日常化されていった点である。麻原は富士山総本部道場が開設される前、一九八七年十二月十二日の世田谷道場における説法のなかでワークということばを使っている。デザイン班のリーダーであるKは四十二度五分の高熱があってもワークを続けているという[55]。

ここで言われているワークとは、教団を維持運営していくために信者に課せられた作業、労働のことである。教団が誕生したときから、信者たちはさまざまな作業をこなしていかなければならなかった。しかも教団が拡大し、さらには総本部道場の建設がはじまることで、作業つまりはワークの量は格段に増えていったことが推測される。その証拠に、麻原は総本部道場開設以降、頻繁にワークについてふれるようになった。
麻原は富士山総本部道場でのはじめての説法で、すでに述べたように二十四時間のワークということばを使っているが、それについて次のように説明している。

二十四時間のワークというのは、あなた方のストレスをどんどんどんどん高じさせるもの、そして、そのストレスを背景として、いや、そうじゃないね、グルに対する帰依というものを背景として二十四時間のワークがあるんだ。そして、二十四時間のワークを背景として、タントラの修行があるんだよ。[56]

ここでは二十四時間のワークはタントラの修行、つまりはタントラヤーナと結びつけられている。ワークはストレスを高じさせるものだが、グルに帰依し生活すべてをワークとしてこなしていけば早く解脱できるという。このワークについてのとらえ方は、マハー・ムドラーの考え方と共通している。
麻原はワークから生まれる苦の意味について、八月三十一日の説法で次のように述べている。

麻原　修行者は、苦の本質を知り、その苦の本質を乗り超え、苦がそこに存在していても、一切苦を超越した状態で生きていく、そのための修行をしているわけだから、苦は感じた方がいいと思うか、感じない方がいいと思うか、どうだ、初めのうちは。そして、それを乗り超えていくわけだな、どうだ。じゃあ、だとしたらあなた方の今の修行、あるいはあなた方のワークというものは、あなた方を解脱に導く修行だと思うか、導かない修行だと思うか。
サマナ　導く修行です。
麻原　わかるな、つまり苦を乗り超えるための修行をしているわけだ。[57]

石井は、マハー・ムドラーを成就する上で苦の本質を知ることが求められていた。ここでのワークの説明はそれと密接に関係している。

さらに麻原は十月五日の説法では、苦をともなうワークを極限の修行としてとらえている。

わたしは、今、建築班の一部それからCSIの一部が最も早く成就するのではないかと思っている。それは、先程わたしが述べたように、人智では計り知れない極限の修行（ワーク）をしているからだ。睡眠時間三時間、あるいは四時間、そしてあとはずっとワークに集中し続ける。この土台があってこそ、初めて実際の修行に入ったときに結果が出る。[58]

CSIとは、教団科学技術省の前身であるコスミック・サイエンス・インスティテュートのことである。オウムでは第二章で見たように、仏教で言われる六波羅蜜を六つの極限と呼び、その実践を重視していた。ここではワークがその極限の修行と同じものとしてとらえられている。

このようなかたちで麻原は、マハー・ムドラーの考え方を基盤に、苦を与えるワークを修行としてとらえる見方を強調していった。それは「マハー・ムドラーの日常化」として考えることができる。ワークは日常の生活全般におよぶものだからである。マハー・ムドラーの日常化によって、オウムにおける生活そのものが修行としての意味をもつようになったのである。

極厳修行での体験

一九八九年一月六日から十六日にかけて、ふたたび「狂気の集中修行」が行なわれている。そこでは立位礼拝のほかに、立位のトライバンダ、バストリカー・プラーナーヤーマ、そして三時間のビバリータ・カラニーが行なわれている。それぞれの具体的な方法についてはすでに第二章で説明した。

名古屋支部の「ボーディーサットヴァの会」のリーダーであった在家信者のNは、この狂気の集中修行に参加したあと、引き続いて一月十六日からは忍辱精進極厳修行に入っている。三月三十日の夜からは独房修行を命じられる。八月十日には他の三人の修行者とともに道場の瞑想ルームに入り、二十四時間の瞑想を行なう。十月二十一日には、麻原から「あと、三日で成就する」と予言され、非常に明るい白い光に照らされてクンダリニーもよく昇るのを感じ、二十三日の午後九時ころにはやや暗いオレンジ色の太陽を見ている。しかしNは光の色がやや暗かったため、その時点では自分で成就したとは考えなかった。ところがその夜開かれた麻原の妻、松本知子の「マハー・ムドラー成就記念式典」で、麻原からクンダリニー・ヨーガを成就したと発表されている(59)。

忍辱精進極厳修行は一九八九年にも九月から行なわれている。そこには林郁夫も加わっている。林が加わったのは熊本県波野村のシャンバラ精舎における極厳修行だった。

林は自らが体験した極厳修行の場合、六百時間の立位礼拝の終わっていない人間はそれを中心に、終わった者は呼吸法、瞑想法、教学などの修行を行ない、一日一食、三時間の睡眠のほかはびっしりとメニューが組まれており、極厳修行の名に恥じないさまざまな経験をしたと述べている。

林が極厳修行に入ったのは波野村の問題をめぐって、オウムに対する強制捜査が行なわれた時期にあたっていた。林は強制捜査の後、出家信者であるサマナ全員が集められた席で、医師のSとともに麻原から名指しで「君たちが成就しないので、救済計画が遅れてしまっている。しっかりやっているのか」と叱責された。そこで林は断食をしたり、釈迦が修行時代に犬の糞を食べたりしたという話を教団の機関誌で読み、自分は極限までやっていないから成就できないのだと自らの便を食べることとさえ試みている。

林は、食に対する煩悩は、三カ月も少量のオウム食を続ける修行中には当然出てくるわけで、麻原はそれを見越して「動物コーナー」というのを開かせたと述べている。申しこんで好きなだけ食べてもよく、好きなものを好きなだけ食べれば食傷し、煩悩は静まるはずだというのだが、麻原は「その報告を受けるぞ」と申し渡していた。動物の本能を満足させることはそれだけ修行で蓄えた功徳を使うことになり、修行は進まなくなる。麻原は「それだけ成就は遠くなるぞ、それでもいいのなら食べろ」と、悩んでいる者にとっては厳しい、いやらしい選択を目の前にぶらさげた。それで成就できるなら憎まれてもいい。それがグルの役割だというのである。林も迷ったが、妻子を思い瞑想もして、この「グルの仕掛け」に耐えたという。苦を与えるグルの仕掛けとはまさにマハー・ムドラーである。

その後、林の属していた修行班は富士山総本部道場の方へ移る。林は年末年始に開かれた信徒へのイニシエーションや狂気の集中修行の際に、医務室で医療活動に従事するが、やがて修行を再開し瞑想中に幽体離脱を経験する。それは座っている自分の側にもう一人の自分が浮いていたり、清らかな山間の谷川の川面に睡蓮のような白い花が一面に咲いていて、そこを空中から眺め、さらには谷の奥をのぞこうとすると、自分の体に戻ったりするという幻視的な体験だった。

さらに林は三悪趣である地獄・餓鬼・動物の世界の住民をすべて天界へ導いていく自分を瞑想しているときに、真暗な洞窟のようなところへ入っていって、そこを上昇していくと急に明るく美しい海岸を見渡す空中へと抜けて飛んでいるという体験をする。その話を都澤和子にすると「一挙にクンダリニー・ヨーガの成就ですね」と言われ、クンダリニー・ヨーガの成就者に加えられている。[60]

早坂武禮も林郁夫の二年後、一九九一年十二月にはじまった極厳修行を体験している。『オウムはなぜ暴走したか。』の第五章は「死ぬか、狂うか、悟るかの『極厳修行』」と題され、この章全体が極厳修行の報告にあてられている。早坂は極厳修行の方法や内容が時代によって異なっていると述べ、自分のときは秘儀瞑想、調気法、経行（きんひん）、究竟（くつきょう）の瞑想の四つのメニューを八時間サイクルでくり返し、食事の一時間を除いて睡眠時間もなく延々と続いていったと述べている。たしかにこのメニューは、すでに述べた富士山総本部道場開設直後の極厳修行のプログラムとは異なっている。

秘儀瞑想はイメージを使ってグルや高い世界の神々と意識を合一させたり、懺悔や供養などを使って煩悩を弱めさせたりしていくものである。このときの調気法はもっとも激しいものが使われた。経行は集中しながらひたすら歩くもので、究竟の瞑想は弛緩した状態で自然に出てくるイメージに任せ、そのイメージや思考を静かに観察するものである。早坂の場合にはこれに、立位礼拝と教義について学ぶ特別教学システムの修行が加わった。この時の極厳修行には早坂を含め四十人が加わったが、クンダリニー・ヨーガを成就したと認定されたのはその三分の一強にすぎなかった。

早坂は修行に入って二十日ほど経ったとき、秘儀瞑想を行なっていたなかで神秘体験をしている。それは上方やや右側からキラキラとした黄金の光が降ってくるというもので、光は次第に強くなりスポットライトのように広がって頭のすぐ上にまできた。しばらくすると今度は体の内側ですごい勢いで上に向かって込み上げる圧力を感じて、同時に思考はあるがそれを乱す感情が瞬間的に完全に止まったような状態が訪れ、心地よい歓喜が湧き上がってきた。性欲や食欲などすべての煩悩が瞬間的に失われた感覚で、ただそこにいるだけで心が至福感に包まれ、意識が肉体の枠を無視するように大きく広がっていった。目を開いているので眼前には見慣れた道場の光景があるが、静かな心は目に見える世界を無視するように、意識を完全にこの至福感に没入させたという。

クンダリニー・ヨーガの修行にはエネルギーのロスを防ぐことが重要であり、早坂は消化によるエネルギーのロスと眠気が襲ってくるのを防ぐため、定められた一日一度の食事も一握りの飯に胡麻をかけて二口で一分とかけずに食べ終えた。のちには一日おきに断食を行ない、それを一カ月続けた。

早坂はダルドリー・シッディだけではなく、空中浮揚も二度ほど経験した。さらに究竟の瞑想を行なっているときに、知らない部屋のなかで椅子に座っていて見知らぬ女性に手を引っ張られる感触や、天井から自分の眠っている姿を眺めるという幽体離脱を味わっている。

しかし、修行の体験はこのような心地よく甘美なものばかりではなかった。修行の後半、立位礼拝を行なっているときに、この世に生を受けてから三十年近い間に食べた物が右から左に飛んでいくように頭のなかを駆けめぐった。それを「生まれてから本当にいろんな物を食べてるんだな……」などと感慨深く振り返っているうちはいいが、味覚や場面まで思い起こすようになると徐々に冷静さを失っていった。たんに自分の記憶を眺めていたはずが、その場面の時々の感情を思い出して過去の思いに没入したり振り回され、もう修行どころではなかった。食べたいという欲求をもっても、修行中にはそれを満たすことができない。欲望に没入しているあいだは冷静さを失い、衝動的な行動を起こしそうになり、何度も教団を飛び出そうとした。

早坂は、やはりオウムの信者であった妻の事故死をきっかけに出家している。妻は風呂で、ある行法をやっていたが、早坂が風呂のドアのガラスを押したときにガラスが割れ、ガラスが腹に刺さって動脈を切り、それが原因で亡くなってしまった。修行が二週間を過ぎたころ、その妻の姿が頭のなかに広がり、それは頂点に達した。出てくる場面は元気なころの姿ではなく、血の海の床に転がり大きく深呼吸をしてから動かなくなった肉の塊であった。無意識のうちに記憶から消し去ることで安穏な生活を送ってきたが、深い部分には根強く鮮明に残っていて、自分からは思い出したくない光景が自然にくり返され、悲しみというよりも恐怖に苛まれた。

麻原からは間接的に「今直面しているのが死に対する恐怖だから、真っ正面からぶつかって徹底的に闘え。負けそうになったら、『チュウの瞑想』を使いなさい」というアドバイスが伝えられた。チュウの瞑想とは自分の身体を神々に供養する瞑想法のことである。早坂は心のなかで事故の日のことを克明に振り返り、その光景を冷静に観察することをくり返すことで、死ぬのは人間の宿命でこの世界に執着するから死を恐怖するのだと気づく。あらゆることに執着しない、何事にもとらわれない状態を目標にすればいいというのである。その後、早坂はクンダリニー・ヨーガの成就者に認定される。そして地中に埋められた部屋のなかで四日間、断水断食状態で瞑想を続けるアンダーグラウンド・サマディを経験する[61]。

このように狂気の集中修行や忍辱精進極厳修行は定期的に行なわれるようになった。そのたびに新たなクンダリニー・ヨーガの成就者が誕生していった。彼らにはホーリーネームが与えられ、幹部と認定された。

しかし修行はそれで終わりではなかった。クンダリニー・ヨーガの上にはジュニアーナ・ヨーガ＝マハー・ムドラーが待っている。クンダリニー・ヨーガの成就者たちは次のマハー・ムドラーの成就をめざすこととなった。忍辱精進極厳修行のシステムの導入で、マハー・ムドラーの成就をめざす人間の数は飛躍的に増えていった。

法廷に立ったオウムの信者たちは、自分たちがマハー・ムドラーの成就を強く願っていたと証言している。井上嘉浩は一九九六年九月十九日の麻原の第八回公判で、逮捕直後の心境について、当時はグルであった麻原から離れて現実の社会に戻ったとしても、ポアされ殺されるという恐怖があったが、それでも解脱したい、マハー・ムドラーの成就をしたい、救済をしたいという分裂状態だったと述べている[62]。岡崎一明も、一九九六年十二月五日の自らの法廷における被告人質問で、自分はまだクンダリニーしか成就していないので、マハー・ムドラーに到達するまでは麻原から認められないと思っていたと述べ、マハー・ムドラーの成就を強く望んでいたと証言している[63]。

試練としてのマハー・ムドラー

麻原彰晃の妻、松本知子は一九八九年十月二十四日、マハー・ムドラーを成就し「アニャータ」の称号を授けられている。彼女がクンダリニー・ヨーガを成就したのは前年一九八八年十月のことだった。知子の場合にも麻原と同様に在家であり、出家はしていなかった。彼女は在家のままマハー・ムドラーを成就した。

知子はクンダリニー・ヨーガ成就のための修行をするなかで、すでに一九八八年十月二十七日からマハー・ムドラーの修行を取り入れていた。しかし麻原から心のプロセスが遅れているので、マハー・ムドラーの修行は中止すると言われ、いったんはツァンダリーの修行に戻っている。

知子はマハー・ムドラーの修行を続けるなかで過去の自分について思い出し、自分が心に数々の屈折をもちながら成長してきたことを認識する。心の屈折を自分自身で知り尽くし、それを取り除いていかないかぎり本当の意味での解放はないという。

知子は最初「リトリート」つまりは独房に入って修行を行なっていたが、一九八九年三月以降はリトリートを出て通常のワークに戻っている。四月には第四子を出産、育児や麻原の世話のほかに出版物の原稿チェックや広報などの仕事があり、しかも十月に入ると『サンデー毎日』によるオウム糾弾キャンペーンがはじまり、知子は多忙をきわめる。しかし麻原からは「条件が悪ければ悪いほど、マハー・ムドラーにとっては好条件となる」と言われる。知子は、麻原が意識してそういう状態を作り出したのであろうが、本人はノイローゼになってしまいそうな毎日だったと述べている。そして十月二十一日の早朝、麻原から「もう成就だ、あと一時間供養法の瞑想をやれば終わる」と告げられ、マハー・ムドラーを成就する。(64)

石井久子の場合には、マハー・ムドラーの修行は主に独房のなかで行なわれた。石井が苦と格闘したのも独房のなかにおいてだった。ところが知子の場合には、独房での修行は重要な役割を果たしていない。彼女はむしろ日常のワークを通してマハー・ムドラーの成就に至っている。

それは知子に次いでマハー・ムドラーを成就した上祐史浩の場合にも言える。上祐は一九八七年九月にクンダリニー・ヨーガを成就しているが、その際に行なっていた極厳修行のなかでマハー・ムドラー成就の一歩手前まで行った。彼はそのなかでクンダリニー、五大エレメントや光球の霊視、ダルドリー・シッディ、バルドーの体験、三昧などの神秘体験をしたが、期待していた大きな精神的変化は得られず、心の片隅で何かが引っかかっていた。

その後、上祐はニューヨーク支部で活動を行なうが、入信者が増えなかったりして、極厳修行のなかで芽生えはじめていたオウムの修行に対する疑問が頭をもたげていった。さらにオウムに入信する前の恋人であった都澤和子への執着が消えず、それが苦しみとなった。都澤からはニューヨーク支部の状況を聞くために定期的に電話があったが、入信状況を報告すると手厳しい叱咤激励のことばをかけられた。上祐はそれでプライドを傷つけられた。そうした心の揺れは一九八八年三月に頂点に達した。

上祐は早稲田大学理工学部大学院から宇宙開発事業団に進みエリート・コースを歩んできた。しかも弁舌巧みで英語にも堪能だった。だからこそニューヨーク支部へ送られたのだが、十分な成果を上げることができず、それが彼のプライドをひどく傷つけることになった。六月に麻原とともにインドに赴いたときには、修行への疑問を直接麻原にぶつけることが多く、他の先輩の大師から自粛を求める忠告を受けた。また通訳としてカール・リンポチェの講義に出席していたときには、麻原から「私はタントラのグルだ。帰依できないなら、タントラの道は歩めない。大乗がいいなら、カール・リンポチェの弟子になれ」とまで言われてしまう。

その後、八月末からは二カ月ほどニューヨーク支部に滞在したが、日本に帰国するとニューヨーク支部の一時閉鎖が決められ、麻原からは今後上祐が海外支部を担当することはないだろうと言われる。それは彼のなかに強かった外国願望を打ち崩した。

一九八九年二月に上祐は大阪支部に派遣され、十月にはマスコミによる「オウム叩き」を経験する。上祐は一連のオウム叩きが自分の修行には役立ったと述べている。教団のスポークスマンとして、オウムを理解してもらうために行動しなければならなかったので、煩悩や観念にとらわれている時間がなかったからだという。

十一月の「ポアの集い」では、麻原からマハー・ムドラーの成就を予告され、教義に対する疑問が氷解するとともに、都澤に対する感情にも大きな変化が起こった。そして麻原とともにヒマラヤのウッタルカシーへ赴き、そこで修行を行なう。上祐はその修行のなかで「性欲がズバッと落ち」、また「煩悩は本当に滅することができるんだ」と実感する。そして瞑想を続けることで、マハー・ムドラーを成就したと認められた。(65)

上祐は最後の段階で、ヒマラヤで瞑想を行ない、直接にはそれが成就へと結びついていく。しかしそれ以前の段階では、日常のワークのなかでマハー・ムドラーの修行を行なっていた。その点について麻原は、一九八九年十二月三十一日に富士山総本部道場で行なわれた上祐ことマイトレーヤ大師の「マハー・ムドラー成就式典」で、上祐の修行期間は学生時代を含め六年半から八年半、さらにはより長い年月だったと言い、彼には修行以前に土台ができていたと述べている。(66)

クンダリニー・ヨーガの成就には忍辱精進極厳修行といった特別の修行の機会が必要とされる。ところがマハー・ムドラーの成就には、むしろ日常のワークやそこから生じる悩みや苦しみを乗り超えていくことの方が重要視されている。そこからは日常のワークから生じる苦悩が、グルによって仕掛けられたものであるという認識が生まれる。すでに見たように、松本知子は麻原が意図的に悪条件を作り出したのではないかと述べていた。上祐のマハー・ムドラー成就にいたる経緯をつづった文章のなかでも、ニューヨーク滞在中やその後経験した苦しみは、すべてグルが計画したものであったと述べられている。マハー・ムドラーの修行のなかでの苦は、グルによって仕掛けられた試練だという。

早坂武禮は麻原からマハー・ムドラーについて、あるとき次のような解説を加えられたと述べている。

おまえの場合、クンダリニー・ヨーガの成就もしてるから心も相当強くなってるよね。苦しみに対する許容量が増えたのは自分でもわかるだろ。ところが、グルが与えるマハー・ムドラーはその比じゃないんだよ。その弟子が最も執着する煩悩を力ずくで引きはがすようなもので、最も見たくない心の汚れをこれでもかっていうくらい見せつけられるからな。(67)

早坂は、マハー・ムドラーをグルが弟子に与える一種の試練だと考えるとわかりやすいと説明している。マハー・ムドラーを仕掛ける方法は、仕掛けられる人間の性格やその時々の状態によって千差万別で、時には褒められたり、苛められたり、完全に無視されたり、無理難題を押しつけられるといった具合に行なわれる。個人を対象にすることもあれば、人事や仕事を使って周りを巻き込んで集団的に行なわれることもあり、仕掛けられている最中には弟子の側がそれとわからない巧妙なやり方で行なわれることがほとんどであるという。(68)

オウムのなかには「マハー・ムドラーをかける」という言い方がある。麻原からの理不尽とも思える過酷なワークは修行的な意味をもつ試練、マハー・ムドラーとして受け取られた。

一九九七年一月三十日に開かれた麻原の第二十三回公判に出廷した豊田亨は、「ヴァジラヤーナとは言われたことをその通りにやることか」という弁護人からの質問に、「そういう面があった」ことを認めている。(69)一九九七年十一月七日の第五十六回公判で証人となった岡崎一明は、一九八八年に連続幼女殺害事件が起こったとき、犯人の実家が印刷業をやっていたため、「ただみたいな値段で買えるぞ」と、印刷機の値段交渉をしてこいと言われたと述べている。岡崎が早川紀代秀らと家まで行くと、家にはロープが張られていて、警察官から家人はホテルに泊まっていると聞かされ、帰ってきた。これもまたマハー・ムドラーであり、マハー・ムドラーはとにかく実行しなければいけないものだという。(70)

石井がマハー・ムドラーを成就したときには、それが本人の知らないままにグルによって仕掛けられる試練だという認識はそれほど明確ではなかった。しかししだいにそれはワークなどを通して、日常の生活のなかで巧妙にしかけられる試練としてとらえられるようになっていったのである。

グルイズムの確立

オウムの元信者、狩野浩之は一九八九年から九五年まで教団に所属していたが、メンバーの数がまだ少なかったころには、麻原彰晃とも身近に話すことができ、「最近眠気がすごくて困るんです」といったくだらない質問もどんどんしていたと述べている。ところが教団が大きくなると、そういうことは段々なくなっていったという。(71)

井上嘉浩も、一九九六年九月十九日に開かれた麻原の第八回公判で検察側主尋問に答えて、教団における麻原の立場の変化について次のように述べている。

検察官　主宰者である被告人（麻原）は、証人にどういうふうに見えたか。

井上　先生という立場に見えた。一人ひとりの修行を手伝い、サポートしてくれる先生です。

検察官　その後、被告人は変わっていったか。

井上　グルとしての存在になっていった。

検察官　もう少し説明してほしい。
井上　解脱、悟りに不可欠な絶対的な導師としての存在です。
検察官　修行も変わったか。
井上　徐々にいろんな修行が加わった。グル・ヨーガは、グルであった松本智津夫氏を絶えず観想し、煩悩を浄化してくると合一して解脱を得るものです。
検察官　教義も変わったか。
井上　三つの救済が言われるようになった。一つは解脱・悟りへ導く救済。二つ目は、病苦からの解放。三つ目は、現世の負から遠くに導く救済。
検察官　説法は。
井上　説法で覚えていた内容は、グルを絶対視し、グルに帰依して自分をからっぽにする努力をし、グルから教えを受けてグルと合一化する。[72]

一九九七年九月二十五日に開かれた早川紀代秀の公判では、早川の弁護団が弁護側立証に入るにあたっての冒頭陳述を行なっているが、そのなかでもオウムの変質が指摘されている。ヴァジラヤーナの教義の根は一貫していて表現形態が異なっているだけなのかもしれないが、年月が経過するほど麻原に対する絶対的帰依がより端的に明確に主張されている印象があるという。[73]

麻原は第二章でふれたように、最初は先生と呼ばれていた。だが大師、尊師と呼ばれるようになり、やがては尊師という呼称が定着する。それは麻原がヨーガ道場の主宰者から宗教教団の教祖、絶対的なグルへと変貌をとげていったプロセスでもあった。それにともなって麻原は信者たちに対して、自分をからっぽにしてグルに完璧に帰依し、さらにはグルと合一化するよう説くようになった。自己をからっぽにしてグルと合一化するということは、まさにマハー・ムドラーを実践するということに等しい。グルの絶対化はヴァジラヤーナ、あるいはその実践であるマハー・ムドラーの強調と併行して起こった現象である。

麻原は一九九〇年十二月二十一日の説法で、オウムの教学や瞑想がグルに立脚していることを強調している。つまり、グルが瞑想であり、グルが教学であると。これはグルが瞑想であり、グルが教学であるということは、グルの得ている世界、この世界に心を向け、この世界と心が合一したとき、はじめて真の体験、三つのバルドーの体験、そして光の身体へと移行する体験をすることができると。では、グルが教学であるとは何であろうかと。このグルが教学であるとは、グルのなす法は深遠であり、そしてまだ君たちのステージ、これは君たちのステージとは、今修行を行なっている正悟師も含めてだがな、正大師、正悟師を含めてだが、君たちの修行レベルで計り知れない、いろいろ深遠な教えがある。それを自分たちの意識状態で計らず、淡々と、それを受け、それを自分のものに吸収していく作業が必要であるということだ。(74)

一九九一年一月二十二日の説法では、修行を進め、愛着する対象から離れようとするときに生じる苦を乗り超えるには、グルと弟子の関係が必要であることを強調している。

この苦しまなければならないという事態を超越できるのは、ただ一つ、グルと弟子の関係だけであると。これはどういうことかというと、グルのステージが大変高く、そして弟子のステージが大変高ければ、輪廻転生を超え、いつでもどこでも一緒についていくことができると。(75)

一九九一年一月二十四日の説法では、マハー・ムドラーとグルとの関係について次のように述べられている。なぜ、マハー・ムドラーが高度なテクニックであり、そして大変苦しい修行なのかというと、グルが、その人についている最も根本的な煩悩を見つめ、そしてそれを力ずくではぎ取ろうとするからです。(76)

グルが信者に苦を与えるマハー・ムドラーを仕掛けることができるのは、グルと弟子とのあいだに絶対的な信頼関係、あるいは帰依の関係、つまりは「グルイズム」が確立されているからである。早坂は、麻原から「マハー・ムドラーというのは、グルと弟子の信頼関係があって初めて効果があるんだよ」とも言われたと述べている。[77]グルはマハー・ムドラーにおいて、暴力的な手段に訴えることもあるわけで、弟子がグルを絶対的に信頼していなければ、それを修行として受け止めることはできない。マハー・ムドラーの考え方はグルイズムを基盤とし、それに依拠している。

麻原は一九九一年五月二十七日の旅行先デリーでの説法で、グルにとっては優しく弟子に接することの方が容易なのだと述べている。

麻原　そうすると、わたしの採る行動というのはよく分かるだろう。だからこれは正悟師は特に気をつけなきゃならないのは、わたしが優しくなったら終わりだよ。つまり優しくなったら、ああもうこの人は、例えば大乗だとか、この人は小乗とか、この人はタントラ・ヴァジラヤーナだとかね、そういう規定に入るわけだよね、要するに。というかね、これは皆さんによく考えてほしいのは、わたしにとっては一般的にいわれる善行を君たちにそのように見せるのが一番楽なんです。つまり、君たちがイメージしているグルのフォームを採るのが一番楽なんだよ。なあ、マンジュシュリー、そう思わないか。

村井秀夫　そうですね。

麻原　だから、たまにはそういうフォームを採るんだよ。そうすると、錯覚起こすでしょ。ん、これはグルは演技をしているんだろうかと。だから、実体はそこにはないということだよね。要するに。[78]

グルの態度が優しくなったら終わりだと言われているのは、ヴァジラヤーナにおいてグルは弟子に対して厳しい態度で臨むことが前提とされているからである。早坂は、麻原が「今生、私はタントラ・ヴァジラヤーナのグルのフォームを取ってるわけで、本当に強い帰依ができた段階で、弟子の修行を進めさせるために叩くよ

うなことまでするわけだ」と述べたとしている。(79)

この節の冒頭でふれた狩野は、麻原が優しいときには自分が人生のなかで会った最高に優しい人になったが、怖いときには人生のなかで会った最高に怖い人になったと述べている。幅が恐ろしいくらいにあり、話しているだけでも神憑り的なものをひしひしと感じてしまったという。(80)

元信者の細井真一も同様のことを述べている。入信してすぐに会った麻原は、今とはちがい、もっと筋肉質できりっと引き締まった感じだった。そのときはのっしのっしと力強く歩いて道場に入ってきた。細井は威圧感を感じたと言い、まわりをすべて一目で見透かしてしまうような恐ろしさをひしひしと感じたと述べている。細井は、他の信者が麻原のことを優しい人だと語っていたのを聞いていたが、最初に会ったときの麻原はむしろ怖かったという。しかし細井も麻原とのシークレット・ヨーガの際に、「君は完全に大魔境だね」と言われ、魔境から抜け出すために修行をするよう言われた後、麻原に優しさを感じたと述べている。次に見たとき、麻原はそっと道場に入ってきてにこにこしながら信者が行なう奉仕活動、バクティを眺めていた。それを見て細井は、麻原が実にいろいろな顔をもちあわせていると思った。そのときはたしかにぜんぜん怖くなくてにこやかで、そばで見ているだけですごく嬉しい気持ちになったという。(81)

狩野も細井も、麻原が優しさと怖さという相対立する二つの面をもっていたと証言している。しかし、一方でもっぱら麻原の怖さを強調する信者たちもいる。

グルの優しさと怖さ

井上嘉浩は、彼の下でＶＸ殺人事件や目黒公証人役場事務長拉致事件に関与したとされる平田悟の一九九六年七月十七日の公判に証人として出廷している。その際、犯罪行為に加担することに葛藤はなかったのかという質問に、絶えずどこかで怯えていたと言い、怯えていたから実行できないこともあったと述べて、麻原彰晃の怖さを強調している。[82]

林郁夫は、井上がこのように法廷で「麻原が怖かった」と言ったのを聞いたとき、はじめは井上にかぎってそういうことがあるはずはないと不可解に思ったが、考えを進めていくと自分も井上と同じ恐怖を感じていたことがわかってきたと述べている。それはポアと称して人殺しの判断ができる麻原に対する本能的な怖さだという。[83]林は一九九七年三月二十一日に開かれた、地下鉄サリン事件で実行犯の送迎役となった外崎清隆の第十回公判に出廷し、麻原の優しさについて、その人のことを思って優しかったということではない、とそれを否定している。[84]

このようにもっぱら麻原の怖さを強調する信者たちは、麻原への恐怖から信者たちが麻原に絶対的に帰依していたと証言している。

井上は一九九六年三月二十一日の自らの初公判における意見陳述で、麻原の教えの特徴をあげ、グルに対する絶対的帰依によるグルとの合一こそが解脱への方法であると述べている。この現実世界が自分たちの煩悩のデータによって生じる以上、解脱へと至るデータは存在しない。だからこそ解脱したグルによって解脱に至るデータをコピーしてもらい、グルと合一することで解脱に至ることができる。グルに対する絶対的帰依こそが必要だと教えられることにより、教団内においては現実におけるすべての価値観が、麻原の意思によって形成されていくことになった。グルとの合一とは麻原が述べていたグルのクローン化に対応するものであろうが、井上によればオウムはすべて麻原の意思によって動いていたという。[85]

林郁夫の妻で麻酔医であり犯人隠匿の罪に問われた林りらも、一九九五年九月七日の自らの初公判に提出した上申書のなかで井上と同様のことを述べている。麻原は最終解脱者であり、信仰的にも現実的にも麻原の命令は絶対的なものだったため、これを本気で信じてしまった信者たちのなかに、麻原が「ポアしろ」と命令すれば、我こそはと思ってやってしまった人たちがいても不思議ではない。グルの指示ならば自分の命も投げ出せるし、自分の親でも殺せるというのが本当の帰依だとされていたため、タントラ・ヴァジラヤーナを本気で実践しようと思う人間たちは麻原の指示に従ってしまったという(86)。

平田も一九九六年十月二十二日に開かれた自らの第五回公判における被告人質問で、弁護人と次のようなやりとりをしている。

弁護人　指示に従わないと教義上はどうなるか。

平田　オウムから離れると地獄だと言われていた。ことにグルを裏切ると無間地獄だと言われていた。

弁護人　無間地獄を信じていたか。

平田　はい、それは死ぬことより怖かったです。常日頃、「救済マシン」になりなさいと教祖は言っていた。心を持たないで言われたことをしなさい、と言われていたから、そのようにしていた。ヴァジラヤーナの教えは、大乗的救済よりもっと崇高な教えだ、と犯罪行為を遂行する、というよりも、尊師の指示がすべて救済につながると教えられていた(87)。

しかし、信者が麻原に絶対的に帰依していたことを否定している信者もいる。現役信者の稲葉光治は、裁判の証言などで「尊師の命令には絶対服従だった」ということがよく言われるが、自分の個人的なことを言えばこうしろと命じられたことで納得できなくて「でも、これはこうじゃないですか」とうかがいをたてると、それで「わかった、じゃあそうしようか」と変更になったことが何度もあったと述べている。稲葉は、麻原に自分の意見を言うと、納得できるように変えてくれたと言い、自分は麻原から強引さを感じなかったと述べて

いる。(88)

やはり現役の信者である神田美由紀も、麻原から「これをできますか」と聞かれることはあったが、そのとき自分で判断して「それはちょっとむずかしいです」と答えたこともあったという。麻原の言うことを何もかも「はい」と聞いていたわけではなく、まわりを見ていてもそういうことはなかったという。(89)一般のイメージとは異なり、麻原は絶対的な存在ではなかったというのである。

井上や林など法廷に立った元信者たちは犯罪行為に及んだとされ、罪を問われている。そうした人間は麻原が怖い存在であり、帰依が絶対的でその命令に逆らうことができなかったと主張することによって、自らの責任を軽減しようと試みている可能性がある。一方現役の信者たちは、麻原への帰依が絶対的なものではないことを強調することによって、現在の教団が危険なものでないことを印象づけようとしているのかもしれない。

だが両者のあいだにはもう一つ別の相違点がある。麻原に優しさと怖さが同居していると述べている狩野浩之や細井真一、あるいは麻原への絶対的な帰依を否定する稲葉や神田は教団の幹部ではなく一般の信者である。これに対して林りらの場合は別だが、井上は教団の諜報省、林郁夫は治療省の各大臣であり、平田も諜報省の次官で、皆教団の幹部である。つまり一般の信者であるか幹部であるかによって麻原像が異なっており、信者たちが麻原に絶対的に帰依していたかどうかでも異なる見解を示している。

そこにはどういう意味があるのだろうか。

元信者の高橋英利は、麻原の態度が幹部に対するときと一般の信者に対するときとでは大きくちがっていたことを指摘している。麻原は一般の出家信者にはつねに優しく接し、呼び方も必ず君づけか、さんづけで、決して呼び捨てにはしなかった。そのため彼らにとって麻原は親しみのもてる存在であり、麻原と一緒の空間にいるだけで喜んでいるような人間も多かった。麻原が「私も現世にいるときはパチンコが好きでねえ」などという話をするだけで、みんな大喜びした。たとえ麻原の前で一般の出家者が失策をしても、麻原は怒ったりせずただ笑いとばすだけだったという。[90]私が訪れた波野村のシャンバラ精舎でも、麻原から野球が好きだという話を聞いて喜んでいた信者がいた。一般の信者にとって麻原は優しげなあこがれの対象だった。

ところが高橋は次第に麻原が優しく接してくるのは、その人間を相手にしていない証拠だと考えるようになった。麻原は彼の与えた苛酷な課題を黙々とこなす人間でなければ修行者として認めなかった。早川紀代秀をはじめとしてステージが上の幹部であればあるほど、麻原の前ではつねに緊張した姿を見せていた。また麻原が彼を怒らせた幹部に、いきなり食べていたカレーを皿ごと投げつけたことさえあったという。

ではなぜ麻原は幹部に対して厳しい態度をとったのか。

高橋はその原因を彼らの弟子としての特異な心理に求めている。弟子たちはグルである麻原によって追い詰められると、そうした厳しい試練はすべて修行であると考える。試練が困難であればあるほど修行としての意義は大きく、それを乗り超えることによってより深いグルからの信頼を得ることができると信じてしまう。そこでは与えられた試練の意味を吟味する余地は残されていない。高橋は、それこそがタントラ・ヴァジラヤーナの教えであるとし、こうして容易なことでは突き崩せない関係性が築き上げられていくが、それは痛々しいまでのグルへの忠誠心、金剛のように強固なグルへの絶対帰依であり、こうした関係性が最大限にまで強化されたのが秘密金剛乗つまりはタントラ・ヴァジラヤーナの教えであると述べている。[91]

高橋はマハー・ムドラーということばを使っていない。だが厳しい試練をすべて修行ととらえる考え方は、まさにマハー・ムドラーである。麻原が幹部に対してこそ厳しい態度をとったのも、彼らにマハー・ムドラーを成就させようとしたからだと考えることができる。マハー・ムドラーを成就するには、その前にラージャ・ヨーガとクンダリニー・ヨーガを成就していなければならない。グルからマハー・ムドラーを仕掛けられるのは修行が進んだ麻原の直弟子だけだった。

したがって、一般の信者にはマハー・ムドラーは関係のないものである。狩野はマハー・ムドラーを修行方法とするタントラ・ヴァジラヤーナをやるのはステージのかなり高い人間だけで、大乗の終わった者しかやれないとさんざん言われたと述べている。自分にとってそれは「ただの絵に描いた餅」にすぎず、関係のないものだったという。(92)

グルイズムのモデル

麻原彰晃は、説法のなかでグルという存在について語るとき、自分がグルであると明言することはなかった。彼はわざと明言を避けていたようにも思われる。たとえば一九八八年八月二十一日の説法では次のような言い方をしている。

絶対的なグルの条件というものは、あなた方のいかなる状況に対しても、真剣にあなた方がぶつかってきた場合、それに対して答えることができるかどうかにある。それができる人、それを正しいグルだと言っている。(93)

ここで麻原はグルの条件について述べているわけだが、そのなかで自分が正しいグルだと言っているわけではない。それはこれまで見てきた麻原がグルについて言及した箇所でも同様である。麻原がヒナヤーナ、マハーヤーナ、ヴァジラヤーナの三種類のグルがあると言ったときにも、彼は自分がヴァジラヤーナのグルであると明言しているわけではない。

それは一つには麻原にもグルがいるからである。麻原は第二章で見たように、独学で修行を行なってきたが、前世においては自らもグルをもっていたと述べている。たとえばカール・リンポチェに会ったとき、「私はやはり彼が一つの前世のグルであったと直感した」と述べている。(94)

もう一つの理由としては、麻原がグルというものは修行者の修行の状況や状態に応じて異なった姿であらわれるという考え方をとっていることがあげられる。麻原は同じ日の説法で、次のようにグルが弟子を求めるのではなく、弟子の側がグルを求めるものであることを強調している。

あなた方は、私の口癖を覚えているな。グルというものは弟子を欲しているわけではない。弟子がそこで悟りたい、解脱したいと考えるから、そこにグルがいるんだ。(95)

信者にとってグルが自分に対してどういった姿勢で臨んでくるかは、信者の側がどの段階にあるかによって決まる。ヒナヤーナの段階にある信者には、麻原はヒナヤーナのグルとして接し、ヴァジラヤーナの段階に達した信者にしかヴァジラヤーナのグルとしてはあらわれず、マハー・ムドラーを仕掛けてもこない。

麻原は一九九二年四月二十一日の第二サティアンでの説法で、グルの弟子に対する接し方に三つの段階があると説いている。第一の段階は多学あるいは多聞の段階で、グルは弟子に対して多くの法則を解き明かす。しかしこれはあくまでも学、あるいは記憶の段階であり、弟子に本当の悟りが訪れることはない。第二の段階は腫れ物に触れる段階である。グルの目からすれば弟子は欠点だらけに見えてしまう。そこでグルは弟子の欠点を見ないようにし、称賛に値する内容を称賛する。第三の段階は真の弟子と言われる段階である。これはちょうど、次に述べるティローパがナローパになしたような段階であり、グルが弟子に最も厳しい条件を突き付けながらその欠点をクリアにしていく段階だという。麻原は、オウムの出家信者のなかで第一段階あるいは第二段階を通過した者はいるが、第三ステージに到達している者はまだ一人もいないと述べ、第三段階に到達することの難しさを強調している。(96)

ここでは、第一段階がヒナヤーナ、第二段階がマハーヤーナ、第三段階がヴァジラヤーナに相当するとされているわけではない。しかし、第三段階は明らかにマハー・ムドラーの修行と重なっている。

麻原はこの説法のなかで、ティローパがナローパに対して具体的にどういったことをしたかにはふれていない。しかしティローパとナローパの話は、オウムにおいてグルと弟子の理想的な関係、あるいはあるべき関係、つまりはグルイズムを象徴的なかたちで示すものとして重要な意味をもっている。

『MONTHLY 真理』には、ティローパとナローパの話が載せられている。

ナローパは中世インド最大の仏教大学であったナーランダー大学の学頭だった。ところが学問仏教の限界を感じ、密教を学ぶためその職を辞して東インドへ旅立った。そこで彼は「乞食のティローパ」と出会う。ところが、ティローパは微動だにせず黙って一年間座ったままで、ナローパが教えを求めると、不意に起き上がり立ち去ってしまった。ナローパがあとを追いかけ、ティローパを見つけて教えを請うと、ティローパは、「もしも、教えを欲する弟子がわたしにいたなら、その弟子はこの炎に飛び込んだであろう」と言うのだった。ナローパが躊躇することなくそのことばに従うと、体全体が焼け、耐え難い苦痛が彼を打ち負かした。そのとき、ティローパが「ナローパよ、どうしたのか」と尋ねてきたので、ナローパは、「過去の行ないによって作りあげられた、この肉体という丸太が炎に焼き尽くされ、それゆえわたしは苦しんでいます」と答えた。するとティローパは、「我というものの存在を信じている、お前のこの肉体という丸太は焼き尽くされるにふさわしい、ナローパよ。お前の心の中にある鏡をのぞいてみなさい。（そして心の中に存在しているのは）同等の価値（等しいこと）神秘に満ちたダキーニーの家」と言ったというのである。(97)

麻原は、一九八八年十月六日の説法でティローパとナローパの話についてふれている。

例えば、インドの成就者ティローパが、弟子のナローパに対して、「ああ、スープが飲みたい」と。「キノコのスープが飲みたいなあ」と。そうすると弟子のナローパは一生懸命、骸骨の器をもって、そのキノコのスープを、もらいにいくと。またグルが、「ああ、キノコのスープが飲みたい」と。次に、そのキノコのスープを作っているところに、ナローパが行くとだれもいないと。しかし、グルは欲しがっているからと。骸骨の器にそれを盗むわけだな。そして持ち帰ろうとすると。その途中で、そのスープを作っている人に見つかって袋叩きに遭うと。

麻原は、ナローパは不幸にあったように見えるが、これはナローパのなした殺生のカルマをグルのティローパが切るために仕掛けたマハー・ムドラーだと述べている。

さらに麻原は、ティローパとナローパの別の話にふれている。

あるいは、ね、同じティローパとナローパの話で、ティローパがナローパに対して、塔に登ったときね、「ここから飛び降りたらどうかな。きっとわたしの弟子はここから飛び降りるだろう」と独り言を言ったと。それを聞いたナローパは、塔のてっぺんから飛び降りたと。そして瀕死の重傷に遭い、三日三晩放置されたと。そこでティローパが登場してナローパを神秘の力によって回復させたと。これも一見、無謀なことをなしたように見えるけど、ナローパの持っていた殺生のカルマをね、ティローパが切ったんだ。

麻原はこれに続けて、釈迦がアヌルッダという弟子に寝ないで座り続けろと命じた話を紹介している。アヌルッダはその途中で目がただれ失明したが、十七日後に成就した。この方法は無謀だが、釈迦にもそうした激しさがあったという(98)。

麻原は、一九九〇年十二月二十四日の杉並道場での説法でも、ティローパはナローパを覚醒させるために、自分の靴でナローパの頭を叩くという方法を使ったと述べている。その瞬間にナローパは覚醒したという(99)。

早坂武禮は一九九五年のサマナ向けの説法会でも、麻原は十六世紀にチベットでまとめられた『ナムタル』

という伝記文学をもとに、ナローパについての話をしたと述べている。ナローパは麻原の前世と言われた人物だという。その際の麻原の話はおおよそ次のようなものだった。

ある国の王に神秘力を認められたナローパは後援者となった王宮に招かれ、立派な猟犬を見せられるとともに、修行のパートナーとなる王女まで与えられるという歓待を受けた。しかしナローパは毎日王宮で鹿狩りを行ない、周囲を驚かせた。王はその噂を聞き、はじめは信じなかったが、やがて自らの目で目撃しナローパに鹿狩りを止めるよう忠告した。ところがナローパが忠告を無視し鹿狩りを続けたため、王はついにナローパとパートナーとなった王女を火あぶりの刑にする。だがナローパは火のなかでも焼かれることなく、ダンスを踊る姿を見せつけ、王は鹿狩りを殺生と見た自分の判断の間違いに気づいた。

鹿は仏教の象徴的動物で、王宮に住む鹿がその内側に仏性をもっていても、動物の世界に没入していればそれを発現させる機会がない。また庇護されているために悪業を落とす機会もない。そこでナローパは精神集中しながら一匹ずつ射殺し、バルドーの状態に引き出した魂をいったん魂の本質が存在するとされる自分の心臓に引き入れ、来世において自分の弟子とし転生させるべくポアの技法を使った。麻原はそのように解説したという(100)。

尊師の意思という幻影

麻原彰晃はマハー・ムドラーについてすでに見たように、自分が弟子に対して具体的にどのような試練を仕掛けるかを説明していない。グルは弟子の解脱を早めるためにマハー・ムドラーを仕掛けることがあると述べているだけである。

ティローパとナローパの話のなかには、グルであるティローパが弟子のナローパにどういったことを命じたか、具体的な事柄があげられている。それはどんな事柄がマハー・ムドラーの仕掛けになりうるかを示唆している。オウムの信者たちはその話を聞くことで、マハー・ムドラーを成就するためには炎のなかに飛び込んだり、塔から飛び降りたり、あるいは盗みをしたりしなければならないと覚悟したはずである。たとえ自分の身を犠牲にしても、あるいは法にふれる行ないをしても、グルは自分たちのカルマを断ち切り覚醒へと導いてくれる。ティローパとナローパの話はマハー・ムドラーの譬えとして、オウム信者のあるべき姿を教える役割を果たした。

マハー・ムドラーの考え方は、すでに述べたように草創期のオウムでは説かれていなかった。それは教義と修行体系の集大成となった『マハーヤーナ・スートラ』にはまったくなかったもので、その刊行後に打ち出された。そして麻原は、カール・リンポチェからヴァジラヤーナの教えについて学ぶことで、マハー・ムドラーをヴァジラヤーナの修行法に位置づけた。そして、富士山総本部道場の開設にともなって各種のワークが必要とされるようになると、ワークをマハー・ムドラーとしてとらえるとともに、グルは弟子のわからないうちに巧妙にマハー・ムドラーを仕掛けていくという考え方を打ち出していった。

そのためオウムの信者たち、とくにクンダリニー・ヨーガを成就したと認められた人間たちは、マハー・ムドラーの修行としていつグルからマハー・ムドラーを仕掛けられるかわからなかった。マハー・ムドラーの成就を求めるならば、絶えずグルの意図を推測しなければならない。マハー・ムドラーはクンダリニー・ヨーガを成就した信者たちに、「グルの意思」を絶えず察していくことを強いることになった。

ただしそれはクンダリニー・ヨーガを成就した信者だけにかかわることではなかった。グルの意思は「尊師の意思」とも呼ばれ、信者たちは絶えずグルの意思ないしは尊師の意思を察することを求められ、グルの意思は信者たちの行動規範ともなった。

高橋英利も、教団内での議論はすべて「それはあなたの考えであって、グルの意思ではない」ということばでとどめを刺されてしまったと述べている。自分の考えが残っているということは修行ができていないことの明白な証拠で、そのようなサマナはいつまでたっても最初のステージすら成就することができない。これは修行者にとって強力な呪縛だったという。(101)

またグルの意思は、幹部が一般の信者たちに無理なワークを強いるために利用された。早坂武禮は、一九九一年三月に出家し教団出版物の編集の仕事をしていたが、七月に上祐史浩が陣頭指揮をとる新体制に変わったときのことについて述べている。その際上祐は編集のスタッフに、教団の機関誌はオールカラーで月二回出していくことに決まったと言い、新刊の書籍は最終的には週二冊が課題だが、体制が固まっていない現段階ではとりあえず週一冊ということにしてもらったと述べ、これは尊師からの指示なので実現させるためにぜひ頑張ってくれと申し渡したという。スタッフはこの上祐の発言に返すことばを失ったというが、尊師の指示はさらにエスカレートする。その数カ月後、上祐が正大師に昇格するための修行に入り、麻原の妻である松本知子が編集の責任者にかわった。そのとき早坂のところに知子から「尊師からの指示で毎週三冊の新刊本を出しなさいということだから、みんなでさっそく企画を考えましょう。頑張りましょう」という電話が入った。早坂は、たとえ無謀な尊師の意思であっても、それは修行に思え不満を感じることはなかったと述べている。(102)

しかし、幹部から発せられる尊師の意思が本当に麻原の指示したものなのかどうかを一般の出家信者がたしかめる手だてはなかった。それは大師、あるいは幹部の勝手な意思で、麻原自身の意思を反映していない可能性もあった。実際、幹部は尊師の意思を利用していた。早坂はシャンバラ精舎から富士山総本部道場へやってきた頭をオールバックにしている出家信者から、次のような話を聞いたと述べている。

シャンバラ精舎では雨のなかで造成作業をやらされ、ぬかるんだ土のなかにユンボが埋まりかけたことがあった。それ以上作業は無理だから中断してもらおうと思ったが、上の人間に直訴しても「グルの意思だから動かせ」と言われておしまいだった。それで別のユンボで救出に向かったら、それも埋まってしまって大変だった。地盤が緩くて半端な埋まり方ではなく、今そこを掘り返したらそれこそ何が出てくるかわかったものではないという。早坂がそれは本当にグルの意思なのかと問いかけると、その出家信者は編集の上の人間はまともだが、他の部署ではそうしたことが日常茶飯事だと答えたという[103]。

尊師の意思やグルの意思が本当に麻原の意向を反映したものかどうかをたしかめることができなかったのは、すでに述べたように麻原は、グルは演技をしており、実体はないと説いていたからである。早坂は、実際にグルが演技をしている場面に遭遇したときのことについて述べている。

それは一九九三年のことだった。教団の関連会社マハーポーシャが、倒産した企業からコンピュータの基盤制作ラインを買い取る契約が成立し、麻原の希望でオウムの人間たちは引き渡しの前日に見学のため千葉県内の工場を訪れた。ところが倒産した企業と労働組合のあいだでトラブルが起こり、組合側が工場を占拠していた。そこにオウムの一行がやってきたため、組合の人間が警察を呼んだ。そして麻原の警備をしている信者たちが喧嘩腰で警官と相対したため、一触即発の険悪な状態になった。そのとき麻原は早坂の思いもよらぬ対応の仕方をした。

「すみません。私は麻原彰晃と申す者で、マハーポーシャという会社の社長をしています。今日は我が社が買い取ったコンピュータの基盤を制作する機械を見学に来たわけですが、たいへんなことになってしまったようで……」。すぐ目の前で警察官と話す姿にはグルの威厳などかけらも見られず、ひいき目に見ても麻原はたんなる気弱なおじさんにしか映らなかった。周りでは七、八名の者がこの対応を静かに見守っていたが、それは誰もがはじめて見るめずらしい姿で、皆呆気にとられて見入っていた。麻原は頭を抱えるようにして弱々しく笑い、演技にちがいないと思って見ていた早坂にすら、目を背けたくなるほど情けない姿に映った。しかし警察官はそんな麻原の様子に拍子抜けし、態度を軟化させた。

その後、早坂は現場から離れていく麻原が村井秀夫に対して「ふっふっふ、しかし、私はなにをやっても目立ってしまうな。これはもう私のカルマだな。なあ、マンジュシュリー」と語りかけていたのを耳にしたと述べている。

早坂はこの出来事に関連して、ある説法のなかで麻原が自己の性格を評した次のことばを紹介している。

私の性格というものは作られたものである。作られたものとはどういうことかというと、それは演技によって作られたものである。本質的には私の性格は存在しない。よって厳しいフォームを形成することもできれば優しいフォームを形成することもできる。

実際、麻原の性格は周りにいる弟子や状況によって面白いように変わったという。(104)オウムの信者たちは修行を進めるために、グルの意思、尊師の意思を察していかなければならなかった。ところが麻原は演技しており、何が麻原の実体であるのかがわからなかった。麻原はそもそも自分には実体がないと言っているわけで、実体をとらえることは不可能だった。

したがって、麻原の意思、グルの意思というものはそもそも存在しないはずだった。グルの意思が存在しない以上、実はそれを察することはできなかった。しかしオウムの信者たちは、その点を突き詰めて考えなかったように見える。オウムの教団のなかでは物事を疑い、自分で考えることは否定されていた。そこで、オウムの信者たちは、存在するはずのないグルの意思を察しようとひたすらつとめたのである。

一般の組織においてなら、上から理不尽な命令がくだされれば下の人間は反発する。ところがオウムでは、マハー・ムドラーの仕掛けは、それを仕掛けられた人間にそもそも理不尽なものに映ると考えられている。逆に理不尽な命令であればあるほど、信者たちはそれをマハー・ムドラーとして考え、そこに修行としての意味を見出そうとする。そうした状況では下からの反発は起こらない。

しかもマハー・ムドラーは、必ずしも上の人間から仕掛けられるとはかぎらない。信者が他の信者に対してマハー・ムドラーを仕掛けることもある。麻原は一九八九年七月九日の説法で、P大師の成就記のなかに「E君にマハー・ムドラーをかけられたっていう言葉がある」と述べている。それによってP大師は成就したのであり、E自身も極厳修行をしているので、それは悪業にはならないという(105)。

信者が他の信者にマハー・ムドラーを仕掛けることが現実にどの程度行なわれていたかはわからない。しかし信者の側にはマハー・ムドラーを成就し、上のステージに行きたいという強い願望があり、そこから容易に尊師の意思を受け入れてしまい、尊師の意思を察しようとつとめるようになっていった。

坂本事件については次の章でふれることになるが、その事件の実行犯である端本悟は麻原の第五十回公判に出廷し、弁護側の反対尋問に対して、犯行は常識からずれた感覚で行なわれたが、一番ずれたところは、麻原がすべてを見通しているから犯行は帰依を確かめるためにやらせているのだと考えてしまうことだと証言している(106)。

富士山総本部道場が開設されることで、オウムにおいてはヴァジラヤーナの教えが説かれるようになり、マハー・ムドラーの修行が課されることで、信者たちは理屈の上では存在しえない幻影としてのグルの意思に呪縛されるようになった。そこにオウム事件を解く重要な鍵を見出すことができるのではないだろうか。

第四章　殺人を肯定するヴァジラヤーナの教え

「人を殺しているからね」

検察側の見解によれば、麻原彰晃は「オウム真理教」に先立つ「オウム神仙の会」の段階で、すでにヴァジラヤーナについて言及しており、それは殺人を肯定する教えとして説かれていたという。検察側は一九九六年四月二十五日に開かれた麻原の第二回公判における冒頭陳述で、麻原が一九八七年一月四日の丹沢集中セミナーでの説法で次のように説いたとしている。

チベット仏教というのは、非常に荒っぽい宗教で、例えばミラレパが教えを乞うた先生の一人にね、「お前はあの盗賊を殺してこい」と。やっぱり殺しているからね。そして、このミラレパは、その功徳によって修行を進めているんだよ。私も過去世において、グルの命令によって人を殺しているからね。グルがそれを殺せと言うときは、たとえば相手はもう死ぬ時期にきている。そして弟子に殺させることによって、その相手をポアするというね、一番いい時期に殺させるわけだね。

さらに麻原は後の時代になると、ヴァジラヤーナの教えと称して次のように説いたとされる。
結果のためには手段を選ぶ必要がない。例えば、ここに悪業を積み、寿命が尽きるころには地獄に落ちるほどの悪業を積んで死んでしまうと思われる人がいたとして、成就者が生命を絶たせた方がいいんだと考えて「ポア」させたという事実は、人間界の客観的な見方からすれば単なる殺人であるが、ヴァジラヤーナの考え方が背景にあるならば、これは立派な「ポア」であり、知恵ある人が見たら、殺させた人、殺した人、ともに利益を得たと見る。(1)

後者の説法は富士山総本部道場の開設からおよそ一年後、一九八九年九月二十四日に世田谷道場で行なわれたものである。(2)

前者の説法については、岡崎一明が一九九七年二月十三日に開かれた麻原の第二十五回法廷において、検察官からの質問に対して、次のように答えている。

岡崎　先程申したように、教団でいうポアというのは、もともと求道心のある信者が意識のレベルを得られるときに求められるのがポアで、真理、解脱に興味のない人間の魂と肉体を切り離すこととは違う意味と理解していた。ところが、八七年一月四日のセミナーで麻原が説法しているが、功徳の意味合いでグルの命令に従うことは、たとえ殺人でも功徳になるんだよ、と。グルの命令でポアされたら、それが弟子たちにやらせたとしても功徳になるんだよ、と言っていた。

検察官　それに当時名前がついていたか。

岡崎　はい。ヴァジラヤーナの教えと言っていた。

検察官　ポアを決定できる人物はだれか。

岡崎　最終解脱者で、麻原でした。

検察官　被告人（麻原）の他にだれかいたか。

岡崎　いません。(3)

岡崎が述べている一九八七年一月四日の麻原の説法内容と、検察側冒頭陳述で述べられた内容はほぼ一致している。

オウムでは、松本サリン事件を起こす三カ月ほど前の一九九四年三月、『ヴァジラヤーナコース　教学システム教本』を刊行している。これは信者の教育用に、麻原の説法のうちでヴァジラヤーナの教えに関係するものを集めたものである。この『ヴァジラヤーナコース　教学システム教本』の刊行によって、オウムの教団のなかではヴァジラヤーナの教えが集中して説かれることになった。ただし一九八七年一月四日の丹沢集中セミナーでの説法は、『ヴァジラヤーナコース　教学システム教本』にはおさめられていない。

またオウム事件後に刊行された『尊師ファイナルスピーチ』にも、この日の説法は収録されていない。『尊師ファイナルスピーチ』では、金剛乗（ヴァジラヤーナ）に関係する説法のなかには誤解を受ける可能性があるものがあり、そうしたものについては削除したと明記されている。実際『ヴァジラヤーナコース　教学システム教本』にはあっても、『尊師ファイナルスピーチ』には再録されていない説法がいくつかある。

降旗賢一によれば、一九八七年一月四日の説法は、地下鉄サリン後の強制捜査で教団から押収したパソコンのハードディスク、またはフロッピーディスク内に入力されていた文書にあったものだという。降旗はその説法を引用しているが、それは以下のようになっている。

クンダリニー・ヨーガにおいては、グル、グル、グル、グル、グル、グル、あー、グル、グル、グル、グル。グルのためだったら、いつ死んでも構いません。グル、グル、頭の中はいつもグルのことばっかし。グルのためだったら死ねる。グルのためだったら、殺しだってやるよと。こういうタイプの人はね、このひとはクンダリニー・ヨーガに向いているということだ。わかるかな。そして、そのグルがやれといったことすべてをやることが出来る状態、例えば、それは殺人を含めてだ、これも功徳に変わるんだよ。だから、そのどのプロセスをたどっていくか、条件によって違ってくるわけだ。そして、それは、今の日本のね、宗教の理念からいったら、とくに、最後のクンダリニー・ヨーガというものは、受け入れられづらいんだろうな、と私は考えている。私も過去世において、グルの命令によって、人を殺しているからね。自分が死ねるが、カルマになる人を殺すということは出来ないものだ。しかし、そのカルマですらグルに捧げたときに、クンダリニー・ヨーガを成就するんだよ。わかるな、言ってることが。だから、その背景となるもの、修行法によって、変わってくるわけだ。いや、じゃあ、おかしいじゃないかと、そこで殺したんだから、それはカルマがあるじゃないかと考えるかもしれないけれど、そうではないんだな。例えば、グルがそれを殺せと言うときは、例えば、相手はもう死ぬ時期に来ている。そして、弟子に殺させることによって、その相手をポアさせる。一番いい時期に殺させるわけだね。そして例えば、もう一度人間界に生まれ変わらせて、修行させるとかね。いろいろとあるわけだ、それは。(4)

検察側冒頭陳述にあったものは下線を引いた部分である。ミラレパの話はここには出てこない。

この説法が行なわれたとされる一九八七年一月といえば、オウム真理教が誕生する半年程前のことで、麻原の二冊目の著作『生死を超える』が刊行された直後のことである。この段階で麻原がすでにヴァジラヤーナについて言及していたのであれば、ヴァジラヤーナの教えはオウムの草創期から説かれていることになる。だが、『生死を超える』はもちろん、それに続く『イニシエーション』や『マハーヤーナ・スートラ』では、ヴァジラヤーナについてはいっさいふれられていない。

麻原がはじめてヴァジラヤーナについてふれたのは、第三章で述べたように富士山総本部道場の開設を間近に控えた一九八八年七月二十三日の説法でのことだと考えられる。仮に麻原が一九八七年一月四日の段階で、すでにヴァジラヤーナということばを使っていたとしたら、それから翌年の七月二十三日までの一年半のあいだに、どこかでふたたびそのことばを使っていたはずではないだろうか。ところが、麻原はまったくそれを使っていない。

麻原は最初の時点から、金剛界、金剛（ヴァジラ）、金剛薩埵（ヴァジラサットヴァ）、金剛身などといったことばを使っていた。しかし麻原は、一九八八年七月二十三日までヴァジラヤーナということばを使っていない。麻原がヴァジラヤーナということばを使うようになったのは、カール・リンポチェの影響である。麻原がヴァジラヤーナをリンポチェから学んだとするなら、リンポチェと会う一年半前の一九八七年一月四日の時点で、ヴァジラヤーナということばを使っていたとは考えられない。

『検証・オウム真理教事件』に登場する元幹部の山下勝彦は、この一九八七年一月四日の説法を聞いているというが、その受け止め方は岡崎とは異なっている。山下は当時、人生の意味は解脱しかないと思っていたので、この話を聞いたときも、一つの生命よりも解脱することの方が大切だということの譬え話だと思ったと述べている。輪廻という生命観に立てば、いつかは死ぬもので、生死よりも悟っていくきっかけを与えることの方が大事である。山下は、実際に人を殺すという発想や感覚は当時の弟子のなかには一切なかったと述べている。(5)

『検証・オウム真理教事件』では、一九八七年一月四日の説法について、検察側冒頭陳述にあったものがそのまま引かれている。山下自身が以前に聞いた説法を思い出して述べているわけではない。それが果たして山下の聞いた通りのものであるかどうかはわからない。また山下の受けとり方は、検察側が示している説法の内容とはずれている。その点で一九八七年一月四日の説法は、岡崎の言うような、グルの命令に従うことはたとえ殺人でも功徳になるといった内容のものでは必ずしもなかったのではないだろうか。

問題はそのなかにあるクンダリニー・ヨーガについての説明である。クンダリニー・ヨーガはラージャ・ヨーガの次の段階で、マハー・ムドラーの前の段階にあたる。第三章で述べたように、グルへの絶対的な帰依が強調されるのは、マハーヤーナの修行法にあたるクンダリニー・ヨーガにおいてではなく、ヴァジラヤーナの修行法であるマハー・ムドラーにおいてである。グルのために人殺しをする人間はクンダリニー・ヨーガに向いているという麻原の説明は、他の説法での説明とは大きく異なっている。何か麻原の説法ではないような印象さえ受ける。

たとえ、一九八七年一月四日の時点でそうした説法が行なわれたとしても、少なくともそれがヴァジラヤーナと呼ばれたということはありえない。また、グルへの絶対的な帰依が強調されるのも富士山総本部道場開設以降のことである。その点で、この一九八七年一月四日の説法が本当にこの時点で行なわれたのか、あるいは麻原の言ったことそのままなのかには疑問が出てくる。この説法はもっと後になって行なわれたと考えるべきではないか。

麻原が、最初に明白に殺人を肯定するように解釈できる説法を行なったのは、富士山総本部道場の開設から半年が過ぎた一九八九年四月七日のことだった。麻原はその日の富士山総本部道場での説法で、悪業をなした人間を殺すことは善業になるという考え方がタントラ・ヴァジラヤーナであると説いている。第三章と同様に、この章でもとくに断らないものは富士山総本部道場での説法である。

例えば、ここに悪業をなしている人がいたとしよう。そうするとこの人は生き続けることによって、どうだ善業をなすと思うか、悪業をなすと思うか。そして、この人がもし悪業をなし続けるとしたら、この人の転生はいい転生をすると思うか悪い転生をすると思うか。だとしたらここで、彼の生命をトランスフォームさせてあげることで、それによって彼はいったん苦しみの世界に生まれ変わるかもしれないけど、その苦しみの世界が彼にとってはプラスになるかマイナスになるか。プラスになるよね、当然。これがタントラの教えなんだよ。

麻原はこのあとに、ヴァジラヤーナが深遠で難しい教えだと断っている。それは排他的な心のあらわれではなく、相手に対する愛であり、悪業をなしている人間に生きる権限があるかどうかは解脱者が判断するという。そして、ヴァジラヤーナにはポアという考え方があるとしている[6]。この説法は『ヴァジラヤーナコース　教学システム教本』に第三話としておさめられている。しかし、危険な内容が含まれていると判断されたのか、『尊師ファイナルスピーチ』には再録されていない。

社会との対立

一九八九年四月七日の説法で説かれたヴァジラヤーナの教えと、第三章で見たそれ以前に説かれていたヴァジラヤーナの教えとのあいだには大きな差がある。それまでは、悪業をなした人間をポアするという考え方は示されていなかった。

続いて『ヴァジラヤーナコース　教学システム教本』にはおさめられていたが、『尊師ファイナルスピーチ』では削られているものに、同年四月二十八日の説法と、検察側が冒頭陳述で引用している九月二十四日の世田谷道場での説法がある。

四月二十八日の説法では、悪業をなしている人間からの窃盗はむしろ善業であると説かれている。

例えば、いいかな、ここに、悪いことをなして大金を持っていた人がいたと。その人のことをよく知っている者が、「あの人は来世餓鬼道に落ちる」といって、こっそりそのお金を盗んだと。そして、例えば真理のために、例えば貧しい人のために、そのお金を布施したと。これは善業といえるだろうか、悪業といえるだろうか。どうだ。どうだ。これは完全に善業といえる。なぜならば、心の働きの中に相手を害そうという気持ちがないからだ。そして相手を高い世界へ至らしめたいと。

麻原彰晃は、これはもっとも難しいタントラの話で深遠であると言い、弟子に絶対的な信や帰依を求める「タントラのグル」は大変危険な立場にあると述べている。(7)

次の九月二十四日の説法でも、すでに見たように悪業を積んだ人間を殺すことの是非が問われている。ただし検察側の引用は麻原の説法を要約したもので、その上、教団の出版物に掲載されたものにはないことばも含まれている。たとえば「結果のためには手段を選ぶ必要がない」という部分はない。そこで、ここでは改めて出版物に載せられたものから引用する。線を引いた部分が、冒頭陳述にある箇所である。

例えばここにだよ、Aさんという人がいたと。いいですか。このAさんは生まれて今まで功徳を積んでいたので、このままだと天界へ生まれ変わりますと。いいです。ここまでは。じゃあ次の条件ね。ところが、このAさんには慢が生じてきて、このあと、悪業を積み、そして寿命尽きるころには、地獄に落ちるほどの悪業を積んで死んでしまうだろうと。いいですか。こういう条件があったとしましょうと。つまり、ここで出てくるのは天眼、来世を見つめる力、あるいは宿命、前世の力、あるいは漏尽、相手のカルマを完全に見つめる力といったような、いろんな神通力の要素がありますよと。いいですか。じゃ次にだ。このAさんを、ここに成就者がいたとして、殺したと。この人はどこへ生まれ変わりますか。天界に生まれ変わる、そのとおりだね。しかし、このAさんを殺したという事実をだよ、他の人たちが見たならば、人間界の人たちが見たならばね、これは単なる殺人と。いいかな。そして、もしもだよ、このときにAさんは死に、そして天界に行き、そのときに偉大なる救世主が天界にいたと。そして、その天界にいた救世主が、その人に真理を解き明かし、永遠の不死の生命を得ることができたとしましょう、Aさんが。いいですか。このときに殺した成就者は何のカルマを積んだことになりますか。すべてを知っていて、生かしておくと悪業を積み、地獄へ落ちてしまうと。ここで例えば、生命を絶たせた方がいいんだと考え、ポワさせたと。この人はいったい何のカルマを積んだことになりますか。殺生ですかと、それとも高い世界へ生まれ変わらせるための善業を積んだことになりますかと。ということになるわけだよね。でもだよ、客観的に見るならば、これは殺生です。客観というのは人間的な客観的な見方をするならば。しかし、ヴァジラヤーナの考え方が背景にあるならば、これは立派なポアです。

麻原はここでも、殺すことが本当の功徳になるにはものを正しく見つめる力が必要であると言い、殺した人間がどの世界へ生まれ変わるかがわかっていなければ、ヴァジラヤーナの実践はできないと念を押している。(8)

こうした説法は四月七日の説法の延長線上に位置している。ただし、悪業を行なっている人間をポアするという考え方は、実は、今見てきた一九八九年四月から九月にかけて行なわれた説法においてしかふれられていない。それ以前にも、それ以降にも、麻原はそうした内容のことを説いてはいない。

一九八九年九月以降のもので、『ヴァジラヤーナコース　教学システム教本』にはおさめられていても、『尊師ファイナルスピーチ』には掲載されていない説法は存在しない。ただし『尊師ファイナルスピーチ』において、一部が削除された説法がいくつかある。その主なものは信者の数の伸びについての予測などで、現実とそぐわなくなったために削られた可能性が考えられるものである。

それ以外のものとしては、『ヴァジラヤーナコース　教学システム教本』の第十五話、一九九〇年三月十三日の説法で、麻原が弟子を叩くことの意味について語っている部分が『尊師ファイナルスピーチ』には再録されていない。麻原は、修行しろ、魂を成熟させろ、早く今の状態を乗り超えろと思念しながら心をこめて弟子を叩くと自分の体にカルマが返ってくるが、弟子の修行は進み、さらに次のようなことが起こると述べている。そしてそれだけではなく、オウム真理教にかけられている呪詛、これが少しずつ少しずつ弱まってきている。そしてそれだけではなく、わたし自体が、どんどんどんどん瞑想しやすくなってきている。これは何を意味しているかと。肉体は確かにカルマを受けた。しかし、心はそれによって、よりいっそう目的を完遂できるようになってきているということである。

麻原は、凡夫には自分のこと目先のことしか考えられず、愛をもって罰することも叩くことも殺すこともできないと述べている。[9] この説法は、『サンデー毎日』による糾弾キャンペーンをきっかけにマスメディアによるオウム批判がすでにはじまっていた時期に行なわれている。凡夫とはオウムを批判しているマスコミをさすものと思われる。この部分が削られたのはリンチ殺人を連想させるからであろう。

この説法は『ヴァジラヤーナコース　教学システム教本』の第十六話、三月二十四日の説法にも結びついていく。この日の説法では、宇宙のサイクルが虚空の時期、創造の時期、維持の時期、破壊の時期に分けられ、維持の時期の終わりから破壊の時期のはじめにかけて、パワー、力によるタントラヤーナの修行法が登場すると説かれている。そして破壊の時期の直前になってタントラヤーナの修行法でも救済できないと、そこに「ヴァジラヤーナ、つまりフォース、力を使って、武力を使っての破壊」が登場するという。ここではタントラヤーナとヴァジラヤーナが区別されている。麻原は、「人間の世界が動物化したり、あるいは動物の世界が餓鬼化したりすると、その世界の形成バランスというものが崩れます。そして、その世界の形成をコントロールしている神々がいて、その神々がその秩序を元に戻そうとします」[10]と述べている。ここでは、オウムに対するバッシングに神から罰が下されるという考え方が示されている。

このように麻原が殺人を肯定するヴァジラヤーナの教えを説いていたのは、オウムが東京都に宗教法人の認証を求めていた時期にあたり、認証されるまでにかぎられている。

一九九七年三月二十七日に開かれた麻原の第三十一回公判には、その認証の手続きにかかわった当時の東京都行政部指導課宗教法人担当主査が証人として出廷している。主査によれば、一九八八年三月ごろオウムから宗教法人化の相談を受けたが、都にはオウム信者の家族から「入信した子どもが家に帰らなくなった」「面会に行ったが会えなかった」といった相談がもちかけられ、警視庁や警察庁からも情報提供があった。そのため一九八九年三月一日、申請書を預かりにした。[11]

麻原は、預かりになると、四月二十四日に信者をともなって都庁や文化庁に抗議に出かけている。麻原は翌二十五日の説法で、この抗議行動にふれ、役人たちのことばが末法の相を呈していたと批判している。そしてタントラ・ヴァジラヤーナの道を歩かなければ真理の流布はできないと言い、真理を阻害するものは打ち破らなければならないと訴えている。[12]

この時期、麻原のなかには外部の人間が自分たちを迫害し悪業を行なっているという認識があった。二十七日の説法でも麻原は、役所の人間たちの対応があまりにひどかったと述べている。[13] 麻原は、こうした出来事をもとに悪業を行なっている人間をポアすることが善業になるという説法をしたのではないだろうか。

ただし、そうした説法の最初になる四月七日の時点では都庁などへの抗議行動は行なわれていなかった。都が教団に受理保留の決定を伝えたのは、四月中旬であった。[14] 受理が保留になる前の時点で麻原が、役人が悪業を行なっていると思っていたとは考えられない。

ではほかに、殺人を肯定する教えを説くきっかけとなる出来事はあったのだろうか。

四月七日以前に起こった重要な出来事として、悪業の問題と深くかかわっていると考えられるのが田口修二リンチ殺害事件である。検察側は第一章で見たように、殺人を肯定する教えを説いていた麻原が、その教えにしたがって田口の殺害を命じたととらえている。しかしすでに述べたように、一九八七年一月四日の時点では、麻原が殺人を肯定するヴァジラヤーナの教えを説いていなかった可能性が高い。たとえ検察側が主張するように、その時点で殺人を肯定する説法が行なわれていたとしても、少なくともそのなかでは悪業についてはまったくふれられていない。

麻原が、悪業を行なっている人間をポアするという考え方をはじめて述べたのは、一九八九年四月七日の説法においてで、それは田口の殺害の直後に行なわれている。田口の殺害とポアについての説法に関連性があるように思われる。田口の殺害という出来事が、悪業を行なっている人間はポアしてもかまわないという教えを生んだのではないだろうか。田口は麻原を殺すと言っていたとされる。麻原は、グルを誹謗する田口が悪業を行なっているととらえ、悪業を行なっている人間を殺すことは善業になると説くことによって、殺害に手を染めた信者たちの罪悪感をぬぐい去り、自らの行為をも正当化しようとしたのではないだろうか。

オウムの信者たちが田口を殺さなければならなかったのは、オウムが出した最初の死者、真島照之が死亡した場に田口が居合わせたからである。富士山総本部道場が開設されてから一カ月半ほど経った一九八八年九月下旬、在家信者として修行に参加していた真島照之という人物が修行中に突然、道場内を走り回り、大声を上げて騒ぎ出すという事件が起こる。

一九九六年三月二十七日に開かれた早川紀代秀の第四回公判で行なわれた検察側冒頭陳述では、この事件の概要が説明されている。

真島の奇異な行動を目撃した岡崎一明が、村井秀夫を通して麻原に報告したところ、麻原は村井に指示し、出家信者に真島の頭部に水をかけさせたり、顔面を浴槽の水に浸けさせた。すると真島は脱力状態になり、人工呼吸や麻原がエネルギーを注入する儀式を行なったが、死亡してしまった。当時は教団組織の拡大を図り、宗教法人化にむけて東京都と事前準備の折衝を行なっていた時期にあたり、真島を死亡させたことが表沙汰になれば、組織の拡大と宗教法人化に大きな打撃をこうむる可能性があると判断された。そのため麻原は、真島の死体を秘密裏に処理しようとした。真島の死体は麻原の命令で、早川らの手によってドラム缶を使った護摩壇で焼却され、遺骨は精進湖に捨てられた。この事件が田口修二リンチ殺害事件に結びついていく。

田口は真島が死亡した場に居合わせた。ところが田口は修行に疑問を感じ、脱会を申し出る。麻原はそれを知り、村井らに指示して田口を翻意させようとし、田口を独房に監禁した。田口が反発したため、麻原は真島のことが表沙汰になるのを恐れ、「ポアするしかない」と述べて、早川らに田口を殺害させたという。[15]

真島の死亡は事故として処理されている。しかし、真島をなだめようとした信者たちはかなり荒っぽい手段を使っている。それはリンチ殺人と見ることさえできる。[16]しかも、そうした荒っぽい手段が使われたのは決して偶然ではなかった。

第三章で述べたように、麻原は富士山総本部道場の開設直後から、弟子たちの修行に対する甘さをくり返し叱っていた。そのため修行者たちは、厳しい修行に打ち込まざるをえなかったはずである。厳しい修行は荒行に発展し、暴力的な手段が用いられることにもつながっていく。そんな雰囲気のなかで、真島に水をかけ、顔を水に浸けさせるなどといったかなり荒っぽい手段がとられたのではないだろうか。それは真島を死にいたらしめることになり、さらには最初の殺人にも結びついた。そして、この出来事はオウムを大きく変えていくことになる。

敵の抹殺

オウムの教団は信者の田口修二を殺害した後、宗教法人の認証をめぐって東京都の役人とぶつかり、そこから麻原彰晃は、役人が悪業を行なっているという認識をもつようになった。ポアの対象となる悪業の範囲は、グルを裏切った人間からグルに敵対する人間にまで広がっていった。

ただし東京都は受理保留から四ヵ月たった一九八九年八月、「宗教法人オウム真理教」を認証している。東京都の宗教法人担当主査は、その認証の理由について、オウムに問題はあったが、法令違反に該当するような問題となる事実が確認できなかったからだと証言している[17]。宗教法人の設立は、認可ではなく認証である。宗教活動の実績がない集団が宗教法人の認証をえることはできないが、逆に実績があって宗教団体としての要件を満たしていれば、自治体は宗教法人として認証せざるをえない[18]。

しかし、オウムが宗教法人化を急いだことは社会との軋轢を生むことになる。

江川紹子は一九八九年五月十一日夜に、見ず知らずの女性から電話を受けた。その女性は新聞で江川の名前を見て電話をかけてきたのだが、彼女は子どもが宗教に行ってしまって居所もわからないと言うのだった。警察や都庁にも相談したがらちがあかなかったという。江川はその時、オウムの名をはじめて知った。

江川はそこで、神奈川新聞に勤めていたときに知り合った横浜法律事務所の坂本堤弁護士を紹介した。女性は十三日に坂本弁護士のもとを訪れ、相談をもちかけた。その結果、坂本弁護士は他の弁護士とともに弁護団結成の準備をはじめ、七月に入ると教団の青山吉伸と交渉を行なった。八月三日には双方の弁護士と教団幹部立ち会いのもとに、親子の対面が実現する。

坂本弁護士は、この件以外にも未成年の女子がオウムに出家したまま居所がわからないという相談を受ける。教団は「そういう子はウチにいない」と言うのだが、教団が出しているマンガ本の奥付に作画協力者としてその子の名前が出ていた。そのため坂本弁護士はオウムに対する不信感を募らせていった。

十月に入ると、『サンデー毎日』がオウムの糾弾キャンペーンをはじめ、オウムの名は一挙に社会に広まった。オウムに息子や娘を奪われた親たちが子どもを返せと訴えていることや、麻原の生き血を高い布施をとって飲ませていることが問題にされた。

十月二十一日には「オウム真理教被害者の会」が発足する。坂本弁護士は青山などと交渉を続けた。そして十一月七日には、三日の深夜から未明にかけて坂本弁護士一家が失踪していたことが明らかになった。[19]

オウムに対しては当初から疑惑がむけられていた。[20]だが、オウムが犯人であることが明らかにされたのは一九九五年に強制捜査が行なわれて以降のことである。

『サンデー毎日』の記事は、オウムの信者たちに大きな衝撃を与えた。信者たちは、自分たちの属する教団が社会から批判を受けるような組織であるとは考えていなかった。だからこそ衝撃は大きかった。麻原は、『サンデー毎日』の最初の記事が出たあとの説法で、その記事や他のメディアの報道にふれ、信者たちの動揺をおさえようとしている。麻原は十月九日の説法で、「釈迦牟尼の教団も初めのうちは、『あいつはインチキだ』と言われていたと言い、「最も大切なこと、それは、あるものはある、ないものはない、真実は真実、真実でないものは真実でないということだ」と述べている。[21]

麻原は二十四日の説法でも、次のように動揺する信者を叱っている。

まず、君たちに一つ、わたしは文句がある。何の文句だと。それは、先程マハー・マーヤのお祝いの言葉でも述べたとおり、君たちは、一体何をやってるんだと。なにをやってるんだとは、どういうことだと。

たかだか三流の週刊誌がデッチ上げの記事を、ね、四回連載しただけで、もう自分たちは罪人の心になってしまっていると。しかし、今からオウムが対面していかなければならない社会情勢というのはこんなものではない。もし、これぐらいの内容でわたしはもうつらいと、ギブアップだと考えるならば、さっさとシッシャをやめる、あるいは長期バクティをやめて帰んなさい。(22)

オウムの信者たちはマスメディアの報道に激しく動揺し、その動揺を麻原は無視できなかった。さらに麻原が『サンデー毎日』を三流と貶めているところには、麻原自身の動揺が示されているように思われる。

坂本弁護士一家殺害事件の冒頭陳述がはじめて行なわれたのは、松本、地下鉄の両サリン事件と同様に一九九六年三月十二日に開かれた中川智正の第四回公判においてだった。

それによると、坂本弁護士は一九八九年十月二十六日午前、TBSが翌日放映予定のテレビ番組のインタビューに応じ、オウムの出家制度、布施のあり方、麻原の血を飲ませる「血のイニシエーション」などを批判した。このことを早川紀代秀らが聞きつけ、テレビ局に赴いて坂本弁護士のインタビュー内容をたしかめた。

早川たちがそのことを麻原に報告すると、麻原からはインタビューの発言を訂正させるよう指示が下った。早川は三十日に、青山や上祐史浩とともに横浜弁護士事務所を訪れ、坂本弁護士に発言の訂正と謝罪を求めた。ところが坂本弁護士からは、被害者の会が教団を告訴する旨教えられるとともに、「人を不幸にする自由はない。徹底的にやりますからね」と言われた。

麻原は三人からその報告を受け、坂本弁護士が教団の批判を行なっているだけではなく、マスコミに情報を提供し、被害者の会を背後で指導している中心人物であり、今後、被害者の会による活発な教団批判活動が予想され、それは宗教法人認証の取り消しに結びつく可能性があるため、坂本弁護士の殺害を決意した。

麻原は十一月二日深夜から三日未明にかけて、富士山総本部道場の「サティアンビル（のちの第一サティアン）」の四階自室で、中川、早川、それに新實智光、岡崎一明、村井秀夫を集め、「今、問題にしなければならないのは、坂本弁護士なんだ。坂本弁護士をポアしなければならない。このまま放っておくと、将来、教団にとって大きな障害となる」などと述べて坂本弁護士の殺害を命じた。その際、殺害の方法を指示したが、早川と新實の意見をいれて坂本弁護士を一撃で押さえる役として、武道のたしなみのある端本悟を加えた。この麻原の指示によって、坂本弁護士一家が殺害されたという[23]。

麻原は一九九七年四月二十四日の意見陳述で、殺害を指示したことを否定している。ただし一九九六年十二月五日に開かれた岡崎の公判では、麻原がその指示を認めた検事調書が読み上げられた。それによれば麻原は次のような理由で殺害を指示したという。

同（一九八九）年十月ごろから、マスコミによるオウム攻撃が始まりました、その最中の十月下旬、出家信徒の家族が被害者の会をつくって、各種の訴訟を用意する状況になりました。そんな時に、青山や早川から坂本弁護士のことを聞いたのです。詳しく聞いたのは十月三十一日ごろだったと思います。私は早川の話から、このままいけば、教団の真理を広げる活動を大きく妨害することになる人物だと考えました。私も、そのような悪業を成す者に、どのような対処をしようかと思いました。はっきり決意したわけではありませんが、悪業を成す坂本弁護士のためにも、彼を死なせ、より高い世界へ転生させるポアをするしかないのではないかと思い始めていました[24]。

この供述を行なったのは一九九五年九月十五日のことだとされるが、麻原はその直後、弁護人に対して「事件への関与を認めれば、破防法を適用しない、教団への解散命令は出さない、と捜査官が言うのでつい乗せられてしまった。間違っていた。取り消したい」と語ったという[25]。ただし、この時期にはまだ破防法適用は申請されていなかった。

坂本事件の実行犯のうち、村井は殺害され、中川や新實はこれまで具体的な証言を拒んできた。早川は、一九九六年三月二十七日に開かれた自らの第四回公判で、自分が坂本事件の実行犯であることを認めた上で、謝罪し、麻原のヴァジラヤーナの教えを信じ、真理のために教団のためだけではなく被害者本人のためにもなると思い込んで実行したと述べている。(26) 早川は、一九九七年二月十四日に開かれた麻原の第二十六回公判でも、自分たちはポアということで、それを信じてやったと証言している。自分たちだけで決めてやったのなら、たんなる殺人になるが、救済を含めたポアとしてやったという。(27) さらに早川は、同年五月二十一日に開かれた新實の公判での弁護側反対尋問で、坂本弁護士だけではなく、その家族をも殺すことになった結果について聞かれると、「グルの意思ですからね」と答えている。(28)

岡崎も六月二十七日に開かれた新實の第十七回公判での弁護側反対尋問で、同じ点について、「なぜ、子どもまで、というそれはあったが、グルの意思でもあるので仕方がない、と思った」と、早川と同様の答えを返している。(29) 岡崎はさらに、七月十七日に開かれた麻原の第四十五回公判に出廷し、オウムでは、麻原そのものが超能力をもっているからこそポアもできると信じていたと言い、それがなかったらテロリストと変わりないと述べている。(30)

端本も、一九九七年二月二十八日に開かれた麻原の第二十八回公判に出廷し、検察官とのあいだでつぎのようなやり取りを行なっている。

検察官　ポアの意味は。
端本　実質的に殺害ということです。
検察官　あなたは殺害と理解したのですか。
端本　はい。悪業を積んでいる場合はそれ以上積ませないという説法がありました。

検察官　説法はだれがしましたか。
端本　麻原彰晃です。
検察官　悪業の殺害をしても、場合によっては許されるのですか。
端本　そういう説法もありました。
……
検察官　だれの説法ですか。
端本　麻原彰晃です。(31)

すでに見たように麻原は一九八九年四月七日や九月二十四日に、端本の述べているような説法を行なっていた。坂本事件を起こす時代のオウムには、すでに悪業を行なっている人間を殺害することを正当化する教えが生み出されていた。グルは、殺害した人間をより高い世界に転生させることができる。坂本事件の実行犯たちは、そうした教えを受け入れた上で殺害を実行した。

オウムにとって、坂本弁護士は自分たちの勢力の拡大を妨げる敵と見えたことであろう。その敵を抹殺することは、悪業を行なっている人間をより高い世界に転生させることになる。そうした考え方を麻原自身が信じていたかどうかはわからない。田口を殺害したことで、そのような教えを説いたのであれば、それは殺人を正当化するために生み出されてきた理屈であり、麻原自身は信じていなかったとも考えられる。

信者たちにしても、そうした教えをすんなりとは受け入れられなかったかもしれない。しかし、富士山総本部道場開設以降のオウムでは、第三章で見たように、ヴァジラヤーナの教えとしてグルへの絶対的な帰依が求められるようになった。殺害を命じられた信者たちは、帰依の証としてそれを実行に移した。そのとき彼らはためらいを感じたことであろう。しかし彼らは、ヴァジラヤーナのグルであれば、悪業を行なっている人間をより高い世界に転生させることができるという教えにすがった。彼らは、グルの意思、尊師の意思を実現すれば、解脱に近づくことができると期待することで、ためらいを断ち切った。

検察側の冒頭陳述で述べられているように、オウムにもともと殺人を肯定し、それを宗教的に正当化する教えがあり、それが実際の殺害に結びついたという解釈は、坂本事件についてはあてはまる可能性がある。たしかに麻原はその前の段階で、悪業を行なっている人間の殺害を正当化する教えを説いていた。

しかし、坂本事件に先立つ田口修二殺害事件の時点では、まだ殺人を正当化する教えは存在しなかったはずである。おそらく田口事件は、教義にもとづく実践としてはとらえられていなかったであろう。仮に検察側が主張するように、田口事件以前にオウムに殺人を肯定する教えがあったとしても、今度は、なぜオウムにその時点で殺人を肯定する教えが生み出されたのか、その原因を明らかにしなければならなくなってくる。田口事件以前に、麻原が殺人を肯定する教えを説かなければならなかった必然性は見出せない。それよりも、殺人が先で、そこから殺人を正当化する教えが生み出されてきたと考えた方が自然ではないだろうか。殺人を正当化するヴァジラヤーナの教えを説くようになった麻原の変化こそが、その何よりもの証拠である。

衆議院議員選挙の敗北

坂本事件が起こる直前に刊行された教団の機関誌『マハーヤーナ』No.27には、「輝け転輪聖王の道」という記事が掲載されている。この記事は、大師のあいだから麻原彰晃の政治参加の話が持ち上がり、その話が夜を徹した大師会議で決定されたことを伝えるものであった(32)。

一九九七年七月三日に開かれた麻原の第四十三回公判に出廷した岡崎一明は、一九八九年の都議選で社会党のマドンナ旋風が起こったとき、選挙に出馬する話がはじめて出て、最初麻原は、自分が出るよりも、石井久子ら女性の大師を出せばいいと話していたと証言している[33]。

一九八九年七月二十七日には、大師会議の決定が道場に集合した出家信者全員に伝えられ、さらに討論が行なわれた。麻原は、意見が出尽くしたところで、オウムがいくら真理を説いたところで、煩悩をかき立てる情報に満ちた社会に生きているオウムの信者が真理にのっとった生き方をすることは難しく、純粋な宗教的活動のみではさまざまな社会問題は解決できないと述べた。政治と宗教は根本的に切り離せないものであり、自分は徳によって政を行ない、地上に真理を広める転輪聖王としての役割を果たしたいと語った。この麻原の発言によって、全員一致で麻原の政治参加が決定された[34]。

『マハーヤーナ』には、それに合わせるように『南伝大蔵経』のなかにある「転輪聖王獅子吼経」（チャッカヴァッティ・シーハナーダ・スッタンタ）の日本語訳が掲載されている。そこでは「転輪聖王師子吼経」と題されているが、これは「転輪聖王獅子吼経」の誤りであろう。実際、麻原が説法のなかでこの経典に言及する際には、「転輪聖王獅子吼経」と述べている。

「転輪聖王獅子吼経」には、「比丘達よ、人間の寿命が十歳のとき、七日間、激しい戦乱が生じた」とあり、麻原はこの部分をハルマゲドンの予言と解釈している。この争乱を境として人々は善法を行じるようになり、人間の寿命が八万歳にまで延びたとき、サンカという名の王が出て転輪法王としてあまねく四天下を統御し、人民の保護者として七宝を成就するという[35]。教団は選挙運動の一環として、『あなたもなれるかも』と題されたマンガのパンフレットを配ったが、その副題は「未来を開く転輪聖王」となっていた。

オウムの教団は「真理党」という政治団体を結成し、衆議院議員選挙への出馬の準備を進め、第一章でも述べたように大量二十五名もの候補者を立てた。そして全員が落選、五千万円の供託金を没収されている。支持基盤をもたない真理党が当選者を出せるはずもなかった。それでもオウムが大量の候補者を立てたのは、いったい何のためだったのであろうか。

公安調査庁は、オウムに対して破防法の団体適用を請求した際、オウムが政治上の主義として、現行憲法にもとづく民主主義体制を廃し、麻原を独裁的主権者とする祭政一致の専制政治体制を日本に樹立することを目的としていると主張し、衆議院議員選挙への出馬も、その政治目的を果たすためであったと解釈している[36]。

公安調査庁は一九九六年一月十八日に開かれた第一回の破防法弁明手続きで、オウムが祭政一致の専制政治体制を樹立しようとしていることを示す証拠として、麻原が説法のなかで、日本全体にオウムの聖なる空間を広げ、日本を世界救済の拠点とする「日本シャンバラ化計画」の実現を説き、自分は徳によって政を行ない、地上に真理を広める「転輪聖王」としての役割を果たしたいと述べたことをあげている[37]。

麻原は第二章で見たように、ヨーガ道場の主宰者であった段階から、シャンバラにふれていた。また転輪聖王についても、衆議院議員選挙への出馬が決まる以前の段階で言及していた。麻原は、一九八九年三月二十八日の富士山総本部道場における説法では、それを「聖転輪王」と呼び、自分が前世において聖転輪王だったときの話をしている。聖転輪王だった麻原は素晴らしい部下に恵まれていたという[38]。

シャンバラと転輪聖王は深い結びつきをもっている。第一章でふれたように、転輪聖王はヒンドゥー教から仏教に移入された観念で、シャンバラを支配する王のことをさしている。転輪聖王は釈迦の伝説と関係があり、生まれたばかりの釈迦は将来において、悟りを開いて仏陀になるか、世界を支配する転輪聖王のどちらかになると予言されたと伝えられる。転輪聖王は、仏法によって世界を支配する祭司王である。

ただし麻原は、一九九六年五月十五日に東京拘置所で行なわれた第三回破防法弁明手続きの際の意見陳述で、公安調査庁の主張する政治目的をもっていたことを否定している。教団の代理人が、オウムが祭政一致の専制国家を実現するとの政治目的をもっていたという公安調査庁の解釈が成り立つのかどうかを尋ねると、麻原は「まったくないし、今までの説法を読んでもらってもそういう部分はまったく出てこない」と答えている。そして専制主義体制の樹立という政治目的をもったことは一度もなく、反対勢力の排除を考えたことはないと答えている。衆議院議員選挙に出馬した際にも、その目的は真理学園の創設や消費税の廃止など五つの公約を実現することにあり、祭政一致の政治体制をめざしたわけではなく、選挙の結果が出たあとは、政治的関心を「完全に放棄しております」と答えている。

シャンバラ計画について、麻原は代理人と次のようなやりとりを行なっている。

麻原　「シャンバラ計画」とはすべての日本人が、ということではない。いろいろな方がたくさん瞑想していただくことによって、その世界と通じることが主眼で、具体的世界とは関係ない。

代理人　「シャンバラ」とは幻の国、賢人たちが住む世界という宗教的概念か。

麻原　私にとっては真実だが、宗教的概念でいい。

代理人　シャンバラ化計画とは、瞑想する場所をたくさんつくりたいということでいいか。

麻原　そうだ。(39)

仮に麻原の言うことをそのまま受け取るとして、ではほかに衆議院議員選挙に出馬する理由はあったのだろうか。

衆議院議員選挙への出馬が決定されたのは、一九八九年七月の終わりのことで、それは宗教法人の認証をめぐって、オウムが東京都や文化庁ともめていた時代だった。あるいは行政に政治的な圧力をかけるために、衆議院議員選挙への出馬が決定されたのかもしれない。

しかし、八月の終わりには宗教法人オウム真理教が認証されている。そうなると、衆議院議員選挙への出馬は、田口修二や坂本堤弁護士一家の殺害と関係しているのではないだろうか。政治権力を握ることによって、田口の殺害が公になることを妨げようとしたのかもしれない。そして真理党の結成後に、坂本弁護士一家を殺害することで、その必要性は高まっていたとも言える。

しかし、オウムの政治参加のもくろみは、衆議院議員選挙の落選で失敗に終わる。転輪聖王として天下に君臨しようという野望はついえた。麻原は、衆議院議員選挙から半年近くが経った一九九〇年七月三十一日、シャンバラ精舎における説法で転輪聖王について再度ふれてはいる。麻原は、道場の修行者たちに向かって、君たちは転輪聖王の十六倍以上難しい法の実践を行なっていると称えている。[40] ここでは、転輪聖王はオウムの修行者よりも価値の低い存在としてとらえられている。転輪聖王の価値がそれほど高いものでないならば、転輪聖王の支配を強調した衆議院議員選挙が、どれほど真剣にとりくまれたものなのかが疑われてくる。

第一章で見たように、検察側の冒頭陳述では、衆議院議員選挙での敗北でオウムが社会に対する憎しみを深め、そこから無差別大量殺人を計画し、ボツリヌス菌の培養を計画したとされている。麻原は衆議院議員選挙の直後、遠藤誠一に対してボツリヌス菌の採取・分離を指示した。そこで遠藤は早川紀代秀および新實智光とともに北海道の十勝川流域に行き、ボツリヌス菌が含まれていると思われる土を採取し、中川智正とともに分離作業を行なった。一方で村井秀夫らは、大きなタンクでボツリヌス菌を大量に培養する装置を作るなどして、プラント化を試みた。そして四月頃に、東京都内にボツリヌス菌を散布して無差別大量殺人を行なおうと計画し、信者多数を石垣島に避難させ、セミナーを開催したが、ボツリヌス菌の分離に失敗し、プラントも完成しなかったため、計画は失敗に終わった。[41]

この計画はずさんというほかはない。そもそも十勝川流域で採取した土にボツリヌス菌は含まれていたのだろうか。その点さえ明らかにされていない。また東京都内に散布する計画にしても、常識で考えれば、分離・

培養に成功し、プラントが完成した段階で実行するのではないだろうか。

石垣島でセミナーが開かれたときには、出発の十日ほど前に在家信者に連絡があり、家族や友人を誘ってくるよう呼びかけが行なわれた。およそ千二百人が集まったが、行き先は知らされなかった。石垣島では、麻原や幹部たちがハルマゲドンを強調し、出家をあおった(42)。

おそらく石垣島で出家をあおったのは、選挙の敗北で没収された多額の供託金と選挙活動にかかった費用の穴埋めをするためだったのであろう。だからこそ、セミナーの開催は急遽決定されたものと思われる。ボツリヌス菌の散布計画がずさんなのも、そちらが主たる目的ではなく、石垣島でセミナーを開き、出家者を増やして、金を布施させることが本当の目的だったからではないだろうか。

衆議院議員選挙への出馬に十分な計画性は見られない。麻原にしても、それほど深い考えのないまま出馬を決めてしまったように見える。しかしオウムの教団のなかには、麻原の軽率で無謀な計画を止める人間がいなかった。そのため、オウムは真理党を組織し、衆議院議員選挙に大量の候補者を立ててしまった。そうした経緯を見るならば、衆議院議員選挙への出馬に、祭政一致の国家を樹立しようとする明確な意図があったとは考えられない。

聖無頓着の教え

オウムは、石垣島でのセミナーの翌一九九〇年五月、熊本県阿蘇郡波野村に道場を建設するため、およそ十五ヘクタールの土地を取得する。その月の二十日には、地元の熊本日日新聞記者の自宅に、波野村の住民から「テレビによく出ているオウム真理教。あの教団が村の原野を買うっちゅう噂ですよ」という電話が入った。

その後、オウムは約五百人の出家信者が道場建設の作業にあたり、修行生活をはじめた。地元住民の側は、とかく噂のある教団が、しかも大挙して進出してきたことに危機感を強め、オウムの退去を要求するとともに、住民票の不受理で対抗した。信者への不売運動も起こった。また住民たちは監視小屋を作って警戒にあたった(43)。八月十二日の深夜から十三日未明にかけて、オウムと地元住民が衝突、けが人まで出す騒ぎとなった。熊本県は、国土利用計画法などに違反しているとしてオウムを告発した(44)。十月二十二日には県警の合同捜査本部が、波野村のオウム道場の強制捜査を行ない、同時に東京や静岡などで教団施設の家宅捜査が行なわれ、青山吉伸、早川紀代秀、それに信者の満生均史(みついきまさし)が逮捕された。さらに十一月七日には、証拠隠滅の疑いで石井久子が逮捕された(45)。

麻原彰晃は、この強制捜査の直後から、説法のなかで、死が避けられないことをくり返し説くようになった。十二月二日の大阪支部での説法では次のように説いている。

> 人は死ぬ。必ず死ぬ、絶対に死ぬ。死は避けられない。死を前にして、恋愛が有効だろうか。死を前にして、物質が有効であろうか。死を前にして、お金持ちになることが有効であろうか。死を前にして、権力を得ることが有効であろうか。一切無効である(46)。

麻原はこの時期の説法で、このように「人は死ぬ。必ず死ぬ、絶対に死ぬ。死は避けられない」ということばをくり返し、死を超越するためには、戒律を守り、五感を制御し、深い意識状態に入り、死を知ることが必要であると説いている。

死が避けられないことを説いているのは、説法を聞いている人間たちに修行を実践させ、ひいては出家を促すためであるとも考えられる。また、そう説くようになった直接のきっかけは、第三章で述べた早坂武禮の妻でやはりオウム信者だった女性が、不慮の事故で亡くなるという出来事にあった(47)。麻原は死が避けられないことを説く前に、この事故についてふれている。

ただしそのことだけが、「人は死ぬ。必ず死ぬ、絶対に死ぬ。死は避けられない」と麻原がくり返すようになった原因ではないであろう。

第一に、死が避けられないことを強調したところには、麻原自身の死への恐れが示されている。強制捜査は国土利用計画法違反の容疑によるものだった。しかし捜査の規模は、その域をはるかに越えていた。警察は、坂本事件を視野に入れていたことであろう。麻原も、強制捜査が坂本事件の捜査を目的としたものであると考え、事件が発覚することを怖れたのではないだろうか。幼い子どもの命まで奪ってしまった以上、死刑を覚悟し、そこから死が避けられないことをくり返すようになったのではないだろうか。

第二に、死が避けられないとくり返すことによって、田口事件や坂本事件で殺害に携わった信者たちの動揺を抑えようとしたのではないだろうか。一九九七年二月十四日に開かれた麻原の第二十六回公判で、証人となった早川は、坂本堤弁護士一家殺害後、中川智正がショックを受けた様子で、遺体を運んだ後「ハハハハ」と笑い、「ハハハハ。子どもを殺してしまったよ」と言っていたと証言している。[48] 中川が出家したのは一九八九年八月で、それは殺害に加わるわずか三カ月前のことだった。

殺人を犯してしまったことに衝撃を受けたのは、中川だけではなかったであろう。中川と同様にはじめて殺人に加わった端本悟にしても、田口の殺害から引き続いて殺人を行なった早川、村井秀夫、新實智光、岡崎一明にしても、さらには麻原にしても、自分たちが人を殺したことに罪悪感をもち、さらにはそれが発覚することを強く怖れたのではないだろうか。

岡崎は坂本一家殺害に加わった三カ月後、教団の金をもって脱走している。脱走後は郷里の山口県でアパートを借りて塾を開いているが、一家を埋めた現場をふたたび訪れ、写真とビデオの撮影を行ない、長男の遺体を埋めた長野県大町市郊外の写真に地図と見取り図をつけて、坂本弁護士の所属する横浜法律事務所や神奈川県警に送りつけている。岡崎は一方で教団を脅し、「口止め料」として八百万円の金を奪い取っている。一九九〇年九月には神奈川県警の事情聴取を受けているが、そのとき岡崎は容疑を否認している。[49] 写真と地図を送りつけた行為には、岡崎の心の揺れが示されている。

殺害に関与した信者たちも麻原と同様に、強制捜査によって二つの殺害事件が発覚することを怖れたことであろう。麻原は、そうした信者の動揺を抑えるため、死が避けられないとくり返すことによって、信者たちに対して人間を殺すという行為がそれほど重要なものではないことを印象づけようとしたのではないだろうか。

さらに麻原は、強制捜査から三カ月も経っていない一九九一年一月三日の説法で、自己の利益、食欲、性欲、嫌悪、他者に対する愛着、権力への欲望などに頓着する、こだわることがないようにと説き、次のように四無量心のうちの「捨」についてふれている。

そして、四つの無量心の最高の心の状態は、無頓着、捨の精神だといわれている。真理でいう捨の精神とは、こういうバックボーンをもとに説かれた教えなのである。つまり、今味わっている苦楽というものは、過去、あるいは過去生のわたしたちの言葉、行為、心の働きという三つが重なり合って現象化しているにすぎないと。ということは、今味わっている喜び、あるいは苦しみというものは、今、この瞬間とは無縁なのである。つまり、これはあくまでも過去の幻影であり、現在の結果ではないのである。よって、すべての魂を救済する大乗の仏陀になるためには、この無頓着、今なされている苦しみ、あるいは楽に対して、一切頓着せず、ひたすら今を作り上げていくことが大切なのである。[50]

麻原が、傍線で示したように無頓着ということばを使ったのは、この説法がはじめてである。第二章で見たように、麻原は以前この四無量心のなかの捨を平等と呼んでいた。引き続いて一九九一年三月八日の和歌山支部での説法では、無頓着は「聖無頓着」と呼ばれ、聖化されている。[51]それ以降も、ただ無頓着と呼ばれることもあったが、最終的には聖無頓着が定着し、四無量心の他の三つも聖慈愛、聖哀れみ、聖称賛と聖化されていった。

第二章でも見たように、麻原は最初の段階から、四無量心に言及していた。最初の著作『超能力「秘密の開発法」』では、四無量心について述べられている。この点は重要である。というのも、麻原は一九八六年十一月三十日の上町短期ミニセミナーの説法で、両親のことにふれているが、その説法の基本的なテーマは四無量心のうちの慈にあたる愛についてだったからである。麻原が初期の段階から四無量心を強調したのは、家族が、あるいは盲学校の教師たちが、彼のことを平等にあつかうことも、愛をもって接してくれることもなかったからかもしれない。[52]四無量心の強調には、麻原の人生における必ずしも幸福とは言えない体験が影響を与えていたものと思われる。

ところが、平等が無頓着と呼ばれるようになることで、その意味も変化していった。初期の一九八六年十二月三十一日、丹沢集中セミナーでの説法では、日本の仏教界では平等心を一切に無感動になることと言っているが、平等に見るということと無感動とはちがうことが強調されている。そして、四無量心の実践については次のように述べられている。

> 心の訓練のために、人が喜んでいたら、あなた方も参加しなさいよ、それに。人が悲しんでいたら、あなた方も参加しなさい。そして、少しのことでも、相手を心から誉める訓練をしなさい。そして、身内、あるいは、敵対している相手の区別なく、相手の意見をよく理解するように訓練しなさい。[53]

それが、坂本事件後の一九九一年九月十五日の杉並道場での説法では、慈愛はすべての人の喜びが多くなり、苦しみが破壊されるよう祈る心であり、哀れみは自分たちが知っている人たちが真理に対する非難、批判をすることによって悪業をなすことを悲しむ心を培うことであり、称賛は布施や奉仕活動によって多くの功徳を積んでいる人を嫉妬するのではなく、称賛する心を培うことであるとされている。そして無頓着は、忍辱の段階をさらに発展させたもので、忍辱が罵倒や非難、暴力や自分に対するカルマ落としに耐える修行であるのに対して、無頓着は、耐えることとすらしない、それが一切心に残らない状態であるとされている。批判に対して一切頓着することなく、まったく心が動かない状態を作り上げることが無頓着である[54]。これは、麻原自身が批判した無感動に近い。

島薗進は、四無量心は初歩の段階の信徒に説かれるものであるが、その眼目である聖無頓着は、高度な段階の教えであるヴァジラヤーナで説かれる「金剛心」と基本的には同じ方向を指し示すもので、実際、オウムの修行者はどの段階になっても、自分のしなければならないことに向かって淡々と邁進するというかたちで聖無頓着の姿勢をとることを求められると述べている。このように終始課せられ続ける自己変容を通して、自己滅却的、現在没頭的な実践が促進されたという[55]。

島薗は、四無量心が初歩の段階の信者に説かれたと述べているが、実際には出家信者に対しても説かれている。それは四無量心が、麻原の説くヨーガの段階ではラージャ・ヨーガ、クンダリニー・ヨーガ、ジュニアーナ・ヨーガの上にある大乗のヨーガの段階と対応しているからである。麻原は一九八九年七月七日の説法で、「最終的には大乗のヨーガに入らなければ、四つの無量心を磨くことはできないよ」と述べている[56]。

島薗が聖無頓着と同義だとする金剛心について、麻原は一九九〇年三月四日の説法で次のように述べている。では、ヴァジラヤーナとは何だと。これはいっさいの干渉する要因、それを肯定する。そして肯定していながら、それといっさい無干渉の自分自身の心をつくり上げていくと。その情報に左右されないと。金剛の心を作ると。絶対壊れない心をつくると。これがヴァジラヤーナである。

金剛の心とはヴァジラの心である。情報に左右されない、絶対壊れない心は聖無頓着の意識と共通している。そしてヴァジラヤーナはヒナヤーナ、マハーヤーナ、さらにはタントラヤーナの上にくるもっとも高い段階であるとされていた[57]。金剛心＝聖無頓着はオウムの修行者がめざす最高の意識段階、つまりは解脱、成就によってもたらされる理想の意識状態のことなのである。

平等心が無頓着へと転換し、聖無頓着として聖化されていったのは、第一にオウムが信者の家族から、さらにはマスメディアから非難され、行政から好ましくないあつかいを受けるようになったことが背景になっていた。麻原は、信者たちに社会からの圧力にとらわれることのないよう説いた。

しかし、それだけではないであろう。平等心が聖無頓着として聖化されていった間に、オウムは田口事件や坂本事件を起こしている。それは、死が避けられないことを強調するのと同様に、殺人に手を染めた信者たちに、殺人を犯したことからくる罪悪感にとらわれる必要はない、つまりは無頓着になればよいと強調するためだったのではないか。

聖無頓着の意識である情報に左右されない、絶対壊れない心は、第二章で見た一九八六年八月三十日の丹沢集中セミナーでの説法のなかで強調された、すべてを平等に見るということと共通する部分をもっている。しかし、そのニュアンスは異なっている。すべてを平等に見るということは、すべてを愛することにも通じるが、聖無頓着には、愛といった積極的な心の働きが欠けている。

麻原は、田口事件を契機に殺人を肯定するヴァジラヤーナの教えを説くようになるとともに、いっさいの物事に頓着しない、つまりはたとえ殺人を犯しても心を動かされない聖無頓着の教えを説くようになった。その後、現実を正当化するためにつくりあげられたこの教えが、信者たちを無差別大量殺人へと駆り立てていったように思われる。

変貌する教団

一九九一年に入ると、波野村の事態は膠着状態のままで、逆にオウムはマスメディアを通して社会に受け入れられていく。そうしたなかで、麻原彰晃は、テーラヴァーダについて説くようになる。

テーラヴァーダとは上座部のことで、上座部は部派仏教であり、小乗仏教のことである。しかし、麻原はそれ以前の段階で、ヒナヤーナ、小乗仏教について語っており、テーラヴァーダは、それとは異なるものとしてとらえられている。麻原は一九九一年十一月十七日の上九一色教学センターでの説法では、「一般に日本仏教においては、このテーラヴァーダはヒナヤーナ、小乗と同じであるといっているが、実際にそれは過ちであり、テーラヴァーダの教えの中には大乗、そして秘密金剛乗の教えも含まれている」と述べている。(58)

麻原は同年十二月五日の同じく上九一色教学センターでの説法では、テーラヴァーダについて次のように述べている。

ところが、テーラヴァーダは、この現実の生活の中に身を置き、そこでいろんな外的煩悩と対決し、そして内側に浮いている煩悩と対決し、そして自分自身を完全に現世に置きながら止めてしまうという、つまり、これこそまさに現世涅槃、現世煩悩破壊なのである。そこに到達することを目標としている。(59)

「煩悩破壊」とはオウムに独特の用語で、涅槃のことを意味している。

麻原は一九九二年三月二十六日のスリランカ国営テレビのインタビューでは、自分は北伝のヒナヤーナ、マハーヤーナ、ヴァジラヤーナ、タントラヤーナ、それに南伝のテーラヴァーダという五つの体系すべてを学んだと述べている。(60)

そしてオウムの教団では、在家信者向けの修行の体系が、従来のポア・コース、シッディ・コース、ヨーガタントラ・コースから、マハーヤーナ・コース、タントラ・ヴァジラヤーナ・コース、テーラヴァーダ・コースへと変更されている[61]。

一方でオウムは、一九九一年十一月にロシアに進出し、モスクワに「ロシア日本大学」を設立、それをロシアの拠点とした。一九九二年四月には、ロシアでラジオ番組の放送を開始する。九月にはモスクワ支部が開設されている。オウムはやがて、ソ連崩壊後のロシアで三万人の信者を獲得していく。

このロシア進出が、いったい何を目的としたものであったのかについては、さまざまな可能性が考えられる。それがたんに信者獲得のためだけであったとは思えない。実際、武装化がはじまるのはロシア進出以降のことで、一九九四年四月にはロシアで軍事訓練ツアーを行なっている。あるいはイニシエーションで使われたLSDの原材料もロシアから購入されている。サリン散布用とされる大型ヘリコプターも、旧ソ連製であった。

林郁夫は、教団の活動が活発化していたため、一九九一年夏ごろから資金に不足をきたすようになっていたが、ロシアで放送権を獲得し、支部を開設したことで、「ケタ違い」に資金を食いつぶすようになり、生活の引き締めが行なわれ、それが支部での資金集めの基本的な発想を変化させていったのではないかと述べている。その変化は、武装化の動きが加わることで加速されたという[62]。

ロシア進出後のオウムは大きく変わっていく。第一章の検察側冒頭陳述にあったように、まず炭疽菌の培養が行なわれ、教団の亀戸道場で一九九三年六月から七月にかけて、二度にわたり炭疽菌が散布された。これは失敗に終わり、悪臭を発して騒ぎになった。亀戸道場は、その全体が炭疽菌の培養工場であったと言われる。一九九三年に入ると武装化の計画が本格化し、自動小銃の生産や、毒ガス製造プラントの建設がはじまる。やがて毒ガスはサリンと特定され、七十トンものサリンの大量生成が計画される。

一つ考えておかなければならないことは、松本や地下鉄で撒くためにサリンが生成されたわけではないということである。当初、その計画はなかった。あるいは創価学会の池田大作名誉会長殺害を目的として、サリンの生成計画が立案されたわけでもない。池田名誉会長殺害のために、あるいは松本や地下鉄でサリンが撒かれたのは、すでにサリンが生成されていたからで、その逆ではない。

オウムではサリンの大量生成が計画されたとき、同時にサリンを空中散布する計画が立てられた。最初はラジコンヘリを使おうとしたが、それは大破してしまい、かわりに旧ソ連製の大型ヘリコプターが購入された。このヘリコプターが一連の事件で使われたわけではないが、オウムは大量生成したサリンを、東京上空でヘリコプターから撒き、何百万人もの人間を殺そうとしたとされる。

柘植久慶は、オウムが日本とロシアでクーデターを起こし、権力を奪取しようとしていたとし、現在の政治状況においては、その計画が実現する可能性があることを指摘している。[63] 岩上安身も、早川紀代秀の残した「早川メモ」を分析し、そのなかに「'95 11月→戦争」ということばが記されていたことから、オウムが一九九五年十一月に大量のサリンを空からばらまくことによって、内乱状態を作り出そうとしていたのではないかと指摘している。空からサリンを降らせ、千二百万人の東京都民を皆殺しにする。そうすればアメリカ、ロシア、北朝鮮の軍隊が日本を舞台に入り乱れて核戦争を起こす。そのときオウムの人間たちは、上九一色村の核シェルターに隠れようと計画していたという。[64]

ただし、岩上も指摘しているように、これは目的合理性も論理的一貫性も欠いた、戦略も戦術もない荒唐無稽な計画であった。そもそも、上九一色村に核シェルターが作られていたかどうかはあやしい。それでもオウムが多くの人間を殺傷できるだけの大量のサリンを製造しようとしていた可能性は高い。一九九八年秋、第七サティアンの解体を前に、破産管財人が記録用にその内部を撮影した。その映像は日本テレビ系列で放映されたが、そこにはサリン製造のためのプラントの稼働状況が記録されていた。途中の工程でうまく稼働しない部分があったようだが、最終工程でさえ一、二回稼働した痕跡が残されていた。

一九九六年四月二十六日に開かれた井上嘉浩の第二回公判での検察側冒頭陳述では、地下鉄サリン事件後の一九九五年四月十六日、井上は麻原と面会した際、麻原から「なぜ自衛隊員である信者を使ってクーデターをやらないのか」と叱責されたと述べられている。(65)

また一九九六年七月一日に開かれた井上の第六回公判に出廷した杉本繁郎は、一九九四年四月の軍事訓練ツアーのことを幹部の一人が外部に漏らしたことで、軍法会議が開かれた際の麻原と新實のあいだの話を次のように証言している。

軍法会議のとき、教祖は新實と話し、警視庁か警察庁か分からないが、乗っ取って警視総監だか長官だかを拉致して、クーデターを起こす話をし、そのための実行みたいな、いろんなところでテロを起こして混乱を起こさせよう、というようなことだった。(66)

日本でクーデターが起こるなどということは、絵空事に聞こえるかもしれない。しかし私は、イスラーム革命が起こる直前にイランにいたという人の話を聞いたことがあるが、革命直前においても、革命が起こるような気配はまったくなかったという。にもかかわらずイスラーム革命は勃発した。それが日本にも当てはまらないという保証はない。

オウムはサリンの大量生成をめざしていたが、その目的はクーデターにあった可能性がある。ただし、それがどれだけ真剣な計画であったかには疑問がある。しかし、サリンの大量生成に成功していれば、オウムはクーデターを起こせるだけの力をもつにいたったことになる。ところが、松本で実験的にサリンを使用したことから、その犯行を疑われるようになり、警察の捜査を攪乱するために地下鉄でもサリンを使用してしまった。

オウムの教団では、サリン製造プラントの建設が進むなか、一九九三年に入ると、殺人を正当化するヴァジラヤーナの教えが強調されるようになる。林郁夫によれば、それは「ヴァジラヤーナ五仏」の教えとして説かれたという。ヴァジラヤーナ五仏とはラトサンバヴァ、アクショーブヤ、アミターバ、アモーガシッディ、ヴァイローチャナの五仏のことで、これはすでに『イニシエーション』において、タントラのイニシエーションを説明する際に言及されていた。そこでは五仏のほかにヴァジラがあげられていた。その五仏はそれぞれ仏教の五戒を否定する法則として説かれ、それぞれの戒を破ることによってこそ救済が可能であると説かれた。たとえばアクショーブヤの法則は、殺生を正当化する教えだという。麻原は、一九九三年からヴァジラヤーナ五仏の教えを説くようになり、一九九四年三月には、そうした観点にそって麻原のヴァジラヤーナについての教えを集めた『ヴァジラヤーナコース　教学システム教本』が作られる。信者たちは、殺生をはじめとする戒律の破戒を勧める教えを学ぶようになった(67)。

序章でふれたように、一九九四年には、石川公一や青山吉伸の手によって「決意Ⅰ～Ⅳ」が作られた。それはヴァジラヤーナの教えを実践し、救済のためには手段を選ばず、周囲の人間をポアすることを強く勧めるものであった。あるいは第三章でふれたように、麻原は一九九五年に入ると、グルイズムを強調するティローパとナローパの話をくり返すようになった。

薬物による洗脳

「決意Ⅰ～Ⅳ」の場合には、序章でふれたように、それをくり返し三百回唱えることが求められた。林郁夫は、「決意Ⅰ～Ⅳ」が、ヴァジラヤーナ五仏の法則と、麻原が信じこませようとした時代観、社会観、人間観を具体化したものであると述べ、それが価値観を変化させ、麻原の意のままに動く人間を作り出すシナリオのようなものだとしている。また、「ルドラチャクリンのイニシエーション」は、「決意Ⅰ～Ⅳ」と連動して、それを意識に定着させようとする誘導システムの最終段階に位置するものだという(68)。

ルドラチャクリンのイニシエーションは、ＬＳＤ少量と覚醒剤を混ぜたものを使う。林はそれが、潜在記憶や深層記憶を外部からコントロールし、人の行動をコントロールするものだと述べている。それは、次のようなプロセスを経て行なわれる。まず、「決意Ⅰ～Ⅳ」の文章を目で追い口に出すことで、表層意識に記憶させる。次にチオペンタールを投与して、うつらうつらした状態でビデオを見せ、それを潜在意識に記憶させる。それが定着しているかどうかをテストして、「決意Ⅰ～Ⅳ」を記憶層すべてに定着させていく。その後に、仕上げとしてルドラチャクリンのイニシエーションが行なわれる。

林は、ルドラチャクリンのイニシエーションにおける薬物の飲用で、音や光やことばに誘導されやすい状態におかれ、その誘導を行なう石川公一ら三人組が肯定・否定・正当、優しさ・いたわりを駆使して記憶を揺さぶり、定着させ、ビジョンを誘導し、体験として「決意Ⅰ～Ⅳ」の内容を固定してしまうと述べている。覚醒剤使用のもたらす心地よさが、さらにその体験を肯定的なものに感じさせ、受容させるのだという。ルドラチャクリンのイニシエーションは、結果を出すためには手段を選ばないという価値観を植えつけるもので、その価値観を受け入れた者は、「布施しろ」と言われれば布施し、「出家しろ」と言われれば出家し、「殺せ、盗め、奪え」といった命令であってもそれを実行してしまう。しかもこれによって、一度オウムを抜けた人間であっても、やがてはオウムに戻ってくるようになる。麻原はそれを、「ブーメラン現象」と呼んだという(69)。

ルドラチャクリンのイニシエーションが行なわれるようになったのは、オウムが松本サリン事件を起こした後の一九九四年十月以降のことだった。地下鉄サリン事件のわずか五カ月前のことである。したがって、実際にブーメラン現象が起こったかどうかはわからない。しかし、薬物を使ったイニシエーションは、それ以前の段階から「キリストのイニシエーション」として開始されていた。

一九九五年十二月七日に開かれたオウムの信者、奈良真弓の第二回公判で、検察側はオウムにおけるＬＳＤや麻薬、向精神薬取締法違反についての冒頭陳述を行なっているが、そのなかでＬＳＤの製造は、村井秀夫と中川智正の発案であったとされている。二人は一九九三年十二月ごろ、『毒のはなし』（Ｄ・バチヴァロワ／Ｇ・ネデルチェフ、東京図書）や『アシッド・ドリームズ―ＣＩＡ、ＬＳＤ、ヒッピー革命』（Ａ・リー・マーティン／ブルース・シュレーン、第三書館）といった書物から、ＬＳＤが化学兵器として利用できることを知り、その製造を土谷正実に指示した。土谷はＬＳＤ製造の失敗をくり返したが、一九九四年五月一日、ついに製造に成功する。土谷は製造したＬＳＤの分析を行なった際に、それをなめたことから幻覚症状を呈し、錯乱状態となった。また麻原の指示で、ある信者にＬＳＤを飲ませ、幻覚症状が起こることを確認した。麻原も自らＬＳＤを試し、その後、村井、中川、それに遠藤誠一と早川紀代秀に自らの幻覚体験を語り、その宗教儀式での使用を示唆した。そこから幻覚を体験させ、信者を獲得し、信者の結束を固めるためのキリストのイニシエーションが生み出されたという。(70)

高橋英利もキリストのイニシエーションを体験しているが、彼は、その対象となった出家信者たちは、麻原から透明でピンクがかった黄色の液体を渡され、それを飲んだのち、独房修行のための二畳ほどの小部屋に入れられたと述べている。小部屋の天井は低く、蛍光灯も取り外されていたために内部は真っ暗だったが、高橋は薬物によって体の自由がきかないまま蓮華座を組んで瞑想に入った。最初、耳の奥でキーンという音が聞こえていたが、それがだんだんと変容をはじめ、やがて金属的な音が何オクターブも一気に駆け上がり、アニメの効果音のようなゆがんだ音があちこち駆けめぐる体験をする。高橋は、この体験を「音の饗宴」と呼んでいるが、それに続いて身体の感覚があいまいになり、自分がどの方向に向かって座っているのかもわからなくなっていった。さらに身体の境界もはっきりしなくなり、どれが自分の手でどれが自分の足なのか、どこまでが自分の皮膚の内側でどこからが皮膚の外側なのか、それすらどんどんわからなくなっていった。しかし、その体験は彼にとって決して不快なものではなかった。高橋は、このヴァーチャルな体験をすっかり楽しんでいたと述べている。(71)

狩野浩之も、LSDを使ったイニシエーションでは、心だけの状態になってしまったと述べている。体の感覚がなくなって、そのとき自分の深い意識にどういう要素があるのかを正面から見極めることができた。その体験は本当にハードでだるくなり、自分が死んだあとにはこういう状態になるということがわかった。薬物とは知らなかったが、内側に向かうための薬物というものは修行にはためになると思ったという。(72)

こうした薬物を使ったイニシエーションは、オウムにおいて「洗脳」の方法として使われた可能性が高い。

オウムの関係者と思われる有栖脱兎は、「アシッド大作戦」(『あぶない二十八号』第一巻)という文章のなかで、石川公一が次官をつとめていたオウムの法皇官房は、CIAがやろうとしてできなかった薬物洗脳に成功したという指摘を行なっている。オウムのイニシエーションの際に、LSDを飲んだ信者はステンレス張りの一畳ほどの密室に入れられ、二十四時間瞑想を行なう。信者たちはその前に、事故や殺人事件の死体を撮影したシーンを集めたビデオをくり返し見せられ、死後の地獄の苦しみを徹底的に教え込まれている。そんな状態でLSDを飲まされると確実に「バッド(薬物体験で妄想を見るなど気味の悪い状態に陥ること)」になり、死の恐怖を感じて地獄のような世界に落ち込んでいく。有栖は、意識をバッドな方向に拡大させるには他の薬物ではだめで、LSDが最適であると述べている。

そうしたイニシエーションを受けた人間は極限状態のなかで、自己を捨てグルである麻原と一体化すれば救われるという教義を受け入れるかどうかが試される。自己をもち続けるか、自己を放棄しグルに明け渡すかで激しい葛藤があるが、ＬＳＤのバッド・トリップがもたらす永久に続くかのような地獄の苦しみに耐えられず、絶壁から飛び降りるようにグルへの完璧な帰依を行なう信者が生まれる。有栖は、キリストのイニシエーションを受けた信者たちのなかで、かなりの人間たちが現在も洗脳状況下にあるものと思われると述べている。(73)

脳機能学者の苫米地英人は、オウムの元信者に対する脱洗脳の実践をもとにして書いた『洗脳原論』のなかで、洗脳を「神経レベルでの情報処理・信号処理の段階に、何らかの介入的な操作を加えることによって、その人の思考、行動、感情を、思うままに統御しようとする」試みと定義している。苫米地は、オウム信者についてよく言われるマインド・コントロールは心理レベルでの操作だが、それは脳内情報処理におけるコントロールであり、洗脳の一つに数えることができるとして、あえて洗脳ということばを使って議論を進めている。(74)

洗脳の手段としては、ＬＳＤなどの薬物刺激、言語的な刺激情報、抽象思考を利用した言語誘導による催眠、過呼吸などの呼吸法、肉体的な運動などが使われる。オウムではプラーナーヤーマ、チャクラの解放、アーサナなどの方法が使われ、そこに教義を中心とした思想を折り交ぜていけば、心的な内部表現を操作して深い洗脳状態にもちこむことができる。

そうした内部表現の操作が可能になるのは、ヨーガが深い変成意識状態を生成するからである。変成意識状態は、Altered State of Consciousness の訳語である。変成意識状態とは、感覚を一切遮断した空間に長時間いたときに起こる、意識が変形し、夢を見たり、酩酊したような感覚に襲われる状態のことをさしている。変成意識状態では、意識的な心的活動が抑えられ、無意識レベルにある心的内部表現が外部化することで、他者、たとえばグルがアクセスしやすくなる。ヨーガは強力な変成意識状態を生み出すのに有効な手法である。(75)

この変成意識状態を一瞬で簡単に引き起こす方法が、「トリガー」と呼ばれるメカニズムである。トリガーは引き金の意味で、地雷のスイッチの役割を果たす。洗脳された人間が偶然トリガーに接触すると、過去の忘却していた記憶が蘇ってきたり、洗脳によって埋め込まれた神経プロセスが作動し、自動的に思いがけない行動に駆られてしまう。トリガーが引き金となって引き出す、脳に埋め込まれた情報が「アンカー（錨）」である。ＬＳＤや長時間の瞑想などで引き起こされる神秘体験の状態を、トリガーとなる特定のことばや合図と結びつけて、脳内にアンカーしておくと、トリガーを利用して、いつでも神秘体験を引き起こすことができる。オウムでは、麻原の唱えるマントラの声が聞こえると、光が見える至福体験がすぐに蘇ってくるよう、ＬＳＤなどを使ってアンカーしていたという(76)。

苫米地は洗脳の方法を四つのステップに分けて説明している。

ステップ一は、人間であれば誰もが影響を受けている社会的因習、つまりは文化的条件付けのことである。日本人なら墓＝不吉というイメージをもっている。オウムでは、黒は地獄の色なので、黒い服を着てはいけないとか、ロックは地獄の音楽だという因習的な情報の刷り込みが行なわれている。

ステップ二は、映画の世界に没入するように、現実の世界よりもヴァーチャルな世界にリアリティを感じる段階のことである。オウムでは、信者を独房に入れてビデオを百時間見せ続けるといったことが行なわれたが、同じストーリーを何度も聞かせたり、催眠によって、そうした状態をもたらしたりすることができる。ただし、映画を見ているあいだ登場人物になりきっていても、映画館を出れば現実に引き戻される。またどんなに深い催眠でも、一晩寝れば解けてしまう。睡眠ほど深い変成意識状態はないからである。

これに対して、何かのきっかけがあれば、すぐに変成意識状態に陥ってしまう状態がステップ三である。オウムでは、長時間にわたってビデオを見せ続けたり、薬物を使って空間が変容する恐怖体験を植えつけたりしていた。ビデオではサブリミナルな手法が用いられ、教義を疑ったり麻原を疑ったりすれば、その恐怖体験が蘇るようアンカーされていた。逆に、麻原の写真を見たり麻原の唱えるマントラを聞いたりという行為がトリガーになっていて、ＬＳＤやヨーガの瞑想で得られる至福体験をアンカーしていた。オウムでは、「疑念だ」ということばがトリガーになっていた。これは通常、ステージの高い信者が下の信者に向かって発するもので、このことばを発せられた瞬間、本人の瞼の裏にイニシエーションで見せられた無間地獄の恐ろしい光景が、まざまざと浮かび上がるようになっているという。

ステップ四は、催眠のような変成意識状態が永続的に続き、催眠から覚めた瞬間にまた催眠に連れ戻される状態である。これは、洗脳を解く脱洗脳の状態に関係する事柄や考え方、ことばなどにそれを結びつけておき、洗脳状態から一時的に抜け出しても、すぐに洗脳状態に引き戻されるようにしておくというものである。

苫米地は、脱会したと公言している元信者であっても、アンカーが抜けないかぎり、完全に現実世界に戻ったとはいえないと言い、麻原の顔写真やオウム用語、マントラなどに無数のトリガーが埋め込まれている以上、麻原の写真や上祐史浩の記者会見などをテレビで流すことは元信者にとって危険なことであると警告している。(77)

オウムでＬＳＤが使われるようになるのは、一九九四年以降のことである。ＬＳＤを使ったキリストのイニシエーションを行なっていたのは、石川公一らであった。麻原はもともと薬物の使用に否定的で、一九八八年三月二十七日の世田谷道場での説法などでは、「例えば、マリファナ、あるいはＬＳＤと言われているもの、ああいう覚醒剤も、あるいはタバコも害だということになるね。薬物でコントロールすることは正しくないわけです」と述べていた。(78)その点から考えると、ＬＳＤを使用するアイディアは法皇官房の方から出てきたのではないだろうか。石川らは、人間の意識をコントロールするためのノウハウとしてＬＳＤを活用しようとしていたのである。

省庁制度の導入

オウムでは最初、部班制がとられていた。建設部、法務部、広報部、外報部、科学班、被服班、供物班、デザイン班などがあり、部や班の新設や変更は頻繁に行なわれていた。科学班は省庁制度のもとで科学技術省と呼ばれるようになるまで、ＣＳＩ、広報技術研究所、真理科学技術研究所などと名称が変化している[79]。また極厳修行に参加した人間は修行班に属するなど、一時的に所属する班もあった。教団全体の組織化はそれほど進んではいなかった。

在家信者の方は各地域の支部に所属していた。田村智によれば、一九九三年に創価学会を見習って、「ブロック長制度」が導入されたという。ブロック長になるためには試験を受ける必要があり、ブロック長だけの特別なイニシエーションや説法もあった[80]。

オウムのなかで省庁制度がとられたのは、松本サリン事件の直前、一九九四年六月二十日のことだった。二十二の省庁が設けられ、各省庁には大臣、もしくは長官と次官が定められた。

また、省庁制度導入とほぼ時期を同じくして、オウムは国家の憲法になる「基本律」と刑法にあたる「太陽寂静国刑律草案」を作成している。基本律では、麻原彰晃が主権者である「神聖法皇」とされ、内治権と外交権を独占し、その権威は侵してはならないとされている。天皇は廃位され、葛城氏などの氏を与えて民籍につかせる。国名は、「真理国」と仮称し、富士山麓に新しい首都を定める。ほかに、国章は梵字によるオウム字とし、暦は建国の年を「真理暦元年」とすると定められている。真理国では、麻原が立法、行政、軍事、外交、司法等の全権を掌握する主権者として君臨し、オウムの構成員は、「僧籍人」として、それ以外の人間は「民籍人」として僧籍人の下位におく。民籍人には、納税、軍役、さらには神聖法皇、大宇宙の聖法、僧からなる「三宝」を敬い、修行にはげむ義務が課せられる。[81]

公安調査庁がオウムに対する破防法の団体適用を請求した際には、この省庁制度の導入と基本律などの作成が、オウムが政治上の主義として、現行憲法にもとづく民主主義体制を廃し、麻原を独裁的主権者とする祭政一致の専制政治体制を日本に樹立することを目的としていることの証拠としてとらえられていた。

麻原は、第三回破防法弁明手続きの意見陳述で、「基本律」については、自分は聖徳太子を尊敬し、十七条憲法のような倫理規範を作ってみてはどうかと言ったことは認めている。しかし、出家信者が楽しめるようなものを望んだが、実際にできたものはあまり面白くなかったと言い、信者のあいだに流布していないと答えている。

また省庁制度を導入した理由について、麻原は次のように述べている。

まず第一点は、私の体調が非常に悪くてですね、私の責任分担を軽減したいと。人事権と言ったらいいでしょうか、省庁のトップの人が次官を任命できるとか、そこに所属する人の管理・運営ができる。第二点がサマナが多くなりまして、私との距離が遠くなっていき、象徴化みたいのが行なわれた。この二点がポイントです。権力集中ではなく、権力分散が図られたということでございます。

公安調査庁の主張に対して、麻原は省庁制度によっても、やっていることはそれ以前の部班制とまったく変わらず、自分の力はかえってそぎ落とされ、権威が失墜したことを強調している。

代理人　……公安庁は、オウムはあなたを絶対者、あるいは唯一無二の最高意思決定者と規定している。信徒はあなたに盲従しているなどと言われている。このような権限をもっていたか。

麻原　まったくない。省庁制以降、特にないと思う。

代理人　教団の決定にはあなたがすべて関与しているのか。
麻原　いいえ。
代理人　信徒が指示に従わないということは。
麻原　多々あった。私の事件に関することでもあるが、ある大臣は私の命令を自分の命令に変えた。
代理人　修行上の指示が守られないということはあったか。
麻原　ルームランナーを百七十台買ったが、使わなかった弟子もいる。外で酒を飲みうわさになった弟子もいる。言うとそのときは「はい」というが、守られない。私の権威の失墜の表れだ。(82)

省庁制度が導入される以前、オウムの教団において最終的な決定権をもつのは、麻原であると考えられていた。林郁夫は、彼の所属していた「AHI（アストラル・ホスピタル・インスティテュート）」と呼ばれたオウムの付属医院の医療では、リーダーがいちいち「尊師お伺い書」に外来患者、入院患者の症状などを記し、麻原に治療方針についての示唆や治療方法の了解を求めることが行なわれていたと述べている。夜ごとのカンファレンスは開かれるものの、麻原の意向ぬきでは重要な決定はしがたい雰囲気で、そのような状態はのちに省庁制が敷かれるまで基本的には継続したという。林は、AHIでの医療は仏教のカルマの考え方とヨーガの人体エネルギーの理論にもとづいていて、麻原が、身体を切ったり縫ったりすることはエネルギーの通り道であるナーディー、気道を傷つけ、修行を遅らせることになると言っていたため、サマナのなかには外傷を縫合する際にも、「局所麻酔はしてくれるな」と言う者があったという。(83)

早坂武禮は、省庁制度が敷かれる以前には、麻原自身が不必要な経費を削るために信者たちから出されるさまざまな申請をチェックしていたと述べている。しかも麻原は、まわりにいる数人に申請書の内容を同時に読ませ、それを黙って聞いていたが、「ちょっと待て。もう一度読んでくれ」と読み直させると、それはほとんどが問題のあるケースだったというエピソードを紹介している。それは一度に十人の訴えを聞き分けたという聖徳太子の「豊聡耳（とよとみみ）」を彷彿とさせるという。(84)

オウムの信者は、麻原が超能力をもっていると考えており、そこから申請書をめぐるそのようなエピソードが生み出されたものと思われるが、あるいは申請書にはそもそも問題が多く、どこを指摘しても問題のあるケースにぶちあたったのかもしれない。

教団が拡大していけば、一人の人間が全体を掌握することは難しくなっていく。省庁制度が導入されたのも、麻原一人が教団全体を掌握することが難しくなり、幹部たちに教団経営の実際を任せなければならなくなったからであろう。省庁制度が導入される以前の段階でも、大師などと呼ばれたステージの高い成就者たちが、麻原にかわって一般の信者の指導を行なっていた。

一九八九年三月二十一日の世田谷道場での説法で麻原は、修行を進めるためには、その道案内をする人間が必要であるとし、「オウムではグル、あるいは大師がその担当をしているよね」と述べていた。オウムの大師は一人一人が新興宗教の教祖ぐらいの力をもっていて、そのエネルギーによって世の中が変わっていくという。ただし、大師は皆のカルマを背負うことで、魔境に入るともされている。「大師が過信して、自分の光のエネルギー以上の闇のエネルギーをしょったら、そのときは魔境に入ります」という。(85) 大師が魔境に入ることがあると述べられていたところには、実際には、大師たちが適切に修行を指導できなかったことが示されている。

麻原は三月三十一日の説法では、大師になっても、懸命に教学や瞑想を行ない、それを実践して後輩に真理を解き明かさなければならないと説いていた。そして麻原は、いい大師にめぐりあうことができるかどうかは、修行者の功徳にかかっているとして次のように述べていた。

素晴らしい大師に、あなた方がもし縁があるとするならば、それはあなた方は素晴らしい果報の持ち主であると。大師の用をなさない大師に、あなた方が縁をなすとするならば、それはあなた方の、もともと功徳というものが足りないんだということを意識しなければならない[86]。

功徳がなければいい大師に出会えないと説かれたところにも、現実にはいい大師にめぐりあうことが、オウムの教団において、相当に難しいものであったことが示されている。

幹部の独走

麻原彰晃は一九八九年五月二日の説法では、ラージャ・ヨーガの成就者が「スワミ」、クンダリニー・ヨーガの成就者が「師」、マハー・ムドラーの成就者が「正悟師」であると述べていた[87]。さらに一九九〇年十二月ごろには、正悟師の上に「正大師」というステージが定められた。正大師とは大乗のヨーガを成就した信者に与えられる称号である。師は下から師、師長補、師長に、正悟師は下から正悟師、正悟師長補、正悟師長に分けられるようになり、ステージの細分化が進んだ[88]。

こうした称号は修行が進んだ程度に応じて与えられるものだが、省庁制度が導入されると、それとは別に大臣や長官、あるいは次官が任命された。彼らは独自の権限をもち、それぞれが担当する部門の運営に当たったのだが、彼らには独走する傾向が見られた。

早坂武禮は彼自身が配属された自治省の実態について報告している。自治省の大臣は新實智光である。当時取り入れられたものに「バルドーの導き」という修行があったが、「全サマナが受けるように」と教祖の名前で出された通達は、自治省にかぎって「サマナ全員が三回ずつ」にすり替えられた。新實個人の裁量が働いたのは明らかで、秘書のように動く事務担当の女性サマナからその指示を聞かされたとき、早坂は、「なかなかいい修行ですね。自治省は全員三回ずつやることにしましょう。そういうことでみんなに伝えといてください」と明るい調子で話す新實の姿が目に浮かぶようだったと述べている。また自治省では、男性のサマナに月一回研修が義務づけられたが、それは小グループに分かれて野外キャンプを行なうもので、銃の知識や軍隊の行軍、あるいはサバイバルについての講義が行なわれた。ところが研修のプログラムはかなりずさんなもので、参加者のなかからは、これは麻原の指示ではないという発言が出たという(89)。

早坂は、省庁制度が導入された末期の時代には階級が最も強調され、ステージが細分化された上に、師などのステージに認定される目安が不明確になったことを指摘している。さらには省庁単位の大臣、次官というステージとは別の権力構造が生まれ、より高いステージにあがるために、麻原の意思を率先して行なう出世争いが起こっていたという(90)。

林郁夫も省庁制度導入による変化についてふれている。省庁制度以前には、各サマナは一対一で麻原と結びついた修行者であることが明確で、出家順、霊的ステージが優先されていた。そして、麻原の指示が直接一人一人にくるという感覚があった。ところが省庁制度以降はワークにかぎって、麻原を頂点とするピラミッド形の上意下達システムとなり、サマナと麻原との一対一の関係が形式上否定され、麻原の指示は大臣を介して伝えられるようになった。サマナは、それぞれの部署のなかに閉じ込められ、麻原から権限を与えられた「長」の指示に文句も言わずに従うようになり、麻原と直接つながっているという気持ちの上での自由が失われたという(91)。

早坂はさらに、省庁制度が導入される直前に、井上嘉浩が独断で行動していたことを指摘している。井上はもっとも教祖の指示に忠実であるという評価を得ていた一方で、他人まで巻き込んで独断で突っ走ることが多いのは、身近な誰もが知ることだったという。早坂は、当時の井上の動きは改めて振り返ってもやはり不可解であると述べている。井上はフリーメーソンが世界の政治・経済を操っているという話が書かれた本を何冊も買い込んで熱心に読み、道場に集めた信者を前にそれをネタにして日本の危機を煽ったりしていた。オウムではいくら師であるといっても、修行とはまったく無関係なこの種の本を読む行為そのものが、破戒にあたった。さらに井上は東京本部を頻繁に訪れて、「特別ワーク」と称して勝手に選抜した信者に面談を行なうなど、見ようによっては好き勝手に振る舞っていた。井上は戒律に甘かったが、麻原に称賛され特別扱いされていたことで、異常なまでのやる気を出して活動していた。そのため井上に振り回される人間も少なくなかったという。(92)

この早坂の井上についての見方は、第一章でふれた元信者たちの井上評と一致している。麻原弁護団は、地下鉄サリン事件について、井上が首謀者であるという見方をとっている。リムジンの車中での謀議について、一九九六年十一月二十二日に開かれた麻原の第十七回公判に出廷した井上に、弁護人は次のように迫っている。

弁護人　「サリンを撒くしかない」とたきつけたのではないか。
井上　してません。
弁護人　「やはりサリンしかない」と言ったのは、あなたじゃないのか。
井上　言ってません。
弁護人　しつこくサリンの話をしたんじゃないの。
井上　してません。
弁護人　最初は「強制捜査があったらどうするか」で話が始まって、あなたが「サリンを撒けばいい」と言ったから話の流れが変わったんじゃないのか。
井上　決して言ってません。(93)

弁護人が井上を追い詰めようとしているのも、すでにこの時点で、サリンの原材料となるジフロを保管していたのが、井上の言うように中川智正ではなく井上自身であるという感触をつかんでいたからであろう。リムジンの車中で、井上以外の人間たちはサリンがすべて処分されている以上、それをすぐには生成できないと考えていたかもしれない。二〇〇〇年二月二十八日に開かれた中川の公判での弁護側冒頭陳述では、中川がサリンの処分を終えた後、ジフロ約一リットルが発見されたため、中川はそれを井上に渡したという反論が展開された[94]。

一九九九年八月二十三日、林泰男の公判に出廷した中川は、弁護人の、目の不自由な麻原に誤った情報を与えて操作していた人物がいるのではないかという質問に、自分を含め村井秀夫、井上嘉浩、林郁夫、遠藤誠一、新實智光、早川紀代秀、それに支部活動をしている人間たちは上になるほど麻原の反応がわかっていたので、都合のいいことを言うことがあったと証言した。

弁護人がさらに幹部が悪いという面があるのではないかと尋ねると、中川は「そう言われたら、ごもっともです、と言うしかない」と答え、教団に毒ガスが撒かれているという話は、自分がガス検知器で毒ガス反応を検出したと報告したのが原因で麻原の被害妄想を助長してしまったと言い、井上や早川がフリーメーソンの本を読んで報告すると、麻原はそれをそのまま信じ込んでしまったと証言している[95]。この中川の証言は、第一章でふれた麻原の破防法弁明手続きの際の意見陳述の内容と合致している。麻原はフリーメーソンについて弟子たちから教えられたと証言している。

さらに、一九九九年六月十日、麻原の第百二十一回公判に出廷した教団自治省次官・中村昇は仮谷清志目黒公証役場事務長監禁致死事件について、麻原の指示を否定さえしている。

当時、中村自身や井上の提案で、高齢の信徒を拉致して宗教儀式を受けさせ、その間に高額の布施をさせるという方法がしばしば行なわれていた。そのため多額の資金が得られれば、麻原も喜ぶだろうと弟子たちが曲解し、事件を起こしたというのである。中村は井上と仲がよく、当初は「この事件くらいは僕がかばってやろうと思った」と言い、一度は井上被告の言うとおりの調書を作った。それでも中村は、その調書を翻し、曲解をもとに暴走する傾向は井上がことに多かったと述べている。中村は現在でも、麻原への信仰を持ち続けている。その点で、中村の証言は麻原をかばおうとしてのものと見ることができる。しかし中村は、麻原が起訴された十七の事件のなかで、この事件は軽微でかばう必要のないものだとも述べている。[96] その点で、中村の証言にはいくぶんかの事実が反映されていると考えてよいのではないだろうか。

この章で見てきたところをまとめてみよう。

検察側は、オウムがオウム神仙の会を名乗っていた段階で、麻原彰晃がヴァジラヤーナの教えとして殺人を勧める説法を行なっていたとし、その教えにしたがって信者たちが田口事件や坂本事件を起こしたととらえている。

しかし、オウム真理教への改称が行なわれる以前の段階で、その種の教えが説かれていた可能性は低い。少なくともそれがヴァジラヤーナの教えと呼ばれていたとは考えられない。むしろ在家信者の事故死と、その事故死の現場に居合わせた田口修二の殺害から、殺人を肯定する教えが作られたと考えた方が合理的である。坂本堤弁護士一家の殺害は、そうしたヴァジラヤーナの教えにもとづいて実行に移されたものと考えられる。さらにその教えの延長線上に、物事に対して頓着しない姿勢の聖化が進められた。

また、衆議院議員選挙の敗北から、麻原が社会への憎悪を深め、無差別大量殺人を目的とした武装化を進めたという解釈も成り立ちにくい。衆議院議員選挙出馬の目的自体があいまいで、その企てに祭政一致の国家を樹立しようとする明確な目的があったとは思えない。またオウムは一九九一年の段階で、一時社会に受け入れられ、その時期には社会を攻撃する企ては沈静化していた。

オウムが変貌をとげるのはロシアに進出して以降のことである。殺人をも正当化するヴァジラヤーナの教えが広く、また頻繁に説かれ、グルへの絶対的な帰依が強調された。薬物を使ったイニシエーションが行なわれるようになり、信者の洗脳が進められた。さらに省庁制度が作られ、それは幹部の独走を許すことに結びついた。そうした教団の変貌が、さまざまな殺人、さらにはサリンを使っての無差別大量殺人へと発展していくのである。

第五章　なぜ無差別大量殺人は敢行されたのか

「ひとを千人ころしてんや」

本書の冒頭にかかげた「たとへばひとを千人ころしてんや、しからば往生は一定すべしとおほせさふらひし……」は、浄土真宗の開祖、親鸞のことばである。これは、親鸞との信仰をめぐる問答を弟子の唯円が記した『歎異抄』のなかに、次のようなかたちで出てくる。

またあるとき、唯円房はわがいふことばを信ずるかとおほせのさふらひしあひだ、さんさふらふとまうしさふらひしかば、さらばいはんこと、たがふまじきかと、かさねておほせのさふらひしあひだ、つゝしんで領状まうしさふらひしかば、たとへばひとを千人ころしてんや、しからば往生は一定すべしとおほせさふらひしとき、おほせにてはさふらへども、一人もこの身の器量にては、ころしつべしともおぼへずさふらふと、まうしてさふらひしかば、さてはいかに親鸞がいふことを、たがふまじきとはいふぞと。[1]

山折哲雄は、オウム事件を踏まえて書かれた『悪と往生』のなかでこの部分の現代語訳を試みている。改めてそれを引用する。

親鸞　唯円よ、お前は私のいうことを信ずるか。

唯円　はい、信じます。

親鸞　ならば、私のいうことに背くことはないな。

唯円　けっして背くことはありませぬ。

親鸞　それでは、まず、人を千人殺してもらおう。そうすれば、お前は、往生することができる。

唯円　お言葉ではありますが、私の力では、とても一人も殺せそうにありませぬ。

親鸞　それでは、私のいうことに背くことになるではないか。(2)

唯円は、親鸞から人を千人殺せば往生できると言われて、大いにあわてている。唯円は師のことばに背かないと直前に約束させられたにもかかわらず、師のことばに背いた。たとえ唯円ではなくても、師に人を千人殺せと言われれば、ほとんどの人間は師のことばに逆らってしまうであろう。後の浄土真宗信者のなかにも、この『歎異抄』の親鸞のことばを文字どおりに受けとって、往生のため人を千人殺そうとした人間はあらわれなかった。

ところが、オウムの場合には殺人を正当化するヴァジラヤーナの教えがあり、それが強調されるようになった時期、信者たちは次々と殺人を重ねていった。

オウムは、一九九四年一月三十日には、落田耕太郎リンチ殺害事件が起こす。これは、教団を抜け、親しい関係にあった保田英明の母を教団から連れ出そうとした落田を、麻原彰晃が保田に命じて殺させたという事件である。五月九日には、生成したサリンを使って滝本太郎弁護士の殺人未遂事件を起こす。そして教団は、六月二十七日、松本サリン事件を起こし、無差別大量殺人を敢行する。

ではなぜ、オウムの信者たちは、松本でサリンを撒くことによって、何の関係もない人々を大量に殺傷してしまったのだろうか。それは、ヴァジラヤーナの教えの実践だったのであろうか。

松本サリン事件にかかわったのは、麻原のほか、村井秀夫、遠藤誠一、中川智正、新實智光、富田隆、端本悟、中村昇である。このうち、村井は亡くなり、麻原や中川、新實は事件について証言を拒否し続けてきた。

現場の実行役の一人である富田は、一九九七年四月二十二日、端本の公判に出廷し証言を行なっている。事件の前日、富田は新實から「明日、体をあけて下さい」と言われる。富田が「なんですか」と聞いても、新實は「秘密です」と答えるだけだった。当日彼は、端本や中村とともに、新實から「これから松本にガス撒きに行きまーす」と軽い感じで告げられる。新實は、富田と中村に、村井の作業を邪魔する者がいれば「ボコボコにして下さい」と指示した。富田が「ボコボコやったら、当たりどころが悪ければ死んじゃう」と言うと、新實からは「いいんじゃないですか。主に戦うのは警察官でしょう。やっているうちに私たちは逃げちゃうから、あとはよろしく」という答えが返ってきたという。

新實からはガスの効果の説明はなく、富田は、交通量の多い道路脇の人に健康上の害を及ぼす程度のもので、ガスを吸って生命が危うくなるという考えはなかったと述べている。ガスの噴霧の結果についても全然考えていなかったが、新實の部屋で松本市内でガスで何人かが死んだという記事を見せられ、最初はオウムの松本支部の人は大丈夫かということに頭がいったが、「自分が殺生、つまり殺人にからんだのだ、と言うことが、ボーンと爆発したように（心に浮かんで）、パニックになってしまった」。富田はすぐ端本のところへ行ってその話をすると、端本は変な顔になって「この話はもうしないようにしよう」と言ったという(3)。

端本も、一九九八年十月十五日に開かれた麻原の第九十四回公判に出廷した際、検察官の「サリンを吸うといる。

危険だとわかっていたからではないのか」という質問に、「結果を知っていたら、あんな装備じゃ怖い」と述べた上、「教団で言われていた被害は、鼻水とかその程度だった。人が死ぬとは思っていなかった」と語っている。(4)

遠藤誠一は、一九九九年一月十四日に開かれた麻原の第百三回公判に出廷し、松本サリン事件の数日前、村井、新實、中川とともに麻原の部屋に呼ばれ、麻原から松本の警察、あるいは裁判所にサリンを撒くと言われたと証言している。麻原は、噴霧は村井がやって、運転は端本がやり、新實が村井の補助をし、邪魔者の排除は富田と中村が、医療班は中川と遠藤がやるよう指示したという。遠藤は、そのときの自分自身の考えをたずねられると、「深く考えなかった」と答えている。以前、池田大作創価学会名誉会長をねらってサリンを撒いたことがあり、またかと思ったというのだ。(5)

遠藤は、同月二十八日に開かれた麻原の第百四回公判では、松本でサリンを散布した際に、検察官の「その人たちがサリンで死んでいくのか、と思いませんでしたか」という問いかけに、「思わなかった」と答えている。遠藤は、その後村井から松本での事件を伝える新聞を見せられたが、麻原は「まだ原因がわからないみたいだな。うまくいったみたいだな」と言ったと述べている。(6)

遠藤は、一九九九年五月十三日に開かれた麻原の第百十八回公判では、弁護人からの、サリンによる被害を「いったいどの程度と想定しているのか、死ぬというほどの結果発生は考えなかったとしても、いろいろ程度はあるだろう」という質問に、サリンを吸えば、「目の前が暗くなることはあると思っていた」と答えている。弁護人が「それだけか」と聞いても、「はい」と答えただけだった。翌日に開かれた第百十九回公判では、松本サリン事件を伝えるニュースを見て、富田と同様に、「死者が出たことで、びっくりしたというか、がく然とした」と答えている。遠藤は、それ以前に池田名誉会長の事件に関与しているが、その際には、「周囲の人はなんともないし、自分の呼吸がおかしくなることもなかったし。目の前が若干暗くなっただけ」だったので、松本サリン事件についても、危険な行為という認識はなかったと語っている(7)。

松本サリン事件の実行犯となった信者たちは共通して、サリンを撒くことにそれほど危険性があるとは認識していなかったと証言している。富田の場合には、サリンをたんなるガスと認識していた。端本は鼻水が出るくらいと考え、遠藤も目の前が暗くなる程度と考えていた。彼らは、サリンを撒くことが殺人に結びつくという認識をもっていなかった。

アニメの受け売り

松本サリン事件の実行犯の認識は、第一章で見た地下鉄サリン事件の実行犯の認識とは大きく異なっている。地下鉄サリン事件の実行犯たちは、横山真一を除いて、サリンが多数の人間を殺傷する力をもっていることを認識していたと述べている。それは松本サリン事件という先例があり、実行犯たちはオウムのサリンであっても純粋なサリンと変わらない強い殺傷能力があることを知っていたからである。

松本サリン事件の実行犯たちには、自分たちが殺人を行なっているという認識は欠けていた。滝本サリン事件や松本サリン事件の段階で、教団が生成したサリンの本当の危険性を認識していたのは、麻原彰晃、村井秀夫、新實智光だけだったのではないか。第一章で見たように、新實は池田大作創価学会名誉会長殺害未遂事件の際、サリンを吸入して瀕死状態になっている。

松本サリン事件にかんしては、地下鉄サリン事件の実行犯のように、それを救済行為としてとらえる信者はいなかった。松本サリン事件の実行犯には、自分たちは危険なことをしているという切迫感や、人殺しをしなければならないという迷いがなかったからであろう。その点で、松本サリン事件の実行犯と地下鉄サリン事件の実行犯とのあいだには、殺意という面で大きなちがいがあった。松本サリン事件の実行犯はサリンに危険性がないと思いこんでいたため、あるいはそれが猛毒のサリンと知らなかったため、迷うことなくサリンを撒いてしまった。

またそこには、オウムの信者たちの特有な意識がかかわっていたように思われる。

一九九七年五月末、端本悟の法廷で証言した富田隆は、麻原がハルマゲドンから逃れるために必要だと述べた水中都市は『未来少年コナン』からの盗用で、第三次世界大戦で使われるという恒星反射砲は、コスモ・クリーナーとともに、『宇宙戦艦ヤマト』や『機動戦士ガンダム』の受け売りだったと述べている。[8] オウムの人間たちは、自分たちをSFアニメの世界に登場する戦士たちと重ね合わせていたように見える。彼らは、ハルマゲドンを生き延びるための戦いに戦士として臨んでいるかのような意識をもっていた。麻原は、ロシアから呼んだキーレーン・オーケストラのために曲を書いているが、その曲はSFアニメの主題歌と似た勇ましい行進曲調のものばかりだった。

私は以前、オウムをディズニーランドに似た世界として分析したことがあった。ディズニーランドは、人工的な虚構の世界であり、その世界を楽しむためには「ゲスト」と呼ばれる客は、ディズニーランドをあたかも本当のお伽の国であるかのようにふるまう必要がある。その構造は演劇に似ており、客にもスタッフにも演技が求められる。それは、スタッフを「キャスト（配役）」と呼ぶところにあらわれている。私には、オウムの信者たちが、子どもじみた宗教世界に生きていることを知りながら、あたかも本物の宗教世界に生きているかのように演じてみせているように思えた。[9] 出所後、宮崎学と対談した上祐史浩は、その私の文章に言及し、オウムはあらゆるものが揃った宗教ワールドだったと述べている。[10]

オウムの信者たちには、麻原の発想を遊びや冗談として受けとっている部分があった。

早坂武禮は、省庁制度が導入された直後に信者たちがそれをどのように受け止めたかを示すエピソードを紹介している。彼は、二人の女性信者が次のような会話をかわしているのを耳にした。

「今度、省庁制度っていうのができたでしょ。それで他の部署も全部なんとか省に変わったじゃない。経理は大蔵省で、車両班は車両省でしょ。それから（コスモ）クリーナーのメンテナンスをするのが防衛庁で、警備は自治省、それと修行班は労働省だったかな」

「修行班が労働省ってなんか変よね。でも、支部はどうなったの」

「東と西に分けて、東信徒庁と西信徒庁だったかな。それからマハーポーシャは商務省だったと思うけど。それで、各省のリーダーが大臣で、それを補佐するのが次官って言うんだって」

「私たちってまるで公務員じゃない。なんか遊びみたいね」(11)

私も地下鉄サリン事件の直後、テレビの取材で南青山の東京総本部を訪れたおり、ある一人の信者に省庁制度について聞いたとき、彼はそれを麻原の冗談だと思ったと語っていた。信者たちのなかには、省庁制度を遊びや冗談として受けとっていた人間が存在した。

オウムの信者たちは、自分たちがお伽の国のような世界に生きていると考え、また教団の活動を遊びや冗談として受けとっていたため、教団のなかで起こっていた危険な兆候を軽視してしまったのではないだろうか。「裏のワーク」などと呼ばれた危険な行為に携わっている場合においてさえ、それを遊びや冗談として受けとり、危険なものとは考えなかったように思われる。

遠藤は二〇〇〇年五月十一、十二、二十五日に開かれた麻原の第百五十六～百五十八回公判での弁護側反対尋問で、滝本太郎弁護士を襲撃した際のサリン事件について、弁護人の「麻原の意思がどこにあるのか考えるのでは」ないかという問いかけに、「最終解脱した人の意思は自分たちには及びもつかないので、考えない」と答え、さらに「はっきり言って、やるとは思っていませんでした。麻原さんが冗談を言っていると思っていました」と述べている。麻原の命令が冗談で終わることがあるのかという質問にも、「中途半端で終わるというのは結構あったと思います」と答えている。[12]

ポアの論理

松本サリン事件を起こす直前、オウムの教団では、「Sチェック」と呼ばれるスパイのチェックが行なわれるようになった。麻原彰晃の第四回公判での検察側冒頭陳述では、一九九四年六月ころ、教団治療省の医師が中心となり、教団に入り込んだスパイの疑いのある信者に対して麻酔薬のアモバルビタールナトリウムを点滴し、半覚醒状態で質問に答えさせるスパイ・チェックが行なわれるようになったとされる。[13]

林郁夫は、オウムでは初期から、スパイが潜入して内部情報を公安などの外部に、瞑想などのイニシエーションを対立する教団に洩らしているといった麻原の説法があり、一九九三年十月以来、毒ガスを使って麻原とその家族の命をねらっているとされ、一九九四年三月以降は、出家信者の命をねらっているとされるようになり、スパイの存在に対する認識が変化していったと述べている。

一九九四年七月八日、看護婦の一人が第六サティアンの浴場で意識不明になり、不可解な傷を負うという事件が起こる。それは、潜入したスパイのイペリットガスによる工作とされ、林は麻原の自宅に呼ばれて、麻原から「スパイがわかった。富士から第六サティアンへ水を運んでいるミルクローリーの運転手をしている冨田(俊男)がスパイだ、確かめろ」と言い渡される。林は、冨田のスパイ・チェックを行ない、麻酔薬だけではなくポリグラフも使った。林は麻原に、スパイ・チェックでは事実も背後関係もわからなかったが、ポリグラフでは陽性の反応が出たと報告した(14)。

この冨田のリンチ殺人にかかわった信者、山内信一の一九九六年六月五日に開かれた第四回公判での検察側冒頭陳述では、林の報告を受けた麻原が、七月十日、新實智光に対して冨田を拷問し自白させるよう指示したとされる。新實は、中村昇と杉本繁郎、それに山内に冨田を拷問させ、ついには死にいたらしめた。新實が途中、麻原に伺いを立てたところ、殺害を指示されたという(15)。

その後オウムは、一九九四年十一月二十六日にはＶＸを使って、教団に対して布施の返還を求める訴えを起こしていた元信徒と親しい関係にあった水野昇を襲い、十二月十二日には公安のスパイと誤認した浜口忠仁を殺害、一九九五年一月四日には、「オウム真理教被害者の会」の永岡弘行会長を襲撃した。二月二十八日には、仮谷清志目黒公証役場事務長を拉致し、翌日に死亡させた。これが、三月二十日の地下鉄サリン事件へと発展していく。

ではなぜ、リンチ殺害、ＶＸ、そして地下鉄サリン事件にかかわったオウムの信者たちは、次々と殺人を重ね、ついには無差別大量殺人を敢行するまでにいたったのだろうか。彼らは上から命じられ、しかたなく殺人にかかわったのかもしれないが、なぜ彼らはそうした指示を断ることができなかったのだろうか。

一つの原因としては、麻原が殺人を正当化するヴァジラヤーナの教えを説いていたことがあげられる。麻原は、田口修二リンチ殺害事件のあとから、悪業を行なっている人間を殺すことは、その人間の魂をより高い世界に転生させるポアであり、悪業ではなく善業であると説いていた。ポアの論理の背景には輪廻転生の考え方がある。輪廻転生の考え方においては、あらゆる存在は生まれ変わりをくり返し、生まれ変わる世界は、地獄、餓鬼、畜生、修羅、人間、天の六つの世界があるとされている。輪廻は六道輪廻とも呼ばれる。

麻原は、私が司会した小森龍邦衆議院議員（当時）との宗教と差別をめぐる対談のなかで、六道輪廻が仏教の基本であると述べ、自分たちは、瞑想によって動物の生や地獄の生を経験していると述べていた(16)。

輪廻の考え方に支えられたポアの論理は、第四章で見たように、殺人を行なってしまったという事実を正当化するために生み出された。麻原は、殺人を犯してしまったことに強い罪悪感をもち、そこから自分にはポアする力が備わっていると信じるしかなくなったとも考えられる。信者たちは、そのポアの論理を信じ、殺人を実行した。ヴァジラヤーナの教えは、松本サリン事件の前の段階で、『ヴァジラヤーナコース　教学システム教本』としてまとめられ、信者たちはその教えを集中的に学んでいた。

しかし、一方でオウムには殺人を抑制する教えがあった。麻原は、第二章で見たように、殺人を戒める不殺生戒を説いていた。麻原は信者たちに対して、人間だけではなく生き物を殺してはならないと戒めていた。戒律を守ることは修行の第一歩であり、それを守ることができなければ成就や解脱はありえない。実際、オウムの信者たちは不殺生戒を守り、ゴキブリや蚊でさえ殺そうとはしなかった。一般の信者のなかに、教団が殺人を行なったことを信じられないと言う者が少なくないのも、彼らが不殺生戒を守っていて、殺人など考えもつかないからである。元信者の鹿島とも子は、私との対談の際に、逮捕後に、松本サリン事件などがオウムの犯行であることを刑事から聞かされて、「虫も殺しちゃいけないのに人なんか殺すわけないです」と言い張ったと述べている(17)。

いくら麻原が殺人を肯定するヴァジラヤーナの教えを説いたとしても、人を殺すことは不殺生戒と矛盾する。その点で、不殺生戒は、殺人を防ぐ歯止めになるはずだった。

殺生戒の逆説

一九九七年六月二十四日、端本悟の公判に出廷した早川紀代秀は、坂本事件が起こったころ、信者たちはマハー・ムドラーをかけられるとよく言っていたと述べ、マハー・ムドラーは、弟子の一番弱い、いやなことをグルが要求するもので、親子あるいは恋人との情を切るような苦しいことをさせ、それに耐えられるような修行をすることだと語っている。殺生は悪業にはちがいないが、救済のためにはやむをえないもので、現世的なしこりが出てきたとき、人間的に弱い部分が弟子にあるのを、グルが知らせて克服させるものだと述べている[18]。

端本も、九月十九日に開かれた麻原彰晃の第五十回公判での弁護側反対尋問の際に、坂本弁護士の殺害計画を、グルが弟子の修行を進めるために仕掛けるマハー・ムドラーの修行だと考えたと述べ、弁護人の「(坂本)事件でのあなたの認識を聞きたいが、待機しているとき、グルの意思としてポアしろ、という指示があったとは認識していたわけでしょ。それとマハー・ムドラーの関係。これもグルがマハー・ムドラーとしてそうしたことを課している、との認識があったのか」という問いかけに、「それもあったとさっき言いました」と答えている[19]。

マハー・ムドラーの考え方では、弟子の一番弱い、いやなことが試練として課される。オウムの信者たちにとって、一番やりたくないことは、解脱への前提条件となる仏教の五戒を破ることだったのではないだろうか。仏教の五戒には、不偸盗戒、不妄語戒、不邪淫戒、不飲酒戒、そして不殺生戒がある。信者たちは、とくに不殺生戒として戒められた殺生をすることを嫌った。ところが、不殺生戒の破戒を、信者たちが嫌えば嫌うほど、また望まなければ望まないほど、それはマハー・ムドラーになりえた。

信者たちは、殺人を指示されれば、それに抵抗する。しかし彼らには、殺人が望まないものであればあるほど、それをグルから仕掛けられたマハー・ムドラーとして解釈してしまう傾向があった。しかも、オウムにはポアの論理がある。グルによって指示された殺人は、殺された人間をより高い世界に転生させる善業になりうる。そこからオウムの信者たちは、不殺生戒を守ろうとすればするほど逆に殺人に走ってしまうという、きわめて逆説的な立場に追い込まれてしまったのではないか。

地下鉄サリン事件の実行犯は、サリンを撒けば多数の人間を殺傷することを知っていた。だからこそ、迷いためらった。しかし、第一章で述べたように、林郁夫は、村井秀夫から「これはマハー・ムドラーの修行だからね」と告げられたと述べている。ただし、他の実行犯たちは、村井からマハー・ムドラーであると告げられたとは述べていない。あるいは林は、サリンを撒くよう告げられて動揺し、村井がそのようなことを言ったものと思いこんでしまったのかもしれない。林の証言は、オウムの信者のなかに無差別大量殺人をマハー・ムドラーとしてとらえる心理的な傾向があったことを示しているのではないか。

地下鉄サリン事件と坂本事件のあいだには大きなちがいがある。坂本事件の場合、実行犯には、坂本弁護士を教団に敵対するという悪業を行なっている人間としてとらえることが可能だった。だが、地下鉄サリン事件の場合には、サリンによる殺害対象となったのは教団に対して悪業を行なっているとは言えない一般の人たちだった。悪業を行なっている人間を殺すなら、それはポアとして考えられる。しかし、悪業を行なっていない人間の殺害はポアにはなりえないはずだった。

地下鉄サリン事件の実行犯たちが、それでもサリンを撒くことを受け入れてしまったのは、一つには、教団のなかで危機感が高まっていたからであろう。麻原はハルマゲドンが近づいていると説き、オウムが毒ガス攻撃を受けていると語っていた。オウムの信者にとって、外側の社会は彼らに敵対する好ましくない存在だった。

社会は常にオウムを迫害している。信者たちにはそう映っていたことであろう。自分たちに敵対する社会なら滅びてもかまわない。地下鉄サリン事件の実行犯たちはそう明言しているわけではないが、彼らの心の奥底にはそうした感情があったのではないか。

地下鉄サリン事件の実行犯たちは、間違った世界に生きている一般の人間たちはオウムを認めないという悪業を行なっており、地獄、餓鬼、動物の三悪趣に堕ちていく運命にあると考えたであろう。ならば麻原の力によってポアされ、より高い世界に転生させてもらった方がはるかに幸福ではないか。この世界に生きる人間を殺すことは、むしろ救済になる。地下鉄サリン事件の実行犯たちが行き着いたのは、そうした救済論だった。

ただし、実行犯たちは地下鉄にサリンを撒く理由を明確には認識していなかった。一九九六年十月九日、横山真人の公判で証言を行なった豊田亨は、地下鉄でサリンを撒く際の心境について、検察官と次のようなやり取りをしている。

検察官　なんのためにサリンをまくのか。
豊田　なんのためにサリンをまくとは、この時点では説明がなかった。
検察官　なぜまくと考えたか。
豊田　その点については考える余裕がなかったというのが正しいと思う。
検察官　なぜ救済か、その理由を知ろうとはしなかったのか。
豊田　知りたい気持ちがなかったとは言えないが、告げられない以上、知る必要がないし、知るべきではないという考えが徹底してたので、そうはしませんでした。[20]

豊田がサリンを撒く理由について知ろうとしなかったのは、上からの指示に疑問を呈することなく、そのまま実行することを、グルへの絶対的な帰依として求められていると感じていたからである。麻原は、信者たちにグルへの絶対的な帰依を求め、グルのクローン化を説いていた。信者たちは、そうした麻原の教えにしたがうためには、麻原からの指示にいっさい疑問をもってはならないと考えていた。

さらにオウムの信者たちは、尊師の意思は自分たちの考えも及ばない深遠なものだととらえていた。そこから、地下鉄でサリンを撒いて、無関係な人たちを殺害することの意味は理解できないものの、理解できないものであるからこそ、深遠な尊師の意思が反映されていると考えてしまったのではないか。ここにも皮肉な逆説が見られる。あるいは実行犯たちは、その考えにすがったのかもしれない。自分たちは今、無差別大量殺人という極悪非道な行為に及ぼうとしている。だが、グルにはグルなりの考え方があり、サリンで殺される人間も、またサリンを撒いて人を殺す自分たちも救済されるにちがいない。そう考えて、彼らは迷いを断ち切りサリンを撒いてしまった。

上祐史浩は、宮崎学との対談で、「特に尊師が何を考えられていたのか。麻原尊師はやはり特殊な意識状態に入っていると信者は信じていますし、ご自身でもそんな感じですから。そこは永遠の謎なんです」と述べている[21]。

オウムの信者たちは、上からの指示であれば、その内容や理由について問いただすこともなく、それを実行してしまうことが解脱への近道だと考えていた。そうした状況のなかで殺人の指示が下されれば、信者たちはそれをそのまま実践してしまう。

では、無差別大量殺人を指示した側、つまり麻原にはいったいどのような目的があったのだろうか。麻原には信者たちが察したような救済の意図はあったのだろうか。果たして麻原は、信者たちの想像もおよばない深遠な考えをもっていたのだろうか。

グルの奇抜なパフォーマンス

麻原彰晃の初公判が開かれたのは一九九六年四月二十四日のことだった。初公判が開かれるまでに、私選弁護人の解任という出来事が起こり、初公判は延期されていた。初公判の日、傍聴券の抽選に集まった傍聴希望者の数は日本の裁判史上、最高記録に達した。社会はオウム教祖の初公判に強い関心を示した。そこには、麻原の口から事件の真相が語られるのではないかという強い期待感があった。

法廷では最初に検察側が、落田耕太郎リンチ殺害事件、麻酔薬密造事件、地下鉄サリン事件についての起訴状を朗読した。地下鉄サリン事件の被害者の名前、治療期間、被害に遭った場所が一人ずつ読み上げられたため、午前十時四十分からはじまった朗読は午後三時四十六分までかかった。さらに起訴事実についての弁護側からの求釈明でもめたが、弁護側の異議は裁判長によって却下された。

被告である麻原の意見陳述が行なわれたのは、その後のことである。麻原はその際に次のような意見を述べている。

私は、逮捕される前から、そして逮捕された後も、一つの心の状態で生きてきました。それは、すべての魂に、絶対の真理によってのみ得ることのできる絶対の自由、絶対の幸福、絶対の歓喜を得ていただきたい、そのお手伝いをしたいと思う心の働き、そして、その言葉の働きかけと行動、つまりマイトリー、聖い慈愛の実践。絶対の真理を知らない魂から生じる不自由、不幸、苦しみに対して、大きな悲しみを持ち、哀れみの心によって、それを絶対の真理により取り払ってあげようとする言葉と行動、つまりカルナ、聖い哀れみの実践。絶対の真理を実践している人たちに生じる絶対の自由、絶対の幸福、絶対の歓喜に対して、それをともに喜び賞賛する心、そしてその言葉の働きかけと行動、つまりムリター、聖賞賛の実践。そして、今の私の心境ですが、これら三つの実践によって、私の身の上に生じるいかなる不自由、不幸、苦しみに対して、一切頓着しない心、つまりウペクシャー、聖無頓着の意識。私が、今、お話しできることは、以上です。

麻原の意見陳述はわずか三分で終わった。麻原は容疑事実に対して直接意見を述べることはなかった。この陳述は、接見した弁護士が麻原の法廷でぜひ言いたいことを陳述書にまとめ、それを麻原が何度も暗唱して述べたものだった。法廷での実際の陳述は引用したものとは異なっているが、陳述書の方が裁判記録にとどめられている。

聖無頓着については第四章でふれたが、麻原が意見陳述において聖無頓着を核とした四無量心にしかふれなかったことは、裁判の関係者や国民全体に肩透かしを食わせるかたちになった。この意見陳述を聞いた裁判長は、「そうすると今、検察官の読んだ起訴状の内容については、心の実践として行なったという意味ですか」と、罪状を認める発言として受けとろうとしたが、弁護団からの激しい反発を受けた。そのため、麻原から罪を認める発言を引き出すことはできなかった。

降旗賢一は、この意見陳述について、聖慈愛の実践、聖哀れみの実践、聖賞賛の実践などの「麻原流仏教語」が並ぶだけで、ほとんどの人たちには何のことかわからないと言い、麻原は、自分は物の道理の分からない人々を救済しようとしてきたのであって、そのために自分の身の上に不自由、不幸、苦しみが生じたが、これには一切頓着しないというのが今の心境だと言いたいように聞こえたと述べている。だから、何もここでは言いたくないというのである。(22)

麻原は、この初公判のあと、破防法の弁明手続きで教団の代表として二度にわたって意見陳述を行なった。

その際、公安調査庁側の受命職員や教団側の代理人の質問に対して、教団の危険性を完全に否定した。さらには、破防法の適用要件が麻原の指示や命令が前提になっているため、自分は教祖の立場から退きたいと語った。[23]

麻原は、二回の弁明手続きでは初法廷とは異なり雄弁であった。しかし、そのあいだに開かれた自らの第三回公判では、松本サリン事件などの罪状認否について、「今ここで何もお話しすることはありません」と言って、裁判長とやりあっている。[24] 一九九六年七月十一日に開かれた第六回公判でも、罪状認否を留保している。[25] 十月十八日に開かれた第十三回公判では、井上嘉浩への証人尋問の中止を要求し、「この事件は私が背負う。でも私は無実」だと言い張った。[26] 十一月七日に開かれた第十四回公判では、審理の最中に勝手に発言し、はじめて退廷処分を受けている。[27] その後、麻原は不規則発言によって何度か退廷処分を受けている。

第一章でふれたように、第三十四回公判で、麻原ははじめて起訴された事実について正式に意見陳述を行なった。一連の事件は弟子たちの独走によるものだと述べて、自らの事件への関与をほとんどの場合否定した。しかし、その意見陳述は英語まじりの奇妙で意味不明な箇所の多い、予想外のものだった。『オウム法廷④』には、その内容が紹介されているが、それがいかに奇抜なものであったかは一部を引用すれば明らかだろう。

トモミツ・ニイミ　レボリューション　パワー　フォー　シュウジ・タグチ。……何ですか。つまり嘱託殺人だよ、お前のは。だから五年以内で無罪だったんだ。……だったんだよ。そうですか。そう。したがって、正確にあなたが首をひねって殺したということを話す必要があったんだ。今のは麻原彰晃が述べさせてる。多くの人が疑いを持っています。ええ。（しばらくまた英語で話して）ヒー　ウォント　トゥー　マリー、マリー　フォー　サナエ・オオウチ、ネバー、イエス、心臓の……で引っ掛かってるよね。今の続けましょう、続けましょう、オッケー、これ、ほかのところ聞こえてるんでしょう。[28]

降旗賢一は、この意見陳述をする麻原の姿から童話の『裸の王様』の主人公を連想したと述べている。麻原に超能力があると言い張ってきた信者たちがどんどん離れていき、麻原が裸であると気づいているのに、麻原はまだ皆に洋服が見えるつもりになっているというのである。降旗は、麻原は破防法の適用棄却の決定が出たのは、自分が弁明を行なったせいだと考えていて、自分が法廷で無実であるという意見陳述を行なえば、すぐにそれは証明され、裁判を終わらせることができると思いこんでいると述べている[29]。破防法の弁明手続きの際と比べて、麻原は比較にならないほど混乱しており、それは一年足らずのあいだにそれだけ追い詰められたためだというのである[30]。

麻原の法廷におけるパフォーマンスには理解しがたいものがある。そもそも、そうした態度をとることが裁判の進行に有利に働くとは思えない。しかも麻原は一九九六年秋以降、弁護団との接触を拒否してしまっている。

麻原には、裁判に臨むにあたってどのような態度をとるか、いくつかの選択肢があった。

一つの選択肢としては、第一章でふれた吉本隆明らが期待したように、法廷で事件を起こしたことを認めた上で、殺人を正当化する宗教思想を主張するというものである。これまで見てきたように、麻原は一時期、そうした教えを説いていた。その教えを法廷で語るならば、教団の外部にも、それを支持する人間たちも出てきたかもしれない。そして麻原の名は、現在とは異なるかたちで歴史に残ることになったであろう。

もう一つの選択肢としては、奇抜なパフォーマンスを行なうことなく、自らの無罪を主張していくという常識的な方向が考えられる。麻原は起訴された事件にかんして自分で手を下しているわけではない。法廷で問題にされているのは殺人の指示を下したかどうかという点である。麻原にとって、彼の指示を仲介した村井秀夫が亡くなっているという事態を利用することができる。村井から証言を得ることができず、本当に麻原が指示を下したかどうかわからない事件があるからである。麻原としては、自分はただ教祖として祭り上げられていただけで、すべては村井を中心とした弟子たちの暴走なのだと主張することもできた。

第三十四回公判での意見陳述は、麻原が後者を選択したものとして見ることもできる。麻原は、弟子たちの関与は認めたものの、自分の関与についてはほぼ完全に否定した。しかし麻原は英語まじりの奇抜なパフォーマンスを展開し、その証言の価値を台なしにしてしまった。裁判所は、麻原が誠実ではないと判断したことであろう。

麻原は、将来において死刑判決が下り、処刑されることに恐れを抱き、その恐怖が高じて精神に異常をきたしてしまったのであろうか。麻原が狂ったのだと考えれば、エンタープライズを想定した英語まじりの証言も理解できる。しかし弁護側は、麻原が狂ったという主張を展開していない。東京拘置所においても、麻原の精神の病いを治療する試みが行なわれたという情報は伝えられていない。

逮捕という試練

麻原彰晃が初公判において、今の自分は聖無頓着の意識にあることを強調したのは、彼と同様に裁判にかけられた弟子たちや、教団に残った信者たちに対してメッセージを伝えようとしてのことではないか。麻原が聖無頓着の意識にあるということは、彼が自らの裁判の行方に対していっさい気にしないという宣言になっている。麻原はたとえ死刑判決を受けようとも、かまわないというわけである。またそれは、信者たちに対しても、裁判の行方を気にするなという指示になっていた。

実際、法廷にかけられた信者たちのなかに、この麻原の発言に影響を受けた者がいた。その代表が遠藤誠一である。一九九五年十一月四日に開かれた遠藤の初公判で朗読された意見陳述書のなかで、遠藤の弁護人は、松本および地下鉄サリン事件についても事実は事実として認め、自らの刑事責任を正しく受け止め、事実に反して関係者をかばうことなく、真相解明のため必要な限りの事実は細大漏らさず開陳すると述べ、共犯信徒の捜査段階の供述調書についても、それを証拠として採用することに同意する姿勢を示した。(31)

ところが麻原の初公判を前にして、一九九六年一月二十二日に開かれた第三回公判では、遠藤はサリンを製造したことを認め被害者に謝罪したが、麻原からどのように指示されたかについては明らかにしなかった。(32)そして遠藤は、麻原の公判がはじまった直後の六月六日には弁護人を解任した。(33)遠藤は九月二十七日に開かれた第五回公判で、解任した弁護人を批判し、松本・地下鉄サリン事件など、それまで麻原との共謀を認めていた事件について、そのほとんどを覆し、麻原との共謀を否定してしまった。(34)

それは中川智正の場合にも言える。中川は脱会を表明し、自らの罪をすべて認めていた。だが、麻原が初公判のあと、破防法の弁明手続きで意見陳述を行なう前日に、証人として出廷した法廷では証言を拒否し、それ以降は、二〇〇〇年になるまで証言拒否をくり返すようになった。(35)

麻原は、波野村に大規模な強制捜査が起こったときから、逮捕をマハー・ムドラーとしてとらえていた。麻原は、一九九〇年十二月二日の大阪支部での説法で、仏教的な見地からすれば、石井久子らの逮捕は大いなるムドラー、つまりはマハー・ムドラーであると述べている。麻原は、接見した石井から、検事の取り調べが人権を無視したものだということを聞いたと述べている。検事は石井を「お前は売女だ」「お前はブスだ」「お前はフリーセックスの教団にいるんだ」と罵倒した。石井ははじめむかっとしたこともあったが、一日二日経つとまったく心の動揺がなくなった。それは完全なるマハー・ムドラーの成就の状態をあらわしているという。(36)

このような説法から、信者たちは逮捕をマハー・ムドラーとしてとらえるようになっていた。一九九六年十月十七日に開かれた麻原の第十二回公判に出廷した林郁夫は、逮捕後に青山吉伸が弁護人として面会にきて

「これはマハー・ムドラーの修行なので、心を動かすな」と言われたと証言している。[37]

麻原は、初公判において聖無頓着の意識を強調することで、弟子たちに、逮捕・起訴という事態を試練としてとらえるよう改めて教えたのである。

ただ、すべての信者が麻原の発言に影響を受けたわけではない。井上嘉浩や林郁夫は麻原と袂を分かち、麻原を糾弾する側にまわっている。彼らは麻原のことが信じられなくなったと述べている。

井上は「裏の実行部隊長」「陰の指揮官」とも呼ばれたように、[38]教団のなかで重要な役割を果たしていた。麻原の指示を積極果敢に果たそうとし、井上の勧誘によって信者になった者も少なくない。たとえば『オウムからの帰還』を書いた高橋英利は、井上からの強い影響を認めている。彼は、井上から「高橋君、これは救済なんだ」と言われてサリンの袋を渡されたとしたら、自分は本当に途方にくれるだろうと述べている。[39]林の場合には、慶応大学病院の元医師であり、教団では広告塔的な役割を果たしていた。そんな二人の離反は、麻原に大きなダメージを与えたとも考えられる。

しかし一方では、逮捕され裁判にかけられても、麻原に帰依する姿勢を変えていない者もいる。

新實智光は逮捕後も、麻原に帰依する姿勢をまったく変えていない。一九九六年十月九日に開かれた自らの第三回公判で、新實は、自分だけではなく多くの老若男女が出家したのは、現世の苦悩から解放されるためであり、自分は麻原のもとに出家してその苦悩を乗り超えたと言い、「私は真理の御霊麻原尊師に、たとえこの命が奪われようとも、来世に至るまで帰依します」と言い放った。[40]

上祐史浩も、一九九六年三月十五日に開かれた自らの初公判で、自分たちは偉大な予言にもとづいて生きており、新しい時代が近づいていると言い、麻原を「尊師」と呼んで、麻原が導き手で、救世主であり、自分にとってのすべてであると断言した。[41]上祐は、一九九七年二月二十五日に開かれた第十回公判での被告人質問でも、証言を拒否する理由について、自分が今なすべき実践は四つの無量心、とりわけ聖無頓着、外的条件に心を動かされることがないという教えであると言い、そのため事件について話をすることはないと述べた(42)。上祐は、麻原の初公判での発言をそのまま教えとして受け入れている。出所後も上祐は、麻原からの自立の必要性を語ってはいるが、麻原を否定しているわけではない。今でも上祐は、麻原を天才的な修行者として評価している。

このように、麻原に反旗を翻した弟子がいる一方で、死刑判決が予想されるにもかかわらず、帰依の姿勢を変えていない弟子がいる。上祐の場合には起訴された罪は軽かったものの、麻原に次ぐ地位にある五人の正大師の一人だった。

早川紀代秀の場合には、一九九七年五月二十一日に開かれた新實の公判での弁護側反対尋問で、ポアの間違いを認め、責任を取るために自供をしているが、麻原から離れるべきかどうかについては混乱が深まっており、九年間命をかけて信じてきた麻原を信じたいという気持ちが、どこかにあると証言している(43)。

麻原にもっとも帰依の厚かった弟子たちは、その姿勢を変えていない。麻原にあやまちがあったことを認めている者も激しい混乱状態にあり、麻原を否定しきれていない。彼らは、麻原の説いたところにしたがって、自分たちがとらわれ、裁判にかけられていることを試練として受け止めようとしているように見える。

さらに信者たちは、麻原が法廷で醜い姿をさらしていることについて、その姿が醜ければ醜いほど、自分たちはグルによって試されているのだと考えているのではないか。麻原は、第三章でふれたように、自分は常に演技をしていると説いていた。麻原は法廷でも演技をしている可能性がある。その醜い姿に耐えられず、グルへの帰依を失ってしまったとしたら、それは試練に耐えられなかったことになる。信者たちは、試練に耐え、聖無頓着の意識に立とうとしているのではないか。そしてそのように考える信者たちは、麻原に反旗を翻した人間たちは試練に耐えられなかったのだと考えているであろう。

　逮捕され、法廷にかけられた教団幹部のなかで、事件がまちがいであったと訴え、麻原を糾弾する側にまわった者がいる一方で、その信仰を一切変化させることなく、事件の真相については堅く口を閉ざし、あくまで麻原への帰依を続けようとする者がいる。帰依を続けようとする信者たちにとって、一連の事件は、グルに帰依できる信者とできない信者とのふるい分けの役割を果たしていると考えられているのではないか。

　それは、逮捕を免れた他の幹部たちや一般の信者たちについても言える。事件後、かなりの数の人間が教団を去ったものの、現在でも出家信者として教団にとどまっている人間は少なくない。また釈放されたり、刑を終えたのちに、教団に復帰した者もかなりの数にのぼる。その点でふるい分けが行なわれているように見えるはずなのである。

シヴァ大神のフォーム

　早坂武禮は、一九九二年から九三年にかけて他の信者たちとともに聞いた麻原彰晃の話を紹介している。次に引く麻原のことばは、後から振り返れば意味深長で、早坂はその意味するところをくり返し考えずにはいられなかったという。

　オウム真理教の主宰神はシヴァ大神であるわけだけど、私は君たちの前ではまだシヴァ大神のフォームはとってないよね。むしろヴィシュヌ大神の化身と言っていいんじゃないか。信徒に説かれた法則も心を豊かにするマハーヤーナ、つまり大乗の教えが中心だからな。ヴィシュヌ大神が象徴する「維持」というのは大いなる繁栄を表してるわけだけど、心を豊かにする法則があって、信徒には道場という修行の場が与えられ、サマナにも出家修行の場が提供されてるから、これは精神的にも物理的にも君たちに与えているものはヴィシュヌ大神の化身としての役割だよね。しかし、君たちは精神的にも物理的にも最高の環境が提供されているにもかかわらず、現世的な楽しみに心を奪われ、煩悩に心を揺らされているのが実態じゃないか。もちろん、中には強い意思を持って修行に励んでる称賛に値する弟子もいるけど、全体的なレベルで言ったら情けないな。もし私が救済活動のなかでシヴァ大神の化身としてのフォームを表したら、いったいどれだけの弟子がついて来れるかな……

早坂は、麻原の言う「シヴァ大神のフォーム」には、一般的な感覚から大きく逸脱しても進むべき道を突き進む激しさのようなニュアンスがあると述べている。救済活動の方法論として、ヴィシュヌ大神に象徴されるものが人々に受け入れられるソフトなやり方であるのに対し、シヴァ大神に象徴されるものは理解を越えた激しい方法だという(44)。

早坂は、一九九三年七月に東京・亀戸の新東京総本部道場周辺で起こった異臭騒ぎのときに、この麻原のことばに符合する兆候に気づいたと述べている。騒ぎは炭疽菌の噴霧に失敗したことによるものだったが、早坂は、その計画自体を知らなかった。ただし広報局長であったため、外部からの問い合わせに答えなければならず、そこから関心をもった。

早坂は、異臭騒ぎの直後に、別の件で第二サティアンにある麻原の瞑想部屋に呼ばれ、そのとき異臭騒ぎについて麻原に直接問いただした。すると麻原は次のように答えたという。

麻原　そんなに知りたいか。実はあれはある実験なんだよ、拡散の状態を知るためのな。だから悪臭が必要だったわけだ。

早坂　はあ……。

麻原　今私はいろんな兵器を開発してるんだよ。例えば、噴霧したと同時に、辺りを瞬時に凍らせてしまうものとかな。

早坂　……。

麻原　はっはっはっ、どうだ、お前のグルは大法螺ふきだろ。それとも単なるキチガイか。はっはっはっ。

早坂はこの麻原のことばを聞いて、衆議院議員選挙敗北直後の出家者向けの説法で説明された「五つの救済方法」のことに思い至ったという。この五つの救済方法のうちの三つは次のようなものである。

一　高い精神性に到達した者が醸し出す雰囲気で周りを変えていく

二　人々が高い精神性に到達するための教えを説くことで導く

三　政治のような社会的力を使って人々の精神性を高める方向に導く

早坂は、教団の歩み、あるいは麻原個人の歩みは一から三の方向へ進んできたととらえる。しかし麻原は、第四、第五の救済方法について、「残念ながら今は言えない」とぼかしたが、同時に選挙に負けたことで、「この手段を取る決心がついた」というニュアンスの話もしていた。早坂は、兵器を開発しているという麻原の発言が第四の救済方法に関係があるのではないかと考え、それがシヴァ大神のフォームにまでつながっているとしたら大変なことになると不安を感じたと述べている(45)。ただし教団の出版物には、こうした内容の説法はおさめられていない。

すでに見たように、一九九四年以降、教団のなかでは毒ガス攻撃の話がもちあがり、スパイ騒動が起こる。ヴァジラヤーナの教えが『ヴァジラヤーナコース　教学システム教本』にまとめられる。一九九五年はじめからは、この教えの解説に多くの時間がさかれた。早坂は、こうした方向で教団を混乱に導いていった張本人は麻原であり、そこに麻原なりの目的があったのではないかと見ている。

早坂は、混乱が麻原による自作自演である可能性を示唆している。早坂は、自らの予言を成就させるためにハルマゲドンを起こすというのとも異なるが、オウムの自滅のために混乱をわざと起こしたという狂気の沙汰としか思えない発想も捨てきれないと述べている。早坂は、教団の自滅は麻原の意図したものであり、それが明かされなかった最後の五番目の救済手段と重ね合わせることができるのではないかととらえている。

ただし早坂は、教団の自滅が信者の甘えを断ち切ることを目的とした意図的なものであったとしても、サリンによる無差別殺人については、自作自演としては考えられないと述べている。早坂は、オウムを脱会し手記を書くまでの二年間、オウムが暴走した原因を考えながら、何度となくその論理を頭のなかでめぐらせてきたが、無差別殺人という現実がどうしても障壁になっていると言う。もちろん、教義のなかで無理やり論理をこじつけることもできなくはないが、その場合も、新たな疑問がまた目の前に立ちはだかってくるというのである(46)。

中川智正も一九九八年三月二十三日に開かれた林泰男の公判で、麻原がもともと「自爆の道を選ぼうとしていた」と証言している(47)。中川の言う自爆と、早坂の言う自作自演の自滅とは同じことをさしているであろう。

大江健三郎は、オウム事件に触発されて『宙返り』と題する長編小説を書いている。大江は、その前作である『燃え上がる緑の木』を書き上げた時点で、もうこれからは小説を書かないと宣言していた(48)。その大江の気持ちを変化させるほど、オウム事件はノーベル賞作家に大きな衝撃を与えた。その『宙返り』のなかには、師匠(パトロン)と呼ばれるある教団の教祖が登場し、彼がかつて行なった「宙返り」という出来事が重要な意味をもっている。

その教団は伊豆に研究所をもち、そこにはオウムと同様に若い理科系の優秀な研究者が集まっていた。彼らは急進派となり、原発を占拠して二、三カ所の原発を爆発させて、世界の終わりが接近していることを実感させ、世界の終わりに向かって悔い改めよと説教する計画を立てた。

師匠（パトロン）は、その危険な計画を中止させるために、案内人（ガイド）と呼ばれる相棒の男と、全国中継のテレビカメラの前で声明を出した。それは原発を占拠する作戦を破棄せよというものだったが、そのなかで師匠（パトロン）は、自分らは人類の救い主でも預言者でもないと宣言しただけではなく、これまで説いてきた教義はまったくの冗談であり、してきたことは単なる悪ふざけであると言い、教団の破棄を告げ、信じ続けることを止めるよう訴えた。これが宙返りである。それは教祖自らによる信仰の完全な否定である。大江は『宙返り』のなかで、実際にオウムの名前をあげ、登場人物にオウム事件が麻原の宙返りであったと言わせている[49]。

麻原の宙返りとは、早坂武禮や中川智正の述べている自滅や自爆と同じことを意味していると考えていいだろう。では、一連のオウム事件は、弟子たちをふるい分けるための、麻原による宙返り、自滅や自爆と言えるのだろうか。

実行の中心

降旗賢一は、一連のオウム事件が、巨大な存在である麻原彰晃の強大な力によって一方的に操作された結果で、弟子たちは強制されて犯罪行為にあたらざるをえなかったのだと考えてしまうと、問題は見えなくなってしまうと指摘している。法廷での信者の供述を聞いていると、事件のほとんどは麻原の一方的な指示にはじまり、それに隷属服従した信者たちは、心のなかの葛藤と戦いながら、結局はグルの意思に忠実にしたがわざるをえなかったかのように見える。しかし降旗は、本当にそうなのだろうかと問いかける。麻原が口を閉ざしている以上、検証はむずかしいが、教祖からの一方的な指示だけではなく、弟子たちもまたその指示に共鳴し、

呼応して、むしろ自分の方から企画し、提案し、工夫していた側面があったはずではないかというのだ。(50)

実際、松本や地下鉄のサリン事件の場合、その中心となって活動したのは、麻原よりもむしろ刺殺された村井秀夫であった。第一章で見た、中川智正の第三回公判で朗読された検察側冒頭陳述によれば、麻原からの指示は、ほとんどが村井を介して他の信者たちに伝えられたとされている。(51)

本章の最初で述べたように、最後の段階では、麻原は村井だけではなく、中川らに直接指示を下したとされている。しかし、それ以外の場面では、麻原の指示はすべて村井を介して伝えられている。麻原が村井に指示を下したとされる点は、村井が亡くなり、麻原が証言を拒否している以上、検察側の推測にもとづくものであろう。

地下鉄サリン事件についても同様のことが言える。中川の初公判で朗読された検察側冒頭陳述では、村井は麻原から地下鉄にサリンを撒く計画を具体化して実行するよう命じられ、その計画を実行する者を、麻原の了承をえて選定したという。村井は、一九九五年三月十八日早朝ころ、第六サティアンの自室において井上嘉浩に対して計画を打ち明け、実行者を支援するように指示した上、同じころその部屋で、林泰男、広瀬健一、横山真人、豊田亨、林郁夫の五名に、警察の強制捜査の目先を変えるために、地下鉄の列車内でサリンを撒くことを指示したという。(52)

林郁夫は、一九九六年六月三日の井上の第四回公判で証言を行なっているが、三月十八日未明、林泰男に誘われて、村井の部屋に他の実行犯とともに集まったと述べている。村井は「みんなそろったか。君たちにやってもらいたいことがある。危険だからね、いやだったら断ってもいい」と言い、さらに「これは……だからね」と目を半眼にして、上の後ろの方を見て正面を見下ろしたという。林はそれで、麻原からのワークであることを確認したと言うが、村井からは「地下鉄にサリンを撒いてもらいたい。近く強制捜査がある。矛先、目先を変えて、実際に起こらないようにする趣旨だ」と告げられたという[53]。

広瀬は、一九九六年六月十九日に開かれた運転手役の外崎清隆の公判に出廷し証言を行なっている。広瀬は、三月十八日の明け方、午前三時か四時ころ、村井が広瀬の部屋へやってきて、「科学技術省の菩師長四人にやってもらいたい仕事がある」と言われたという。菩師長四人とは林泰男、豊田、横山、それに広瀬のことである。そして午前八時から九時ころ、村井の部屋で、林泰男、林郁夫、横山とともに、村井から「地下鉄にサリンを撒く」と言われたと述べている[54]。

豊田は、一九九六年九月二日に開かれた井上の第八回公判に証人として出廷している。豊田は、三月十七日夜から十八日朝までのあいだに第六サティアン三階の科学技術省が使っているあたりの通路で、林泰男、広瀬、横山のうち誰がいたかも何人いたかも特定できないが、村井から「近々ワークをしてもらうが、内容については追って話す」と言われ、自分以外に今あげた三人のほか林郁夫が関係すると聞かされる。そして三月十八日の夜、村井の自室に行き、二人きりで「地下鉄にサリンを撒いてもらう。この前言った残りの四人と井上で相談しろ」と言われたという[55]。これは、林郁夫の証言とはずれがある。林は、豊田も一緒に呼ばれていたと証言している。しかし、広瀬の証言とは符合している。林の証言とは異なり、豊田は一緒に呼ばれていなかったのではないか。

横山真一は一九九六年十一月二十日の土谷正実の公判に出廷し、三月十八日の午前と午後、二回にわたって村井の部屋で指示を受けたと証言している。第一回目の指示の時には、林郁夫と林泰男、広瀬、それに横山が集まったとしている[56]。これは広瀬や豊田の証言と符合している。このように、実行犯はほとんどが村井から指示を下されたと述べている。

林郁夫は、村井が麻原からの指示であるかのような仕草をしたと述べているが、他の実行犯はそうした証言を行なっていない。豊田は、それが村井の独断であった可能性を否定し、麻原の指示であったと証言しているが、なぜそう言えるのか理由を述べてはいない。

さらにさかのぼって、坂本事件にかんしても村井が中心的な役割を果たしていた可能性がある。一九九七年九月五日に開かれた麻原の第四十八回公判に出廷した早川紀代秀は、麻原弁護団の弁護人と次のようなやりとりを行なっている。

弁護人　村井さんは早い段階で薬を調達した。かつらも用意し、変装用具も買っている。しかし、あなたが計画を聞いたのは十一月三日。すると、この事件は、村井さんが計画して、進めたことになるのではないか。

早川　村井さんはそれよりもっと前から、あるいはまず村井さんがグルの指示を受けた可能性がありますよね。（十月）二十何日かの時点で、まず村井さんに指示があった、と。それは（当たっているかどうか）分からないですけどね。(57)

村井が坂本事件から一貫して犯行の中心にいたとすれば、その役割はきわめて大きなものだったことになる。村井がさまざまな事件で中心的な役割を果たしていたのは、彼がそれだけ麻原から信頼されていたからである。麻原は一九九四年八月十日、第十サティアンで行なわれた村井の「大乗ヨーガ成就式典」で、「わたしは、この弟子の中でただ一人、神の領域に足を突っ込んだ魂――それがマンジュシュリー・ミトラだと考えている」と述べ、マンジュシュリー・ミトラこと村井について次のように評している。

マンジュシュリー・ミトラは、わたしが何かをオーダーしたとき、決してそれを否定することはしない。初めから「それを結果として出しましょう」と、そこから入ると。この肯定的思考というものは、この現代教育を受けた者にとってあまりなじみがないかもしれないが、これはまさにボーディサットヴァの智慧

の経験の構成なのである。(58)

高橋英利によれば、村井は麻原の気まぐれとしか思えない思いつきでも、それをすべて受け止め具体化させていったという。その思いつきのなかには、クロアチアの発明家ニコラ・テスラの考案した地震を人工的に起こす装置や、重力の影響からもっとも解放されやすい方向に回転するベッドなど、常識をはるかに超えたものが少なくない。高橋は述べていないが、麻原が廃棄物を処理するためにミニブラックホールのアイディアを出したときにも、村井はその可能性について真剣に考えていたという。オウムでは、たとえ常識では考えられないようなことでも、麻原が発想しさえすれば、村井がプロジェクトを組み、資金を投入して実現させようとするシステムができあがっていた。(59)いくら教祖の指示であるとはいえ、普通の人間ならミニブラックホールなどというアイディアを実現しようなどとは考えない。麻原の言う神の領域とは、そうした奇想天外な発想が、そのまま受け入れられる世界のことをさしている。村井は、麻原の説いたグルのクローン化の教えにしたがって、自分を徹底的に空にし、空になった自己という器を、グルの意思で満たそうとした。村井は、『宗教の時代とは何だったのか』でも指摘したように、教団内における絶対帰依のモデルとしての役割を果たしていた。(60)

もちろん、ミニブラックホールまで考えようとする村井の言動は、他の信者には異常なものに映っていた。一九九八年四月二十四日に開かれた麻原の第七十六回公判に出廷した林泰男は、村井はおかしい人間だけれど、麻原の指示を「はい、はい」と聞くことが宗教上望ましいとする信者たちは多かったと思うと証言している。(61)

お神輿（みこし）としてのグル

オウムの教団が刊行している書物にしても、重要なものは麻原彰晃が著者となっている。とくにオウムの草創期に刊行された書物は、麻原自身が原稿を執筆している。しかし、四冊目の『イニシエーション』からは、麻原自身が直接原稿を執筆することはなくなった。『イニシエーション』は麻原の説法をまとめたものであり、それに次ぐ教義の集大成となった『マハーヤーナ・スートラ』も同様である。さらに一九八九年二月に刊行された『滅亡の日』に代表される終末予言に関係した書物になると、ヨハネの黙示録やノストラダムスの予言などの解読作業にあたっているのは麻原ではない。実際に解読作業を行なったのは信者たちであった。麻原はその点について、『滅亡の日』の「はじめに」で次のように述べている。

> 本書を書くにあたって、実に十余名もの人が協力してくれている。特にその中の数名は、私が脱稿するまでかかりっきりになって助力を惜しまないでいてくれた。したがって、本書はたくさんの人々の行為と努力の賜物であり、その根底にはそれを支えるオウムという組織があってのことだったと考えている。[62]

これは、『滅亡の日』に続く『滅亡から虚空へ』の場合にも共通している。そのなかには、麻原と高弟たちとの対話が含まれている。さらに本文についても、その文体から考えて、麻原が執筆したものではないように思われる。

あるいは『タターガタ・アビダンマ』のシリーズの場合にも、第三誦品と第四誦品を構成しているのは仏典からの翻訳である。また、翻訳を含まない第一誦品や第二誦品も、原稿を執筆したのは麻原ではないように見受けられる[63]。翻訳も麻原の手になるものではない。オウムでは阿含経や南伝大蔵経の翻訳を行なっていたが、パーリ語経典からの翻訳を行なったのは信者たちであり、麻原ではない。麻原は翻訳された経典の解説を行なっているにすぎない[64]。

このような点から考えると、オウムの教義形成過程においては、信者が重要な役割を果たしていたと考える必要が出てくる。とくに『マハーヤーナ・スートラ』の刊行後のオウムにおいては、麻原は教義を形成する作業にほとんどかかわっていない。

それは一つには、生まれつき悪かった麻原の目が、まったく見えなくなってしまったからであろう。『宗教の時代とは何だったのか』でもふれたが、麻原は一九九〇年に入った時点で、完全に失明してしまったものと思われる。麻原は、第一章で述べたように、子どものころ盲学校に入れられたものの、片目には視力があった。しかし、その視力も成長とともに失われることが予想されていた。そして、事態はその通りに進んだ。オウムが一九九〇年の衆議院議員選挙に出ることを決めたのは、第四章でふれたように前年の夏のことだが、麻原がその計画を信者たちにはかった際のビデオを見ると、挙手で賛成を求めたとき、麻原は椅子から立ちあがって挙手の数をかぞえようとしていた。ところが一九九〇年の末に、私が麻原にはじめて会ったときには、麻原は完全に失明していたように見えた(65)。片目でも見えていた時代には、本を執筆することが可能だった。しかし、両目が見えなければ原稿の執筆は難しい。しかも、その時代にはすでにオウムという教団が生まれ、麻原は教祖になっていた。麻原は信者の誰かに口述筆記するよう指示すればよかった。

また目が不自由であれば、自由に本を読むこともできない。本や雑誌、新聞を読もうとすれば、誰かに読んでもらうしかない。オウムでは、麻原の本読み係がいたようだが、それではどうしても取り入れる情報はかぎられる。そこで、フリーメーソンやサリンについて、麻原は弟子たちの言ったことをそのまま信じたり、それを取り入れてしまったのではないか。

あるいは第三章で述べた在家主義から出家主義への転換についても、そこには信者の側の希望や欲求が影響を与えていたのではないだろうか。

麻原をはじめてメディアに登場させた『トワイライトゾーン』では、それ以降、オウムの広告や麻原の連載、あるいはオウムについての単発記事が掲載された。最初に取材を行なった高井志生海は、その間、オウムを取材することはなかったが、担当の編集者から、世田谷の道場は何時に行っても人がいて、彼らはいつも道着やスウェットスーツを着ており、会の仕事などもしているようだが、家には帰っていないのかもしれないという話を聞いたと述べている(66)。

これは、まだ富士山総本部道場が開設される前の一九八七年前後のことと思われるが、この話は、オウムの活動に熱心なあまり家に帰らないような信者が出てきたことで、専従者が生まれ、出家の制度化に結びついていった可能性を示している。だからこそ最初、出家者はスタッフと呼ばれていたのであろう。麻原自身は在家で、在家での修行の重要性を説いていた。それが出家主義へと転換したのは、信者たちが出家を求めた結果なのではないだろうか。

京極純一は日本の政治文化を分析した『日本の政治』のなかで、日本的なリーダーのあり方を「お神輿」という概念で説明している。日本の政府や官庁においては、トップリーダーは実際上の決定を下位者に任せ、局長ないしは課長クラス、さらに場合によってはその下位者が実質的な決定者となることが、多くの場合不文律になっている。大臣、次官、局長などは下位者に担がれるお神輿で、リーダーは権力抗争の舞台で、下位者集団の「代弁者」であるにすぎないことが多い(67)。リーダーには、下から担がれてお神輿として統率する芸が必要だという(68)。

オウムは、インドのヨーガやチベット密教をとりいれ、日本の宗教教団としては異色な性格を示していた。しかし、オウムの教団を構成したメンバーは、とくに日本国内においてはほとんどが日本人であった。日本的な社会原理はそのまま集団にとりいれられ、オウムのメンバーが、日本的な組織原理を放棄することはなかった。その点は、とくにマハー・ムドラーの考え方に示されている。マハー・ムドラーは、日本の組織において、そのメンバーに要求される「察し」(京極)と同じものになっていった(69)。オウムの組織は、あくまで日本的な組織原理にしたがって動いていた。グルイズムにしても、オウムにおいては、日本的な「無私」や「滅私」として理解された。

オウムが日本的な組織原理にしたがって動いていたのであれば、麻原というリーダーは、他の日本組織のリーダーと同様に、お神輿として巧みに担がれる能力をもった存在としてとらえるべきではないだろうか。宗教社会学者の高木宏夫は、教祖は通常、組織者とは別人であることが多いが、オウムの場合には、それが一致していると述べている(70)。高木は、なぜそう言えるのか根拠を示してはいない。おそらく、マスメディアの報道からそのようなイメージをもったのであろう。しかし、オウムの場合にも、他の日本の宗教団体、他の一般の組織と同じ構造があると考えるべきではないか。村井秀夫がサリン事件で果たした役割や、他の信者たちがオウムの教義を形成する上で果たした役割からすれば、麻原もまたお神輿としてかつがれていたのではないだろうか。

悪業の恣意性

麻原彰晃を、教団のすべての権力を掌握した絶対的な独裁者としてとらえてしまえば、オウムの実態を見誤ってしまうことになろう。また、一連の事件を麻原の意図した自作自演と考えてしまうことにも問題がある。オウムの信者たちは、麻原は自分たちの考えがおよばないほど深遠なことを考えていると思っている。しかしそれは、信者たちの願望であり、麻原にはそれほどの力はなかったのではないだろうか。

ではなぜオウムは、無差別大量殺人を敢行してしまったのだろうか。

第四章で見たように、地下鉄サリン事件が起こる一年前には『ヴァジラヤーナコース　教学システム教本』

が作られ、悪業を行なっている人間を殺すことはポアであり、善業になるという教えが強調されることになった。その教えに接した信者たちは、そうした教えがある以上、麻原の意思は、悪業を行なっている人間を殺すことにあると察したのではないだろうか。

さらに『ヴァジラヤーナコース　教学システム教本』には、善と悪とを分ける基準についても説かれていた。その第六話としておさめられた一九八九年四月二十八日の富士山総本部道場での説法で、麻原は次のような例をあげて、それが悪業なのか善業なのかを問うている。

例えば、ここに娼婦がいたと。この人はいろんな事情で、例えば肉体を売って生活しなきゃなんなかったと。しかしその背景には、例えば子供がいて、養うためには肉体を売るしかなかったんだと。じゃあこれは善業といえるだろうか。悪業といえるだろうか、どうだ。どうだ。どうだ。

麻原は、この問いに善業と答えた者も悪業と答えた者も、ともに無智であるとし、親の愛情によって養いたいという気持ちは善業で、楽をしようとして肉体を売ることは悪業だとし、「善と悪というものは両方存在しているんだ」と述べている。また麻原は、悪い友だちの例をあげている。その友だちが盗みを働いたとき、それを見て追いかけた人間が、盗みを働いた人間にケガをおわせてしまったらどうなるのかと問うている。傷つけたことは法律的には悪だが、心の働きとしては善だという。

麻原は、心の働きがどうなのかを基準に、善と悪とを区別している。心のなかに相手を害そうという気持ちがなく、心が自己の利益、煩悩から離れたならば、それは善業になる。麻原は、殺生、偸盗、邪淫、妄語、綺語、悪口、両舌などの十の戒めについて、表の教えと裏の教えがあると言い、心の貪り、嫌悪、無智というものを使う修行があると述べている。麻原は、ここに大いなる救済を実行しようとして徹底的に金や人を集める人間がいたとしたら、貪りのカルマを受けることになるかと問い、この場合には心の貪りも、真理を広め守るものである点で善業になると述べている[71]。

麻原の考える善と悪とを分ける基準は、人間の心の働きに求められている。その点で、善悪の基準は極めて主観的なものである。心のなかで善を志向していれば、それは善業になり、悪を志向していれば、それは悪業になる。たとえ人を殺したとしても、善を志向して殺人を犯したのであれば、それは善業になる。この麻原の論理からすれば、殺人を実行した信者のうち、それを救済だと考えていた人間たちの行なったことは、犯罪ではなく、善業だということになる。

しかし、基準が主観的なものであれば、それは恣意的なものになっていく危険性をはらんでいる。そもそも人間の心の働きというものは、本人にさえ正確には理解できないところがある。心理学では、意識の下に潜在意識、あるいは無意識が存在するとされる。精神分析学のユングは、個人的な無意識のほかに集合的無意識を想定した。

麻原も第二章で見たように、表層意識の下に潜在意識と超潜在意識の存在を想定していた。一九八八年九月十三日の富士山総本部道場での説法で、麻原はラージャ・ヨーガが表層の浄化であるのに対し、クンダリニー・ヨーガは潜在意識の完璧な浄化であると述べている[72]。その前日、九月十二日の同じく富士山総本部道場での説法で、麻原は潜在意識がアストラル世界の意識であると述べている。潜在意識は煩悩を具体的に形成している意識であり、立位礼拝を続けると、それが次のようなかたちで出てくるという。

さらに、表層意識が落ちて立位礼拝を続けていると、潜在意識のレベルに入ってくる。それはちょうど、本当の自分に出会ったような感じになる。例えば、性欲が出てきたり、食欲が出てきたり、ある程度連続してそれが出てくる。そのとき、もしあなた方の真我が、これを求めているのはわたしなんだと執着したならば、あなた方はどうだ、壁を作ることになると思うか、それとも壁を取り払うことになると思うか。

それは、あなた方に利益を与えることになると思うか、不利益を与えることになると思うか。だから、それは取り払わなければならない。(73)

立位礼拝を続けていると、修行者本人の隠されていた欲望が浮上してくるので、それを取り払わなければならないという。

麻原は十月二十二日のやはり富士山総本部道場での説法では、潜在意識と輪廻の関係について次のように述べている。

君たちのエゴというのは、一文の価値もない。どころか、マイナスだ。なぜそうなんだと言えるかというと、わたしたちが輪廻の大海を渡るとき、わたしたちは、まあ正確な言い方をすれば、潜在意識の大海というこどもできるけども、ここに表層意識のわたしたちがいて、これを自分だと思っている。その奥に、潜在意識の大海がある。この潜在意識によって、六道を輪廻しているわけだ。この潜在意識は、アストラル世界とつながっているね。そして、その奥に、もう一つコーザルの状態があると、超潜在意識があると。もし、わたしたちがこの超潜在意識に到達したならば、それは彼岸に到達したといえよう。そして、その超潜在意識をコントロールできるならば、わたしたちは最後の解脱をしたといえよう。(74)

潜在意識から煩悩が発生し、それが輪廻に結びついていく。クンダリニーを覚醒させクンダリニー・ヨーガを成就することは、潜在意識を浄化し輪廻を止めることになるという。

しかしこれは、人間が自らの欲求や欲望を正確には意識できないことを意味する。潜在意識があるならば、自分では自分の心の働きを正確には知ることができない。ならば、表層意識では善業を行なっているつもりでも、潜在意識では悪業を行なっているということもありうる。オウムでは、そのために修行によって潜在意識を顕在化させ、悪業のもとになる煩悩を消滅させせようとしたが、煩悩が消滅するまでは、その人間が善をなしているつもりでも、実は悪をなしている可能性が存在する。

麻原の想定した善と悪との区別は基準が曖昧で、結局のところは恣意的なものにならざるをえない。善と悪とを誰がどのように区別するのか明確ではない。そこには、根本的な矛盾が存在している。

麻原は、第二章でもふれたように、長兄に勧められて創価学会関係の本を読んでいたとされる。創価学会では法華経を信仰し、その信仰を広めるために折伏（しゃくぶく）が行なわれた。折伏は強引な手段を使ってでもその相手となる人間の信仰を捨てさせ、法華経への信仰をもたせようとするものである。折伏においては、法華経の絶対性が前提とされている。法華経を信仰しない者、あるいは法華経を貶めるような者には「法罰」と呼ばれる罰が下るとされている。創価学会で、この考え方は法罰論と呼ばれた。

麻原の説いた「カルマ返し」の考え方には、この法罰論の影響があるように思われる。麻原は、オウム批判のキャンペーンを行なった『サンデー毎日』の編集長、牧太郎が糖尿病で倒れたことについて、それをカルマの報いが現象化したものとしてとらえていた[75]。これはまさに法罰論である。法罰論にしてもカルマ返しの考え方にしても、罰を下したり、カルマを返したりする主体は必ずしも明確ではない。罰もカルマも一種の法則としてとらえられ、自動的に下されたり、返っていくものとして考えられている。

しかしポアの場合には、主体は明確である。ポアができるのはグルである麻原と、グルに指示された弟子たちだけである。罰やカルマの場合には、それを信じている人間に、罰を下したりカルマを返す力があるとは想定されていない。ところが、ポアの場合には、オウムの教祖と信者はその力を有していると考えられている。

ところが、ポアされた人間が本当に高い世界に転生したか否かをたしかめることはできない。誰もその世界を見てたしかめることはできない。したがって、ポアされたと信じるしかない。ポアの論理には検証の可能性が含まれていない。ポアの論理もまた恣意的なものに陥っていかざるをえないのである。

被害妄想と行き過ぎ

麻原彰晃は、その最後の著作である『亡国日本の悲しみ』のなかで、私が、地下鉄サリン事件直後の『朝まで生テレビ』で、オウムがひたすら出家を求める方向に変化してきたのではないかと指摘したことに対して、それを肯定し、その理由について次のように述べている。

実際オウム真理教に出家をし、そして生活していると、世の中のあまりにも間違ったデータに対して憤りを覚え、そして徐々に徐々に出家修行者としての閉鎖的な空間を形成していっていることは疑う余地のないことなのである。

また、私が被害妄想に陥っているのではないかと指摘したことに対しても、「島田裕巳氏が言うとおり、オウム真理教の出家修行者は被害妄想に陥っているのかもしれない」、「島田裕巳先生の見解は、宗教学者として大変正しい指摘だと思われる。しかし、オウム真理教の追い込まれている現状というものは、それよりもっともっとひどいのである」と訴えていた(76)。

この本の発行日は、一九九五年五月十八日となっている。麻原が逮捕されたのはその二日前の五月十六日である。本は、実際には麻原の逮捕前に刊行されているが、強制捜査と幹部や信者の相つぐ逮捕という混乱状態のなかで作られたことは明らかで、麻原の発言も、今引いた部分に見られるように、強い切迫感を感じさせる。もちろん、麻原はオウムが被害者であることを強調することで、オウムが実は加害者であることを隠蔽しようとしたのであろう。しかし、麻原が実際に被害妄想に陥っていた可能性もある。第四章で見たように、中川智正は、自分が麻原に毒ガス反応が出たと報告したことで、麻原の被害妄想を助長したと証言している。また、フリーメーソンの話については、井上嘉浩や早川紀代秀の報告を、麻原がそのまま信じたとも述べている。同じく第四章で見たように、早坂も、井上がフリーメーソンについての本を読み、それを吹聴していたと述べている。

苫米地英人は、麻原にさえアンカーがあるのではないかとひそかに疑っていると述べている。暗示によって知らないうちにアンカーが作られ、麻原自身がその世界にどんどんはまりこんでいった。それが、オウムをテロ集団に発展させた一つの要因ではないかという。(77) オウムでは、アンカーを埋め込むために、ＬＳＤなどの薬物が使われ、麻原自身がＬＳＤを試している。

麻原は弟子たちから吹き込まれたことを信じ、被害妄想に陥ってしまったのではないか。実際、第一章でふれたように、武装化が進められていた時代に、麻原は説法のなかで頻繁に終末論にふれるようになった。それも麻原自身の被害妄想の結果だったのではないか。そして、麻原の説法を通して被害妄想は教団全体に広がっていった。武装化や無差別大量殺人の計画も、その被害妄想の結果であったのかもしれない。

あるいは、次のような解釈も成り立つかもしれない。麻原はグルとして弟子たちにマハー・ムドラーの試練を仕掛けた。ところが、神の領域に踏み込んでしまったと言われた村井秀夫は、次々とその試練を乗り超えていった。弟子が試練を乗り超えたならば、グルは、そのあとにはさらに厳しい試練を弟子に課さなければならなくなる。グルからそれを課さなければ、弟子の側は納得しないからである。麻原と村井のあいだには、そうした関係が成り立っていたのではないか。村井が麻原から仕掛けられた試練を次々と乗り超えていった結果、麻原の方は常識では理解できないほどの厳しい試練を村井に課した。それがサリンの大量生成による無差別大量殺人であったのかもしれない。

村井は徹底して麻原の意思に忠実であろうとしたが、一方で彼は失敗ばかりをくり返していた。地震を起こす装置も、ミニブラックホールも失敗だった。ところが、サリンだけは、うまく製造できてしまった。サリンの大量生成をめざした巨大なプラントは失敗作であったかもしれないが、実験室では土谷正実の手によってサリンが作られた。そのサリンは、必ずしも純粋なものではなかったが、人を殺傷するには十分な力をもっていた。

実際に生成されたサリンの使い方は、行き当たりばったりで、一貫性に欠けている。第四章でも述べたように、松本や地下鉄で使うためにサリンが作られたわけではない。たまたまサリンが生成されていたために、松本や地下鉄で使われた観がある。

麻原と村井のあいだで、いったいどのようなやりとりが行なわれていたのかはわからない。麻原は事実を語ろうとはしていないし、村井は刺殺され、何も語ることができなくなった。

村井を刺殺した元暴力団準構成員、徐裕行には、一九九六年十一月十三日、懲役十二年の判決が下った。しかし、徐が犯行を指示されたと名指しした元山口組系暴力団幹部には、一九九七年三月十九日無罪判決が下された。判決では、事件は徐の単独犯行ではなく、何らかの背後関係があるものと強く疑われるが、元暴力団幹部の指示であったという有力な証拠は、徐の供述以外にないとされた。降旗賢一は、オウム裁判が続くなかで、麻原と事件に手を染めた多数の信者を結ぶ存在だった村井の死が、事件全体の真相解明に重大な障壁となっていることが明らかになったと述べている[78]。

麻原が教団の自滅を意図したという解釈は、オウムの信者たちには受け入れやすいものであろう。というのも、一連の事件が麻原の意図したものであるとするなら、それは麻原の偉大さを証明するものとなるからである。これに対して、麻原が被害妄想に陥っていたのだとすれば、それは逆に麻原の力のなさを証明するものとなるはずである。

解脱の真偽

麻原彰晃には、自分たちの試みが仏教本来の姿にかなうものであり、世俗化し、堕落した既成の仏教教団とは異なり、釈迦が実践した解脱、悟りへといたる道をたしかに歩んでいるという自負があった。

たとえば麻原は、一九八八年十一月二日に富士山総本部道場で行なわれた説法のなかで、大乗仏典の代表的な経典『維摩経』の批判を展開している。『維摩経』は机上の空論をこねまわしているだけだというのだ。麻原は、『維摩経』や『法華経』ならいくらでも論破できると豪語していた[79]。麻原は、解脱に達するための修行の方法を開拓し、弟子たちを指導した。その指導によって、弟子たちは次々と解脱し成就していった。もちろん、その解脱や成就は麻原によって認められたもので、弟子たちには自分が明確な精神的転換を経験したという自覚が乏しかった。だが、麻原には、そのような実践を行なっている教団はオウムだけだという強い自信があったように見受けられる。

麻原とその弟子たちは、修行の方法をたしかなものとするために、仏典や仏教関係の書物を研究した。『阿含経』や『南伝大蔵経』の翻訳さえ試みている。また、オウムは出家制度を打ち出した。しかも、出家修行者には五戒をはじめとする戒律が課され、性的な関係を結ぶことは破戒としてとらえられた。もちろん、オウムの修行者たちが出家ということばに十分値する生活を送っていたかどうかには疑問がある。しかしそうしたオウムのあり方は、既成の仏教教団に対する批判になりえた。

仏教において、出家者は本来独身を守らなければならない。今日でもタイやスリランカなど上座部仏教の国では、僧侶の独身制が守られている。ところが日本では、僧侶が結婚し家庭をもつことが当たり前のように行なわれてきている。オウムの試みは、そうした既成仏教教団の僧侶のあり方への批判になっていた。また同時にそれは、在家仏教主義の立場をとる新興の仏教教団、創価学会や立正佼成会、霊友会などへの批判にもなっていた。

オウムは、当初は在家主義の立場をとっていた。しかし、途中から出家主義への方向転換を果たし、出家しなければ容易には解脱できないと説くようになる。在家主義から出家主義への転換が、すでに述べたように、信者たちの求めるものであったとしたら、信者たちは在家主義には満足できなかったことになる。出家主義の主張は在家仏教主義への批判にもなっている。

ではなぜ、そうした志をもっていたはずの教団が、最終的にはテロ集団に堕ちていってしまったのだろうか。そこには、オウムで言われる解脱についての問題がかかわっているように思われる。

吉本隆明は、『生死を超える』のなかで述べられた麻原が体験した死と転生のプロセスについての記述が、これまで自分が読んだ臨死体験の記述と比べてかつてない鮮明な細部の体験イメージとして描かれていて、感服したと述べている(80)。芹沢俊介も、『生死を超える』のなかで、人間が死んで細胞が崩れ、血が腐って息が消えていくというプロセスを瞑想のなかで追っていった麻原の文章に新鮮な驚きをもち、その本にたいへん感心したと述べている(81)。

このように、『生死を超える』の記述は、教団外部の人間にも、リアルな神秘体験の記述として受け取られていた。たしかに、インドに赴いて修行した結果、解脱したという麻原からは、一歩先へ進んだという印象を受ける。麻原は解脱体験を記述した『生死を超える』のなかで、修行を体系化し、それを十二縁起の法という仏教の教義によって裏づけようと試みている。

ただし、『宗教の時代とは何だったのか』でもふれたが(82)、麻原の体験の中身については大きな問題がある。

それは、『生死を超える』に述べられた麻原の解脱の体験があまりに整然と、しかも体系的なかたちで語られすぎているからである。麻原は解脱がどういうものであり、またどういったプロセスを経ればそこに到達できるのかを、あらかじめ理解した上で修行を進めているように見受けられる。しかも、修行のなかで体験された出来事は、どれもいささかの迷いも躊躇もなくすぐに宗教的な概念によって説明されている。

たとえば、吉本や芹沢が高く評価した臨死体験について、麻原は死の直前に感覚器官が働かなくなるとした上で次のように述べている。

それから、意外なことに、まだ生きているうちから身体を構成している要素が分解し始める。分解されて、「自性」に還元されていく。自性とは、この世界を構成している物質的な根源で、「地」「水」「火」「風」の四つのエレメントからできている。(83)

ヨーガの研究でも名高い宗教学者のミルチア・エリアーデによれば、シベリアなどのシャーマンは瞑想のなかで自らの肉体の解体を体験するという。(84)麻原の述べている体験は、たしかにシャーマンの体験と共通性を示している。チベット密教の行者も、「チュウ」の瞑想のなかで同様の体験をしている。(85)

しかし、麻原の記述は概念的であり、抽象的である。自性という概念などはいきなり登場している。麻原は、この段階をはじめて体験したはずなのに、自らの身体が自性に還元されていることをどうして理解できたのだろうか。麻原は、今引用した部分に続けて、肉体が地のエレメントに分解されたことで「自分の体がぶよぶよになるというか、何となく変な感じだ。そして、それを感じているのは、今までの自分ではない」と述べ、具体的な体験についてもふれている。しかし、最後の「今までの自分ではない」もう一人の自分については、すぐにそれを魂であると言い切ってしまっている。(86)

麻原は最終的な解脱に達し、そこから過去の体験をふりかえっているために、説明が概念的なものになったのだと考えることもできる。しかし同時に、麻原が実際に体験する以前に、修行のプロセスを知識として知っていて、実際に体験しなかったことも、その知識によって説明しているという解釈も成り立つ。

とくに、解脱の体験についての記述が問題である。麻原は、如実知見の段階に入ったら一時的に社会生活から離れ、遠離の必要があると説いている。そして自分は、この時期ヒマラヤの山中で修行していたと言い、心、体、物質などのすべてをグルに差し出す瞑想によって、離貪の行を進めなければならないと述べ、解脱の状態については次のように説明している。

この行を終え、心が消滅し真我が何の影響も受けなくなると、いわゆる唯我独存の状態が訪れる。これが解脱なのだ。生きていながらにして、苦のない状態である。また、好きなときに肉体を捨てて、ニルヴァーナに入ることが可能になっている。ただ、ニルヴァーナに入ってしまうと、二度とこの世には帰れない（帰る必要がない）ので、その時期は慎重に選ばなくてはならない。ニルヴァーナに入った後は、意識も体も不滅となる。つまり、四大苦といわれている生老病死が存在しない。しかも、真我は永久に歓喜状態である。ここに真の幸福があるのだ。(87)

麻原は「これが解脱なのだ」と述べている。しかし解脱の内容は、唯我独存の状態といったかたちで概念的に説明されているだけである。そこからはリアリティが感じられない。しかも麻原は「唯我独存の状態が訪れる」と述べているものの、「訪れた」とは述べていない。この解脱について述べた部分全体が可能性を述べたもので、事実を述べたものにはなっていない。麻原は解脱についての知識をどこからか仕入れてきて、それをそのまま使っているようにさえ思える。エリアーデや中沢新一の記述がもとになっているようにも思える。そして麻原は自らの解脱体験について、これ以降はほとんどふれなくなる。麻原が解脱したことは前提とされるようになり、解脱の内容については問われなくなっていく。

高山文彦は、最終解脱した直後に、麻原が弟子たちから最終解脱が具体的にどういう体験であったかを問われたが、答えにつまってしまったという話を紹介している。麻原は一番弟子である石井久子に、「なぁ、私は最終解脱したんだよな」と同意を求め、弟子たちを白けさせてしまったという。(88)

『超越神力』PART1におさめられた一九八七年六月二十六日の丹沢集中セミナーの説法には注がつけられ、このころの麻原は個人の修行の完成を最終解脱と呼ぶなど、現在のオウムのことばの定義と一部ちがう使い方をしていることが指摘されている。(89) 実際、この時代の麻原は、解脱、真解脱、最終解脱といったことばを明確に区別することなく使っていた。『生死を超える』では、最終解脱ということばは使われていない。麻原はヒマラヤのふもとで解脱をしたとされている。したがってその直後に、最終解脱をめぐって弟子とのあいだで問答が行なわれたとは考えにくい。問答が行なわれたにしても、それは解脱をめぐってであったはずである。

『検証・オウム真理教事件』に佐々木博光として登場する元幹部は、一九九七年六月十九日に開かれた岡崎一明の公判に出廷し、高山の述べている弟子たちが白けたという話を証言している。高山は、この佐々木に取材したものと思われる。佐々木の証言は、麻原が本当に解脱したのかどうかに疑問を投げかけている。(90) しかし、解脱したとされて以降、解脱の内容や真偽は問われないまま、麻原は解脱者として、さらには最終解脱者として祭り上げられ、信者たちは、麻原と同様の体験をしようと修行にはげむようになったのである。

イニシエーションなき解脱

宗教を開くにいたった人間は、おしなべて精神的な転換の体験をしている。イエス・キリストは、四十日四十夜荒野にいてさまざまな誘惑を退け、精神的な転換をしたとされる。キリスト教の教勢拡大に寄与したパウロも精神的な転換を体験し、キリスト教ではそうした体験は「回心」と呼ばれる。キリスト教徒になるためには、この回心を経なければならないと説く宗派もある。仏教においても、その開祖である釈迦は菩提樹の下で悟りを開いたとされている。膨大な仏典は、その釈迦の悟りにもとづく教えを記したものである。

宗教学の世界では、悟りや回心は「イニシエーション」としてとらえられる。イニシエーションは一般に、子どもが大人になっていくための通過儀礼、成人式を意味し、また、ある人間が新しい信仰を獲得して、宗教集団の一員になっていくことを意味している。

私にとって、このイニシエーションということばは重要な意味をもっている。私が宗教学に関心をもったのは、大学二年のときに、柳川啓一の講義に接したからだが、その半年にわたる講義はイニシエーションの概念をもとにさまざまな宗教現象を分析していく試みであった。私は、その講義ではじめてイニシエーションということばを知った。私の宗教学への関心は、まさにイニシエーションへの関心だった。

イニシエーションを経ることによって、人間は変化をとげていく。イニシエーションを契機に、それ以前の自分は死に、イニシエーションのなかで与えられる試練を乗り超えることによって、新しい自分に生まれ変わっていく。イニシエーションは象徴的な死と再生の体験である。私がイニシエーションという考え方に関心をもったのも、当時の私が子どもから大人へと生まれ変わっていかなければならない青年期にあったからであろう。そして私は、イニシエーションの機会を求めてヤマギシ会へ飛び込んでいった。あとから振り返ってみると、私にとっては、ヤマギシ会に入り、その共同体で生活し、そこを出て「緑のふるさと運動」に加わり、ヤマギシ会の問題に一応の決着をつけていった過程全体がイニシエーションだったように思える。私はその過程を通してさまざまなことを学び、自己を確立する手立てを獲得することができたのだと思う。[91]

麻原がヒマラヤのふもとで解脱を果したとき、麻原は必ずしも試練を経ていない。彼はただ修行を続けたと述べているだけである。麻原は他の教祖たちとは異なり、精神的に追い詰められ、窮地に立たされるなかで、何か新しい事柄に目覚めるという体験をしてはいない。つまり、麻原の体験はイニシエーションなき解脱だった。

オウムにおいては、イニシエーションということばが多用されていた。それは麻原の血を飲む儀礼の名前であり、麻原の著作の題名であり、またＬＳＤなどの薬物を使った修行の名称であった。オウムにおけるイニシエーションは、まさにオウムの世界へ参入するための重要な手立てだった。

オウムのマハー・ムドラーも、試練を克服していくものであるという点で、イニシエーションの一形態と見ることはできる。麻原は、弟子たちの解脱を早めるために、彼らがもっとも苦しむことを課題として突きつけた。さらに麻原は、社会からのオウムへの批判や非難、あるいはオウムが遭遇した苦難をマハー・ムドラーととらえることによって、それに試練としての性格を与え、その試練を乗り超えていかなければ解脱できないと説いた。

しかし、オウムのマハー・ムドラーは、グルによって与えられる試練であり、それはグルによってしか与えられない人為的なものである。イニシエーションの試練は、それを体験する人間本人が人生のなかで遭遇し、悩み苦しむものでなければならない。その点で、人為的な試練を乗り超えたとしても、それは本当のイニシエーションにはならない。

もちろん、伝統的な社会では、イニシエーションは人為的なものであった。そうした社会においては、大人ならば身につけておかなければならない能力が存在し、その能力がイニシエーションの際に問われることになった。しかし、現代の社会は伝統的な社会とは異なっている。現代の社会では、大人として共通に身につけなければならない能力は必ずしも定まっていない。そのため、人為的な試練を用意することでイニシエーションを果たさせることは難しくなっている。オウムのように人為的な試練が定められれば、信者たちは誰もが同じような人間になっていかざるをえない。それは、麻原がグルのクローン化を説いたところに示されている。

麻原の説いたイニシエーションとしてのマハー・ムドラーの行きつく先は、グルへの絶対的な帰依であった。マハー・ムドラーを乗り超えた信者たちは、自立の方向へむかうことなく、ひたすら麻原に依存するしかなかった。自立なきイニシエーションは、イニシエーションとは言えない。

麻原が、はじめ宗教に関心をもったときには、薬事法違反での逮捕といった苦難を乗り超えたいという思いをいだいていたことであろう。だからこそ初期の麻原は修行にはげんだ。麻原も自己の救済を求めていた。彼はイニシエーションを求めていたと言える。

しかし、「オウム神仙の会」に改称され、「オウム真理教」が誕生すると、麻原は修行者から教祖への道を歩みはじめる。麻原はシャクティーパットを施すことによって、弟子たちのクンダリニーの覚醒を進めようとした。その時代の麻原には、すでに自らの修行を進めようという意識は希薄になっていた。麻原は教祖として、もっぱら弟子たちの救済にあたった。教祖への道を歩みはじめた麻原は自らを、解脱をめざす修行者として規定することに満足できなくなったのであろう。麻原は修行を続けていった結果、ようやく解脱を果たしたのではない。ヒマラヤへむかったときには、解脱することに決めていたように見える。麻原は解脱を急ぎ、その通りに解脱を果たした。

教祖になった麻原は、教祖としての役割を果たしていかなければならなくなった。弟子たちのために、修行の場も確保しなければならなかった。ところが、富士山総本部道場ができたのもつかの間、第四章で見たように、在家信者を死にいたらしめてしまった。

その死がリンチによるものではなく、事故死であったとしても、麻原がその死を隠してしまったことは事実である。そこには、事故の公表によって、せっかく集まってきた信者たちが去ってしまうことへの恐れがあった。あるいは、世間から糾弾されることを怖れたのであろう。麻原はすでに薬事法違反事件を通して、世間からの糾弾がいかに恐ろしいものであるかを知っていた。彼は二度とそのような苦しい目にあいたくないと思ったことであろう。

しかし、信者の死を隠すことで、麻原と事故を知る信者たちは、一つの重大な秘密をもつことになった。すべてはこの秘密からはじまった。秘密を隠すために信者の殺害が行なわれ、それが坂本事件へと発展した。一度嘘をつけば、その嘘を隠そうとして、次々と嘘をついていくことになる。麻原は、まさにそうした状況に追い込まれた。麻原の被害妄想もその結果であろうし、それはサリンという自分たちの組織を守るための武器の製造へと結びついた。一人の死の隠蔽が、結果的に無差別大量殺人を生んだように見える。

麻原は事故を公表する勇気をもつべきであった。彼にその勇気があれば、オウムは今日の状況にはいたらなかったであろう。事故を公表することで直面しなければならない苦難を、弟子たちとともに乗り超えていくべきだった。そうなれば、麻原は本当の意味で、イニシエーションを果たすことができたのではないか。

ところが、麻原の選んだ道は、事故や殺人を認めることではなく、殺人を正当化する教えを作り上げていくことだったのである。

第六章　実践されたチベット密教

オウムは仏教か

オウム事件が起こったとき、宗教界からは「オウムは宗教にあらず」といった見解が出された。シュワイツァー寺の故古川泰龍は、人を殺すということは、神から人間に流れている生命を切断することであり、神から生命を奪い、人に与えられた死を奪うことになる以上、宗教から殺人の論理は生まれてこないと言い、殺人を命令した麻原彰晃は明らかにニセ宗教者であると糾弾している(1)。日蓮宗の望月海淑も、宗教も信仰も本来自分の幸福とともに他人の幸福を願うものであり、それが欠如しているものは正しくないと言い、すべての人々のためにという願いがなければ、それは独善であり一人よがりであり、正しいものとは言えないと述べて、オウムは宗教ではないと批判している(2)。

また、日蓮宗の僧侶によって構成された「福神研究所」のメンバーも、オウム事件が提起した問題は、僧侶にとって、サリンを撒いて死人を出したから悪いという問題ではなくて、サリンを撒かなくてもオウムは邪教

だとする根拠がなければいけないという問題提起を行なっている。(3)

インド哲学史の宮坂宥勝は、オウムにおいては宗教（聖典）が利用されたのであり、オウムを単純に宗教として規定したり、その教団をたんなる宗教団体と見なすことはできないであろうと述べている。宮坂が、オウムをたんなる宗教団体と見なすことができないとしているのは、そこに民族問題や差別問題がかかわっていると見ているからである。それでも宮坂は、善し悪しは別にしてと断った上で、オウムが在家仏教化した日本の仏教教団に対して、出家や布施、持戒といった本来仏教においてもっとも基本的な問題を鋭く突きつけたことを認めている。(4)宮坂が民族や差別の問題にふれているのは、オウム事件の直後、オウムの教祖である麻原が在日韓国・朝鮮人であるとか、被差別部落の出身者であるという噂が流れていたからであろう。そうした噂は、第一章で紹介した梅原猛の見解にも反映されている。梅原は、麻原があらゆるかたちの屈辱を受けたと述べている。

宮坂は、オウムはわが国の宗教分類からすれば、ヒンドゥー・ヨーガ瞑想系に属すると指摘している。オウムの教義は原始仏教（初期仏教）やアビダルマ仏教（部派仏教）といった小乗仏教、インド大乗仏教、チベット仏教、ヒンドゥー教、それも純然たるヒンドゥー教でなく、タントラ密教の影を落とす阿含宗すなわち通称「桐山密教」の残滓、キリスト教の終末史観、つまりは黙示録のハルマゲドン、若干の中国哲学思想などの非体系的な寄せあつめだという。(5)

宮坂は、オウムの書籍を、（一）原始仏教関係、（二）アビダンマ仏教関係、（三）大乗仏教関係、（四）金剛乗関係、（五）超能力関係、（六）終末論・ハルマゲドン関係、（七）その他、の七つの種類に分け、オウムの教理の特徴について解説を加えている。(6)宮坂は、『マハーヤーナ・スートラ』などは大乗経典と銘打ってはいるが、四無量心など若干の大乗仏教用語を駆使するものの、実際にはヒンドゥー・ヨーガを主軸としていると述べている。(7) 麻原の言う金剛乗もしくは密教は、歴史的にインド以来の起源をもつ日本密教にいたるまでの密教(=真言密教)とは無関係のもので、その実践修行はヒンドゥー・ヨーガの瞑想だという。しかも、『ヴァジラヤーナコース 教学システム教本』や著書などでは、ヒーナヤーナよりマハーヤーナへ、マハーヤーナよりヴァジラヤーナへという修行階梯が説かれていて、大乗仏教よりヒンドゥー教のヨーガに移行するという奇妙な実践体系になっているとする。(8)

宮坂は、オウムの本質がヒンドゥー教のヨーガにあるととらえている。第五章でふれた、麻原が初公判において行なった意見陳述についても、そのなかで述べられたマイトリー、カルナ、ムリタ―、ウペクシャーは仏教における重要な概念、四無量心をさしているが、麻原はそれに対して仏教本来の意味からかけ離れた身勝手な解釈をしていると指摘している。カルナは、すべての人々の苦しみを取り除くという意味で、麻原が言うような「絶対真理を知らない魂を哀れむ」ということではないし、ウペクシャーも本当はウペークシャーで、意見陳述では聖無頓着などと言われているが、本来は憎しみや怒りなどのこだわりをなくし、すべての人に平等につくすという意味だという。

アメリカ在住のチベット密教の指導者、タルタン・トゥルクのもとでニンマ派のゾクチェン瞑想を学んだ林久義も、麻原の言う四無量心が本来の仏教の解釈とは根本的に異なっていると主張している。麻原が言っているのは、教団の教えは正しく、すべての魂=一般人に広めるためには、どのような手段を使ってでも導くことが聖慈愛だということである。聖哀れみは真理に無知な一般人を哀れむことで、聖賞賛は教団の目標を実践し、教祖と教団幹部をほめたたえ信じろということである。そして最後の聖無頓着は教団外部の社会、世間を無視し、無関心でいろということである。それは本当の仏教の四無量心とはまったく異なった解釈で、自分の立場と教団を正当化し、信者に対して「世間がなんと言おうが、修行に邁進しろ」と訴える強烈なメッセージにな

っているという。(9)

仏教学の袴谷憲昭は、オウムの解脱思想が仏教成立以前から今日までインドの宗教思想を支配してきたアートマン（我）肯定説に立っていることを指摘している。仏教は本来、その種の解脱思想を否定するアートマン（我）否定説、つまりは無我説に立つものだという。(10)

タントリズムを研究する高島淳は、仏教タントリズムとオウムとを比較している。タントリズムでは、我が我でありながら救済されるためにはどうするかと考え、我は人格神である絶対者、たとえばシヴァの限定された一部であるととらえた。タントリズムでは、自己の欲望する主体としての価値が回復されるが、それは単純な現世肯定ではなく、修行の過程において、徹底的な自己の否定である「これは自己ではない」という瞑想を積み重ね、最後にシヴァのみが残った瞬間に「シヴァこそ我であった」と悟ることになるという。高島は、オウムにおいては自己否定の契機が十分に見られないと言い、自己についてサーンキヤ哲学ふうの真我の考え方はあるが、真我の堕落をグナの魅惑によるものととらえているために、解脱したあとも再度誘惑される可能性がなくなっていない以上、最終解脱は不可能であるとしている。

高島は、オウムのシャクティーパットについても、それがシヴァ教の「シャクティパータ」であると述べている。シヴァ教では、ディークシャーと呼ばれるイニシエーションの儀礼が重要で、それは弟子の束縛を絶つことによって死後の救済を保証するものである。その際に、シヴァ神は恩寵の力を降下させることになるが、それがシャクティパータと呼ばれている。さらに高島は、オウムの『ヴァジラヤーナコース　教学システム教本』を読んで、仏教用語がこれほどまでにねじ曲げられて使われることがどうして可能なのだろうかと感じたと言い、麻原の仏教理解に疑問を投げかけている。(11)

このように、オウムは宗教ではなく、仏教の教えをねじ曲げた邪教であるという見解が数多く出されている。

しかし、本当にオウムは仏教とは無縁な邪教なのであろうか。

伝統の上に

宗教のなかには、その独自性や新しさを強調する教団がある。それはとくに、教祖が神から啓示を受けたことではじまった「啓示宗教」に多い。しかし、オウムは啓示宗教ではない。オウムでは、必ずしもその独自性が強調されていない。逆に麻原彰晃は、その教えを確立していくうえでさまざまな学者や宗教家から影響を受けたことを認めている。

麻原が影響を受けた学者としては中村元、増谷文雄、中沢新一、佐保田鶴治などの名前があげられる。また影響を受けた宗教家の代表が、チベットからインドに亡命してきたチベット密教の高僧カール・リンポチェである。麻原は、リンポチェを前世における自らのグルの一人として尊敬していた。また麻原は、インドやスリランカに出向いて仏教の高僧などと会い、自らの教えが仏教の教義にかなっているかをたしかめたりもしている(12)。

麻原は既存のヨーガや仏教の伝統の上に立ち、その教義を独自に体系化していくことによって、オウムという宗教を作り上げていった。麻原本人には、独自に新しい宗教を作り上げようという意識はむしろ乏しかったのではないか。麻原は、自分が既存の宗教体系のもっとも高度な部分を究めたと考えていたことであろう。日本で唯一の最終解脱者であるとされ、世界で唯一とされていないのも、日本以外の地域、インドやチベット、スリランカなどには、麻原と同等か、それ以上に仏教の奥義を究めた高僧がいると認識されていたからであろう。

島薗進は、オウムの成立に、麻原も一時は信者であった「阿含宗」が大きな影響を与えていることを指摘している。大衆宗教運動と瞑想・身体修行を結合していくというオウムの方向性は、麻原が三年間の千座行を実践した阿含宗のそれを継承しているという。

阿含宗は一九五四年、桐山靖雄によって「観音慈恵会」として発足した。桐山は、人間の運命を左右する因縁を変えることによって幸福が実現されると説き、それを「因縁解脱」と呼んだ。島薗は、オウムの「カルマ落とし」という考え方が、この因縁解脱を引き継いだものであることを指摘している。カルマの考え方自体、阿含宗から受け継がれたものである。悪い因縁を切り、因縁解脱を果たすための阿含宗の行が「準胝（じゅんでい）尊・因縁解脱千座行」である。千座行をする人間は、千日間、宝塔を礼拝の対象として真言、ダラニなどを唱え続けなければならないが、麻原は、この千座行を三年間行なったとされる。

桐山は一九六一年から真言宗で密教の修行をはじめ、一九六六年には伝法灌頂を受けて阿闍梨となる。それにともなって密教の修行を重視するようになり、求聞持聡明法や大随求法を説いた。さらに桐山はクンダリニー・ヨーガに注目し、潜在能力の開発や人間改造の考え方を強調した。桐山は一九七〇年代に入ると、大乗仏教を批判し、阿含経を重視するようになる。桐山は、大乗仏教が智慧を開発するための修行法をないがしろにすることで、本来の仏教から逸脱しているととらえ、阿含経に説かれた七科三十七道品などの修行法を復活させたものが密教であるとし、「阿含密教」を唱えた。

島薗は、一九六〇年代までの阿含宗は観音信仰と法華経に依拠し、日常生活のなかでの心なおしと現世利益による幸福を重んじる教団であり、この時期までに出現した他の新宗教と似た信仰構造をもっていたことを指摘している。一九七〇年代以降も、千座行や因縁解脱をめざす教団であるという点で、その基層に変化はなかったが、その上層に求聞持聡明法という修行法を重んじる阿含密教という側面が付け加えられることになったという。

島薗は、麻原が四年間実修したとされる仙道はオウムの教義や実践にさほど痕跡を残していないが、阿含宗の影響は濃厚で、それはオウムの信仰世界の基礎を形作ったと述べている。

ただし阿含宗では、真言密教の護摩法や印、月輪観（がちりん）などは、ある程度教えられたものの、桐山の強調した求聞持聡明法やクンダリニー・ヨーガについてはほとんど教えられなかった。島薗は、麻原が阿含宗に満足できなかった理由のかなりの部分は、桐山の著作のなかではきわめて重い位置づけを与えられている高いレベルの瞑想実践、すなわちクンダリニー・ヨーガの実践が阿含宗ではできなかったことにあると述べている(13)。

阿含宗に満足できなくなった麻原は佐保田鶴治の書物を導きとして、クンダリニー・ヨーガの本格的な実修に取り組んだ。麻原は、第二章で見たように、最初の著作『超能力「秘密の開発法」』のなかで、佐保田訳のヨーガ経典をもとに独学で修行を行なったと述べている。桐山は、一九七二年に阿含宗系の出版社、平河出版社から刊行された『密教(14)』のなかで、佐保田の書物にふれている。その後、平河出版社から佐保田の訳した『ヨーガ根本経典』『続・ヨーガ根本経典』『解説ヨーガ・スートラ』が刊行されている。

島薗は、麻原が佐保田から学んだものはオウムのなかに痕跡をとどめていると述べ、オウムの真我論はかなりの部分、佐保田から学んだサーンキヤ学派の用語にもとづいていることを指摘している。オウムの真我論は第二章で見たように、『イニシエーション』のなかで展開されているが、それは真我が、功徳、悪徳、行動という三つのグナに影響され、自分本来の姿を見失っているというものである。麻原は、修行によって真我本来の姿を回復する必要性を説いた。こうした真我の考え方は、根本的な実在や自己というものを措定しない仏教の教えとは異なっている。ところが麻原は自らの真我論が仏教と矛盾しないと考え、真我への復帰が空の体得であり、仏教の解脱と等しいものだととらえた。島薗は、それが真我の観念と仏教の空の観念とが合致するととらえた佐保田の考えと一致していると述べ、麻原の真我論が佐保田の影響を受けたものであるとしている。

ただし佐保田はクンダリニー・ヨーガの実修を行なうことはなく、またチャクラについても詳しく説いていない。島薗は、クンダリニー・ヨーガやチャクラについて、麻原が、やはり桐山が推奨し、平河出版社から刊行されたC・W・リードビーターの『チャクラ』から学んだ可能性を示唆している[15]。

一九八一年、中沢の『虹の階梯』が同様に平河出版社から刊行される。この本はチベット密教の信仰世界と瞑想法を具体的に述べたもので、修行や瞑想に関心をもつ若者たちを魅了した。島薗は、麻原も『虹の階梯』を熟読したと言い、佐保田の書物の導きでクンダリニー・ヨーガを深く学び修めるとともに、阿含宗から脱却して独自の信仰世界を切り開こうとしていた麻原にとって、『虹の階梯』の助けは小さくなかったと述べている。

『虹の階梯』では、タントリズムとクンダリニー・ヨーガについて述べられ、意識変容のためのテクニックとしてポワやツァンダリーについて言及されている。ティローパ、ナローパ、マルパ、ミラレパといったチベット密教の聖者たちの師弟関係についても語られている。島薗は、『虹の階梯』に見られる現世否定や現世離脱のイメージは桐山や佐保田の世界にはなかったものだが、それは麻原とオウムの世界において重要な位置を占めていると述べている。

麻原は『虹の階梯』や原始仏教についての書物の影響を受け、死や無常を強調し、死や無常が与える苦を超えて自由を獲得するための修行の重要性を説いた。それは高学歴の若者のプライドとナルシシズムをくすぐり、彼らの欠落感や意味喪失感に訴えかけ、現世否定、現世離脱の態度を促していったという。ただし島薗は、麻原が現世否定の教えを説くようになったのは『虹の階梯』などからの影響だけではなく、彼に貧困、視覚障害、被差別、受験の失敗、不安定な生活、犯罪者の汚名といった具体的な苦の体験が基礎にあったからだとしている。[16]

このように島薗は、麻原が自らの宗教世界を築き上げる上で、阿含宗系の出版社、平河出版社から刊行された桐山、佐保田、リードビーダー、そして中沢の書物から大きな影響を受けたものととらえている。

阿含宗という基盤

島薗進が指摘しているように、麻原彰晃が阿含宗の桐山靖雄から学んだものは少なくない。麻原の最初の著作は『超能力「秘密の開発法」』と題され、三冊目の著作は『超能力「秘密のカリキュラム」』と題されている。これが桐山の著作の題名、『密教――超能力の秘密』『密教――超能力のカリキュラム』を真似たものであることは明らかである。

桐山は『人間改造の原理と方法』のなかで、無意識についてふれている。仏教で説かれる因縁がいかにして人間を動かすかを追求しているうちに、「無意識の意識」に行きあたったという。そして『倶舎論』などに説かれた「随眠（ずいめん）（思いが深く眠っている状態）」＝煩悩は、無意識の意識だとしている。[17]

麻原は第二章や第五章で見たように、意識を表層意識、潜在意識、超潜在意識の三つに分け、煩悩は潜在意識によって形成されると説いていた。麻原の言う潜在意識は、桐山の言う無意識の意識と等しいものであろう。

オウムにおいて、修行を進めていくと、食欲などの欲望、つまりは煩悩が強くなってくることがあるが、それは潜在意識が表にあらわれてきたものとされ、解脱に近づいている証拠と考えられている。早坂武禮はその点について、修行に集中するほど潜在意識が顕著にあらわれてくるので、コントロールしづらい意識に悩まされることもしばしばだったと述べ、オウムの修行が潜在意識を浮上させることで食欲や性欲といった煩悩からの解放をめざすものであるという認識を示している。[18]

またオウムで修行の方法として、阿含経に示された七科三十七道品、ないしは三十七菩提分法を勧める点でも、麻原は桐山の影響を受けている。七科三十七道品は四念処（四念住）、四正勤（四正断）、四神足（四神通）、五根、五力、七覚支、八正道からなっている。

桐山は七科三十七道品の重要性について次のように述べている。

釈尊は、この七科三十七道品という成仏法の修行によらなければ、ぜったい成仏できないぞ、とおっしゃっている。かねてからわたくしは、ずうっとそのように本でも書き、あるいは諸君におはなしをしてきた。お釈迦さまの成仏法でなければぜったいに成仏できない。その成仏法というのは七科三十七道品という修行法なんだ。この成仏法によって修行しないかぎり、ぜったいに成仏できない。お釈迦さまがおっしゃっているように、永久に苦の世界を輪廻転生する。この地球が、メチャクチャに破壊されて、なにひとつ生物がなくなって、それでも人間の輪廻はやまないぞ。そうお釈迦さまがおっしゃっている。その通り、わたくしは説いてきた。それを、釈尊ご自身、ここではっきりおっしゃっているのです。[19]

麻原は『超能力「秘密の開発法」』のなかで七科三十七道品に言及し、説法のなかでも七科三十七道品についてくり返しふれている。『尊師ファイナルスピーチ』におさめられた最初の説法、一九八六年八月三十日の丹沢集中セミナーでの説法でも七科三十七道品のなかの五根と五力についてふれ、[20] 翌九月一日の説法では八正道についてふれている。[21]『マハーヤーナ・スートラ』におさめられた一九八七年十月十一日の秩父集中セミナーでの説法では、四正断について、[22] 一九八八年十一月四日の富士山総本部道場での説法では、七科三十七道品そのものについて、[23] 一九八九年四月十二日のやはり富士山総本部道場での説法では、四念処について、[24] そして一九九一年三月九日の高知支部での説法では、七覚支について言及している。[25]

七科三十七道品について述べている阿含経、アーガマにかんしても、麻原は桐山から学んだ可能性が考えられる。

麻原は大和出版刊の『超能力「秘密の開発法」』で、最初、阿含宗が阿含経をもとにしていると信じて入信したが、阿含宗は阿含経とはかけ離れたものだったと述べている。阿含経では「我が身これ不浄なり」となっているのに、阿含宗では「我が身これ清浄なり」と、正反対のことが説かれていたという。

さらに麻原は自分も取り組んだ阿含宗の千座行について、次のように批判している。

その宗教団体には、千座行という親・自分・子の因縁をきって至福へ導くという行があった。しかし、『阿含経典』には、自分がいかに解脱するかということしか述べられていない。考えてみればすぐにわかることである。解脱すらできていない修行中の人間に、人の因縁を切るなどという芸当は不可能なのだ。

これは、明らかに神道の影響である。(26)

しかし麻原は、そうした批判を展開したあとに、「阿含宗のよくない点ばかりをあげてきてしまったが、システム、創始者の法力から考えてみると、我が国においては一番すぐれている」と阿含宗を高く評価し、その理由として、教理のなかに阿含経が含まれていること、千日と期間を区切って誰もが入会しやすい状態を作っていること、毎日必ず修行をさせてくれること、マスコミをうまく使って一般大衆に宗教の必要性をアピールしていること、袈裟や供養箱を渡して修行者の自覚を促していること、伝法会などで高度な修行法を伝授していること、創始者が念力をもっていてかなり宗教について研究していること、「解脱」ということばをつかっていることをあげている。(27) ただし『超能力「秘密の開発法」』が増補改訂されていくにつれて、のちの版ではこの阿含宗を評価した部分は削られている。

麻原はさらに『マハーヤーナ』に連載された「口頭伝授　恐ろしき魔境」の第八回、「嘘と貪りのカルマによる魔境」では、この記事全体を使って桐山を批判している。桐山は、阿含経をもとに釈迦牟尼仏以外のものを崇拝してはいけないと説いていながら、彼が勧める求聞持法の本尊は釈迦牟尼仏ではなく虚空蔵菩薩になっているという(28)。

麻原が阿含宗に満足できなかったのは、島薗が指摘するように桐山がクンダリニーの覚醒の重要性を強調しながら、いかにしたらクンダリニーを覚醒できるのか、その具体的な方法を示さなかったからであろう。

阿含宗の信者だった林郁夫は、桐山も仏教修行を進め、法力を発揮するにはクンダリニーの覚醒は不可欠と説明していたと述べている。そのため自分もそのように理解していたが、桐山からは覚醒の修行は危険をともなう難しいものであって、身体的にも準備がいる。「まだ君たちには時期がきていない」と言われていたので、自分で覚醒の方法を模索していたと述べている。ところが『超能力「秘密の開発法」』では、著者の麻原がいとも簡単に弟子のクンダリニーを覚醒させ、その危険性も承知しているらしく、しっかりその後の指導もできているようなことを述べていたという(29)。

麻原はクンダリニー・ヨーガの実践方法を開発し、クンダリニーの覚醒を修行体系の核にすえていった。それは、林のように阿含宗にいながらそのあり方に不満をもっていた人間たちに強くアピールすることになった。麻原は、自分のもとに阿含宗からたくさんの人間たちが移ってくることで、自らの方法に自信を深めていったことであろう。麻原はクンダリニーを覚醒させる修行の方法について、桐山よりも自分の方が上だと考えるようになり、阿含宗を評価することをやめたのではないだろうか。こうして麻原の阿含宗からの離脱がはじまった。

ヨーガの源流

麻原彰晃が、佐保田鶴治やリードビーターの著作を知ったのも、島薗進が指摘するように桐山靖雄を通してである。桐山は『密教』のなかで、超能力を開発するシステムとしてヨーガに言及し、リードビーターや佐保田の著作にふれながら、チャクラとそれを開発するクンダリニー・ヨーガについて説明を加えている。[30]

さらに桐山は、クンダリニーと真言密教の五大明王の一つ、軍荼利(ぐんだり)明王とが深い関係にあると述べている。クンダリニーは蛇のかたちをして背骨の下に眠っているとされるが、軍荼利明王も密教経典のなかで毒蛇のかたちをとったり、十二の蛇をまとっていたりしている。軍荼利明王はクンダリニーだという。[31] 軍荼利はもちろんサンスクリット語のKundalī、つまりは桐山の言うクンダリニーの音写であり、軍荼利明王は蛇を象徴するヒンドゥー教タントリズムのシャクティ（性力）崇拝が仏教化されて成立したものである。[32] 桐山は現在の真言密教の僧侶たちがクンダリニーの覚醒の重要性を知らないとして、彼らを批判している。

桐山は、彼の説く求聞持法の開発にはクンダリニーの助けがいるとし、求聞持法の開発がそのままクンダリニーの覚醒につながることを指摘している。そして桐山は、『秘密辞林』にある金剛軍荼利の変化した金剛手菩薩が金剛薩埵、つまりはヴァジラサットヴァであり、金剛薩埵は密教修行者自身をさすと述べている。そして『金剛頂一切如来真実摂大乗現証大教王経』に説かれた金剛秘密曼陀羅にふれ、それが古代ヨーガの超能力開発の訓練課程をそのまま展開したものだろうと述べている。[33]

麻原は第三章で見たように、金剛薩埵についてふれている。密教とヨーガの技法を同一のものとしてとらえる麻原のとらえ方も、桐山によって用意されたものである。

ただし麻原はヨーガの考え方について、桐山の紹介する佐保田やリードビーターからだけ影響を受けたわけではない。

麻原は『超能力「秘密のカリキュラム」』のなかで、アーサナ（体位法）についてふれているが、そこではシッダ、パドマ、スワスティカ、スクハ、ヨーガ、ヴィラ、ヴァジラ、カマラ、マンダカ、膝を鼻に付ける、ネコ、頭を膝に付ける、ヘビ、脇に転がる、肩で立つ、シャヴァ、腰を引き付けて前屈する、踵を合わせて前屈する、ワニ、背骨をねじる、マリーチ、バッタの各アーサナがあげられている。(34)

これに対して、佐保田の『ヨーガ根本経典』におさめられた「ハタ・ヨーガ・プラディーピカー」であげられているアーサナは、パドマ（蓮華）、スヴァスティカ（吉祥）、ゴームカ（牛面）、ヴィーラ（英雄）、クールマ（亀）、クックタ（にわとり）、ウッターナ・クールマ（上向き）、ダヌス（弓）、マッチェーンドラ（聖者の名前）、パシチマターナ（背中を伸ばす）、マユーラ（孔雀）、シャヴァ（しかばね）、シッダ（大師、達人）、シンハ（ライオン）、パドラ（吉祥）の各アーサナである。(35)

この二つを比べてみた場合、重なっているアーサナは必ずしも多くはない。それに『超能力「秘密のカリキュラム」』では、スワスティカとされているのに対し、「ハタ・ヨーガ・プラディーピカー」では、スヴァスティカとなっている。これは麻原が、『超能力「秘密のカリキュラム」』を書くにあたって、佐保田の著作をもとにしていなかった可能性を示している。

『検証・オウム真理教事件』では、スワミ・ヨーゲシヴァラナンダの『魂の科学』がオウムにおけるヨーガの種本になったことが指摘されている。麻原は、祭壇に写真を飾るほどヨーゲシヴァラナンダを崇拝し、『魂の科学』に書かれている真我や三つのグナの思想は、そのままオウムの教義の中心にすえられたという。(36) 杉本繁郎も、一九八八年ころ平河出版社から『虹の階梯』や『ヨーガ根本経典』、たま出版から『魂の科学』が出版され、麻原や初期の弟子たちが、それらを修行の「虎の巻」にしていたと法廷で証言している[37]。

麻原が『超能力「秘密のカリキュラム」』であげたアーサナの多くに言及しているのが、『魂の科学』の実践編として刊行された『実践・魂の科学』である。ただし『実践・魂の科学』の発行日は一九八七年二月二十日で、『超能力「秘密のカリキュラム」』の発行日は、それから一カ月も経っていない三月十五日である[38]。

オウムの信者たちは昼夜兼行でワークにいそしみ、出版物にかんしても、印刷機まで所有していたため、驚くほど短期間で出版が可能だった。その点では、『実践・魂の科学』をもとにして『超能力「秘密のカリキュラム」』が作られた可能性もないとは言えない。しかし、一九八七年はまだ富士山総本部道場が開設されておらず、短期間で出版する体制は整えられていなかった。『実践・魂の科学』の『超能力「秘密のカリキュラム」』への直接の影響はないであろう。ただし『魂の科学』の方は、一九八四年には刊行されており、麻原が影響を受けたことははっきりしている。

麻原は一九八七年六月二十六日の丹沢集中セミナーでの説法で、次のように「ブラフマンドラ」と「意思鞘」についてふれている。

まず、上昇したエネルギーは、こちらの方はもうどうでもいい。このちょうどブラフマンドラに立っている直線的な道だね。エネルギーはまず、意思の光球を、わたしたちに霊視させるようになります。それは、黄金の糸でできている。感覚としてはね。そしてわたしたちは慣れていないから、初めはこの黄金の糸でできている「意思鞘」しかないんじゃないかと、いや、意思鞘しか見えないんだね[39]。

『魂の科学』の第三章は「意思鞘とその科学」と題され、そのなかには、意思鞘はもちろん、ブラフマンドラも登場する。ヨーゲシヴァラナンダは、真我が肉体、微細体、原因体という三種の身体によって被い隠されているとし、肉体は粗雑体とも呼ばれるとしている。微細体は意思鞘と理智鞘の二つの部分からなっていて、この二つは動物の脳の内部にあるブラフマンドラにおさまっていて、ブラフマンドラは粗雑次元のあらゆる事物の知識をえるための中枢になっているという。(40)『魂の科学』には、麻原が述べている光球ということばも出てくる。(41)

麻原はまた神素ということばを使っているが、これも『魂の科学』の影響であることが考えられる。麻原は、一九八六年九月一日の丹沢集中セミナーでの説法で、真我と連動しているエレメントを神素と訳している。また『生死を超える』では、コーザル体は六つの光球から成り立っていて、それは、真我、神素、我執、微細生気、微細根本自性、絶対者ブラフマンの六つであると述べている。(42)

これに対して、ヨーゲシヴァラナンダは、神素ではなく、心素ということばを使っている。心素はサンスクリット語のcittaで、ただ心とも訳される。ヨーゲシヴァラナンダは、心素はその内側に真我を宿していると述べている。(43)またヨーゲシヴァラナンダは、原因体の活動力である歓喜鞘は真我、心素、我執、微細生気、微細根本自性、絶対者ブラフマンという六種類の球体からできていると述べている。(44)麻原が神素と呼んだものが、ヨーゲシヴァラナンダの言う心素であることは明らかである。

麻原はほかにも『魂の科学』で使われている特異なことばを使っている。たとえば一九八七年十月十九日の世田谷道場での説法では、「動性優位」ということばが使われているが、『魂の科学』では、三種の徳性の影響下にある理智の性質として動性優位の理智があげられている。なお三種の徳性とは三つのグナのことである。(45)

さらにヨーゲシヴァラナンダの言う、真我を被い隠す肉体、微細体、原因体という三つの身体は、麻原の言う現象界、アストラル世界、コーザル世界と対応している。アストラル、コーザルという言い方は、神智学の用語で、リードビーターは生理的身体、原因的身体（コーザル・ボディー）、心霊的身体（メンタル・ボディー）、幽体（アストラル・ボディー）とを区別している。(46)神智学の体系について述べたA・E・パウエル編著『神智学大要』全五巻は、「一　エーテル体」「二　アストラル体」「三　メンタル体」「四　コーザル体」「五　太陽系」といった構成になっている。[47]神智学の世界では一般に、アストラル体、コーザル体といったことばが使われ、ほかにエーテル体やメンタル体などといったことばも使われている。しかし麻原はエーテル体にはふれたことがあるが、エーテル世界にふれたことはない。またメンタル体やメンタル世界にふれていない。エーテル体にしても、それほど重要視はされていない。麻原の説く世界は、現象界、アストラル世界、コーザル世界の三層構造になっていて、それはヨーゲシヴァラナンダの説く体系と合致している。

麻原は、佐保田やリードビーターの著作だけではなく、ヨーゲシヴァラナンダの『魂の科学』からヨーガについて多くのことを学んでいる。真我についても、佐保田よりヨーゲシヴァラナンダの影響が大きいのではないだろうか。ヨーゲシヴァラナンダは真我について詳しくふれており、次のようにそれを一つの実在、生命としてとらえている。

ところで、「私は」とか、「私に」とか言う場合、そう呼ばれているものは、実は、二つの実在原理（Tattwa）が集まってできあがっているのです。その一つは生命のない物質（Jada）であり、もう一つは生命（Cheton）です。そしてこの場合、生命は生命のない物質の内に隠されています。ですから生命そのものである真我の居処は、物質元素から創られているこの身体であって、真我は城主であり、身体はこの真我を守る城のようなものです。そして、この城は、肉体、微細体、原因体という三つの部分から成り立っています。[48]

ただし『魂の科学』では、ヨーガの実践について具体的な方法は述べられていない。それは『実践・魂の科学』に譲られた格好になっている。

麻原が、ヨーガの実践方法について、どのような書物から、あるいは誰から学んだのかは必ずしも明確ではない。ただし一つ可能性が考えられるのが、雨宮第二の存在である。雨宮はヨーガと禅を学んだ人物で、ダンテス・ダイジの名前で、三冊の本を出している。『検証・オウム真理教事件』によれば、雨宮は麻原と交流があり、ともに修行をしていたという。雨宮は著作のなかで、クンダリニーの覚醒について述べている。雨宮は若くして一九八七年に亡くなっているが、ヨーガの面での、麻原の指導者、さらにはグルであった可能性も考えられる(49)。

『虹の階梯』

中沢新一の『虹の階梯』は、一九八一年に、中沢のラマ（師）にあたるケツン・サンポとの共著で平河出版社から刊行された。のちに中公文庫におさめられたが、その際には大幅な増補と改訂がほどこされている。中公文庫版の刊行は一九九三年のことで、麻原彰晃が参考にしたのは平河出版社版の方である。

麻原は一九八六年十一月三十日の上町集中セミナーでの説法のなかで、その前日に『虹の階梯』を読み直したと語っている(50)。麻原は、その前にも『虹の階梯』を読んでいたことになる。そこからは、麻原が『虹の階梯』の内容に強い関心をもっていたことがうかがえる。

『虹の階梯』の巻末には、十八世紀のチベットの密教行者、ジグメ・リンパによる「遍智甚深の道」がおさめられている。これは『虹の階梯』に説かれた「ゾクチェン・ニンティク」と呼ばれる密教体系の基本的なテキストであるとされている。そのなかに、「発菩提心」と呼ばれる部分があり、それは次のようになっている。

一　ホー、水に映る月のようなさまざまな虚像にひきずられ

二　輪廻の鎖の輪を浮沈する生きものたち

三　彼らすべてが明知に光輝く法界に安らうことができるよう

四　四無量心こめて菩提心を発こそう(51)

第二章で述べたように、麻原は説法を行なう前に、信者たちと一緒に「大乗の発願」を唱えていたが、その大乗の発願が、この「発菩提心」をもとにしたものであることは明らかである。

『虹の階梯』のオウムへの影響は、教義の面にまでおよんでいる。『虹の階梯』は「共通の加行」、「密教の加行」、「ポワ」という三つの部分に分かれている。ケツン・サンポは共通の加行と密教の加行のちがいについて、次のように述べている。

ゾクチェン・ニンティクの加行は、「共通の加行」と「密教の加行」の二つの部分からなりたっている。「共通の加行」には大乗仏教の基本思想がたっぷりとつめこまれていて、ゾクチェン全体の入口の役割をはたしている。後半の「密教の加行」が坐法、呼吸法、観想法などにもとづく密教的瞑想修行に重点をおいているのに比較すれば、この「共通の加行」を顕教にたとえることができるだろう。

顕教にあたる共通の加行の部分では、一、人間として生まれ有暇と幸運を得ることの難しさ、二、無常について、三、輪廻の苦しみ、四、行為の因と果、五、心の解放を得ることのすばらしさ、六、精神の導師に出会うことの大切さについて述べられている(52)。このうち一から五については一般の仏教において説かれたことと変わらない。それはまさに顕教の教えである。しかし、六の精神の導師、つまりはグルを重視する部分は、一般の顕教とは異なっている。そしてグルの重視は麻原が強調したことでもあった。

ケツン・サンポは、グルとの出会いの重要性について次のように述べている。

しかし、こういう心の解放も、すぐれた精神の導師にめぐりあうことがなかったら、とうてい実現は難しい。修行には導師（グル、ラマ）という舵手が必要なのである。それだけに、誰を自分のラマとして選びとるかということが、とても大事なことになってくる。すぐれた舵手に頼って輪廻の大海を渡り切ることができる一方で、よこしまな舵手に導かれて三悪趣に迷いこむことだってありうるからである。(53)

三悪趣は第五章でふれたように、悪業を行なった人間が死後にたどる三つの苦の世界、地獄、餓鬼、畜生の三つの世界のことである。麻原は、三悪趣へ堕ちないよう修行せよとくり返し戒めていた。

『虹の階梯』では、精神の導師であるラマと出会った修行者がどのようにラマに頼っていけばいいかの例として、オウムでも重視されていたナローパとティローパの話が引かれている。

ナローパは、夢のなかで女神から「すぐに出かけてティローパを探しなさい」と告げられ、ナーランダー仏教大学の学頭の職を辞してティローパを探しに出かける。そして、あばら家に住む乞食のティローパが、生きた魚と死んだ魚を一匹ずつすくいあげて火であぶり、指でつまんで食べている場に行きあう。ナローパが「わたしに教えをおさずけくださらんことを」とぬかずいて頼むと、ティローパは、「何をおっしゃる。わたしはただの乞食ですぞ」ととりあわず、魚を焼き続ける。ナローパは教えを乞い続け、ようやくにしてティローパから「よろしい」と許される。

ケツン・サンポは、このティローパの行動には深い意味がこめられていることを指摘する。ティローパほどの卓越した密教行者には、魚を動物の状態から救い出し、より恵まれた環境に移してやれる力が備わっているという。自分の導師を探し出したいならば、常識に縛られてはならない。そして導師から教えを得るためには、自分の身体を犠牲にして顧みないほどの心がまえが必要である。ケツン・サンポは、麻原も紹介しているティローパがナローパに対して課した無理難題についてふれ、最後に「昔の成就者たちは、身体の苦しみや自分の命のことなどにまるで無頓着に、これほどまでして真理の教えを求めたものだ。あなたにそれができるだろうか」と問いかけている。ここでは無頓着ということばが使われている。(54)

ケツン・サンポは密教の加行に話を進めていくが、その最初に帰依が説かれている。密教の帰依は重層的で、一般の仏教と同様に仏法僧に帰依するとともに、ラマ、守護神（イダム）、ダキニという密教の三つの柱、管（ツア）、風（ルン）、心滴（ティクレ）という純化された身体の三つの基本、そして法身、報身、変化身という仏陀の三つの身体に帰依しなければならない(55)。

以下ケツン・サンポは、それぞれの帰依についてたとえ話をまじえながら説明を加えている。

帰依の瞑想修行は一生続けるもので、死に際してもとだえてはならない。インドのある密教行者が非仏教徒たちにとらえられ、「おまえがその帰依の文句を唱えるのをやめたら殺さないでやろう。やめなければ、この場で殺してしまうぞ」とおどされたとき、行者は「ことばで唱えるのはやめても、心で唱えるのはやめない」と答え、たちどころに殺されてしまった。しかし、その直後に三十三天界の神に生まれ変わったという。ケツン・サンポは「帰依をとおして人は究極の心の完成、仏陀への道に確実に入っていくのである」と述べて、帰依の意義を強調している(56)。

こうした帰依の強調は、麻原が富士山総本部道場が開設されてから説くようになった二十四時間のワークやマハー・ムドラーの考え方に通じている。麻原も信者たちに、グルへの完璧な帰依を求めていた。

密教の加行で、帰依の次に説かれるのが発菩提心である。発菩提心とは覚醒を求めようとすることで、その修行は次の三つに分かれている。

一　四つの計り知れない心をおこす（四無量心）

二　発菩提心の瞑想

三　心の覚醒をめざす修行

四無量心は愛、憐れみ、喜び、平等心の四つである。普通は愛から順番に説明されることが多いが、ニンティク伝承のラマたちは、平等心の修行からはじめよと教えてきたという。

ケツン・サンポは、平等心について次のように述べている。

まず自分の心を観察してみなさい。あなたは自分の友人や気にいった人々には愛着をおぼえ、いやな奴や敵などには憎しみをいだいていることがすぐにわかるだろう。偏りのない平等な心とは、敵に対する怒りや憎しみを捨て、また近しい者たちへの不必要な愛着をも捨て去ることをいう。なぜ愛着や憎しみにこだわってはいけないかというと、今あなたが愛着や憎しみをいだいている、その者たちとあなたとの結びつきは、けっして固定したものではありえないからだ。(57)

第二章で、『尊師ファイナルスピーチ』におさめられた麻原の最初の説法についてふれた。それは、愛する者と憎む者を平等に見ることを勧めるものだった。そこで述べられていたことは、ここでケツン・サンポが述べていることと合致している。ケツン・サンポは「好きな人と嫌いな奴を二人想像して、二人に対して同じ感情がいだけるようになるまで静かに坐りつづけなさい」と述べている。(58) これに対して麻原は「ここに憎んでいる相手を前に置く。そして、愛している者を置く。……その二人を対等に見られるまでイメージし続けなさい」と述べている。(59) 麻原は、ケツン・サンポの説いたことを、そのまま信者たちに説いたのではないだろうか。

原始仏教の影響

オウムにおいては第四章で見たように、四無量心は聖化され、重要な意味をもっている。麻原彰晃が、四無量心とその瞑想法について『虹の階梯』から影響を受けたことは明らかである。島薗進は、麻原が使っていた平等心という訳語は『虹の階梯』の訳語を取り入れたものだと述べている。(60)

ケツン・サンポは、発菩提心の瞑想として、すでに見た「遍智甚深の道」の「発菩提心」をあげている。[61]ラマの秘密口頭伝授の土台には大乗仏教の基本思想があり、それがなければ、密教の修行を行なっても心の解放にたどりつくことはなく、非仏教的なヨーガ技法の一種にすぎなくなってしまうと述べている。[62]

ケツン・サンポはさらに、苦しみにあえいでいる生きものの姿をありありと想像し、その苦しみを瞑想するように勧めているが、[63]これは麻原が勧めた「自己の苦しみを喜びとし、他の苦しみを自己の苦しみとする」という苦の詞章と対応している。

以下、密教の加行は金剛薩埵の瞑想、マンダラをささげること、チュウ、グル・ヨーガと進んでいく。そのなかでは具体的な瞑想の方法について述べられている。瞑想のなかには、「フーム」といった文字や金剛薩埵をはじめとする諸仏、諸神が登場し、一つのドラマを展開していく。

麻原は、『虹の階梯』のこうした部分はほとんど取り入れていない。麻原は第三章でもふれたように、金剛薩埵に言及してはいるが、『虹の階梯』で述べられた、金剛薩埵に変身していく瞑想のプロセスについては述べていない。中沢新一は、オウムはチベット密教から影響を受けたとされているものの、チベット密教が重視しているマンダラには関心がはらわれていないことを指摘している。[64]

最後のポワの部分で、ケツン・サンポは次のような説明を行なっている。

ポワは、たとえいつ死が訪れても動ずることなく、確実に心（意識）を身体からぬきだして、より高い状態へと移し変えるための身体技法であり、チベットでは密教行者ばかりではなく、一般の人々にも広く学ばれてきたものである。[65]

麻原は一九八七年九月十四日の大阪支部での説法で、ポアが「高次元の身体に意識を移し変えるということだ」と述べていた。[66]

オウムのポアが殺人を意味するものであることは第四章でふれたが、一般に、そうした解釈はオウムに独特なものであるように考えられている。しかし『虹の階梯』では、「自分の父母を殺し、聖者を殺すような大罪をおかした者たちでさえ、その罪を悔いて、ラマのもとで学び、このポワを修行することによって、地獄・餓鬼・動物という三つの生存の悪い状態に陥ることだけはまぬかれるといわれている」とされ、オウム流のポアのもとになる考え方が示されている[67]。

麻原が『虹の階梯』から多くのことを学んだことは事実である。しかし、島薗進が指摘する現世否定や現世離脱といったテーマについては、麻原は『虹の階梯』ではなく、むしろ原始仏教関係の書物から影響を受けたものと思われる。

桐山靖雄は、阿含経について論じた『人間改造の原理と方法』や『阿含経講義　輪廻する葦』のなかで、中村元や増谷文雄の著作を参考文献としてあげている。麻原が影響を受けたと述べている『原始仏典』と『阿含経典』はそのなかに含まれていないが、中村が原始仏教について述べた『原始仏教の思想』[68]や、『阿含経典』のもとになった増谷の『原始経典　阿含経』[69]の名前があげられている。

これは麻原が、原始仏教への関心から阿含宗に接近したのではなく、阿含宗に入信したあとに中村や増谷の著作について知った可能性があることを示唆している。

麻原は説法のなかで、くり返し阿含経についてふれている。『尊師ファイナルスピーチ』では二番目におさめられた一九八六年九月一日の丹沢集中セミナーでの説法で、「いわく、『阿含経』には、わたしたちがこの世に生まれる根本的因は無明である」といったかたちで、阿含経にふれている[70]。一九八七年十一月一日の福岡支部での説法でも、「あなた方の尊敬する釈迦牟尼、あのお方がお書きになった『阿含経』とか『スッタニパータ』とかお読みになってごらんなさい。すべてははっきりしてるから」と述べている[71]。

麻原は説法のなかで、とくに増谷の『阿含経典』にしばしばふれている。たとえば一九八八年十一月十五日の富士山総本部道場での説法では、その第四巻におさめられた「森相応」の部分を紹介している。森のなかで修行した比丘、僧が山の狩人に対して法を説いた。ところが狩人は理解できなかった。そこで天人が比丘に、「あなたは、徳のない者にそういう話をしてもしょうがないんだ」と言うと、比丘は「わたしはなんて無意味なことをやったんだろうか」と悟ったという。麻原は、このたとえ話から、真実を相手に伝えるためには相手にそれだけの心の浄化が行なわれていないと伝わらないという教訓を導き出している。[72]

一九八九年六月に刊行された『マハーヤーナ』No.22で、麻原は阿含経の解説を試みている。麻原はその冒頭で、次のように述べている。

今月から「阿含経」の解釈がスタートすることになったが、この企画と作業は、私の数年来の念願であった。なぜなら、「阿含経」は仏教経典のなかでも最古のものであり、仏陀釈迦牟尼の教えが、最も忠実に残されていると考えられるからである。もちろん、この「阿含経」に関しては、既に日本においてもいく種類もの解釈書の類いが出ている。が、その解釈の内容に私は納得できないのだ。その納得できない理由は、解釈をしている人たちがすべて仏教学者であるというところにあるように思われる。忘れてならないのは、仏陀釈迦牟尼自身が修行者であったということである。修行によって数多くの修行上の経験をし、真理を知って解脱したのだ。その修行経験によって得た真理によって支えられている仏陀釈迦牟尼の教えを解説するのが、修行者でない知識優位の学者では無理があるのも当然であろう。[73]

麻原はこのなかで、修行をしていない学者を批判している。学者の実名はあげられていないが、麻原は中村や増谷のことを念頭においているのかもしれない。

ただし阿含経の内容については、麻原が桐山経由ではなく、中村や増谷から直接影響を受けた可能性がある。

麻原は第二章でふれたように、『マハーヤーナ・スートラ』のなかで、五蘊から離れることの重要性を説いている。五蘊とは五つの集まり、五つのかたまりの意味で、色、受、想、行、識からなっている。それを言い換えれば、色は肉体、受は感覚、想は表層意識、行は潜在意識、そして識が意志となる。

麻原は、釈迦は五蘊から離れることを説いていると言い、その意味について次のように述べている。

肉体から離れる、感覚から離れる、表層意識を落とす、そして潜在意識と意志はアストラル世界のものなんだが、それから離れる。となると、これは阿羅漢となって、コーザル世界へ入っていくための修行じゃないか。四向四果の修行と最終目的が同じじゃないか。つまり五蘊は小乗のニルヴァーナへ入るための修行だったんだね。(74)

麻原は、大乗の場合には、五蘊から離れるのではなく、それを超す必要があると言い、大乗の修行者は自己を犠牲にして、他の人々の苦のなかに自ら入っていかなくてはならないと述べている。(75)麻原は説法のなかでもこの五蘊についてくり返しふれ、五蘊を離れる必要があることを説いている。

桐山は『阿含経講義　輪廻する葦』のなかで、色、受、想、行、識についてふれている。しかし、桐山はそれを五蘊ではなく、「五陰」と呼んでいる。しかも桐山は、五陰から離れる必要があるとは説いていない。(76)

増谷の『阿含経典』の第二巻は「人間の分析（五蘊）に関する経典群」と題され、南伝の『相応部経典』の第三巻、蘊篇に集録された「蘊相応」と呼ばれる経典がおさめられている。そのなかでは、釈迦は比丘たちに対して次のように語ったとされている。

比丘たちよ、過去・未来の色（肉体）は無我である。いわんや現在の色においてをや。比丘たちよ、わたしの教えを聞いた聖なる弟子は、そのように見て、過去の色をかえりみず、未来の色をよろこばず、また、現在の色については、厭い離れ、貪りを離れ、その滅尽につとめる。／比丘たちよ、過去・未来の受（感

覚）は無我である。……[77]
増谷は、想を表象、行を意志、識を意識と訳しているが、「蘊相応」のなかで、五蘊は無我であり、無常であり、苦であるとされ、厭い離れ、滅尽し、そこから脱出すべきものとされている。麻原は、『阿含経典』の「蘊相応」にある五蘊についての記述から影響を受けて、五蘊から離れることの重要性を説くようになったのであろう。それは桐山からの影響ではない。これは、麻原が桐山経由ではなく、中村や増谷の書物から直接影響を受けたということを示している。

『秘密集会タントラ』

増谷文雄の『阿含経典』をはじめとする原始仏教関係の書物の麻原彰晃への影響は、さらに大きなものと思われる。すでに見たように、島薗進は、死と無常の強調、生死の超越というメッセージは桐山靖雄や佐保田鶴治の著作には見られないもので、麻原は『虹の階梯』から影響を受けたとしている。しかし今見たように、無常は『阿含経典』のなかで強調されている。さらに『阿含経典』では、五蘊から「苦が生じ、病が存し、老死が現ずる」と述べられ[78]、五蘊が死の原因であるとされ、五蘊を去れば「老死は没する」と説かれている。[79]『阿含経典』では、生死の超越についても述べられている。

島薗は、麻原が現世否定の教えを説くようになったのは『虹の階梯』と原始仏教についての書物の影響であったとし、原始仏教関係の書物にふれている。しかしすでに述べたように、原始仏教関係の書物への言及はそれだけで、島薗はそれが具体的に誰のどの本で、どのような影響を麻原に与えたかは論じていない。麻原は死と無常の強調、生死の超越というメッセージを、もっぱら『虹の階梯』から学んだとされているが、そこには中村元やとくに増谷文雄の強い影響がある。

もう一つ、『阿含経典』の麻原への影響を指摘したい。

増谷は『阿含経典』第一巻の巻頭におさめられた「総論」のなかで、阿含経が口誦伝承の経であることを強調している。増谷は、口誦伝承の特徴が冗長さにあるとし、暗唱のためにくり返しが多く、決まり文句が頻繁に使われていると述べている。増谷は、現代の人間にとっては、じれったいばかりのくり返しやいたるところにあらわれているきまり文句が、実際には重要な役割を担っており、その点に注目しなければならないことを強調している(80)。

オウムにおいて、信者たちはくり返しマントラや経を唱えている。それは麻原が勧めたことである。そこにも、増谷の指摘が影響を与えているのではないだろうか。

麻原が、現世否定、現世離脱については原始仏教関係の書物から影響を受けたとして、彼が『虹の階梯』から主に学んだのは、グルに対する帰依の重要性だった。それは第三章で詳しく述べたマハー・ムドラーの考え方に結びついていく。また悪業を行なった人間でもポアすることによって三悪趣に堕ちないようにできるという考え方も、『虹の階梯』から取り入れられたものにちがいない。ポアの考え方はヴァジラヤーナの教えに大きな影響を与えた。

しかし麻原は、チベット仏教についての知識を『虹の階梯』だけから得ているわけではない。麻原は第二章で見たように、『イニシエーション』のなかで、タントラのイニシエーションについてふれ、それぞれのイニシエーションが、チベット語でどのように呼ばれるかについてふれている。これは『虹の階梯』には出てこない。

チベット仏教について麻原の情報源の一つがカール・リンポチェである。第三章で述べたように、麻原がヴァジラヤーナということばを知ったのはカール・リンポチェを通してである。またダライ・ラマも、もう一つの情報源であろう。麻原はダライ・ラマからイニシエーションを受けている。しかし、麻原のリンポチェやダライ・ラマとのかかわりはきわめて短い期間にかぎられている。しかもリンポチェは、富士山総本部道場の開設セレモニーに参列してから一年も経たない一九八九年七月十日に亡くなっている。

では麻原は他にどこからチベット仏教についての知識を得てきたのだろうか。

大学でインド哲学を学び、裁判官をしていた中島尚志は、『サリン』という本のなかで、オウムと、チベット仏教に大きな影響を与えた後期密教との関係について指摘している。

後期密教の経典に『カーラチャクラ・タントラ（永遠の時間のサイクルの縦糸の教え）』というものがあり、そのもっとも権威ある注釈書に『ヴィマラプラバー（無垢なる光）』がある。その『ヴィマラプラバー』には、生ある人間が「ヴァジラヤーナ（金剛乗）の修行に入る前、つまりマハーヤーナ（大乗）とかヒーナヤーナ（小乗）の修行をしているときは、師を殺し、あるいは無差別に人を殺したり、父母を殺すとも、その生涯において仏そのものの果実を手に入れることができないということはない」。しかし、「いったん、ヴァジラヤーナの修行に入ったときには、これらの罪（殺人等を指す）を犯せば、この生では決して仏果を得ることはできない」とあるという。

中島は、麻原は最終解脱していると称しており、つまりは仏果を得ていることになるから別として、オウム信者のうちでタントラ・ヴァジラヤーナの修行に入っている人間には、この『カーラチャクラ・タントラ』の教えは困ったことになるだろうと述べている。殺人を犯せば現世で解脱できないからである。

しかし、中島によれば、その課題は仏教的に乗り越えられるという。

『カーラチャクラ・タントラ』は後期密教の最後に成立した作品で、後期密教の大きな流れを集大成したものである。しかし、後期密教の根幹となる思想を、未完とはいえ語ろうとした作品が『秘密集会タントラ』であり、『秘密集会タントラ』は、その後に出現する『ヘーヴァジュラ・タントラ』、さらには『最勝楽出現タントラ』をまって完成した。(81)

『秘密集会タントラ』のはじめにある「一切如来が三摩地に入り曼陀羅を加持する第一分」には、「以下のように私は聞いた。ある時、世尊は一切如来の身語心の心髄である諸々の金剛妃の女陰に住しておられた」と、過激なことばを掲げている。(82) 中島はこれを、「あるときブッダは、すべての如来たちの言葉を含む全身活動の核心ともいうべき、若き女性との性交の絶頂の最中にあった」と訳している。(83)

「普遍なる行の最上なるものについての第五分」では、続けて次のように述べられている。

無分別なるものと利益あるもの〔との不二より〕生じた、貪、瞋、痴に満ちた〔行者〕は、／無上なる最高の乗において、最勝の悉地を成就するであろう。／旃陀羅とか笛作り等や、殺生の利益をひたすら考えている者たちは、無上なる大乗の中でも、まさにこの最上の乗において成就をなしとげる。／無間〔地獄に堕す〕悪業をはじめとする、大罪を犯した者さえもまた、／大乗の大海の中でも〔すぐれた〕、この仏乗において成就する。／〔しかし〕阿闍梨を誹謗するのに熱中する人たちは、〔どんなに〕修行しても成就することはない。／殺生を生業とする人たち、好んで嘘をいう人たち、／他人の財物に執着する人たち、常に愛欲に溺れる人たち、／糞尿を食物とする人たち、これらの人たちは本当のところ、成就するにふさわしい人たちである。／行者が母、妹、娘に愛欲をおこすならば、大乗の中でも最上の法の中で、広大な悉地を得るであろう。(84)

中島は、ここの部分を全部ではないが以下のように訳している。

……ブッダは、そこから立ち上がって、貪り・怒り・愚かさの三大煩悩をタントラ的「煩悩の完全解放」

という方法で解決する行法を説いた。……すべての衆生にして、殺人をなすことを求め行ない、嘘をつくことを喜び、他人のもつ財物を欲しがり、つねにセックスを求めて成功を悦楽する者たちは……つねに梵行を行なっている行者と呼ばれるに相応しい……無頓着にして、このような行を行ずる思慮深い人たちは、ブッダと成ることができる。

また中島によれば、『最勝楽出現タントラ』の「智慧を完成する章」には、次のように述べられているという。

人間を含むこの世の生命あるすべてのものを殺害せよ。他人の財物を奪え。他人の妻と姦通せよ。嘘のみを語れ。大衆は、このカルマによって灼熱の地獄に落ちるが、ヨーガの修行をしている行者は、まさにこのカルマによって悟りをひらくのである。(85)

仏教の五戒においては、殺生をすること、嘘をつくこと、盗むこと、快楽を貪ったり姦通することなどはしないよう戒められている。『秘密集会タントラ』や『最勝楽出現タントラ』は、そうした仏教の基本的戒律を積極的に破るよう勧めているわけである。

『秘密集会タントラ』を翻訳した松長有慶は、その既存の秩序に対する挑戦的な姿勢が、仏教の伝統的な戒律に対する全面的な否認としてあらわれ、出家者としてあるいは仏教徒として守らなければならない五戒、十善がことごとく捨て去られ、かわりに殺、婬、盗などの行為が、解脱への早道として行者に勧められていると述べている。松長は、『秘密集会タントラ』が殺や性といった近代社会の倫理からはタブー視され、仏教の戒律で厳しく禁じられている行為をあえて真正面から取り上げているのは、社会の底辺にいる人々を仏教信者として取り込むために、彼らが日常的に行なっている生活習慣や儀礼、呪法を摂取して、それに仏教的な意味づけを施す目的があったと指摘している。(86)

中島は、『秘密集会タントラ』などの後期密教の経典に書かれていることが、麻原の日頃の説法や初公判における聖無頓着の発言と類似していることを指摘している。そして中島は、麻原の教義と『秘密集会タントラ』とのあいだに根本的な矛盾はないと指摘している。だからこそ、既存の仏教界や仏教学者からは、現在にいたるまでオウムの教義に対する歯切れのよい応答がさっぱり出てこないのだというのである。[87]

林郁夫は、一九九三年六月に、オウムの教団のなかで「カーラチャクラ・タントラ成就式典」が開催され、その際には、英文から訳した『カーラチャクラ・タントラ』が配られたと述べている。信者が二人でそれを朗読し、麻原が解説を加えていったという。[88]

林は、『秘密集会タントラ』や『最勝楽出現タントラ』についてはふれていない。『最勝楽出現タントラ』には邦訳はないが、『秘密集会タントラ』の訳は松長有慶の校訂によって『秘密集会タントラ校訂梵本』として、一九七八年に刊行されている。[89] 麻原やオウムの信者たちが、『秘密集会タントラ』の内容について知ることは十分に可能だった。また『最勝楽出現タントラ』も参照することができたはずである。

麻原は第三章で述べたように、ヴァジラヤーナ、あるいはタントラ・ヴァジラヤーナをすみやかに解脱に達するための方法であるとしていた。この考え方は後期密教の特徴の一つであり、密教の「真言のやり方」は、それまでの大乗仏教の「波羅蜜のやり方」と対比され、波羅蜜のやり方が、いくつもの生のくり返しを経て修行を完成していくものであるのに対し、真言のやり方では、次の生に生まれ変わるのを待たず、今現在の生において悟りに至ることが強調されていた。また後期密教では、「解脱至上主義」の立場が取られ、解脱という目的が正しければ、いかなる手段でも正当化され、性的ヨーガや悪食その他の反道徳的行為が推奨された。この点でもオウムは、後期密教に徹底して忠実であろうとしたと考えられる。[90]

麻原は、富士山総本部道場の開設直後に、真島照之と田口修二を死にいたらしめたことで、悩み苦しんだであろう。そのとき、チベット密教の教えが彼を救ったように見える。麻原は、悪業を行なっている人間を殺すことを正当化し、さらにはそれを勧めてさえいるチベット密教の教えと出会うことで、悩みや苦しみを解決できると考えただけではなく、それをヴァジラヤーナの教えとして信者たちにも説いた。そして、ヴァジラヤーナの教えにもとづいて、坂本堤弁護士一家を殺害した。さらに、ヴァジラヤーナの教えは、武装化が進むなかで強調され、信者たちを無差別大量殺人へと向かわせた。麻原のチベット密教との出会いは、陰惨な事件を生むことになったのである。

仏教原理主義として

この章の冒頭で見たように、オウムを宗教にあらず、あるいは仏教にあらずとする見解が一般には支配的なわけだが、一方には、例は少ないが、オウムの仏教としての正統性を主張する見解もないわけではない。すでに見た中島尚志の主張も、その一例として見ることができる。

宮崎哲弥は、麻原彰晃の阿含経と南伝大蔵経について述べた『原始仏典講義一』や幸福の科学の仏教理解を批判した『真実の仏陀の教えはこうだ』をもとに、麻原が仏教とヨーガ哲学を主軸とするインド思想全般についてかなり行き届いた理解をしており、その仏教理論が新新宗教としては飛び抜けて正当的で、かつラディカルですらあると述べている。さらに、オウムの仏教観は葬式仏教へと堕落した日本仏教の惰性と欺瞞とを根本的に否定する厳しいほどの潔さと、原理主義独特の透徹した論理性を備えており、だからこそ若いインテリ層を引きつけたのだとも指摘している。(91)

中村雄二郎は、オウム事件直後の議論がオウムを本来の宗教から逸脱したものとしてとらえる方向にむかっていて、宗教の本質にかかわるものとしてとらえようとする考察が少ないことに疑問を呈している。[92] 高尾数利も、オウムをめぐる発言や報道では「宗教がなぜ」「あれはもう宗教ではない」といったものが目立つが、そうした見解の背後には、宗教が社会や人間のために創られたものであるという宗教観があると指摘し、宗教の本質は反社会性にあるとして、オウム事件をとらえる際にこそ宗教だからこそという視点が必要であることを強調している。[93]

宗教界、仏教界に属する人間にとっては、オウムは宗教や仏教のイメージを損なう忌まわしい存在であり、自分たちの教えがオウムとは異なるものであることを強調する必要があった。だからこそ、オウムは宗教ではない、あるいは仏教ではないといった見解が出されたわけである。

しかし、オウムが宗教であることは否定できない事実である。それは、この章での議論から明らかであろう。オウムが既存の宗教的な伝統、とくに仏教の伝統の上に乗っていることは事実なのである。

オウムは仏教ではないという主張が展開されるとき、その根拠としてもちだされるのが、袴谷憲昭が述べている仏教を無我説としてとらえる見解である。仏教の本質が無我説にあることはたしかである。無我の考え方は最初期の韻文経典、とくに『スッタニパータ』に説かれている。無我を実践し続けることによってはじめてニルヴァーナ（涅槃）に達することができるとされている。[94] そして大乗仏教においては、無我の考え方は空の思想へと発展していくことになる。

しかし大乗仏教でも、密教になると、その中心となる仏である大日如来は永遠の宇宙的実体として、絶対者としてとらえられるようになる。末木文美士は、こうした密教のとらえ方は仏が究極的には空に帰するという従来の考え方とは根本的に異なっており、瞑想のなかで大日如来と一体化することで自我も絶対性を獲得できるとされていると述べている。[95]

密教にかぎらず、日本の仏教を見た場合、無我説は強調されていない。浄土教では阿弥陀仏の絶対性が強調されている。[96] また末木が強調するように、人間だけではなく、草や木、鳥や虫にも仏性を見出す「本覚思想」が仏教全体を支配するようになっていく。本覚思想が無我説であるとは言えない。

仏教の開祖は釈迦であり、釈迦の説いた教えが仏教の教義ということになっている。仏教の経典はすべて「如是我聞」のかたちではじまる。これは「私はこのように釈迦の教えを聞いた」という意味で、釈迦の教えをまとめる最初の会議、「第一結集」の際に、釈迦の弟子であったアーナンダが、この文句から経典の誦読をはじめたことに由来する。[97]

しかし、釈迦の死後に作られた経典の数は膨大なものになっている。その大半は釈迦の教えを直接記したものではない。それは後世に作られたものであり、すべてが偽作であるとも言える。

釈迦が実際に説いた教えが含まれているとされるのが、麻原や桐山靖雄が注目した阿含経、アーガマである。三枝充悳は、釈迦をふくむ初期仏教の教説を伝える貴重な資料は、このアーガマ文献のみに限られるが、現存するアーガマ文献でさえ原型そのままではなく、かなりの変容を受けていることを指摘している。[98]

このアーガマ、阿含経は、大乗仏教の立場からは小乗仏教の経典とされ、軽視されてきた。そのかわりに般若経、華厳経、法華経、大日経などの大乗仏典が作られ、経典に応じて、さまざまな宗派が誕生していった。

キリスト教の、とくにカトリックの世界では公会議が開かれ、教義が定められてきた。正統と異端は厳格に区別され、かつて異端の教えを説く者は異端審問にかけられた。教義の厳密さを要求する姿勢はプロテスタントにも受け継がれている。

ところが仏教の場合には、どれが正しい釈迦の教えであるかを決める制度や機関が存在しない。初期の時代には二度ほど結集が開かれ、釈迦の直接の教えを定める作業が行なわれたが、結集はそれで途絶え、以降その機会はもたれていない。膨大な仏教経典が作られてきたのも、仏教では正統と異端の厳格な区別が存在しないからである。

それはキリスト教の場合と大きく異なっている。キリスト教では、聖典は旧約聖書と新約聖書にかぎられ、そのなかに入らないものは「外典」と呼ばれて区別されている。キリスト教を名乗る以上は、どの教団も聖書を聖典としなければならない。ところが仏教では、どの経典によるかはそれぞれの宗派の自由に任されている。その教団が、なんらかの仏教経典を所与の聖典としているならば、その教団が仏教ではないと言うことはできない。そのような判断を下すならば、どの宗派も仏教ではなくなってしまうからである。

麻原は阿含経を高く評価し、教団では、パーリ語経典の翻訳を行なっていた。山口瑞鳳は、その翻訳について、正確に訳しているとは言えず、大学院の修士課程ならば落第のレベルだと述べている(99)。しかし、少なくともオウムには、仏教経典に忠実であろうとする原理主義の志向性があった。さらに言えば、麻原の仏教理解は、必ずしも正統的な理解から大きく逸脱したものとは言えないのではないだろうか。

宮坂宥勝や林久義は、麻原の説く四無量心が一般の仏教で説かれた四無量心とは根本的にちがうものであることを指摘している。しかし、その解釈には疑問を感じざるをえない。

仏教において、四無量心とは四つのはかりしれない利他の心であるとされ、慈とは生けるものに楽を与えること、悲とは苦を抜くこと、喜とは他者の楽をねたまないこと、捨とは好き嫌いによって差別しないことであるとされている(100)。

三枝は、『スッタニパータ』の古層、その第四章と第五章は慈と悲よりも、平静を意味する捨（ウペッカー、ウペークシャー）を大いに強調しており、さらには喜（ムディター、よろこぶ）を加えて慈悲喜捨と一括され、四無量心と述語化される例もこのテクストに説かれており、それがその他の初期経典中に散在することを指摘している。[101]

麻原は、『尊師ファイナルスピーチ』におさめられた最初の説法で、四無量心ということばは使っていないものの、平等心について言及している。そこで麻原が述べている平等心とは、まさに好き嫌いによって差別しないことである。麻原の最初の時点での四無量心についての理解は、一般の仏教の教えから大きく逸脱するものではなかった。

第二章でふれたように、平等心が聖無頓着と呼ばれるようになったことで、それはあらゆることに対して頓着せず、心を動かされないという意味に変わっていく。宮坂や林は、それが本来の捨からは逸脱しているととらえているが、仏教において、捨には無関心、心の平静、心が平等で苦楽に傾かないことの意味がある。[102] 無関心と無頓着のあいだに果たして大きな差はあるのだろうか。聖無頓着の場合にも、それは必ずしも仏教一般の教えから逸脱しているとは言えない。

宮坂は、オウムの教義体系が大乗仏教よりヒンドゥー教のヨーガに移行するという奇妙な実践体系になっていることを指摘しているが、この解釈についても問題がある。ヒンドゥー教の立場からすれば、仏教はヒンドゥー教の一派と見なされている。インドで、仏教がやがてヒンドゥー教のなかに溶け込んでしまったのも、仏教とヒンドゥー教を厳格に区別することが難しいからであろう。しかも仏教は発展していくにつれて、ヒンドゥー教の影響を受け、それを取り込んでさえいる。それはとくに密教の場合において顕著である。

ヒンドゥー教のなかには、神秘的な力を獲得し、それを利用するための方法として、タントラの伝承が受け継がれてきている。タントラは五世紀ごろにあらわれ、八世紀から十二世紀に最盛期を迎えるが、タントラのなかにはセックスの力を利用するものもある。仏教のなかに密教があらわれたのは五世紀、ないしは六世紀のことで、ヒンドゥー教の多面多臂の像が密教の明王、または天部に取り入れられたりもした。

松長有慶は、仏教における密教がヒンドゥー教のタントラの影響を明瞭に示しはじめるのは八世紀以降であると述べている。『金剛頂経』系統の後期密教では、ヒンドゥー教のタントラの特色がいちじるしく表面化することになり、仏教の経典もそれまでスートラ（経典）といわれていたものがタントラという呼称に変えられている。密教は九世紀以降、よりタントラ色を強め、実践の方法や仏像のかたち、名称でも、ヒンドゥー教に似たものになっていった。

松長は、「左道密教」とも呼ばれた後期密教が反道徳的な行為を推奨した理由について、神秘的な宗教においては、自己と絶対的な存在との一体化がめざされ、そこでは社会的な規範が束縛となるからだと述べている。脱社会を願う行者には、反倫理的、反社会的な行為はすべて許され、かえって社会的なタブーを犯すことによって自己の絶対的な自由を獲得しようとするのだという。

松長は、日本密教は八世紀までの中国密教を受け継いだため、タントラの影響はほとんど認められないことを指摘している。たとえタントラが日本に移入されたとしても、社会全体に倫理的な規制が強い現実的な日本社会のなかに、高度に神秘主義的な宗教が根をおろすことができたとは到底思われないというのである。[103]松長の『密教』が刊行されたのはオウム事件の前である。その点で、松永の指摘は興味深い。

宮坂は、麻原が秘密金剛乗を賛美しており、その点でオウムは教義的には極めて密教的だと言わなければならないと述べている。[104]オウムは、仏教がヒンドゥー教と融合することでインドに生まれ、チベットに伝えられた密教を取り入れ、神秘主義的な宗教が根をおろすはずがない日本の社会に特異な密教を広めていった。麻原が大乗仏教からヒンドゥー教のヨーガへと移行する体系を説いたとしても、仏教の密教への展開の歴史から考えれば、それは決して奇妙なことではない。仏教は当初からヨーガをとりいれているし、ヨーガの技法が存在しなければ、密教は生まれなかったはずである。

オウムは仏教ではないとして、それを仏教の枠から排除しようとするとき、実は仏教というものが極めて曖昧なものであることが明らかになってくる。仏教界としては、オウムを仏教から排除することで、仏教が危険な宗教ではないことを印象づけたいのであろう。しかし、オウムを仏教から除外する根拠というものは存在しない。仏教の定義が曖昧なものである以上、仏教を標榜している宗教集団は仏教として認めなければならない。オウムについて言えば、そこにはヨーガなどヒンドゥー教的な要素が取り入れられてはいるが、一方でオウムには、出家を強調するなど既成の仏教教団以上に仏教らしい面が備わっている。

オウムはすでに見たように、チベット仏教が大きな影響を受けた後期密教をそのまま文字通りに受け入れ、信者たちはそれをそのまま実践した。その点でオウムは、宮崎が指摘しているように「仏教原理主義」であると言えるのである。

マハー・ムドラーとポア

島薗進は、オウムの聖無頓着とマハー・ムドラーがともに、「心の浄化」「心の統御」にかんする実践であり、瞑想によって瞬間的に達成されるものではなく、日々の生活のなかで継続的に試みられ、その成果も持続するものと考えられていることを指摘している。その実践は、日本の新宗教において、「心なおし」として実践されたものとよく似ているという。(105) 島薗は、心なおしの実践として天理教の事例にふれているが、マハー・ムドラーに似た実践はヤマギシ会においても行なわれている。それが一週間の「特別講習研鑽会（特講）」で行なわれる「割り切り研鑽」である。

特講には、ヤマギシ会の会員が世話係として加わり、参加者に対してさまざまな「テーマ」を出す。参加者はそのテーマについて考えていくことを求められる。テーマに正解はないとされるが、世話係は議論を一つの方向にもっていこうとする。

私が参加した特講の割り切り研鑽で出されたテーマは、「あなたは特講が終わった後、ここに残れますか」というものだった。ここは栃木県日光市にあったヤマギシ会の会館のことをさしている。私が参加した特講には、他に十人の参加者がいた。このテーマが出されると、私を含む十一人は口々に「残れません」と答えた。帰ってしなければならない仕事があるとか、帰らないと家族が心配するといった理由をあげた。それに対して世話係は、「ここに残れますか」と最初の問いをくり返した。参加者は最初にあげた理由をくり返すしかなかった。あるいは別の理由をあげて、やはり「残れません」と答えるしかなかった。すると世話係は「ここに残れますか」をさらにくり返し、参加者との問答は、参加者の側が「ここに残れます」と答えるまで続いていった。

このような説明を行なうと、それは禅問答のように聞こえるかもしれない。実は割り切り研鑽の鍵は、世話係の発した問いのなかにある。参加者の側は、テーマが出されたとき、その問いの意味を正確には理解できていない。参加者は、「ここに残れますか」と聞かれたとき、世話係から「ここに残りなさい」と言われているように受けとってしまう。あるいは、そう命令されているように感じてしまう。たしかに誰かから「ここに残れますか」と尋ねられたら、それは残ることを求められていると理解するのが自然である。

しかし、「ここに残れますか」という問い自体は、たんに残れるかどうかの可能性を尋ねているにすぎない。特講が終わった後ここに残ることができるかどうかを聞いているだけで、残れと言っているわけではない。残ることを求められていると解釈してしまうのは、あくまで参加者の側である。参加者は、それがどのような結果を及ぼすかは別にして、そこに残ることはできる。帰ってこなければ、会社の上司は怒るかもしれない。家族も、ヤマギシ会に洗脳されてしまったのではないかと心配するかもしれない。しかし、本人がそこに残ろうと思えば、残ること自体はできる。

「ここに残れますか」という問いが可能性を尋ねているのだということがわかってくれれば、参加者はそのテーマを理解することができる。はじめ、自分は絶対に残れないと考えていた人間にとって、残れると思えるようになることは一種の「カタルシス」となる。自分が難題を克服したような気になる。それは特講で出される他のテーマの場合にも同じである。参加者は、世話係から出されるさまざまな難題を克服していくことによって、自分が生まれ変わったと考えるようになる。

どの特講でも必ず割り切り研鑽が行なわれるが、特講によってそのテーマは変わる。「あなたは、特講が終わった後、ここに残れますか」という問いのかわりに、「ここで裸になれますか」とか、「死ねますか」、あるいは、「殺せますか」といった問いが出されることがある。

「死ねますか」という問いが出されたとき、参加者の方は「はい」と答えても、まさかここで死ねとは言われないだろうとたかをくくっている。そのため、簡単に「はい」と答えてしまうかもしれない。すると世話係は「では、ここで死んでください」と突っ込んでくる。それは「裸になれますか」の場合も同じで、世話係は、あっさりと「はい」と答えた参加者に対しては、実際に服を脱ぐところまで追い詰めていく。脱ごうとしたところで、世話係はストップをかけるのだが、制止もきかず実際に裸になってしまう人間もいるという。

割り切り研鑽は「我抜き研鑽」とも呼ばれる。ヤマギシ会では、自己にとらわれることは「我執」と呼ばれ、否定すべきものと考えられている。残れないと思うことは我執である。裸になれないと思うことも、死ねない、殺せないと思うことも、我執だというわけである。(106)

ヤマギシ会の創立者である山岸巳代蔵は、我抜き研鑽の目的と方法について次のように述べている。

始めから頑固抜きの研鑽だと言えば、どんな難題を持ち出しても、ああそうか我抜き研鑽だからこんな無茶みたいなことを言うんだなあと思って、その心組でタカをくってやるから、まるで陰の声を聞いての クイズをやっているようなもので、種明かしを聞いてから手品を見ても何の価値もないように、我抜き研鑽などでも一切前以て我抜き研鑽などということは予告しないのである。効果を考えて言わないまでである。家が燃えるとか、殺されるとか、死ねとか、死ねますか、一生このままここから帰らずにいられますか、財産を全部放せますか、等々、とても想像もつかないような、ビックリするようなことをまことしやかに強弁する。(107)

この我抜き研鑽は、オウムのマハー・ムドラーと共通した性格をもっている。どちらも、本人にとっては嫌でやりたくない課題を突きつけ、それを乗り超えさせていくものである。ヤマギシ会では、それによって我執を抜くことをめざし、オウムでは煩悩の消滅を目的とする。煩悩も結局は自己の欲望にとらわれることである。ヤマギシ会でも、オウムでも、自己のとらわれから解放する心なおしを実践している。

我抜き研鑽は、山岸が述べているように、マハー・ムドラーの場合と同様、本人にはそれが我抜き研鑽であるとわからないようになっていなければならない。その仕掛けがわかってしまえば、参加者は残れるかどうか、死ねるかどうかを本気で考えなくなってしまうからである。

我抜き研鑽は、特講の場でだけ行なわれたわけではない。一九五八年に特講を受講した原康男は、「百万羽科学工業養鶏」と呼ばれたヤマギシ会の最初の共同体に参加した経験をもっている。原は、特講を受けたときには何の興味も湧かなかったし、そこで何かを得たとも思わなかった。しかし百万羽科学工業養鶏の建設にとりかかる前に、山岸のアドバイスで、数人の青年と「野垂れ死に研鑽」とも言うべき研鑽を経験した。

まず一カ月と期限を決めて、無一文で外に出ていく。その場合、どんなに困っても自分から食べさせて下さいとか、お金を下さいと言ってはならない。自分から仕事を手伝って、向こうから食べていけとか、これを持っていけと言われたら、食べ、受けとるというのがルールであった。たとえば農民が稲刈りをやっているところに行って一生懸命手伝うが、仕事が終われば、さっさとそこを立ち去る。そのとき農民が「おいお前、腹すいとるんとちがうか。めしでも食っていけ」と言ったら、食わせてもらう。

原は最初、この野垂れ死に研鑽を恐いと感じ、そんなことをしたら生きていけないのではないかと反発した。それに対して山岸は「それで生きていけなかったら、あんたたちの人生はそれで終わりやからいさぎよく死ね」と答えたという。原たちは、ともかくこの野垂れ死に研鑽を実践した。原の心配とは裏腹に、一生懸命仕事を手伝うと、食事や寝る場所、さらには金さえ与えられ、おまけに感謝されたりもした。期限の一カ月が過ぎて戻ってみると、他の仲間たちも同じように、山岸のことばで言えば「生かされて」帰ってきた。

原はこの野垂れ死に研鑽を通して、はじめて自分は一人の力で生きてきたという傲慢な思い上がりが叩き潰されたという。自分の今ここにある人生は自分が一生懸命やってきたからだというのではなく、周囲の人々、社会のあらゆる恩恵、そしてあらゆるものによって生かされているということをいやというほど思い知らされたという[108]。山岸としては、原たちに難題を突きつけることによって、彼らを無理やり、とらわれ、我執から解放しようとしたのであろう。

この野垂れ死に研鑽の発想には、一燈園を主宰した西田天香からの影響が考えられる。一燈園は京都山科にあって、「懺悔奉仕光泉林」という財団法人を組織する共同体である。一燈園では「無所有、無償奉仕」の生活が実践されている。西田は、一燈園への入園志願者に対して「死ねますか」と聞き、「はい」と答えた者だけを受け入れた。また「路頭」[109]と呼ばれる実践は、野垂れ死に研鑽と同様に無一文で社会に飛び出し、そこで生かされることをめざす試みである。

ヤマギシ会の我抜き研鑽や野垂れ死に研鑽、一燈園の「路頭」はマハー・ムドラーと似た性格をもっている。どれも難題をぶつけ、その人間の認識を変えようとする心なおしの実践である。その点でマハー・ムドラーは、必ずしもオウムに独自なものとは言えない。それは、日本の新興宗教に伝統的に受け継がれてきた心なおしの実践の一つの形態である。

しかし、そうした集団では、心なおしの実践が殺人に結びつくことはなかった。ヤマギシ会の場合には、一九五九年に「ヤマギシ会事件」を起こし、その騒動のなかで二人の会員が元幹部を刺し、死にいたらしめるという事件が発生している。しかしそれは殺意のない傷害致死で、殺人ではなかった。また、ヤマギシ会の思想とは必ずしも関係のない偶発的な出来事だった(110)。

マハー・ムドラー的な心なおしの実践が行なわれたとしても、それだけでは、殺人へと発展するわけではない。それは、心なおしの技法としてのマハー・ムドラー自体に必ずしも危険性があるとは言えないことを意味する。

ところがオウムの場合には、ポアの論理がある。それはチベット密教に由来するものだが、オウムでは、生かしておくと悪業を積み、地獄へ落ちる人間の生命を絶つことは、殺生ではなく、その人間を高い世界に生まれ変わらせる善業であり、魂を高い世界に転生させる行為であるととらえられている。

ポアの論理では、グルがカルマを見通すことができることが前提とされている。オウムの信者たちは、麻原彰晃がすべてのカルマを見通すことのできるグルであると信じていた。マハー・ムドラーは、このポアの論理と結びつくことによって、我抜き研鑽や野垂れ死に研鑽、路頭とは性格を異にしていく。

我抜き研鑽で「殺せますか」というテーマが出されたとしても、実際に人を殺すことには結びつかない。ヤマギシ会には、殺人を正当化する論理が存在しないからである。殺される人間は、意味なく殺されることになってしまう。いくら個人の精神的な壁を突破させることが目的であるとはいえ、実際に人殺しをさせることはできない。

ところがオウムの場合、マハー・ムドラーを仕掛ける麻原には、すべての人間のカルマを見通すだけではなく、よりよい世界へ転生させるポアの力があると考えられている。つまりオウムには、殺人を正当化する論理が存在している。その点で、ヤマギシ会とは根本的に異なっている。オウムでは、マハー・ムドラーがポアと結びつくことによって、超越的な論理が作り上げられ、信者たちに殺人を強いることになったのである。

オウムは、ヨーガやチベット密教、さらには原始仏教といった伝統を基盤とし、その上に新しい宗教世界を作り上げようとした。さらに言えば、オウムはチベット密教に忠実であった。しかし、日本はチベットではない。あるいは、チベット密教に大きな影響を与えた後期密教の生まれたインドでもない。チベットには、チベット密教が生まれた必然性があろう。それをそのまま条件の異なる日本にもちこむことに、実は大きな問題があった。

日本には、中国や朝鮮半島を経由して、仏教や儒教、道教などが伝えられてきた。日本に固有の神道もまた、そうした中国伝来の宗教の影響を受けている。さらに、キリスト教が伝えられ、近代以降は社会に浸透した。仏教はインドに生まれ、当時のバラモン教の伝統の上に展開した。そこには、インドという空間のもつ特性が色濃く投影されている。日本人は、インドから直接仏教を取り入れたわけではない。日本人が取り入れたのは、中国を経由し、中国化された仏教である。日本人は、チベット密教を取り入れたこともなかった。

インドの宗教では、バラモン教でも仏教でも、あるいはヒンドゥー教でも、現世否定、現世拒否の姿勢が重要視されている。インドには、今でも乞食同然の暮らしをする「サドゥー」と呼ばれる出家者たちがいる。ただし出家という行為は、特定の人間だけがすることではない。「四住期」という考え方があって、人生を四つの時期に分け、最後の時期には、出家して、各地を遊行することが理想とされている。出家という考え方は、インドの社会システムのなかに位置づけられている。

ところが日本の宗教は、此岸的・日常的な土着の世界観を特徴とし、現世における幸福を求める現世利益を強調してきた。インドの修行者のように、山中に籠もって世間と隔絶した生活をおくる出家者がいないわけではない。しかし、僧侶は妻帯するようになり、本当の意味での出家者の数はごく少ない。

インドと日本で、宗教のあり方をめぐってそうした差異が生まれてきた原因を明らかにするためには、別に考察を加える必要があろう。和辻哲郎のように、それを「風土」のちがいに求めることができるかもしれないし、歴史のちがいに求めることができるかもしれない。しかし、ここで重要なことは、インドと日本、あるいはチベットと日本とのあいだには、宗教的な文化、伝統の面で大きなちがいがあるという点である。ところが最近、日本では、インドやチベットの現世拒否、現世否定の宗教が勢力を拡大する可能性が広がっている。インドの宗教家、サイババがブームになったところにも、インド系の宗教が日本人の心をつかむ可能性が示されている。ミイラ事件を起こした「ライフスペース」こと、「シャクティパット・グル・ファウンデーション（SPGF）」のグルである高橋弘二も、サイババの後継者を名乗っていた[11]。オウムは、まさにその先例だったのである。

第七章　信者がオウムに求めたもの

「感じがいい、いいやつ」

『A』というドキュメンタリー映画がある。『A』は、一九九八年五月九日からJR東中野駅近くの「BOX東中野」という小さな映画館で公開された。タイトルのAは、ドキュメンタリーの主人公となったオウムの広報副部長、荒木浩のイニシャルであるとともに、オウム真理教（AUM）、麻原彰晃、事件（affair）、予期する（anticipate）、矛盾（antinomy）、苦悩（agony）、さらには匿名のAを意味するという。『A』は、同年末、インターナショナル・バージョンとして、同じくBOX東中野で再上映された。

監督の森達也はフリーのテレビ・ディレクターで、『A』は一九九五年十月にテレビ番組として企画された。ところが、TBS問題を契機に、制作会社との見解の相違から、森は単独で撮影を続けざるをえなくなった。撮影されたビデオは百五十時間におよんだ。二年三カ月かけて、それは二時間十五分（インターナショナル・バージョンは二時間二十分）のドキュメンタリー映画にまとめられ、公開された。

森は、撮影をはじめる前、オウムの広報部に手紙で撮影の申し込みを行ない、半年待たされたが、教団から許可を得て撮影を行なった。森は、取材の対象となったのはあくまでオウムの出家信者たちであると言い、事件についての公判や捜査の動きは作品にとっては背景に過ぎないと述べている。

もちろん、オウムの事件が信者たちに与えた影響は大きく、その意味では事件から無縁ではいられない。しかしファインダーにおさめなければならないのは、「なぜ事件が起きたのか」という過去形の疑問符ではなく、「なぜ事件が起きたのに今も信者であり続けることができるのか」という現在進行形の疑問符に終始すべきだと考えたという。

カメラは、事件後の教団内部に入り込み、荒木を中心とした信者たちの日常の生活や活動の様子を映し出していく。教団を内側から現在進行形で描いた点では、映画評論家の佐藤忠男の言うように「貴重な興味深いドキュメント」であることはまちがいない。(1)

『A』のなかで、もっとも印象的なのが、私も以前に会ったことのある教団の幹部が、路上で私服警官に公務執行妨害で現行犯逮捕されるシーンである。それは私にかぎらず、『A』の観客の多くには忘れられないシーンであったはずである。

その幹部が荒木たちと出かけようとしたところ、私服警官にかこまれ、警官の一人が彼に名前と所属を執拗に尋ねる。「オウムなのか、どうなのか。後ろめたいことがないのなら、言えるはずだ」とすごんだりもする。ほかの警官は荒木たちを押さえ、その幹部を行かせようとしない。幹部は警官から逃げようとする。警官は彼を追いかけつかみかかる。もみ合いになり、幹部は道路上にあおむけに倒れる。後頭部を打ったらしく意識がもうろうとしている。一方、警官の方は足をさすりながら、わざとらしく「いたた」と声を張り上げている。その幹部は公務執行妨害の現行犯で逮捕される。

森は、オウムの教団から、このシーンをおさめたビデオを警察に提出するよう求められる。森はプロデューサーの安岡卓治と相談し、弁護士にビデオを渡す。ビデオに一部始終がおさめられていたために、幹部は釈放される。カメラは、嬉しそうな彼の顔を映し出す。警察の横暴さ、不当逮捕が印象づけられるシーンである。

もう一つ印象的なのが、マスコミの取材ぶりである。教団から許可を得ないままカメラをまわすテレビ局や、他の会社の記者と怒鳴りあって喧嘩する記者たちなど、マスコミの強引で身勝手な取材のやり方が映し出されていく。マスコミが警察と同様に、あるいはそれ以上に横暴で身勝手であることが印象づけられていく。

一方で、オウムの信者たちは少しおかしなところはあるものの、真面目でナイーブな青年たちとして描かれる。破防法適用反対の集会に、荒木が背広を着て出席するシーンがある。荒木は背広を着ているものの靴をはいていない。忘れてしまったのだ。しかたなく荒木はサンダル履きのまま壇上にあがる。その姿は滑稽だが、格好に頓着しないところに、すがすがしさを感じる人間がいても不思議ではない。

作家の田口ランディは、このシーンについて、自分の格好に頓着しない荒木の様子に心を打たれたと述べている。自分が失った無垢さを彼がもっていることに感動し、他の大人が醜く見えて気持ちが荒木にスライドしてしまうという。田口の友人もマスコミの下劣さに腹が立って、荒木がかわいそうになったという感想をもらしたという(2)。

インターナショナル・バージョンが公開された十二月十二日には、BOX東中野の上の階にある喫茶店で、監督の森と一水会代表の鈴木邦男とのトークセッションが行なわれた。そこには荒木も顔を出している。荒木は、観客からの意見はとても興味深く、印象的だったのは、「映画を観て、オウムの信者さんも人間だということがわかった」という人が複数いたことだと述べている(3)。

『A』の最後は荒木が祖母を訪れるシーンである。カメラは、祖母の家の最寄り駅にすえられ、荒木が車で駅から去っていく光景と、駅に戻ってきたときの光景を映し出していく。帰りの電車を待つあいだ、駅の待合室に腰かけた荒木は物思いにふけっている。

森は、このラストが気に入らないという人間も多いが、あえてこのシーンを作ったことを強調している。この作品は事実を淡々と撮ったわけではなく、テーマに沿って、自分の責任において意識して制作したものであり、そのテーマは情緒だという(4)。

森は、荒木が久しぶりに肉親にふれ、心を動かされた姿を描こうとしている。それは『A』全体についても言える。『A』は、オウム信者の日常を描き出すことによって、彼らが世間一般の若い世代と少しもかわらない、悩める若者たちであることを伝えようとしている。それは森が、オウムの信者たちと接触を重ねるにつれて、彼らに好感を抱くようになったからでもあろう。

その感覚は、オウムの信者や元信者にインタビューを行なった村上春樹とも共通している。村上は、河合隼雄との対談のなかで、オウムの人間に会って思ったのは、「けっこういいやつだな」という人間が多いことだと述べている。彼が取材した地下鉄サリン事件の被害者の方が強い個性のある人が多く、良くも悪くも「ああ、これが社会だ」と思った。それに比べると、オウムの人間たちは、おしなべて「感じがいい」としか言いようがないという(5)。

私にも、森や村上がオウムの信者を悩める青年として見たり、「感じがいい」という印象を受けたりしたことについてはわかる気がする。私がかつて会ったオウムの信者たちのなかには、「感じがいい」人間が少なくなかった。数々の殺人事件に関与したとされる新實智光などの場合もそうだった。麻原でさえ「けっこういいやつだな」と感じられるところがあった。

しかし、オウムの信者たちは本当に、森の言う情緒を感じることができる人間たちなのであろうか。あるいは、彼らは本当に「感じがいい、いいやつ」なのであろうか。

荒木は、マスメディアの人間や地元住民から事件についての反省を求められると、困ったような顔をしていた。しかし荒木は、教団のウェブサイトの「荒木君のひとりごと」というコーナーで、地下鉄サリン事件がオウムの犯行であることに疑問を投げかけていた(6)。

荒木もまた、第五章でふれた村井秀夫と同様に、金剛心＝聖無頓着の意識に立とうとしていたのではないか。それが、背広にサンダルという、格好に頓着しないことにとどまっているのなら問題はない。しかしそれが、外部の社会に対する徹底した無頓着さに結びつくとしたら、荒木の純粋さにただ魅力を感じているわけにはいかないのではないだろうか。

壁を越えない出家

オウムは仮谷事件を起こし、また多数の信者をコンテナのなかに閉じこめたりしたため、拉致や強引な手段を用いて信者を獲得したと考えられている。しかし、そのような手段がとられるようになったのは、第四章で述べたように、教団が大きく変貌し、さまざまな事件を起こす直前の段階においてである。

むしろオウムの出家者の大半は、ごく簡単に、さしたる抵抗もなく入信し、そのまま出家している。出家ということばから感じられる峻厳な雰囲気は、オウムの人間たちからは感じられない。

オウムの元信者、狩野浩之は、自宅で簡単にできる瞑想の本を読んで、それをやっていたらおかしな状態になった。そこでオウムの世田谷道場に行き、その場で教えられた呼吸法をやると、嘘のように回復した。狩野が、道場でビラ折りなどの奉仕活動をしていると、麻原彰晃と直接面接できるシークレット・ヨーガの機会がめぐってきた。そのとき麻原に、体の悪いのをどうすればいいのかと尋ねると、「君は出家だよ」と言われた。狩野は、麻原に資質を見抜かれたように思い、まわりからも「そんなことを言われる人はまずいないよ。すごいねえ」と言われた。そこで学校をやめて出家している。[7]

稲葉光治は、教団の機関誌『マハーヤーナ』を読んでオウムに興味をもち、やはり世田谷道場に寄って上祐史浩の話を聞き、一カ月後に入信している。道場に通って修行を続けるうちに、学校をやめて出家を考えるようになったという。[8]

増谷始は、大学に通っているときにオウムの本を見つけ、それに共感した。一人で関西に旅行したとき、京都で道場開きがあることを知り、そこで麻原の話を聞いた。麻原の話はよくわからなかったが、説法のあとそこに残り、村井秀夫と一対一で話をした。村井から「じゃあ、入信しちゃいましょう」と言われ、そのまま入信している。増谷は、大学とオウムを両立するのが難しくなってきたころ、麻原から「お前は出家しろ」と言われ、またスタッフからも「現世でうまくいかなくなってきたのは、出家のカルマが出てきたからよ」と言われて、その後すぐに出家している。[9]

神田美由紀は、子どものころから幽体離脱などの神秘体験をしていて、十六歳のとき兄から「これは良い本だよ」と言われ、麻原の『生死を超える』や『イニシエーション』などを読む。オウムにひかれ、兄二人も入信したいと言いだす。そこで三人そろって世田谷道場に行き、申込書をもらって入信した。入信の動機は「悟りと解脱です」と言うと、オウムの大師は非常に驚いた。入信してしばらくのあいだは、高校に通いながら教団の活動をしていた。しかし学校での生活に価値を見いだせなくなり、出家を考える。出家の希望を教団に伝えたところ、「まあそれほど出家したいんであれば、してもかまいませんよ」という返事をもらい、出家している。[10]

細井真一は『生死を超える』を立ち読みし、食餌療法と併用して、そこに書いてあったことを実践した。すると書いてあった通りに三カ月でクンダリニーの覚醒にいたる。一九八八年十二月には世田谷道場に行き、入信している。その際に新實智光から、富士山総本部道場で行なわれる狂気の集中修行に参加するよう強引に誘われ、それに参加している。狂気の集中修行のとき麻原から「君は大魔境だね」と言われ、「修行を進めるために、一日も早く出家したいんです」と答えると、「ちょっと待った」と止められたが、入信から三カ月して出家の許可をもらっている(11)。

岩倉晴美は、髪を切りに行ったところ、その店の男の人からオウムのパンフレットを見せられた。浄化法を教えられ、自分はアトピーが出ると言うと、「じゃあ一度やってみなよ」と言われ、やってみるとアトピーが止まった。その男の人から「一緒に入信しよう」としつこく言われ、最初は渋っていたが、「入ってもいいかな」という気になり、近くの道場に行って入信している。岩倉は石垣島のセミナーにも参加し、出家するしかないという感じだったので、出家している。岩倉は自分が出家するのは時間の問題だったと述べている(12)。

今見てきたのは、すべて村上春樹のインタビューに答えているオウムの信者、元信者たちだが、村上は河合隼雄に対して、彼らが意外に簡単に出家していることに驚きを感じたと告白している。そうした人間たちと話をしていても、突然「それで出家しちゃいましてえ」ということになる。村上は「ちょっと待ってください。出家するっていうのは、家族も仕事も財産も捨てちゃうことでしょう。それはずいぶん大変なことじゃないんですか」と聞き返したが、多くの人にとって、出家という行為は清水の舞台から飛び降りるというような感じのことではないという(13)。

それは、村上のインタビューに答えている信者、元信者だけにかぎらない。

林郁夫は阿含宗の信者だったが、『超能力「秘密の開発法」』や『マハーヤーナ』を本屋で立ち読みした。そして『生死を超える』を読んで、オウム流のヨーガとムドラーと呼ばれる呼吸法を行ない、クンダリニーの覚醒を体験する。そこで世田谷道場に出かけて話を聞き、その場で入信している。その後、林は一九八九年十一月、東京の科学技術館ホールでの説法会のあと、麻原のシークレット・ヨーガを受け、麻原から「そろそろ出家しませんか。その時期ですよ」と言われる。林はそのとき、出家について十分な心づもりをしていなかったので、「でも、家族があり、まだ妻とも話をしていないし……」とことばをにごした。すると麻原から「私や成就者から、奥さんにはよくお話しするから」と言われ、林は押し切られるように「お願いします」と出家を承諾している。(14)

滝本太郎・永岡辰哉編著『マインド・コントロールから逃れて』に載せられた手記のなかでも、元信者たちはオウムに入信した経緯について述べているが、それも簡単なものが多い。

一九九四年夏に脱会した文科系の大学院生は交通事故でケガをしたり、人間関係でショックを受けたりして、自分に自信がもてない状態にあった。そんななかでオウムの小冊子を読み、資料請求のハガキを送った。すると電話がかかってきて、オウムの道場へ行くことになり、二、三度道場に通ってみた。そして「眺めていてもわからないから、実際にやってみてはどうか」と入信を迫られ、入信している。(15)

一九八七年にオウムに入った永岡辰哉は、当時のオウムはサークル活動の延長のような感じだったと言い、出家しているが、一回目の出家の際にはたった一週間で戻ってきたという。(16)

一九九四年夏に脱会した文科系の大学生は、『朝まで生テレビ』でオウムと幸福の科学が論争したとき、オウムの方に説得力があり真剣に道を求めていると感じ、翌年夏、友人に誘われたのをきっかけに入信している。(17)

やはり一九九四年に脱会した主婦は一九九二年夏、夫に誘われオウムに入信している。宗教には抵抗があったが、嫌だったら脱会すればいいという軽い気持ちで入信した。そして一九九四年三月ごろ、支部でハルマゲドンの前に出家して解脱しなければという雰囲気が高まり、夫と子どもと一緒に出家している。[18]

オウムの場合、入会する際に信仰があるかどうかということは必ずしも問われない。申込書を書き所定の会費を納めれば、それで入信したということになる。したがって、入信自体によって、入信した人間に変化が起きるわけではない。それはキリスト教のプロテスタントの教団、とくにセクト的な性格を強く打ち出しているような教団で行なわれる「洗礼」とは異なっている。プロテスタントの教団では、入信する際にイエス・キリストの再臨が迫っていることを本当に信じているかどうかが問われることがある。信じていない人間は、洗礼を受けることはできないのである。

ただし日本の宗教教団の場合には、むしろオウムのようなケースの方が多い。教団に入信するということが、申込書を書き入会金や会費なりを払うことにすぎない場合が普通である。日本の教団の場合、入信をそのまま信仰の獲得としてとらえることは難しい。今見てきたオウム信者のように、ごく軽い気持ちから入信し、本当の意味で信仰をもっていないこともめずらしいことではない。

しかし、オウムの場合には、入信のあとに出家が待ち受けている。出家には、世俗の社会における生活を捨てなければならない。オウムの場合には、家族が一緒に出家する「家族出家」という制度があり、一般の仏教教団の出家とは性格を異にしているが、オウムに出家した人間は職場や学校をやめ、全財産をもって、教団のなかに入っていかなければならない。しかし、出家にかんして、オウムの信者たちは、悩み苦しんだり、重大な決断をしたりしているようには見えない。

神田美由紀は悩みや葛藤があったと語っている。[19] あるいは稲葉光治も、出家の際に自分なりにずいぶん悩んだと述べている。[20] しかし細井真一などの場合には、出家したらもうアイスクリームなど好きなものが食べられないのがいささか辛かったといった、たわいのない悩みがあげられているだけである。[21]

オウムの信者たちは若い。彼らの大半は十代の後半から二十代、そして三十代前半の若者たちである。彼らの大半は、結婚し家庭をもっているわけでもなければ、財産もない。その点で、出家にとまどいを感じる必要はなかったであろう。

それは、私がヤマギシ会に参画したときの状況と似ている。私が参画を決めたのは二十一歳のときのことで、結婚もしていなければ、財産もなかった。それは、同じ時代にヤマギシ会に参画した人間たちに共通して言えることだった。当時はヤマギシ会自体貧しかったが、メンバーも決して豊かではなかった。

しかし、ヤマギシ会の場合には、特講という関門が存在する。特講を受けると人が変わったようになると言われ、実際に人が変わったようになる参加者もいる。それは、特講を受けていない人間に警戒心を生むことにつながる。また特講は一週間続き、それを受講するには、夏休みなどを除けば、学校や職場を休まなければならない。受講すること自体に決断が必要である。しかも特講のなかでは、さまざまなテーマが出され、徹底して考え抜くことを求められる。扱いが理不尽だと言って参加者が帰ろうとすることもめずらしくはない。

オウムには特講のような関門は存在しない。だからこそ、信者となり出家信者となった人間たちは、いとも簡単に入信し、出家しているのであろう。

では、オウムに入信し出家した人間たちは、いったい何を求めてオウムに入ったのであろうか。

入信の動機

一般に、オウムの信者たちは、超能力やハルマゲドンへの関心からオウムに入信したと考えられている。たとえば、生命学の森岡正博は、自分には一歩間違えればオウムに入っていたかもしれない切迫感があると言い、麻原彰晃の空中浮揚の写真が表紙になった本を書店で立ち読みまでして、それを買わなかったのが自分であり、買ってそれを熟読し会員になったのがオウムの信者であると、自分とオウム信者の近さを強調している。森岡は、自分がその本を手にとったのは、表紙に使われていた空中浮揚の写真に後ろめたいような興奮を感じたからだと言い、若者がオウムに惹かれた理由の一つに、空中浮揚をはじめとする超能力を身につけたいという動機があることが自分にはよく分かると述べている。森岡のなかにも、その動機は明確に存在していたという。[22]

オウム信者のなかには、森岡が指摘するように、超能力への関心からオウムに入信した人間がいる。元信者のS・Iは麻原の『超能力「秘密の開発法」』を読み、ヨーガによって超能力を身につけようと入信したと語っている。Sは仏教系の大学を卒業し、僧籍をもっていたが、麻原が選挙に出たり、カリスマ化していったりするのには反対で、脱会している。[23]

ところが、超能力の獲得を入信の動機にあげている者は意外なほど少ない。

『約束された場所で』に登場する細井真一は、『ノストラダムスの大予言』の影響を受け、不平等で弱者が救済されない社会の限界を感じ、対人恐怖や潔癖症に陥っていた。細井は不平等な社会は滅んでしまった方がいいと考えていたが、オウムの本に「この世界は悪い世界である」とはっきり書かれていることに嬉しさを感じたという。[24]細井はハルマゲドンを待望し、そこからオウムに入信したわけである。他にも、第一章で見たように、村上春樹のインタビューを受けている波村秋夫や高橋英利は、ノストラダムスの予言などに影響され、オウムに入る前からハルマゲドンを恐れていたと語っている。

しかし、オウム信者全体の入信動機を見てみると、ハルマゲドンへの関心からオウムに入信した例は、それほど多いとは言えない。

地下鉄サリン事件が起こったあと、オウムの教団は、五百八十六名の出家信者にアンケート調査を実施している。その調査では、複数回答可で入信の理由についてたずねているが、回答は次のようなものだった。「心の成熟や安定、精神性の向上、自己改革」が、二百二十三人で三八・〇パーセント、「解脱・悟り」が、百十一人で一八・四パーセント、「超能力」が、九十一人で一五・五パーセント、「予言」が、十七人で二・九パーセントであった。超能力や予言、つまりはハルマゲドンの予言への関心は、大多数の入信の動機とはなっていない。調査では、出家の目的についても聞いているが、「解脱・悟り」が、百九十八人で三三・八パーセント、「救済活動・利他心」が、百六十六人で二八・三パーセント、「精神性向上・心の成熟」が、百三十六人で二三・二パーセントという結果が出ていた[25]。

教団自身によるアンケート調査という点で、その信憑性が問題になってくるが、調査が実施されたのは一九九五年六月二十八日である。それは破防法の適用が検討される前のことである。したがって、破防法逃れのために、ハルマゲドンへの関心が低いことをあえてアピールする必要はなかった。教団としては、信者たちが解脱や悟りによる精神の向上を求めているだけだということを主張したかったのであろう。

この調査は、オウムの信者たちが、必ずしも超能力やハルマゲドンへの関心からオウムに入信しているわけではないことを示している。少なくともそうした関心が、入信動機の大半を占めているのではない。では、オウムの信者たちはなぜオウムに入信したのか。「心の成熟や安定、精神性の向上、自己改革」、あるいは「解脱・悟り」をあげる信者が多いが、それだけでは抽象的である。具体的にはどんなことが入信のきっかけになっていたのであろうか。個々の事例について見ていく必要がある。

主婦だった水野知子は二十一歳で結婚したあと、商売でよく騙され、借金だらけの生活を強いられた。義母の勧めで宗教に関心をもち、さまざまな宗教をめぐるうちにオウムと出会った。修行をはじめて、心の奥に喜びを感じるようになり、周囲からも輝いて見えると言われるようになった。そこから、水野は家族ともどもオウムに出家している(26)。

在家信者の石野藤夫は公務員で、妻が末期癌になった。しかし諦めきれず、神秘的な治療法を研究した。そこからオウムと出会い、亡くなった妻に、魂を正しく輪廻転生させるというポアの儀式をしてもらっている(27)。

波野村の村民から「ガンジー」という愛称をもらっていたN・Yは京都の祇園で飲食店を経営していたとき、さんざん遊んでいた。ところが、心臓を悪くし、そこから新興宗教めぐりをはじめる。そしてオウムと出会い、店を一億三千万円で売って、出家している(28)。

岩倉晴美は、子どものころから偏頭痛に悩まされ、一方で男の子を汚らしく感じ、親の離婚のごたごたなどにうんざりしていた。すでにふれたように、美容院の男性にオウムのパンフレットを見せられ、浄化法を教えられた。すると、それまでアトピーが出て、食欲がなかったのが、アトピーは止まり、食欲も出てきて、おまけに頭痛も止んだ。そこからオウムに入信している(29)。

近藤則子は両親からの過剰な期待に苦しんでいたうえに、大学に進んだとき、離婚経験のある中年の男性と恋に落ちた。ところが、その男性はやくざ者で彼女をよく殴った。五年後、男と別れるには、親へのコンプレックスを解消するしかないと考え、実家に戻る。そして『マハーヤーナ・スートラ』を読んで、自分の苦しみの原因が執着、情であることに気づき、オウムに入信、出家する(30)。

これらの例は、「貧病争」からの解放を求めるという古典的な動機からオウムに入信していった例である。戦後の日本社会で勢力を拡大した新興宗教の場合には、貧病争からの解放が入信動機の大半を占めていた。新興宗教の教団は、そうした信者の要望に応えるために、現世利益の実現を約束した。

オウムの場合にも、初期の段階では、現世利益の実現が説かれていた。麻原の三冊目の著作『超能力「秘密のカリキュラム』』は、「五分間ストレス解消法」からはじまっており、ヨーガの技法を健康の増進、病いの平癒に応用するための方法を紹介した本である。あるいは、一九八七年九月五日に世田谷道場で行なわれた説法は、どのような食べ物をとれば健康にいいかを示す「食養」の話に終始していた[31]。

オウムがヨーガ道場として出発した以上、ヨーガの技法を健康の増進や病いの平癒に応用しようとする試みが行なわれるのは当然である。またそれは、出家主義ではなく、在家主義の立場をとっていた草創期のオウムの状況に対応している。しかし、貧病争からの解放をあげる者が、オウム信者の大半を構成しているわけではない。

一つの傾向として、死への恐怖からの解放を入信動機にあげる人間たちがいる。

管理栄養士の資格をもつT・Nは、小学生のとき祖父の遺体を見て以来、死を恐れ、来世の幸福を説くオウムならと入信し、出家した。年配の主婦O・Sも、入信動機として死の恐怖をあげている[32]。片山健司も、オウムの修行によって、死に対する恐怖から解放されると考え、入信した。片山は性欲に翻弄され、地獄界や餓鬼界に転生することを恐れたという[33]。

狩野浩之も、人間には最後に死が訪れ、すべてのものが破滅に向かっていると認識するようになり、自殺まで考えたと述べている。そこから死後の世界に抜け道を見出し、臨死体験についての本などを読んだ。そしてカルマの法則を知り、仏教の無常観が自分の考えと同じであることに思いいたる。仏教に関心をもつようになり、その理論化を志す一方で、チャクラを浄化しようとした。それがオウムへの入信に結びついたという[34]。

三国悟の場合には、死への恐怖が理由としてあげられているわけではない。しかし彼は、人間存在の意味、宇宙と自己の関係、そして死後の世界に関心をもち、死んだ後のことさえ客観的に証明できるはずだと考え、そこから精神世界に傾倒する。そしてヨーガが自分にぴったりしたので、自分でもヨーガ教室を開いた。しかし、死後の世界を客観的に証明する「絶対科学宗教」の体系を築こうとしたがうまくいかず、麻原の本を読んで入信している。(35)

青年期に死への強い恐怖を感じることは、決してめずらしいことではない。自分が死んだ後のことを考え、自分というものが存在しない状態を恐怖する。とくに青年期にある人間の場合、まだ将来が定まっておらず、だからこそ、何もしないうちに自分の人生が途絶えてしまうことを恐れるのであろう。

麻原は第四章でふれたように、死が絶対に避けられないことを強調し、死を超越するために修行を実践する必要があることをくり返し説いていた。この麻原の教えは、死を恐怖していた信者たちに強くアピールしたことであろう。

また、入信の動機として、宗教への関心をあげる信者たちがいる。

O・Kは、夫が千葉県内の浄土真宗寺院の住職で、少女のころから正しい生き方について考えていた。ところが、浄土真宗は葬式だけの宗教になっていて、彼女の求める答えを与えてくれなかった。そこから隠れ念仏、生長の家、創価学会などの本を読むうちに、オウムと出会っている。(36)

稲葉光治は、オウムと出会う前から将来、退職したら出家しようと考えていた。大学時代にはニーチェやキルケゴールに関心をもっていた。そこから東洋思想に惹かれるようになり、真言宗に関心をもって高野山や四国の霊場に出かけた。そしてオウムの本と出会い、世田谷道場に寄って上祐史浩の話を聞き、一カ月後に入信している。(37)

神田美由紀は、小さいころから幽体離脱などの神秘体験をしていて、夢と現実との区別がつかなくなった。テレビで病気にかかった人が死にかけているのを目にすると、現実の世界が無常であると感じるようになり、兄から貸してもらった麻原の本を読んで、入信したいと考えるようになったという。(38)

Ｏ・Ｋの言う正しい生き方が何を意味しているのかは、必ずしも明確ではない。稲葉の場合にも、なぜ出家しようと考えていたのか、どうして東洋思想に関心をもったのかはわからない。ただ神田の場合には、死への恐怖がオウムへの入信に結びついており、宗教への関心の背景には死への恐怖があったことになる。

貧病争から宗教に入信する人間の場合には、貧病争からの解放を求め、教団の側は現世利益の実現を説くことで、その期待に応えようとする。ところが、死への恐怖や宗教への関心を入信動機にあげる人間たちは、貧病争からの解放をあげる者たちとは異なり、現世利益を期待していない。彼らはむしろ、生きること自体に疑問を感じているのである。

虚しさからの解放

地下鉄サリン事件の実行犯となった豊田亨は、物理を勉強し、将来は学問で飯を食おうと考えていた。しかし、一生懸命勉強しても何か新しい発見ができるわけではなかった。そこから、ヨーガの修行で人間を超えていく力が発揮できないかと考えるようになり、『超能力「秘密の開発法」』と出会う。たまたま高校、大学と同じコースをたどって、オウムに入信し、出家した一つ年上の先輩とオウムのセミナーで出会い、出家している(39)。

内村勇次は、家族がある宗教に傾倒し、神の御利益を口にしていたことに反発し、そんなものに依存せず、自力で成功を勝ちとりたいと武道の道を志した。しかし武道の面で進歩はあっても、人生は大きく転換しなかった。武道に失望し、哲学書を読んでも役に立たなかった。そこで、オウムなら原始仏教に近く、釈迦の時代の修行ができるのではと考え、出家している(40)。

神奈川県内の市職員だったＭ・Ｋは仕事にも家庭にも不満はなかったが、いつも心にポッカリ穴があいたような虚しさを感じていたと言い、ヨーガや禅の本を読みあさるうちにオウムと出会い、妻をおいて出家している。[41]

増谷始は生きていく上で大きな不満はなく、芸術に関心があって絵にも打ち込んでいたが、何かが足りないとつねに感じていた。ただ人生を生きていくことに醒めた気持ちをもっていて、大学時代にオウムの本と出会い、入信、出家している。[42]

谷山浩久はバブル期に大学生活を過ごし、漫然と退屈を感じていて、社会と摩擦を起こしながら拡大していくオウムに魅力を感じ、入信、出家している。[43]

地下鉄サリン事件の実行犯となった広瀬健一は、早稲田大学理工学部の大学院で超伝導を研究し、大手電気メーカーの研究所に就職が内定していたが、それを蹴って出家した。広瀬は、知恵をしぼって新しい製品を作っても、それが使い捨てされることに空虚さや無常を感じていたという。[44]

井上嘉浩は中学時代に、尾崎豊の歌詞を思わせる次のような詩を書いている。

時間に追いかけられて／歩き回る一日が終わると／すぐ、つぎの朝／日の出とともに／逃げ出せない、人の渦がやってくる／救われないぜ／これがおれたちの明日ならば／逃げ出したいぜ／このきたない人波の群れから／夜行列車に乗って[45]

この詩には、現実からの脱出願望がつづられている。井上は大学入学後、わずか半年で中退し、出家している。[46]社会学者の大澤真幸は、この井上の詩には日常生活から脱出したいという願望が表現されているが、脱出の動機として、具体的な内実をもった不幸や苦痛が描かれていないことを指摘している。[47]

オウムの場合、これまでの新興宗教とは異なり、その入信動機は貧病争のような明確で深刻な不幸ではない。生の意味の空虚化、つまり虚しさから逃れることが、多くの信者の入信動機となっている。切通理作は、オウムの杉並道場で聞いた女性の出家信者の発言を紹介している。その女性は、現世で生きていても、何をやっても楽しくない、旅行とか、友達が楽しいという場所に自分がいても、楽しくないというのである。[48]

とくに医療や教育の分野に携わっていた経験をもつオウムの信者、元信者は、現実に対する虚しさを強く訴えている。

看護婦だった渡辺美代子は、医療の仕事というものが、治療を受ける側の患者の心という不確定な要素に左右されることから、心にアプローチする方法をもつ場に魅力を感じてオウムに入信している。[49]

林郁夫も、現代の医療技術は完璧ではなく、このまま発展しても完璧な治療は望めないと考えていた。そこから、人の運命がすべてわかるような神秘的能力があったら、効果的な治療ができると考えるようになる。それがオウムへの関心に結びついた。[50]

中川智正の場合も、病気の根本的な原因にアプローチする上では、心の問題は避けて通れないと考えるようになり、心の問題に踏み込んだ効果的な医療の実現をめざして、オウムに出家している。[51]

中学の教員だった前田春夫は、教師が競争社会のなかで学力によって人間に差をつける手伝いをしていることに矛盾を感じた。前田は、出家した人間の子どもを教育する「真理学園」で教えていて、それを理想の職場と考えていたと述べている。[52] 都立高校の数学教師だったN・Tも、子どもを校則で縛らなければならない現在の教育に矛盾を感じ、人間の生きる意味を見出そうとするなかでオウムと出会っている。[53]

母親のなかにも、現在の教育システムに矛盾を感じて出家したという人間たちがいる。長男と出家したO・Mは、東北学院大学応用物理学科を卒業後、富士通グループで通信衛星のプログラムを作っていた。ところが、無理な競争を強いる現在の教育に矛盾を感じたという。夫婦で出家したK・Mも、自分が抑圧的な子育てをしたことを反省している。[54]

このように医療や教育に矛盾を感じて出家したというオウムの信者たちの場合、彼らが感じた矛盾はかなり漠然としている。具体的な、あるいは決定的な出来事に遭遇し、それによって深く悩み、苦しんだわけではない。彼らは、現実の医療や教育によっては人間を本当に救うことができないという思いにかられ、そこに虚しさを感じている。

オウム信者の入信動機を分析した竹岡俊樹は、そのほとんどが、自分自身の存在や人生についての疑問と、社会にかかわる問題に行き着いていると指摘している。自己変革を望むオウムの信者たちの文章には特徴があり、一つの文章のなかに「私（僕）」と「自分」という二つの語が併用されているが、その二つのあいだに違和感が見られるという。

「私」は「自分」を嫌っているか、「自分」が分からない。そこで「私」は「自分」を変革し、壊したいと思う。「私」は「自分」をもてあましている。竹岡は、「自分」を観察、分析し、悩む「私」こそが近代的自我にほかならないと述べている。そして、「自分」に不可能な自己実現を課してしまった苦しみを解消するために、「私」はエゴをつぶしたいと願うにいたるという[55]。

貧病争からの解放を求めてオウムに入信した古典的な例をのぞけば、超能力やハルマゲドンへの関心から入信した者にしても、あるいは死への恐怖や宗教への漠然とした関心から入信した者にしても、結局彼らは現実の社会に生きることに虚しさを感じていたのではないだろうか。そして、本当の「自分」を求める「自分探し」の旅のなかで、オウムと出会い、入信し、出家していったのである。

現実の社会に生きることに虚しさを感じ、自分の力では自己実現ができない若者たちの心に、麻原彰晃の説く世界観、とくに我についての考え方がアピールすることになった。麻原は第二章で見たように、四つの記憶修習述を強調した。それは「我が身不浄なり」「受は苦なり」「心は無常なり」「法は無我なり」という四つの瞑想を行なうものである。麻原は、五蘊についての考え方に見られるように、身体や感覚を無常のもの、捨て去るべきものとしてとらえていた。麻原はエゴを捨てることの重要性を説き、その方法を修行というかたちで示した。

オウムの信者や元信者のなかには、自分はオウムと出会う前から無常を感じていたと述べる者がいる。[56] だが、彼らは無常ということばを、オウムに入信してから使うようになったのではないだろうか。彼らが感じていた虚しさは、オウムにおいて無常としてとらえ直されることによって、現実の社会に生きる人間が当然感じるであろう感覚として、正当化されたのではないか。

生きることに虚しさを感じ、生きがいを求める人間たちは、竹岡も指摘しているように、今の自分は本来の自分ではないという感覚をもっている。麻原は、三つのグナの干渉によって真我が本来の姿を見失っていると説き、本来の姿を回復するために修行が必要であることを強調した。この麻原の教えは、虚しさからの解放を求め、今の自分をもてあましていた人間たちの心をつかむ力をもっていた。

しかも、オウムの場合には、エゴを捨てるという教えだけが説かれていたわけではなく、虚しさから解放されるための具体的な方法が示されていた。それがクンダリニーの覚醒を目的とした修行であった。そして、オウムの修行を実践した人間たちは、第二章や第三章で見たように、実際に神秘体験をすることができたのである。

快楽としての修行

中沢新一は、彼自身のチベット密教の修行体験をもとに、チベット密教の修行とオウムの修行とを比較している。中沢によれば、チベット密教の一般的なやり方では、クンダリニーをめざめさせるうえで、マンダラを観相する技術が用いられ、それが身体の構造と、そのなかを強烈な勢いで通過していくエネルギーとのあいだのクッションの役割をしている。ところがオウムでは、マンダラに対してほとんど関心がはらわれず、直接に身体の内部からエネルギーが露現し、そのエネルギーはまったく直接的に光や快感に容態を変化させていく方法がとられているという(57)。

オウムの信者たちにとってもっとも重要なことは、なによりも自らの修行である。修行を行ない、クンダリニー・ヨーガを成就することによって解脱へと近づいていくことが、信者たちの主たる関心事である。あるいはそれが、唯一の関心事だと言えるかもしれない。だからこそ、富士山総本部道場が開設され、さまざまな作業、仕事が増えたとき、第三章で見たように、麻原はワークの意義を強調しなければならなかった。信者たちはワークに従事することを望んではいなかった。彼らはクンダリニーを覚醒させるための修行をしたかっただけなのである。

早坂武禮は、道場の一角で、いつも蓮華座を組んで経典を読んだり瞑想をしたりして、寝るのもそのままで、食事も立ったまま早食いを通し、つぎはぎだらけの服を着ている「清貧な出家修行者」がいたと述べている(58)。しかし一方で、欲望に流されてしまう信者も少なくなかったという。出家生活のなかで、欲望に流されるのは簡単で、耐えきれずにそのように振舞う者の姿を現実に見る機会も意外に多かったという(59)。

そうした問題はあるにしても、修行の方法について教えてくれるというところにオウムの魅力があった。それが、オウムと、麻原がかつて信者であった阿含宗とのちがいだった。阿含宗では、修行の重要性は説かれたが、具体的な方法は必ずしも示されなかった。だからこそ、数多くの人間たちが阿含宗からオウムへと移っていった。

あるいはそれは、中沢の『虹の階梯』の読者の場合にも言えることであろう。『虹の階梯』には、チベット密教の修行によってどのような神秘体験ができるかが記されている。しかしそれは、瞑想のなかで体験できるとされているだけで、具体的にどのような方法をとればいいかは記されていない。麻原はチベット密教の修行方法をとりいれることによって、『虹の階梯』の読者の心をつかみ、彼らをオウムの信者にすることに成功した。

ヨーガやチベット密教の修行の方法をとりいれたうえに、誰にでも解脱が可能であると説いた教団は、オウム以外になかった。それは現在においても変わらない。そこにオウムの特殊性がある。

『イニシエーション』に体験談を載せているある男性信者は、修行を行なった際、最初は背中をゾクッと寒気が昇るだけで、エネルギーが上昇していないのではないかと思っていたが、その上昇感が強くなっていくと、とても気持ちいい快感のようなものになったと言い、現在ではこの世で味わえる最高の快感で、射精などの快感などとは比べようもないと思っていると述べている[60]。

また同じく『イニシエーション』に体験談を載せているある女性信者は、麻原のエネルギーが自分のアージュニァー・チャクラに注入されると、尾てい骨のムーラダーラ・チャクラが熱くなり、そのエネルギーに引っ張られるように熱が上へ上へと昇りつめたと述べている。それにともなって心臓の鼓動が非常に速くなり、呼吸が荒く乱れ、全身がしびれ、そして硬直していき、自分の思い通りにならない状態になったという[61]。

どちらの場合にも、修行者は自らの体の内部に、それまで体験したことのない未知のエネルギー、つまりはクンダリニーが眠っていたことを自覚し、その覚醒に快感をおぼえている。芹沢俊介は、こうしたオウムの修行者の神秘体験がセックスにおけるオルガズムの体験とよく似ていることを指摘している[62]。

麻原彰晃は、『生死を超える』のなかで、肛門をしめつけるムーラ・バンダと性器のしめつけがはじまると、クンダリニーが駆けのぼり、その感覚はセックスの快感とはちがい、「この世で味わうことのできる、最高のエクスタシーだといえるのではないか」と述べている。(63)

麻原は、修行を進める上で、性エネルギーをロスする、つまりは性行為やマスターベーションを行なうことを不邪淫戒として戒めていた。村井秀夫などは、出家したのちに妻と離婚している。オウムには家族出家という制度はあったものの、村井は性欲を否定する麻原の教えにしたがった。

人間の生物としての基本的な欲求である性欲が抑えられることによって、クンダリニーの覚醒によって発現する性エネルギー、生命エネルギーの発露は、より鮮烈なものとして修行者たちに印象づけられることになった。オウムの修行は、修行者にセックスを超えた快楽をもたらした。

麻原が逮捕されたのち、一九九五年七月からオウムの道場に通い、オウムの修行を体験したノンフィクション作家の大泉実成は、修行を続けることによって性欲がなくなったと述べている。

大泉は修行を続けるなかで、さまざまな体験を重ねていく。たとえばかなり修行が進んだ段階で教えられた呼吸法を実践したとき、立ってこの呼吸法を続けているうちに、体の周辺部がしびれ、何かエネルギー体のようなものが体の中心を通って上の方へどんどん上がって行くのを感じる。やがて肛門の付近が何度も何度も熱くなり、その直後、脊髄にそって熱いエネルギーが上がってきて、ちょうどヘソの裏側あたりで止まる。何か熱くて赤くて柔らかい棒を、脊髄にそって押し込まれたような感じであった。その後、座った時にもその感覚は続いたが、横になると速い呼吸を続けていくのが苦しくなり、しばらく気絶したような感じになった。気がつくと皆、シャヴァ・アーサナのポーズをとっており、自分は何か中世の城のようなビジョンを見たという。

シャヴァ・アーサナとは、第二章でふれたように、手と足とを開いて寝ることでリラックスする屍のポーズのことである。大泉を指導したオウムの出家信者は、大泉の体験をクンダリニーが上昇したことによるものだと解釈した。ところが、クンダリニーはヘソの裏にあるブラフマ結節というところで止まってしまった。そのエネルギーが頭の上へぬけなければ、修行の目的であるクンダリニー覚醒には達しないという。大泉の修行は五カ月、百五十日間におよんだが、クンダリニーの覚醒には至らなかった[64]。

大泉は、実際にクンダリニーという霊的なエネルギーの上昇を経験し、ビジョンを見ている。しかも覚醒に近い状態にまで達している。そして大泉は修行を続けることによって、性的な欲望から解放されたとも述べている。射精や夢精をしなくて平気になり、禁欲と快楽が「同じカードの裏表」であることに気づいたという[65]。

性欲から解放される体験はオウムの在家信者も証言している。内村勇次は在家で修行をはじめたころから神秘体験もあって充実した気分になれたが、深夜セミナーの瞑想で、瞬間的に性欲がなくなってしまうような衝撃的な心の変化を体験した。それまで抑えられなかったものが簡単にコントロールできるようになり、ある瞬間を境に性的なものに興味を失ってしまった。それは今に至るまで続いている。最初は自分でも半信半疑で、試しにアダルトビデオを借りてみたが、全然面白くなく心が動かなかった。表層意識レベルの進歩だったとは思うが、それでも煩悩に影響されない状態というのは本当に素晴らしいと言う。もっと高い精神状態をめざしたくなり、ここなら絶対に自分を進化させてくれると確信できたのが、オウムに出家した最大の理由だという[66]。

内村ははっきりと述べてはいないが、彼の体験した衝撃的な心の変化は性のエネルギーを利用したクンダリニーの覚醒とともに訪れたことであろう。これは第三章で見た上祐史浩の体験と似ている。上祐の場合にも、マハー・ムドラーの修行において「性欲がズバッと落ち」た体験をしている。

もちろん、オウムの信者たちが皆、真面目に修行に取り組んだわけではなく、性関係を結ぶことで、「破戒」を行なった人間たちも少なくなかった。オウムの信者たちは、性的な関心が強い若い世代の人間たちであった。しかし、オウムの修行は、性欲からの解放をもたらすとともに、セックス以上の快楽を与える可能性をもっていた。そこに、オウムの大きな魅力があった。

オウムの居心地

オウムでは、富士山総本部道場の開設を契機に本格的な出家制度がスタートした。だが、富士山総本部道場だけでは、出家信者をすべて収容することができなかった。そのため、続いて熊本県波野村に阿蘇シャンバラ精舎が建設された。

しかし、波野村では地元住民の反対にあった。そのため、信者たちが共同して生活する場は上九一色村に求められた。上九一色村には次々と「サティアン」と呼ばれる建物が作られていった。地下鉄サリン事件が起こった時点で、上九一色村のサティアンには千名前後の出家信者が生活していた。

オウムのサティアンを「共同体」としてとらえた場合、当時のオウムは日本で二番目に大きな共同体だったことになる。もっとも規模の大きな共同体はヤマギシ会である。「実顕地」と呼ばれるヤマギシ会の共同体には、現在、子どもを含め五千人前後の人間が生活している。オウムの場合には、上九一色村以外にも出家信者が共同で生活する場があり、出家信者は全体で千二百名前後だった。その規模に達するまでに十年もかかっていない。オウムは、ごく短期間に急速に拡大した。

私はヤマギシ会に参画するときに、自分の肉体を含めすべての財産をヤマギシ会に供出するという書類に署名したが、オウムでも同様に、出家する際にはすべての財産を教団に供出しなければならない。

高橋英利は、オウムに出家したとき、まず自分の所有していたものをすべて布施したかどうかがチェックされたと述べている。身のまわりの持ち物検査があり、プラスチックのケース二箱分だけの私物を認められた。

白いサマナ服が支給され、出家への意欲という作文とともに誓約書を書かされた。誓約書の内容は、自分は出家したので、すべての財産や不動産を教団に布施する、何かあってもそれはすべて自分の意思でやったことで、教団にはいっさい迷惑をかけない、もし死んだ場合でも、その遺体は教団の方で埋葬してもらいたいといったもので、最後に印鑑を押したという(67)。

すべての財産を寄付なり、布施なりしてしまうと、その人間はほとんど何も所有していないことになる。ただしすべての財産を供出した人間には、オウムの場合もヤマギシ会の場合も、衣食住すべてが提供される。オウムでは、わずかながら小遣いが渡されていた。ヤマギシ会でも最近では、メンバーに小遣いを与えるようになっている。

衣食住にかんして自由が与えられるわけではない。好きなものを着て、好きなものを食べ、好きなところに住むわけにはいかない。しかし、最低限のレベルは保障される。そして、サティアンのなかで生活することは、ある種の居心地のよさに結びついていく。

元出家信者の狩野浩之は、オウムでの生活は、現実社会の生活とは比べものにならないくらいきつかったものの、きついなりに充実感があり、自分の内側の苦しみが減っていくので、そのことに感謝していたと語っている。仲間もたくさんでき、大人でも子どもでも老人でも、男でも女でも、誰とでも友だちになれた。オウムのなかでは誰もが精神の向上を第一に考えているために、気持ちが合うという。狩野は、オウムのなかでは、質問してもすぐに答えが返ってきて、どんな疑問も全部解けてしまったと述べている(68)。

また狩野は、オウムのなかに、「一人ひとりの責任」という観念が皆無であることを指摘している。たとえば鉄骨が現場に届いていなければならないのに、届いていなかったとする。そのとき、担当の人間が「あ、そうだ、忘れていました」と言ったら、それで済んでしまう。少しは叱られるが、当人はまったく動じない。それは、そういう状態に達しているからだという。何か悪いことが起こっても、「あ、カルマが落ちた。よかったね」と言って、みんなで喜び合い、失敗して叱られても、「これで私の汚れが落ちたんだ」と考え、苦しむことはない。狩野は、だからオウムの人間たちは、つい現実の社会に生きている人たちを見下してしまうと述べている。現実の社会の人たちは誰もがあれこれと苦しんでいるが、自分たちは平気だと感じていたという。(69)

狩野のように、出家してからのオウムでの生活に居心地のよさを感じていたという人間は少なくない。

稲葉光治は、阿蘇のシャンバラ精舎で、子どもたちを教える子供班に入って理科を教えていた。理科はオウムの教義とあまり関係がないので、麻原に「どうしましょうか」と尋ねると、「理科即現世だから、何をやってもかまわないよ」と言われ、(70)自分なりにカリキュラムを組み、テレビ番組を録画したものをテキストに使ったりして、面白かったという。阿蘇では、せっかく建てたばかりの建物でも、具合が悪いと、それをすぐに壊してしまった。稲葉は、それが学校の文化祭のように思えたという。どうしてそういうことをやるのかといえば、それは、みんなで力をあわせて作る途中で、人間関係や技術などいろいろな要素について学ぶことができるからだという。(71)

増谷始も阿蘇にいたが、作業がきつかったので、途中でやめていく人間もたくさんいたと述べている。しかし増谷は、今さら現世に帰ってもしようがないと思っていたし、そこには満足感があるので、残っていたという。食事は毎日、古々米と野菜の煮込みで、そんな生活をしていると、「これも食べたい。あれも食べたい」という欲求が頭に浮かんでくる。しかし、その苦しみを昇華させていくことが修行であり、増谷は、むしろ現世のあれこれに惑わされない分、ゆったりとした気持ちですごすことができたと述べている。(72)

神田美由紀は最初、山梨県の清流精舎にいて、世田谷道場に移ったが、当時は彼女と同じ年代の女の子がどんどん入ってきて、新しい友だちを作ることもでき、その子たちとけっこう楽しくやっていた。話題は修行についてだったが、話が合ったという(73)。

細井真一は、オウムのなかでは、今まで深く憎んでいた差別とか学歴とか、そのあたりのことがどこかへ吹っ飛んでしまったと述べている。みんな同じで、成績の良い奴は良い奴でやはり同じように悩んでいる。そんなものかと思い、それは自分にとって相当に貴重な体験だったという(74)。

岩倉晴美も阿蘇に行ったが、そこでの生活はきつい上に寒く、まわりには自分勝手で常識のない変な人間が多かったが、幹部の人たちはいい人たちで、こんな世界でもいいと思ったと述べている(75)。

このように、オウムの信者たちはオウムでの生活に厳しさを感じながらも、満足感をもっていた。それは一つには、衣食住が保障されていた上に、同じような志をもった同世代の人間たちが集まっていて、仲間意識が生まれやすかったからであろう。

しかし、理由は他にもある。オウムの信者たちが教団での生活に居心地のよさを感じたのは、オウムにおいては、少なくとも事件直前になるまで、狩野が言うように、信者たちに義務が課せられたりノルマが与えられることはなく、たとえそれをこなすことができないとしても、罰せられたりしなかったからである。

一般の社会で、被雇用者、労働者の側に労働の義務が生じるのは、雇用者、使用者側が労働の対価として金銭を支払うからである。労働者が仕事を怠ければ、使用者は賃金をカットする。そして、使用者が十分な賃金の支払いをしなければ、労働者にはストライキをする権利が与えられている。

ところが、オウムにおいては賃金というものがない。出家信者に対しては月々数千円が小遣いとして渡されていたが、いくら働いても、それ以外に賃金が支払われることはない。労働はワークと呼ばれ、修行的な意味を与えられてはいるものの、それは義務ではない。そのため、それに従事する信者たちは労働に責任を感じる必要がなかった。狩野が言うように、予定に間に合わなくても、しっかりしていなくても、一切かまわなかったのである。

これはヤマギシ会の場合と共通している。私が最初に生活したヤマギシ会の共同体は、埼玉県大宮市の指扇というところにあったが、そこでは、「山岸建設」という建設会社を作っていた。私は大学の四年生で卒論を書き上げるまで学生生活を続け、そのあとは高田馬場にあった案内所で宣伝活動に従事したが、他のメンバーは毎日、請負の現場仕事に出ていた。ただし、ヤマギシ会のなかでは無所有の制度がとられ、給料というものは一切支払われない。

山岸建設のメンバーの大半は学生あがりで、建設作業についてはまったくの素人だった。そのため工期に間に合わないことが少なくなく、損を出すこともめずらしくなかった。それでも、メンバーは遅れや損について気にしているようには見えなかった。効率よく仕事をするよう叱りつける人間も、ほとんどいなかった。

ヤマギシ会では、労働は個人の自発的な意志にもとづいて行なわれるものであり、強制されるものではないとされていた。ヤマギシ会には、絶対に働かないと決心して共同体に入った男が、五十七日間にわたって釣りばかりしていたが、最後にはつまらなくなって鶏の世話をはじめたという逸話さえある。(76)

労働を強制されないことが、共同体の居心地のよさを生む原因になっている。

もちろんオウムの場合には、秘密のワーク、「シークレット・ワーク」が強制されることはあった。とくにステージの高い幹部クラスの信者の場合には、ワークをマハー・ムドラーの試練として受けとり、それを絶対のものととらえようとした。しかし、ステージの低い一般の信者に対しては、すべてのワークが強制されたわけではない。

オウムのサティアンの内部は、決して刑務所や強制収容所のような場所ではなかった。少なくとも、さまざまな事件を起こす末期になるまではそうだった。だからこそ、信者たちは出家し、出家生活を続けたのであろう。事件後にオウムをやめた元信者のなかにも、オウムにいた時代はとても楽しかったとふりかえる人間が少なくない。

儀礼なき宗教

麻原彰晃弁護団の団長、渡辺脩が、オウムの教団について、場当たり的な行動が多く、そのなかがバラバラだと述べていることについては、すでに第一章でふれた。オウムの教団は組織としてのまとまりをもっていないという。

オウムの場合は、道場なりサティアンなりといった共同生活のための場を作っていた。しかし、これまで見てきたところからも明らかなように、それは必ずしも共同体であるとは言えない。ヤマギシ会の場合には、その共同体のなかで「研鑽」というものが重視されている。研鑽は共同体のメンバーが集まって行なう話し合いであり、参加者がとことん話し合って納得するまで続けられるものとされている。それはかつての村の寄り合いに似ているが、研鑽を通して、ヤマギシ会のメンバーは緊密な関係をもつことになる。これに対してオウムの場合には、研鑽のような話し合いの機会は重視されていない。会議はないわけではないが、その機会は少ない。またオウムでは、共同体のメンバーの結びつきを強固なものにする儀礼も発達していない。

オウムにも儀礼がないわけではない。かつては、信者たちが集まり食事をともにする食事会があった。麻原彰晃が説法する前に、信者たちは「オーム」というマントラ（真言）や大乗の発願を唱え、四無量心の瞑想を行なっていた。解脱を果たし、一定のステージに到達したとされる信者を祝うための式典も行なわれていた。富士山総本部道場が開設されたときには、第三章で見たように、記念のセレモニーが行なわれた。しかし、儀礼は、オウムにおいて本質的な意味をもっていない。オームや大乗の発願、四無量心の瞑想は麻原の説法の前に行なわれるもので、重要なのは説法の方である。

オウムの信者たちは、修行を媒介にして麻原と結びついていた。それは、グルと弟子との一対一の関係だった。弟子はグルに対して絶対的に帰依し、グルはそれに応えて、弟子たちの修行が進むよう手助けをしてくれる。これは弟子たちにとって、麻原こそがオウムのすべてであったことを意味している。

早坂武禮は事件後にオウムを脱会している。しかし彼の『オウムはなぜ暴走したか。』を読むかぎり、早坂は、麻原に対して疑問を感じたり疑ったりしているようには見えない。だからこそ早坂は、第四章で見たように、弟子の暴走を強調しているのかもしれない。早坂はオウムを脱会しても、麻原のことは信じているように見受けられる。早坂が事件後にオウムを脱会したのは、麻原が逮捕されて教団からいなくなったという、ただそれだけの理由によるものなのではないだろうか。

早坂は、事件後に、エゴを滅する修行を行なうはずの出家者の空間で、権力欲を肯定するような権力濫用が、一部で公然と行なわれたことを指摘している。その一つ一つについてふれていたらきりがないが、それは、心の成熟をめざす修行者の集団のなかで、指導を行なう側が本来の役割を果たしていれば簡単に修正される、取るに足りない些細な問題でもあるという。ところが、全幅の信頼を寄せていたグルの不在と、その教えを人一倍理解していた幹部たちの相次ぐ逮捕に加えて、スパイ騒動の影響が強く残るなかでは、「自分まで疑われたら嫌だから……」と、理にかなわない行為についてまで批判を自粛する悪循環が起こっていたという。

早坂はこうした事態に直面し、オウムを去ることになるが、そのなかで、騒動が起こるはるか前に麻原とのあいだで行なわれた問答を思い起こしたと述べている。早坂が「尊師がいなくなったら、その教えがそのまま残っていくことはありえないでしょうか」と尋ねると、麻原は次のように答えたという。

「そうだね……。ここに一つの文学作品があったとして、この作品の意図を本当に理解できるのはその作家だけじゃないのか」

「そう思います」

「この意味はわかるな」

「はい」

「だとしたら、根本グルを失ったら、その教えはその時の力のある者によってねじ曲げられることになる。これは当然じゃないか」


早坂は、この麻原のことばが、結果的に教団を去る決意につながったと述べている[77]。作品の意図を本当に理解できるのが作家だけだという麻原の見解には疑問がある。作家は、何かに突き動かされるようにして物語を紡ぎ出していく。そのため、自分が書き上げた物語の意図を把握しているとはかぎらない。その意図を理解するのが、批評家であり読者であることは決してめずらしいことではない。しかし早坂は、麻原のいないオウムには魅力も意味も感じなかったのである。

一般の新興宗教の教団であるならば、教団の組織が大きな意味をもっている。それは、創価学会に典型的にあらわれている。創価学会の教団は信仰活動を行なうための組織であると同時に、相互扶助組織としての性格をもっている。創価学会の会員たちは、就職や結婚の際に同じ組織のメンバーに頼ることができる。あるいは公明党の議員は、創価学会の会員たちの便宜をはかってくれる。だからこそ、創価学会は選挙の際に組織をあげて積極的に公明党を応援してきたのである。

オウムにおいては、創価学会とは異なり、教団の組織はそれほど大きな意味をもっていない。オウムの信者たちは、教団の組織をあてにしているわけではない。オウムのメンバーは、グルとは縦に一対一の関係で結ばれてはいるが、横のつながりをほとんどもっていない。信者個々がバラバラに行動していて、お互いに他の信者が何をしているのかをほとんど知らない。教団のなかでは信者同士が話し合いをすることには、否定的な価値しか与えられなかった。その点でオウムは、必ずしも共同体とは言えない。オウムの信者たちは金剛心＝聖無頓着の意識に到達することを修行の目的とし、周囲で起こっている一切の出来事に対して、心を動かされない人間になろうとしていた。そうした意識に立ってしまえば、他者は意味をもたない。信者たちのなかには仲間がいたと語る者があるが、それほど深い関係ではなかったであろう。

中沢新一は、オウムが日本的な価値観や社会秩序に対する激しい批判性を抱え込んでいて、一種の「分離派」だったと述べている。社会から分離しても、自らが生産の原理を内包する集団であるかぎり、たとえ敵意に包囲されたままであっても、生き延びることはできる。オウムも何かの生産をめざしはしたが、それはＩＢＭのクローンであるコンピュータの生産であり、レストラン経営であり、情報産業とサービス産業にしか関心をはらわなかった。それでは、分離派の思想をトータルに実現するはずのロータス・ビレッジ構想は、経済学的に不可能であったという(78)。

たしかにオウムは、農業などの生産活動に関心を示さなかった。その点でオウムは、ヤマギシ会をはじめとする共同体の運動、あるいはコミューンの運動と根本的に異なっている。オウムは現実にかわる社会を実際に作り出すのではなく、あくまで仮想現実の世界、ヴァーチャルな世界の実現に力を入れた。

それは、彼らが現世利益を期待していないからでもある。オウムにおいて、教団組織は副次的な意味しかもたない。そのように考えたとき、オウムが宗教教団であるかどうかが問題になってくる。

フランスの社会学者、エミール・デュルケムは宗教を定義する際に、信念と行事の連帯的体系であるとともに、教会と呼ばれる道徳的共同体であることを宗教の要件としてかかげた。さらにデュルケムは宗教と呪術との区別を行ない、宗教が教会のような宗教集団の存在を前提としているのに対して、呪術は個人的な関係にもとづいていることを指摘している。呪術師と患者との関係は一時的で、病いなどが治れば、患者は呪術師のもとへ通わなくなる。しかし、宗教家と信者との関係は恒久的で、信者は宗教集団に所属しているという感覚をもっているという。(79) このデュルケムの宗教の定義からすると、オウムは宗教ではなく、むしろ呪術に近いことになる。

すでに見たように、オウムの信者たちが驚くほど簡単に入信し、出家してしまうのも、そうしたオウムの特殊性にもとづいている。信者たちは、修行を進めるうえで麻原の指導をあおぐ必要があった。そのためにオウムに入信した。彼らにとっては、麻原と関係をもつことがもっとも重要な問題であり、信者になるか、あるいは出家信者になるかは、それほど重要な意味をもっていないのである。

こうしたオウムの組織としてのあり方は、現代の若者たちには好ましいものとして映ったことであろう。現代の若者たちは、個人の生活を縛るような強固な組織を望まない。一時は、出入り自由で規則の少ないサークル型の組織が流行したが、現在ではそうした組織ですら成り立ちにくくなっている。オウムがバラバラな組織としての体裁を保っていない集団であったからこそ、信者たちは魅力を感じた。

また麻原という存在は、信者たちにとって親の代替物だったのではないだろうか。麻原は、厳しさを示す点で父性的な役割を果たすとともに、限りない優しさを示す点で母性の役割を果たしていた。あるいは濃い髭が父性を象徴し、長い髪が母性を象徴していたと言うこともできるだろう。

社会からの引きこもり

いつの時代にも、若者たちは社会に対して強い反感をもっている。若者たちが成長をとげたとき、目の前にはすでに社会というものが作り上げられている。若者たちは、その社会を作り上げたのは自分たちではなく年上の大人たちだと考える。そして、自分たちの好まない社会を作り上げた大人たちに対して強い反発を感じ、反抗する。その意味で、若者たちの反抗という現象は社会的な必然である。

社会的な反抗の形態にはさまざまなものがある。最も直接的な形態が暴力に訴えるものである。若者たちが無軌道な暴力をふるい、街を破壊したり人を傷つけたりすることは、決してめずらしいことではない。自分たちをおさえつける既存の社会に対する反感が、破壊的なエネルギーとして噴出していく。

学生の政治運動も、社会的反抗の一つの典型である。政治の世界は、どの国でも、若者たちには閉ざされている。日本では、二十歳にならなければ選挙権は得られない。議員などに立候補できる被選挙権となると、さらに年を重ねなければならない。若者たちは、投票によって自分たちと同世代の代弁者を選ぶことができない。そこで若者たちは、自分たちが政治の世界、つまり権力の世界から排除されていると感じ、権力に対して揺さぶりをかけるために立ち上がり、政治運動に参加していく。政治運動は、ときに暴力的なものに発展する。権力から規制や弾圧を受ければ、体制に対する敵愾心はさらに強固なものとなり、運動はエスカレートしていく。デモやストライキは銃や火炎瓶などによる武装闘争に発展し、警官隊と激しくぶつかる。武装闘争はさらにテロリズムにむかい、街を破壊し、人を殺してしまうことさえある。そうなると、暴力と政治運動の境目は、極めて曖昧なものになる。

しかし、暴力的な手段をとれば、必ずや権力によっておさえつけられる。無制限な暴力の発動を許してしまうことは、国家にとって存亡の危機を意味する。たとえそれがたんなる無軌道な暴力であっても、政治的な目的をもつ暴力であっても、権力の側は必ずやそれを取り締まる。そして、検挙された人間は、暴力的な手段に訴えた代償を支払わなければならない。

日本では一九六〇年代の終わりから七〇年代にかけて、政治の季節が訪れた。学生運動や成田空港の開港阻止闘争は盛り上がりを見せたが、結局は権力を奪取するまでにはいたらず、運動は停滞し、政治闘争に参加する若者たちは激減した。暴力や政治運動を通しての社会的反抗が困難になっていくと、若者たちは現実の社会を直接変えていくことに希望を見出すことができなくなる。そこから、音楽や演劇といった世界に自分たちの夢を追い求めるようになっていった。

一九八〇年代に入ると、日本は消費社会へと変貌をとげていく。消費は美徳とされ、たとえ無駄遣いであっても、ひたすら消費を続けていくことで社会はさらに豊かになっていくと宣伝された。若者たちは消費の主役として持ち上げられ、消費という快楽に酔った。彼らは社会に逆らうのではなく、むしろ社会のなかで、その主役として踊り続けることによって、反抗のエネルギーまでも消費していくようになった。バブルの時代には、若者たちは大人たちからちやほやされ、とくに企業への就職では売り手市場となり、企業を訪問するだけでフランス料理のフルコースでもてなされ、内定者には海外旅行がプレゼントされた。そんな状況のなかでは、反抗するよりも、社会に順応する方がはるかに得策であると判断された。

しかし、そのような状況が長続きするはずもなかった。バブルは崩壊し、社会状況は一変した。先の見えない時代が訪れ、企業はどこも苦境に立たされた。リストラや企業の倒産で失業者が増え、その状況はかつてないほどになった。若者たちは、自分たちがバブルに踊らされていたことに気づかざるをえなかった。自分たちは、本当に企業から高く評価されていたわけではない。人手不足のために、労働力として求められていただけなのである。

そのとき若者たちは、反抗に転じてもよかったはずである。しかし、若者たちは反抗したりはしなかった。すでに企業に職を得た若者たちは、自分たちの職を守ろうとした。これから社会に出ていこうとする若者たちも、平和で豊かな時代のなかで育ったために、反抗のエネルギーは去勢されてしまっていた。

社会に反抗することも、逆に社会に順応することもできなくなった。そういう状況のなかで、一つの可能性として残されたのが「引きこもり」である。社会はあてにならないし、そのなかで順応して生きることは決して幸せではない。社会の歯車となって働き、社会を豊かにするために永遠に消費ゲームを続けなければならない。ならばむしろ社会からおりてしまった方がいい。それが、引きこもりへと結びついていく。

ただし、引きこもるための場所は限られている。昔ならば、『方丈記』の鴨長明のように山野に退き、庵でもたてて世俗から離れた生活をしていればいい。だが現代では、それは不可能である。そこで、多くの若者たちは自分の個室に引きこもる。引きこもりという現象は社会問題となっている。しかし、引きこもった若者たちは、どこかで外部とのつながりを求めている。そのつながりは、コンピュータのネットのなかに求められることが多い。

私がヤマギシ会とかかわった一九七〇年代のなかばも、バブル崩壊後の今と似た状況にあった。一九七〇年の大阪万国博覧会開催をピークに、高度経済成長の時代は幕を閉じ、一九七三年にはオイル・ショックを迎える。新卒者の就職にかんしては氷河期が訪れた。それに学生運動の決定的な衰退が併行した。だからこそ、ヤマギシ会などのコミューンに入っていく人間が少なくなかった。私を含め、そうした人間たちに引きこもりの意識はなかった。しかし客観的に見れば、それは引きこもりにほかならない。

一九七〇年代半ばのヤマギシ会には、十代の終わりから二十代はじめの若者たちが大量に入ってきた。そのなかには学生運動の経験者も少なくなかった。それはヤマギシ会の中身を変えていくことにもなった。それまで、ヤマギシ会のメンバーはほとんどが農民だった。ヤマギシ会の主体が、農民から学生あがりの若者、とくに学生運動の経験者に変わることによって、ヤマギシ会はコミューンとしてとらえられ、根拠地を作って社会革命を進めていくという戦略がとられるようになった。そうした戦略は、ヤマギシ会のなかに萌芽的なかたちで存在したが、若者たちがその担い手となることで、戦略は現実化していった。

この場合に見られるように、組織のあり方や戦略は、そのなかにどんな人間が入ってくるかによって変わってくる。組織は、新しく入ってきた人間を教育し、組織の理念を植えつけていくが、逆に新しく入ってきた人間が、その求めるところを実現するために組織を変え、新しい理念を作り出していくことがある。

オウムの場合も、第三章で見たように、在家主義から出家主義への転換が起こったのは、麻原のもとに集まってきた人間たちが社会からの引きこもりを強く望んだからであろう。オウムの信者たちは、社会のなかでシステムに順応しながら生活していくことに意味を見出せなくなっていた。社会は、消費をあおるためにさまざまな情報を流す。そうした社会に生きているかぎり、情報に動かされ消費を続けていくことになってしまう。ブランド志向はその典型だが、オウムの信者たちは、情報に踊らされ消費をあおられることに耐えられなくなったのである。

麻原は、現実の社会から入ってくる情報を悪いデータとして否定的にとらえた。悪いデータを取り入れないで、逆に麻原から発せられる良いデータをもっぱら取り入れるように説いた。それが、グルのクローン化にまで結びついていく。その教えは、情報化社会からの引きこもりを求める人間たちに強くアピールした。あるいは、それが強くアピールするものであるからこそ、麻原はそうしたことを説くようになったのかもしれない。

これは拙著『個室』[80]のなかでも強調したことだが、オウムの場合、信者たちはひたすら引きこもろうとする傾向を示している。オウムが最初、『サンデー毎日』による糾弾キャンペーンで批判されたとき、小さな部屋に長時間こもって行なわれる独房修行が洗脳の手段として槍玉にあげられた。第二章で見たように、石井久子や岡崎一明などの修行には独房が用いられていた。薬物を使ったイニシエーションの場合にも、小部屋が用いられた。サティアンの内部には、ごく簡単にしか間仕切りされていない一畳から二畳ほどの個室が数多くならんでいた。その小部屋に外部から十分な光がさしこんでいたとは思えない。オウムの信者たちは穴蔵のような場所に引きこもって生活していた。ここにも、オウムの自閉的な傾向を見ることができる。

オウムは、情報化社会から引きこもるための場所として機能した。若者たちの引きこもりという現象は、現代社会の病理だが、オウムという宗教のあり方は、その病理と深い結びつきをもっている。

失われた共同体

近世以降、日本の社会を支えてきたのは村という共同体だった。村は稲作を中心とした農業生産の基盤であり、稲作を行なうには共同体の存在が不可欠だった。個々の田を所有している家の労働力だけでは、稲作を行なうことはできなかった。稲作には水の管理や田植え、収穫などの面で、共同での労働が必要であった。それらの作業は村人総出であたらなければならず、村という共同体の結びつきは強いものにならざるをえなかった。村の構成単位として、それを支えたのが家というもう一つの共同体だった。家は生産の単位であるとともに、労働力を再生産していく役割を負った。家では当主に権力が集中し、その内部にはヒエラルキーができあがっていた。

村においても家においても、共同で労働にあたる上でお互いの人間関係を円滑なものに保つことが必要だった。構成員のあいだに対立があれば、争いごとが起こり、生産活動に支障をきたす可能性があった。そのため、村や家といった共同体には人間関係を円滑なものにするシステムが作られていた。その代表が祭りである。祭りは、村人のあいだに一体感を醸し出す役割を果たした。また村や家といった共同体の構成員は、争いごとが起きないよう、他人の意思や気持ちを察し、またときには自分を殺さなければならなかった。自己を主張せず、自己の意思を共同体の意思に一致させていく態度が求められ、構成員はそれを身につけていった。だからこそ「和」が重視された。和は倫理であり、この和の倫理、ないしはそれを生み出した共同体の存在が、個人の突出を抑える歯止めになっていた。

日本人の多くは、長く村に生活することで共同体の論理とシステムを身につけていった。近世においては、農民だけが村や家といった共同体のなかで生活していたわけではない。武家や商家と呼ばれるように、武士や商人の場合にも、家という共同体が生活の基盤となっていた。

この論理とシステムは、村以外の集団にも受け継がれていった。そういう集団の代表が、一方では新興宗教の教団であり、他方では企業だった。新興宗教の教団は相互扶助組織としての性格をもったが、企業も同様に村にかわる相互扶助組織、共同体であり、そのなかでは、村と同様に和が重視された。村という共同体の力が決定的に衰えるのは、戦後の高度経済成長の時代だった。しかし、その波に乗って都市へ出て行った人間たちは、それまで村のなかに生きていた。そのため、村的な行動原理は都市にももちこまれた。

高度経済成長が終わっても、村の衰退は続いた。また都市では、村で生活した経験をまったくもっていない人間が増えていった。家もまた村の衰退とともに力を失った。サラリーマン家庭では、共同の労働も必要なければ、労働力の再生産も必要とはされなかったからである。

経済成長の波に乗って都市へ出てきた人間たちは、いったんは村という共同体を離れた。それは彼らにとって、しがらみからの解放を意味したかもしれない。しかし彼らは、共同体なしに生きていくことにすぐに困難を感じた。だからこそ、宗教教団や企業にすべてを捧げていった。

オウムが誕生し、拡大していった一九八〇年代後半から一九九〇年代になると、共同体の存在はさらに希薄なものとなっていった。日本人の多くは都市に住み、村という共同体から解放されただけではなく、都市においては地域共同体も発達しなかった。核家族化が進みサラリーマン家庭が増えたことで、家の規模や意味は小さなものとなり、それは共同体と言えないものになっていった。村的な原理によって運営されてきた企業も、情報化や国際化のなかで、共同体としての性格を弱めていった。終身雇用や年功序列賃金が崩れ、社員は企業に対して生涯にわたる忠誠を尽くすということはなくなってきた。

村や家、そして企業といった共同体の力が弱まったことで、個人は巨大な国家なり社会のなかに一人で放り出されたようなかっこうになった。それは、さまざまなしがらみからの解放であるとともに、孤立でもあった。とくに都市に生まれた若い世代になると、共同体というものをまったく知らないまま成長してきている。親の世代は共同体的な生活原理や行動原理をまだ知っていて、それを無意識のうちに子どもに伝えてはいる。しかし、共同体の存在が、これからの社会でより希薄なものになっていくことはまちがいない。

共同体を再生する必要があるという声があがっている。しかし、共同体は作るものではなく、自ずと生まれてくるものである。村などの地域共同体もそうだが、ヤマギシ会の場合には、ヤマギシ会事件で周囲から孤立したことが、共同体をより閉鎖的で強固なものにしていった。オウムの場合にも、共同生活の場を作ること自体が目的だったのではない。修行に専念する場を確保しようとしたことが、共同生活の場の誕生に結びついたのである。

ヤマギシ会の共同体には、地方の共同体のなかで生活した経験をもち、村的な共同体の原理に慣れ親しんだ人間が少なくなかった。ところがオウムの場合には、共同体を知らない人間が多い。彼らは、家という共同体に対してもリアリティを感じることができない。

共同体は個人の生活を束縛する。共同体が存続するには、その構成員が求められている役割を果たさなければならないからである。その束縛を嫌った人間は共同体から出て行く。共同体が存在しなければ、個人は束縛を受けず、自由に生活することができる。しかし、束縛のない自由は個人を解放するとともに、果たすべき役割を曖昧なものにし、個人のかけがえのなさや生きる意味を奪ってしまう。自由であるがゆえに何をしていいかがわからなくなり、それはアイデンティティの喪失に結びついていく。それが、虚しさの感覚を生んでいく。

オウムという集団は、日本の社会において共同体が失われた時代に出現した。オウムは、すでに述べたように、共同体を形成しているように見えて、その内実は共同体と言えない状況にある。オウムにおいても、共同体は失われている。

一方で社会はシステム化され、個人の可能性は限定されている。共同体からは解放されても、システムからは解放されない。そのシステムは、共同体とはちがって目で見ることができず、ひどく茫漠としている。共同体を失った個人は、その茫漠とした世界のなかで、自分をうまく位置づけることができない。そのとき、宗教という存在が意味をもってくるのである。

第八章　村上春樹のオウム事件

アンダーグラウンド

村上春樹がオウムについてノンフィクションを書いているという話を、私がはじめて耳にしたのは一九九六年の終わり頃のことだった。それは私が『宗教の時代とは何だったのか』の執筆を進めていたときのことである。

私には、それが意外だった。村上の小説には、東京や札幌といった実在の街が登場する。だがそれは現実に存在する東京や札幌ではない。「やみくろ」や「羊男」といった特異な登場人物が活躍する不思議な世界である。現実を捨象した小説を書き続けた村上が、どうして現実のオウム事件に関心をもったのだろうか。私には不思議だった。小説ではなくノンフィクションだというのも、謎を深めるばかりだった。

そんな頃、『村上春樹、河合隼雄に会いにいく』が刊行された。そのなかで村上は、自分は今、ノンフィクションを書こうと思い、そのリサーチをしていると告白している。小説の方は一服して、この一年はテーマを定めて徹底的に調査を行ない、一人でも多くの人に話を聞いて、まとまったかたちの「非小説」をひとつ書きたいという。

村上は、この発言のなかにあるノンフィクションという部分に注をつけ、自分がノンフィクションの本を書こうと思った一番大きな理由は、「あるひとつの出来事」の意味を知りたいからだと述べている。さらには「人の話をいっぱい聞くことによって自分がある意味で癒されたい」と言い、「日本と日本人というものについて僕がもっと知りたかった」とも述べている。(1) ただしそこでは、「あるひとつの出来事」が具体的に何をさしているのかは明らかにされなかった。

そのノンフィクションとはもちろん、地下鉄サリン事件の二年後、一九九七年三月二十日に刊行された『アンダーグラウンド』のことで、「あるひとつの出来事」とは地下鉄サリン事件のことだった。

『アンダーグラウンド』は、事件の被害者に取材したインタビュー集だが、その巻末には「目じるしのない悪夢」というかなり長い後書きがおさめられている。そのなかで村上は、彼がインタビューした地下鉄サリン事件の被害者についてよりも、むしろオウムについて多くを語っている。

地下鉄サリン事件が起こった一九九五年当時、アメリカで生活していた村上は、所属していた大学が春休みになり二週間ほど帰国していた。彼は長く日本を離れて生活していたため、元旦の『読売新聞』が上九一色村でサリンの残留物が検出されたと報道したことも、オウムと松本サリン事件の関係が取り沙汰されていたことも知らなかった。

地下鉄サリン事件当日の朝、マスコミ関係の知り合いから村上のもとに電話がかかってきた。その人間は地下鉄で毒ガスの事件が起こったことを伝え、それがオウムのしわざであると断定した。そして、しばらく東京に出ない方がいいと警告し、「あいつらはとても危険ですから」と緊張した声で言った。

村上はその朝、不思議なとまどいあるいは違和感をもち、それが位相のずれのようなものとして長いあいだ自分のなかに残ったという。そして「一九九五年三月二十日朝に、東京の地下で本当に何が起こったのか」という単純な疑問をいだいたが、その答えは誰も教えてくれなかったという。

村上は、オウムと地下鉄サリン事件が私たちの社会に与えた大きな衝撃は、いまだに有効に分析されてはいないのではないかという問題提起を行なっている。彼は、その意味と教訓はいまだにかたちを与えられていないのではないかと疑問を投げかけ、狂気の集団が引き起こした例外的で無意味な犯罪というかたちで事件は片づけられつつあると危惧の念を表明している。

さらに村上はマスメディアの姿勢にも疑問を投げかける。マスメディアの基本的な姿勢は、被害者＝無垢なるもの＝正義という「こちら側」と、加害者＝汚されたもの＝悪という「あちら側」を対立させ、こちら側からあちら側の行為と倫理の歪みを指摘し、それを分析するものだった。村上は、そのようにオウムを純粋な他人事として突き放し離れたところから見ているだけでは、どこにも行けないのではないかと感じるようになったと言う。あちら側についての謎を解明するための鍵は、もしかしたら、こちら側のエリアの地面の下に隠されているのかもしれない。

村上はそこから、自分がオウムを他人事として見ることのできない理由について語っていく。それはオウムが衆議院議員選挙に立候補したときの出来事にさかのぼる。村上は、宣伝カーで不思議な音楽を流し、象の面や麻原彰晃の面をかぶった若い男女がくり広げたオウムの選挙キャンペーンに接したとき、それが自分がもっとも見たくないものの一つであったため、思わず目をそらせてしまったと告白している。村上は、他の新興宗教の宣伝活動には生理的嫌悪感はとくにもたないと言う。オウムからは目をそむけたくなるほど心を乱されたのは、オウムというものごとが自分にとってまったくの他人事ではなく、自分たちのイメージの負の投影だからではないかと言う。

村上は、このような言い方をすると無用な誤解を招くかもしれないがと言い、そうした仮説を延長していった場合、こちら側＝一般市民の論理とシステムと、あちら側＝オウムの論理とシステムとは、一種の合わせ鏡的な像を共有していたのではないかと述べている。オウムは私たち自身の内なる影の部分、つまりは「アンダーグラウンド」ではないか。そこには、私たちの自我とそれが作り出す物語がかかわっている。村上は、その点をアメリカの連続爆弾犯、ユナボマーが、脅迫によって『ニューヨーク・タイムズ』に掲載させた文章のなかで使った「自律的パワープロセス」ということばで説明する。ユナボマーは、高度管理社会に生きる人間は「自律的に目標を達成できるパワープロセスを破壊され、システムが押しつける他律的パワープロセスに組み込まれ」ていると主張した。

村上は、オウムに帰依した人間たちの多くは、麻原が授与する自律的パワープロセスを獲得するために、自我という貴重な個人資産を麻原という「精神銀行」の貸金庫に鍵ごと預けてしまっているように見えると述べている。忠実な信者たちは進んで自由を捨て、財産を捨て、家族を捨て、世俗的な価値判断の基準、つまりは常識を捨てている。まともな市民なら「何を馬鹿なことを」とあきれるだろうが、それは彼らにとってある意味ではきわめて心地よいことだった。というのも、一度誰かに預けてさえしまえば、あとは自分でいちいち苦労して考えて自我をコントロールする必要がないからである。村上は、自律的パワープロセスを獲得するために社会システムと果敢に戦っていたのは麻原一人であり、多くの信者たちはその自我に呑み込まれていただけだと分析する。信者たちは、積極的に麻原にコントロールされることを求めた。

村上はそこに「物語の危機」を見ようとする。人は物語なしに長く生きていくことはできない。物語は、私たちを取り囲み限定する論理的制度、あるいは制度的論理を超越し、他者と共時体験を行なうための重要な秘密の鍵であり、安全弁だからだ。物語は論理でも倫理でも哲学でもなく、私たちが見続けている夢である。物語のなかで、私たちは主体であり、同時に客体である。総合であるとともに部分でもあり、実体であるとともに影である。そうした重層的な物語性をもつことによって、私たちは、この世界に個であることの孤独を癒している。

麻原は、粗暴で滑稽ではあるが、単純で説得力のある物語を作り出した。その物語は、ああでありながら同時にこうでもありうるという、複雑で重層的な物語に疲れ果てた人間たちを引きつけ、彼らは進んで自我を投げ出した。だが、麻原の作り出した物語には、麻原自身の内的懊悩と欠損性が色濃く反映されていた。私たちの多くは麻原の差し出す荒唐無稽なジャンクの物語をあざ笑い、その物語を作り出した麻原や、物語に惹かれていく信者たちをあざ笑った。しかし私たちは、荒唐無稽な物語を放逐できるだけのまっとうな物語をもつ力を手にしているだろうか。村上は小説家として、そのように問いかけている。

村上は、自分は小説家であり、小説家は物語を職業的に語る人種であるため、その命題は自分にとって大きいという以上のものであると言う。それは、頭の上にぶら下げられた鋭利な剣のようなものだというのだ。自分は、そのことについてこれからもずっと真剣に切実に考え続けていかなくてはならず、自分自身の「宇宙との交信装置」を作っていかなくてはならないと言う。それは、自らの内なるジャンクと欠損性をひとつひとつ切々と突き詰めていくことだが、自分は小説家として、長いあいだそのことをしようとしてきたのだと、村上はあらためて確認している。

そして村上は、次のように呼びかけている。

あなたは誰か（何か）に対して自我の一定の部分を差し出し、その代価としての「物語」を受け取ってはいないだろうか。私たちは何らかの制度＝システムに対して、人格の一部を預けてしまってはいないだろうか。もしそうだとしたら、その制度はいつかあなたに向かって何らかの「狂気」を要求しないだろうか。あなたの「自律的パワープロセス」は正しい内的合意点に達しているだろうか。あなたが今持っている物語は、本当にあなたの物語なのだろうか。あなたの見ている夢は本当にあなたの夢なのだろうか。それはいつかとんでもない悪夢に転換していくかもしれない誰か別の人間の夢ではないか。

村上は、私たちがオウムや地下鉄サリン事件に不思議な「後味の悪さ」を捨てきれないでいるのは、そうした疑問が本当には解消されていないからだと言う(2)。

ずさんさと愚かさと

村上春樹は、彼の「オウム論」である「目じるしのない悪夢」の最後の部分で、ノモンハン事件にふれている。村上は、『ねじまき鳥クロニクル』を書くために一九三九年のノモンハン事件（戦争）の綿密なリサーチをしたことがあったが、資料を調べれば調べるほど、当時の帝国陸軍の運営システムのずさんさと愚かしさに、ほとんどことばを失ってしまったと述べている。村上は、どうしてこのような無意味な悲劇が歴史のなかでむなしく看過されてしまったのだろうかと問いかける。そして、今回の地下鉄サリン事件の取材を通じて村上が経験した閉塞的、責任回避型の社会体質は、当時の帝国陸軍の体質とたいして変わっていないという。

ノモンハン事件において、前線にある兵士たちは勇猛果敢に戦った。だが彼らは、後方にいる幕僚や参謀の立てた愚かな作戦の犠牲となり、作戦を立てた人間たちは責任を一切とることがなかった。しかもその後に、作戦が失敗した原因は分析されることもなかった。それは、その二年後にはじまった第二次世界大戦においてくり返され、さらにはオウム事件においても同様にくり返されようとしている。

村上は、地下鉄サリン事件について、政府が早い機会に各分野の専門家を集めて公正な調査委員会を組織し、隠された事実を解明し、周辺システムの徹底的な洗い直しをはかるべきだと主張している。何がまちがっていたのか、何が組織の正常な対応を阻害していたのか。そのような事実の追究を厳しく綿密に行なうことこそが、サリンによって不幸にも命を落とした人々に対して、私たちがはらいうる最大の礼儀であり、また切迫した責務なのである。(3)

村上が、同じことがオウム事件においてもくり返されようとしていると言ったとき、彼が直接さしているのはオウムの教団のことではなく、事件の処理にあたった営団地下鉄や警察、あるいは消防の組織のことだった。現場の人間は命がけで良心的な仕事を遂行したが、組織のトップの方は機敏な処理や誠実な対応をしているとは思えないという。

オウムの教団についても同じことが言えるはずである。オウムの信者たちは、教祖、あるいは幹部たちの立てた愚かな作戦の犠牲となり、サリンを撒いた。そして教祖は逮捕されて裁判にかけられても、その責任をとろうとはしていないように見える。

村上は『約束された場所で』の「あとがき」でも、オウムの信者に高い教育を受けたエリートが多い点について、そうした人間たちはエリートにもかかわらずという文脈においてではなく、逆にエリートだからこそ、すっとあっちに行ってしまったのではないかと述べ、オウムと戦前の満州国とを比較している。満州国の場合にも、新進気鋭のテクノクラートや専門技術者、学者といったエリートがそこに実験的な新天地を求めた。しかし、満州国には正しく立体的な歴史認識が欠けていて、「五族協和」や「八紘一宇」といったことばが一人歩きした。そこから生じる道義的空白を血生臭い現実が埋めていき、野心的なエリートたちはその渦のなかに否応なく呑み込まれてしまった。

オウムの場合には、それが同時代に起こった出来事であるため、何が欠落していたのかを明解に指摘することはむずかしい。しかし満州国の場合と同様に、広い世界観の欠如と、そこから派生することばと行為の乖離が問題なのではないかと、村上は述べている。

そして最後に村上は、地下鉄サリン事件の実行犯の一人、林郁夫についてふれている。さまざまな矛盾と欠陥を抱えた現行の医療制度に不信感をいだき、オウムで現世の垢にまみれることなく厳しい修行をしつつ、納得のできる医療を実践しようとした林の動機の純粋さは認められるにしても、そのあまりにも無垢な言説は激しく現実と乖離していた。林に向かって語るべきことは、現実はもともと混乱や矛盾を含んで成立しているものであり、混乱や矛盾を排除してしまえば、それはもはや現実ではないという、とても簡単なことだ。しかし、かつての林は、そんなことばでは説得されなかったであろう。村上は、なぜ林がサリンを撒くところまで行かなければならなかったのかに疑問を感じるとともに、私たちにはおそらく手のうちようがなかったであろうという無力感を感じると述べている。村上は、第二第三の林郁夫を出さないためにも、私たちの社会は一連のオウム事件が悲劇的なかたちで浮き彫りにした問題について、今一度根底から考慮するべきだと主張し、オウムとその事件についての調査、分析の重要性をくり返している(4)。

村上の指摘のなかには、重要な点が含まれている。アメリカやロシアでは、政府がオウムについて調査を行ない、報告書を作成している。ところが当の日本では、事件の直後、公的な機関によるオウム事件あるいはオウム問題についての本格的な調査は行なわれなかった。たしかに村上が言うように、オウム事件についての調査研究は今のところ十分に行なわれているとは言えない。

また、私たちの生きる現実の世界がオウムの世界と合わせ鏡の関係にあるという村上の指摘も重要な意味をもっている。村上は、オウムの問題を他人事として突き放してはいない。村上は、衆議院議員選挙の際にいだいたオウムに対する感覚についてふれ、決して自分がオウムに対して無関心ではなかったことを告白している。村上は、オウムの信者たちが麻原に自我を預けきってしまったととらえ、そこに日本の社会システムの根本的な問題を見ようとしている。

しかし、一つ疑問が残る。それは、なぜ村上がオウムの問題に強い関心を示したのかという点である。村上は『村上春樹、河合隼雄に会いにいく』のなかで、小説家としての自らの姿勢の変化について語っている。小説を書く際に、今までは、「デタッチメント（かかわりのなさ）」が大事なことだったが、最近では「コミットメント（かかわり）」についてよく考えるようになったという。村上は一九六〇年代終わりの学園紛争世代の人間であり、その時代にはコミットメントが問題になっていた。ところがそれは、たたきつぶされるべくしてたたきつぶされ、時代の風潮はデタッチメントの方向にむかった。ところが、一九九五年のオウム事件と阪神大震災はふたたびコミットメントの問題を突きつけたという[5]。

これは、村上にとって、地下鉄サリン事件の被害者にインタビューを行ない、さらにはオウムの現役の信者や元信者にインタビューを行なうことが、コミットメントとして理解されていることを示している。しかし、なぜ村上がデタッチメントからコミットメントへ転じたのか、その理由は必ずしも明らかではない。オウム事件と阪神大震災がコミットメントの問題を突きつけたというが、それはどのような意味で村上に、その問題を突きつけたのであろうか。

村上は神戸の芦屋で生まれ育ち、初期の小説も神戸が舞台になっていた。彼には、阪神大震災によって被害を受けた親族や知人もいることであろう。あるいは、村上の小説に登場する街並みは激しく破壊された。村上が阪神大震災に大きな衝撃を受けたことは、十分に理解できる。連作小説集『神の子どもたちはみな踊る』は、その衝撃から生まれた。ただし『神の子どもたちはみな踊る』では、阪神大震災はあくまで遠景として描かれているにすぎない。大震災に遭った人々の姿が描かれているわけではない。もちろん、神戸と深い結びつきをもっている村上には、直接阪神大震災のことを描くのに抵抗があるのかもしれない。だがそれにしても、村上のオウム事件に対する関心のもち方は直接的で、意外である。

なぜ村上は、それほど強くオウムの事件に関心をいだいたのであろうか。村上自身は、そのパフォーマンスから目をそむけてしまったオウムが、自分にとって他人事ではなかったと告白している。しかし、なぜオウムが彼にとって他人事ではないのか、その理由は説明されていない。

暴力の共時性

村上春樹がオウムに関心をもった理由を考えるには、やはり村上の小説を読み直してみる必要がある。そう考えた私は村上の小説を再読したが、その作業を進めるなかで、奇妙な感覚に襲われた。

『世界の終わりとハードボイルド・ワンダーランド』は、一九八五年六月に刊行された長編小説で、外界から隔絶された街に住む〈僕〉の「世界の終わり」という物語と、「組織（システム）」に属する「計算士」である〈私〉の「ハードボイルド・ワンダーランド」という物語が同時進行していく仕掛けになっている。二つの物語は交錯しながら、世界の終わりへ向かって進んでいく。

世界の終わりという考え方は、オウムの説いた終末論に結びついていく。しかも、計算士は「シャフリング」と「洗いだし」という二つの作業を行なうのだが、洗いだしには「ブレイン・ウオッシュ」というルビがふられている。ブレイン・ウオッシュとは洗脳のことである。(6) 隔絶された街に生きる〈僕〉は、一角獣の頭蓋骨のなかにある「古い夢」を読む作業を行なうが、彼は「夢読み」と呼ばれる。その隔絶された街に生きる人間は、その街に入ってきたとき、自分の影を切り離される。その影はやがて死んでいく。影の死によって、その人間の心は一角獣に吸い取られていく。吸い取られた心は、夢読みに読まれることで大気に放出されていく。その街に住む人間たちは心を失っていく。(7)

私はこの部分を読んで、オウムの信者たちが修行の目標とした金剛心＝聖無頓着の意識のことを思い起こさないわけにはいかなかった。聖無頓着の意識に立つことは、結局のところ心を失っていくということなのではないだろうか。

村上は『アンダーグラウンド』の「目じるしのない悪夢」のなかで、『世界の終わりとハードボイルド・ワンダーランド』に言及している。『世界の終わりとハードボイルド・ワンダーランド』とのちの『ねじまき鳥クロニクル』では、地下の世界が物語のなかで中心的な役割を果たしていると言い、『世界の終わりとハードボイルド・ワンダーランド』に登場する「やみくろ」という、村上が想像した架空の生き物について述べている。やみくろは、古代から地底の深い闇のなかに住むおぞましく邪悪な生き物で、目をもたず、死肉をかじる。彼らは東京の地下に地下道を縦横無尽に掘りめぐらし、あちこちに巣を作って集団で生きている。村上は、『世界の終わりとハードボイルド・ワンダーランド』を書いたあと、地下鉄に乗りながら、やみくろたちが群をなし、闇のなかから出てきて、自分たちに襲いかかってくるところをしばしば想像したと述べている。

村上は、地下鉄サリン事件のニュースを耳にして、このやみくろのことを思い出したと言い、地下鉄サリン事件が投げかける後味の悪い黒い影が、根源的な恐怖の一つのかたちであるやみくろとつながっているように感じられると述べている。地下鉄サリン事件の実行犯たちが傘の先端でポリ袋を突き破ったとき、彼らはやみくろたちの群を東京の地下に、その深い闇の世界に解き放ったのではないかというのだ。村上はその光景を想像して、心の底からぞっとしたと、その恐怖と嫌悪について語っている。もちろん村上は、オウムが単純にやみくろの群だと言っているわけではないと断っている。(8) しかし彼が描いた小説の世界と現実の世界は、まさに合わせ鏡の関係を結んでいる。

小説のなかに登場する人物、とくに主人公をそのまま作者と同一視してしまうことは、決して正しいことではない。作者の体験が色濃く反映されたいわゆる「私小説」にしても、作者が体験したことそのままが描かれているわけではない。したがって、登場人物がいだく願望なり欲望なりを、そのまま作者の願望や欲望として解釈してしまうことは必ずしも正しいこととは言えない。しかし同時に、作者の体験が、小説のなかに投影されることもめずらしいことではない。あるいは願望や欲望が、ふとしたかたちで小説のなかに登場することもある。ならば、『世界の終わりとハードボイルド・ワンダーランド』に登場するシャフリングや洗いだし、そしてやみくろ、あるいは世界の終わりといった観念が、たんなる創作上の仕掛けであるにとどまらず、作者自身の体験、あるいは願望や欲望の反映である可能性を、完全に否定してしまうこともむずかしいように思える。

村上の『ダンス・ダンス・ダンス』は、『風の歌を聴け』『一九七三年のピンボール』『羊をめぐる冒険』に続く物語だが、そのなかに五反田亮一という人物が登場する。彼は、『風の歌を聴け』から一貫して物語の主人公である〈僕〉の中学校の同級生で、今では映画スターになっている。〈僕〉は、彼のことを「五反田君」と呼んでいる。

〈僕〉は、『羊をめぐる冒険』のなかにも登場した「羊男」のいる札幌の「いるかホテル」に滞在していたとき、街の映画館で五反田君が出演している『片想い』という映画を見る。そのなかには、〈僕〉が以前に一緒に暮らしたことのあるキキという女性と五反田君とのベッド・シーンがあった。〈僕〉は、この映画を見たことをきっかけに五反田君と久しぶりに会い、いろいろと話をするようになる。五反田君は別れた女房と今でも寝ている。離婚の原因は彼女の家族にあった。五反田君は、欲にかられた家族と喧嘩して仲直りできない状態にある。だから、ただ寝ているだけなのである。

五反田君は、あるとき〈僕〉に嘆く。自分ではどこに住もうとどんな車に乗ろうとかまわないと思っているのだが、事務所からは港区に住みマセラティに乗れと言われる。五反田君の住んでいる世界では、港区と欧州車とロレックスを手に入れれば一流だと思われる。五反田君は、それは下らないことで何の意味もないと言う。必要というものは自然に生まれるわけではなく、そのように人為的に作り出され、でっちあげられる。誰も必要としないものが、必要なものであるという幻想を与えられていく。情報をどんどん作っていけば、簡単に必要が生み出されていく。

しかし、そういう生活をしているかぎり、愛や平穏、健全な家庭や単純な人生は手に入れることができない。五反田君はなんでも手に入れることができるが、本当に欲しい女とは一緒になれないと言い、自分のまわりを取り囲んでいるのはひからびた下らない糞みたいなもので、吐き気がすると言う。

五反田君は、そうした世界を激しく呪う。

下らないやつらがまわりにうようよいる。都会の欲望をすすって生きている吸血鬼のような連中だよ。もちろんみんながみんなひどいわけじゃない。まともな人間は少しいる。でもひどい奴が多すぎる。口先だけ達者な要領の良い奴ら。地位を利用して金やら女やらを手に入れる奴ら。そういう有象無象が世界の欲望のうわずみをすすってむくむく太ってるんだ。醜く太って、そして威張ってる。僕の生きているのはそういう世界なんだ。君は知らないだろうけど、本当にひどいやつがいっぱいいるんだよ。時々そういう奴らと酒を飲まなきゃならないこともある。その間僕はずっと自分に言い聞かせてなきゃいけないんだ。おい、頭に来ても絞め殺すなよ、こんな奴ら、殺すだけエネルギーの消耗なんだ、ってね。[9]

『ダンス・ダンス・ダンス』が刊行されたのは一九八八年のことである。それはまさにバブル真っ盛りの時代った。そんな時代の雰囲気が、この五反田君の呪詛に影を落としている。

五反田君は、〈僕〉と久しぶりに再会したとき、〈僕〉になぜ自分がマセラティなんかに乗っていると思うかと問いかける。〈僕〉が「わからないな」と答えると、五反田君は、経費を使う必要があるからだと言う。マネージャーからは、経費の使い方が足りないのでもっと経費を使うように言われているという。高い車を買うと、経費がたくさん落ち、皆が幸せになるというのだ。[10]

五反田君の生活自体がバブルである。スターである彼には、そんな暮らしをする以外に選択肢が用意されていない。しかし、五反田君は、自分の暮らしが、そして自分にそうした暮らしを強いる周囲の人間たちが下らないと考えている。五反田君は、下らない連中に対する激しい憎悪の感情を隠そうとはしない。

もちろん、村上と五反田君を同一視してしまうことはできない。五反田君の現代の社会に対する激しい呪詛を、そのまま村上のものと考えることはできない。しかし五反田君は、村上の創造した人物であり、そこには作者自身の思いや感情が投影されているのではないか。あるいはそこに、読者の思いや感情が反映されているということも考えられる。多くの読者を獲得することのできる作品は、それを読む人間の心のなかにあって、はけ口を見出せないままわだかまっている思いや感情をすくい取る力をもっている。

少なくとも村上は、現実の社会に五反田君のような思いをいだき、欲望のうわずみをすすってむくむく太っている人間が跋扈（ばっこ）していることをよくは思っていない人間が、少なからず存在することを認めているはずである。そうした思いに、ある程度共感を寄せているであろう。

村上が、『アンダーグラウンド』の作業にとりかかる前に刊行された『ねじまき鳥クロニクル』には、主人公の〈僕〉こと岡田亨、その妻クミコ、クミコの兄の綿谷ノボルという人物が登場する。綿谷は東京大学経済学部を卒業し、大学院に進む。アメリカのイェール大学の大学院に二年間留学したこともあり、三十四歳で専門的な経済学の本を出版し、新しい時代のインテレクチュアルとして注目され、テレビなどに出演し派手な活躍をはじめる。やがては叔父の地盤を継いで衆議院議員選挙に当選する。

しかし主人公の〈僕〉には、義兄の価値を認めることができない。綿谷に才気があり、才能もあることは認める。だが、彼の書いたものやその意見には一貫性が欠けている。ただ、借り物の無内容なレトリックを使って、大衆の感情をアジテートしているだけだ。〈僕〉には、いつものように感情処理システムを適用して、綿谷を自分とは関係のない領域に押しやってしまうことができない。しかも、〈僕〉がどこかでテレビの画面に目をやると、必ずそこには綿谷が映っている。また、雑誌を広げると、必ず綿谷の写真や文章が載っている。〈僕〉は、まるで綿谷が世界中の曲がり角で自分を待ち伏せしているようにさえ思えると言い、ついには「オーケー、正直に認めよう、おそらく僕は綿谷ノボルを憎んでいるのだ」と告白している。[11]

この綿谷という存在は、〈僕〉にとって一つの象徴であるように見える。綿谷が象徴するのは、おそらくは現代の社会そのものであろう。綿谷、すなわち借り物で無内容なレトリックを駆使する現代のスターは、その時代に生きる人間の願望を体現した存在である。〈僕〉は現代社会のスターを憎み、結局は五反田君と同様に、社会そのものを憎んでいる。

綿谷に妹を汚され暴力的に犯されたと言う加納マルタは、品川のパシフィック・ホテルのコーヒールームで、〈僕〉にむかって「岡田様もよく御存知のように、ここは暴力的で、混乱した世界です。そして、その世界の内側にはもっと暴力的で、もっと混乱した場所があるのです」と言うのだった。[12]

井戸にさす光

『ねじまき鳥クロニクル』において、村上春樹はくり返し陰惨な暴力を描いている。たとえば、ノモンハン戦争に参加した経験をもつ間宮徳太郎は、特殊な任務にかかわったおりソ連軍につかまる。そのとき、一行のリーダーであった山本は、ソ連兵とともに行動していたモンゴル兵の手によって全身の皮を剝がれてしまう。間宮はその光景を直視できなかったが、モンゴル兵に銃の台尻でなぐられ、山本がこの世のものとは思えない悲鳴を上げるのを見ないわけにはいかなかった。モンゴル兵に皮剝ぎをさせたソ連兵は、「皮剝ぎボリス」というあだ名のボリス・グローモフという男で、間宮は抑留されたシベリアでボリスと再会する。ボリスははじめ囚人だったが、ソ連中央の後ろだてによって、やがて収容所の全権を掌握する。その支配は暴力的で、ボリスに逆らった人間は即座に処刑されてしまった。

あるいは、〈僕〉に金持ちの夫人たちを癒す仕事を引き継がせた赤坂ナツメグと名付けられた女性は、彼女の父親であった獣医が、満州国の動物園で、日本兵の一団が猛獣たちを射殺した上に、野球のユニフォームを着て満州国軍の士官学校から脱走した中国人たちを銃剣で刺し殺し、さらにはバットで殴り殺す光景に接した話を語っていく(13)。

戦争状態のなかでは、当然にも暴力が発動する。しかし、現代の平和な日本に生きているはずの〈僕〉(岡田亨)も、暴力とは無縁ではない。〈僕〉は、クミコが子どもを堕した日に、出張先の札幌のバーで手のひらを焼く芸を披露していたギター弾きの姿を、新宿で見かけ、その後を追う。ギター弾きはアパートの一室に入っていき、〈僕〉もその部屋に入っていくが、ギター弾きにバットで殴りつけられる。〈僕〉はバットを奪い、今度はギター弾きにバットで殴りかかる。最初、〈僕〉は殴られないために相手を殴っていたが、やがてそれは怒りに変わっていった。何度も何度も殴りつけ、相手が意識をなくすまで殴ってやろうと思う。〈僕〉は、それまで人を思い切り殴ったことはなかったが、その時は自分で自分を止めることができなくなっていた。(14)『ねじまき鳥クロニクル』で描かれているのは、徹底した暴力である。暴力は、戦争においても、平和なときにおいても、発動していく。しかも、暴力は外側にあるだけではない。それは、個人の内側で渦巻いている。村上の小説のなかで暴力がこれほど色濃く描かれたことは、今までなかった。村上の小説の世界が死におおいつくされていることはめずらしいことではない。しかし、あからさまに暴力が描かれたのは、『ねじまき鳥クロニクル』がはじめてで、また今のところそれが唯一暴力を描いた作品となっている。

『ねじまき鳥クロニクル』の第一部「泥棒かささぎ編」は、はじめ『新潮』の一九九二年十月号から一九九三年八月号まで連載された。村上は『ブルータス』でのインタビューで、『ねじまき鳥クロニクル』を四年かけて書いたと語っている。(15)

その第三部「鳥刺し男編」が出版されたのは、一九九五年八月のことである。それまでに四年をかけたということは、『ねじまき鳥クロニクル』は、一九九一年にはすでに書きはじめられていたことになる。それは、オウムが武装化を進めていた時代に対応している。オウムは陰惨な暴力行為を積み重ね、一九九二年にロシアに進出してから、本格的な武装化に着手した。それは、村上が暴力を描くようになった時期と併行している。(16)

さらに、『ねじまき鳥クロニクル』には、オウム信者の神秘体験と似た体験が語られている。

間宮は、山本の皮剝ぎの後、モンゴル兵によって蒙古平原の真ん中にある深く暗い井戸の底に放り込まれてしまう。そしてそのなかで、井戸の底まで太陽の強烈な光が射し込んでくるのを体験する。光が射し込んでくるのは一日に一度で、それもわずかな時間しか続かない。しかし間宮は、そのわずかな光の洪水のなかで、一生かけても見ることができないほどの事物を見てしまった。

　間宮は、一瞬強烈な光が射し込むことによって、自分は意識の中核のような場所にまっすぐ下りていけたのではないかと言う。光の洪水のなかで、目は何も見ることができなかった。しかし、一時的な盲目のなかで、何かが、生命をもった何かがその形を作ろうとしていた。その何かは、日蝕の影のように黒く浮かび上がろうとしていた。間宮には、その姿をはっきりと見定めることができなかった。

　それは間宮に恩寵のようなものを与えようとしていた。間宮はそれを震えながら待ったが、結局、彼のところへはやってこなかった。間宮は、その姿を見るためならどんなことでも犠牲にしていいと思っていた。しかし、その姿は彼の前から永遠に奪い去られ、恩寵は与えられないままだった。そのあと、彼の人生は失われ、形骸と化してしまった。井戸を出た後の彼の人生は、がらんどうの抜け殻のようなものになってしまった。(17)

〈僕〉は、この話を間宮からの手紙で知る。そして、自分も近くの廃屋にある井戸の底に下り、そこでしばらくの間すごす。〈僕〉は完璧な暗黒の底にしゃがみこんでいた。目にすることのできるのは無だけで、彼自身、その無の一部になっていた。〈僕〉は、心臓の音、血液が体内を循環する音、肺の収縮する音を聞く。深い闇のなかでは、すべての動きが不自然に誇張されていた。〈僕〉の意識は、肉体を抜け出していく。彼は、世界のねじを巻く、自らそう名付けた「ねじまき鳥」となって空を飛ぶ。(18)

　第二章で見たように、オウムの信者たち、とくに初期の成就者たちは、閉ざされた小さな個室、独房のなかで修行を続け、光を見る体験をしている。それは、体験した人間を大きく変えていくことになる。また林郁夫が述べているように、オウムの信者たちは修行のなかで、魂が肉体から抜け出る「幽体離脱」をすることがあった。〈僕〉の井戸の底での体験は、まさにこの幽体離脱の体験を描いたものである。

　だからこそ、オウム事件の後に村上の小説を読み返してみると、奇妙な感覚に襲われるのである。小説のなかには、オウムで起こったことがすでに書かれている。しかもそれは、オウムにおいてもっとも重要な問題、神秘体験と暴力にかかわっている。そして、神秘体験や暴力の背後には、現実の社会に対する憎悪の感情が存在している。極端なことを言えば、村上の小説が脚本で、オウムの信者たちはその脚本を実際に演じてみただけなのではないかとさえ思えてくる。

もちろん、そんなことがあるはずはない。村上の小説とオウムとのあいだに直接の関係があるとは考えられない。しかし、両者のあいだに、「共時性」が成立していることは否定できない。

現代の日本の社会は、システム化されている。『ダンス・ダンス・ダンス』の五反田君が言うように、必要というものが人為的に作りだされ、その社会に生きる人間は、その幻想を伝達する情報によって踊らされている。まさに社会は、「ダンス、ダンス、ダンス」、「踊れ、踊れ、踊れ」とけしかけている。誰も、そういう社会から逃れることが難しい。踊り続けることのできない人間は低い価値しか与えられず、ときにはつまはじきの対象となる。その傾向はとくにバブルの時代に著しかった。バブル以降の時代においても、基本的な傾向は変わっていない。

そうした状況では、システム化された社会に対する憎しみが生み出されていかざるをえない。憎しみを感じるのは、社会から疎外された人間だけではない。この社会において成功をとげた人間ほど、システムのなかに取り込まれている。その代表が、五反田君であり綿谷ノボルである。

綿谷も成功はおさめたものの、そのなかに暗いものをかかえている。彼の主張に一貫性が見られないのも、彼は自らの考えや思想を伝えることに興味がなく、ただ社会のなかでのし上がり、権力を掌中に収めることにしか関心がないからである。綿谷もまた、社会を憎んでいるのかもしれない。憎しみの対象であるからこそ、社会を手玉にとってもかまわないと考える。

あるいは、オウムのエリートと呼ばれた信者たちの場合も、綿谷のような考え方をしていたのかもしれない。だからこそ彼らは、現実の社会を破壊する方向にむかっていった。たとえ彼らが麻原彰晃に命じられたのだとしても、さらにはその命令を修行の一環としてとらえたのだとしても、そこに現実の社会を破壊してもいいという気持ちがなければ、やはりどこかで歯止めがかかったのではないか。

システム化された社会に取り込まれないためには、社会のなかで起こっている出来事に関心をもってはならない。オウムの場合には、それが修行を通して金剛心＝聖無頓着の意識に立つことに結びついていった。『ねじまき鳥クロニクル』においても、主人公の〈僕〉には、自分自身の存在と他人の存在を、まったく別の領域に属するものとして区別する能力を有しているとされている。〈僕〉は、不愉快になったり苛立ったりしたとき、その対象を自分とは関係のない別の領域に移動させ、感情を凍結してしまうのだ。別の領域に移動してしまったものについては、後で凍結を解き、ゆっくりと検証してみるという[19]。

あるいは、妻のクミコの場合は、子どもの頃、三歳から六歳まで、意に反して新潟の祖母のところで育てられた。祖母はクミコを溺愛するが、一方で母親のことを口汚くののしり、ときにはクミコのことなどもう見たくない、どこかへ行ってしまえと言ったり、鋏を持ち出してきて自分の手首を突こうとさえした。幼いクミコには、自分のまわりで何が起こっているのか理解できなかった。そのときクミコは、心を外界から一時的に閉ざしてしまった。考えたり望んだりすることを一切やめ、目を閉じ、耳を塞ぎ、思考を停止した。そのあいだの記憶はほとんどない[20]。

二人が行なっていたことは、ともに外界から自分を切り離してしまったという点で似ている。それは、オウムの信者たちが修行の目標とした、外界で起こっている出来事に一切心を動かされなくなること、金剛心＝聖無頓着の意識に立つことと同じである。

なぜ村上春樹が、オウムに関心をもたなければならなかったのか。私は、彼の小説を読み返し、その必然性を理解できたように思った。だからこそ村上はオウムに強い関心をもったのである。村上が描いたことが、オウムにおいて現実化されていた。そこにはまさに共時性が成り立っている。

村上の小説が広く読まれているのは、すでに述べたように、そこに現代の人間の無意識の願望や欲望が巧みに描かれているからである。そしてその世界は、オウムの世界と共時性をもっている。それは、オウムの世界と私たちの世界が必ずしも断絶しているわけではなく、むしろ地続きであることを示しているのである。

宗教学者Sの沈黙

村上春樹が、あくまで「こちら側」の立場から「あちら側」を見ようとしているのに対して、中沢新一は、「あちら側」からオウムを見ようとしている。そこには、彼が、オウムが大幅に取り入れたチベット密教の修行を続けてきたという事情がかかわっているが、オウム事件後の中沢の活発な発言は、村上とは異なるかたちではあったが、私には意外に思えるところがあった。

『週刊プレイボーイ』のインタビューで、中沢は、オウムの信者に対して、同じ魂の修行をめざす者としてといった言い方をし、修行の仲間として呼びかけている。そして、修行者に戻るところなどないと断言している。[21]

大泉実成との対談では、自分は本当は、麻原彰晃にマハー・ムドラーを教えたいと語っていた。さらに中沢は、オウムにいったん吸収された人間たちは、オウム事件で大きくふるい落とされるであろうが、そのうち何人かは残るだろうと述べ、自分の道をもう一回やり直して追求してみたいという人間がいるなら、今度は自分が本気で引き受けようと思うとも語っていた。[22]

さらに中沢は、事件後においてさえ、麻原のことを高く評価する発言をくり返していた。『週刊プレイボーイ』のインタビューでは、自分は今までに何人もの現代の宗教家と話をしたことがあるが、「聖なる狂気（ディヴァイン・マッドネス）」ということばを出したとたんに、あれほどすばやい反応と正確な理解を示したのは麻原がはじめてだとも述べている。[23] 大泉との対談でも、麻原のヨーガ体験の深さはたしかになかなかのもので、インドのヨーガの水準でもかなり高いレベルに行っていると思うと語っていた。[24]

また、自らが責任編集した『イマーゴ』の臨時増刊号『オウム真理教の真相』の「編集後記」では、オウム事件の本質がマスコミの手によって隠蔽されていると言い、報道されている物語が、そのまま本当の物語として受け取られてしまっていることに強い懸念を表明していた。中沢はオウムを、カルト宗教からイスラーム原理主義まで包摂する、現代のラジカリズム運動のあらわれとしてとらえ、その思想に内部から分析を加え、現代の日本において、オウムがあのような挫折と愚かな失敗にいたった原因を明らかにする必要があると訴えていた。[25]

『オウム真理教の深層』におさめられた荒俣宏との対談で、中沢は、麻原は相当に「カニング」に頭のいい人だと思ったと言い、今は麻原のことをバカにしている人間がいっぱいいるが、頭がいいことは実際に対談してみればわかると述べている。[26] カニングとは、ずるい、巧妙なといった意味で使われている。『広告批評』の座談会でも、中沢は、オウムをカルトと規定してはいけないと思うし、疑似国家形成の問題も一つのプロセスとしてとらえていかなくてはいけないと言い、「でも、今度のことが本当にちゃちなことであったかどうかは、まだわからないじゃないですか。もっと大きな計画の一部だった可能性だってある」と訴えていた。[27]

中沢は、一九九八年の段階になっても、吉福伸逸との対談で、「あの事件については裁判も進行しているし、情報はだいたい出つくしているような印象をもたれるけど、ぼくの印象だと、重要なところは表に出ていないんじゃないかと思うんですね」と言い、「この事件を比較的間近で見ていた印象としては、歴史などというものは、こんなふうにしてつくり上げられていってしまうんだなということですね」と述べている[28]。

一方で中沢は、「小学生にもわかる宗教学入門」という文章のなかでは、オウムの名を直接あげてはいないものの、オウムのことを「とんでもない宗教」と呼んでいる[29]。芹沢俊介との対談でも、最初に話をしたときに麻原のことを霊的、思想的に相当高い可能性をもった人間だと思ったが、一九九〇年の総選挙の後に会ったときには、一転して暗い雰囲気で、何か変化が起きていると感じたと述べ、教団を戦闘的なものにつくり替えようとした一九八九年から九〇年にかけて「ヨハネの黙示録」の解読をはじめたのは予兆的で、そこから破壊性をおびることになったのではないかと述べている[30]。

こうした発言を聞いて、私には、中沢の真意がはかりかねた。チベット密教の修行を実際に行なってきた宗教学者として、中沢がオウムに関心をもたざるをえないことは十分に理解できる。『週刊プレイボーイ』のインタビューで、「〈宗教学者・中沢新一〉なんて終わりにします。そんな奴は死んだのです」と語っているのも[31]、彼なりの誠実さのあらわれとして解釈することはできる。

中沢は、『へるめす』誌上での「文化時評」という連載の第一回「とびきりの黄昏」のなかで、オウムについてふれようとしていた。中沢は、現代の人間にヒューマニズムしか残されていないのはおかしいと言う。ヒューマンの対極にある「イニューマン（ヒューマンの否定形）」なものとの接触を拒絶する社会は、もっとも非人間的なものを作り出してしまう。なぜなら、そうした社会は、生命そのものを抑圧しなければならないからだ。人間的なものとイニューマンなものとの相互陥入という問題は、現代宗教の問題でもあるという。そして、彼自身をモデルとしたと思しき宗教学者のSが「それはとくに、あの教団をめぐる問題の本質でもあるしね」と語り出したところで、その小説スタイルの連載第一回を締めくくっていた[32]。

私は、この文章を読んだとき、今後「文化時評」の連載のなかで、中沢自身がオウムの本質をどのように考えているのかが明らかにされていくであろうと予測し、そこに期待をかけた。中沢が、まとまったかたちでオウムに言及することは十分にありうることに思えた。

ところが、「文化時評」の第二回では、オウムについてふれられなかった。宗教学者Sの発言は宙に浮いたまま、話はまったく別の方向にむかい、『へるめす』が休刊するまで、中沢は「文化時評」において、オウムについて論じることはなかった。中沢は、他の場でも、オウムについてまとまった考えを示すことはなかった。

GODZILLA対ゴジラ

中沢新一は、『新潮』の一九九八年九月号に「GODZILLA対ゴジラ」と題された文章を寄稿している。題名からもわかるように、この文章はゴジラ映画のアメリカ版『GODZILLA』と、そのもとになった日本のゴジラ映画を比較したものである。この「GODZILLA対ゴジラ」は、のちに中沢の著作『女は存在しない』に収録されている[33]。

中沢がゴジラについてふれたのは、はじめてではない。『中央公論』の一九八四年十二月号に「ゴジラの来迎」という文章を書き、『GORO』の同年No.24にも「ゴジラ1984」という文章を寄稿している。この二つの文章は一九八五年に刊行された『雪片曲線論』に収録されている[34]。「ゴジラ1984」の方は、一九八四年に、ゴジラの誕生三十年を記念して九年ぶりに製作されたゴジラ映画について述べたものである。ただし「ゴジラの来迎」において論じられているのは、三十年前のゴジラであり、一九八四年に復活したゴジラの方ではない。

このように中沢は、一九八〇年代のなかば、彼がニューアカデミズムの旗手として颯爽と世に登場した時期にゴジラ論を書いている。「ゴジラの来迎」は、ユニークなゴジラ論として注目された。そして十五年を経て、オウム事件の後に「GODZILLA対ゴジラ」が書かれた。

中沢は、「GODZILLA対ゴジラ」の文章を、今度のゴジラはとてつもなくすばしっこく、恐ろしくずる賢いという指摘から書き出している。GODZILLAと呼ばれたアメリカ版ゴジラは時速四百八十キロのスピードでニューヨークの街中を駆け抜け、すばやい身のこなしでビルの角で急カーブを切り、ビルとビルの隙間をぬって走り抜けていく。しかも、日本の無垢なゴジラに慣れ親しんだ者にはショッキングなことに、GODZILLAはとてつもなく狡猾で、ずる賢い行動様式をもっている。

中沢は、GODZILLAを論じる際に、動物の必死で生き残ろうとする知恵を意味する「メティス」ということばを持ち出してくる。古代ギリシャ人は、メティス的なものを都市生活を内面から脅かすものとしてとらえ、それは西欧的な思考の伝統となってきた。日本のゴジラは、このメティスの線で再解釈され、GODZILLAへと変貌をとげた。

古代ギリシャ人は、蛸やイカや蛙や狐たちが示す狡猾な知性に対して警戒してきた。それは、メティスが、不動不変の安定した根拠の上に立ってものを考えるのではなく、変化や流動をくり返し、不安定なカオスの領域で働いているからである。中沢は、メティス的な存在として「ソフィスト」を例にあげる。ソフィストは議論の場で圧倒的な説得力を誇っている。彼らは、ことばを巧みにあやつり、議論の根拠をすり替えてしまう技にたけている。彼らは、同一性の基準をごまかし、矛盾したことを相手に納得させてしまう。ソフィストは真理を語ろうとするのではなく、その場その場に応じてことばの罠を仕掛け、議論の相手を圧倒する。ソフィストこそ都市の内部にもぐり込んだ狐にほかならない。

中世の魔女の行動様式は、狡猾な理性を備えたメティスの動物たちの必死の行動からさまざまなイメージをくみ出しており、動物のメティスに対して古代ギリシャ人がいだいた不信感は、キリスト教西欧のなかでさらに強烈な悪魔という悪の形象と結びついて生き残った。日本のゴジラは、こうした西欧思考のもっとも強固な土台を構成する場所に連れ出され、変態手術を受けて、GODZILLAへと根本的な変化をとげたが、そのとき、日本のゴジラにとって重要であった何かが確実に除去された。

中沢は、『GODZILLA』とハーマン・メルヴィルの小説『白鯨』の主題との類似性を指摘する。『白鯨』に登場する巨大な鯨、モビー・ディックは高度な知性をもっているとされ、白鯨にとりつかれたエイハブ船長はモビー・ディックに無限な神の姿を見た。中沢は、巨鯨の姿をとった無限を仕留めようとするエイハブ船長の思考は、数学的無限を前にしたときのドイツの数学者カントールの情熱と同質のものを示していることを指摘する。カントールは、無限に、超限数を示す「アレフ（ℵ）」という記号を与えることによって、無限を去勢しようとした。

日本のゴジラが、「GOD＝ZILLA」、つまりは「神である古代爬虫類」と区切りを入れて発音されるとき、それは西欧の強力な神学的思考の圏内に引きずり込まれ、悪の新しいイメージを引き寄せていくことになる。中沢は、日本のゴジラの場合には、そのカーブを描く下肢は、爬虫類の成体よりも哺乳類の幼児の体を思わせると述べている。ゆっくりと都市を破壊していくゴジラは、無形態（アモルフ）の海から上がってきたばかりの永遠の幼児性をたたえた原初的な生物のように見える。その点で、敏捷で獰猛なGODZILLAとは根本的に異なっている。

日本のゴジラは、ヘリコプターやロケット砲を、いかにもうるさそうにぶっきらぼうな暴力でたたきつぶしていく。中沢は、その速度の遅さと敵の動きにあわせようとはしない超越的な感じが、ゴジラのまわりに不思議な「デタッチメント（離脱）」の雰囲気を醸しだすと述べている。

『GODZILLA』では、最後にGODZILLAが殺されることで、観客は安堵の息をつく。ところが日本のゴジラの場合、観客は瀕死のゴジラに対して、思わず自分が「ゴジラ、死なないで」とつぶやいているのを発見する。ゴジラは恐るべき破壊者だが、日本人は、ゴジラが殺され消滅してしまうことに、悲しみに似た感情を味わう。

中沢は、『GODZILLA』には還元主義の操作がほどこされているため、日本人の観客の多くが不満を感じたと言い、GODZILLA対ゴジラの対決を還元主義と全体性との対立としてとらえることができると述べている。そして、自分のなかに幼児性をかかえた者だけが、全体性を実現できると言い、還元主義に抗して、私たちはGODZILLAからゴジラを奪還しなければならないと言う。

中沢は、西欧における捕鯨と日本におけるそれを比較し、西欧の漁師たちがクジラを自分とは分離された狩りの対象としてとらえ、クジラの断末魔を人間の理性の勝利として描いているのに対して、日本の漁師の場合には、クジラを打ち倒した直後の喜びの感情が、たちまち一転して鎮魂の深い悲しみに転じていくと述べている。それは、クジラのイメージから生み出されたゴジラに対しても同様で、一九五四年に製作された『ゴジラ』において、秘密兵器でゴジラの生命が絶たれた直後の喜びは、一転して深い鎮魂の思いに満たされている。中沢は、日本人はクジラに対してもゴジラに対しても、ある種の共感をもっていることを指摘している。

中沢は、私たちにはゴジラを消滅させることなどできないと言う。ゴジラは永遠回帰し、その個体性はくり返し立ち上がって、現実の世界にふれた瞬間とてつもない破壊力を発揮する。それ自身は善でもなければ悪でもなく、ある根源的な肯定する力として、ゴジラは永遠回帰を行なう。その肯定する力は、人間の根源にある悪にふれることで、懺悔の思考を折り畳み込んでいる。それによって、私たちの有はいったん死の淵に沈みきり、無を巻き込んだ全体性の有としてふたたび蘇ろうとする。

中沢は、私たちが、ゴジラが圧倒的な力で都市を破壊していくのを、カタルシスに似た感情とともに見つめてきたと言う。そこには、恐怖とも憎しみともちがう、突き抜けたような肯定の感情が混じっている。ゴジラが破壊するのは、私たちの心の上に堆積していく有の沈殿物であり、私たちはくり返し死んで、ふたたび肯定する力とともに蘇るために、ゴジラの出現を迎えてきた。

中沢は、ゴジラがくり返し回帰させるものは悪夢を生む抑圧の機構ではなく、心の奥底に潜む、失われた「根源的な自然」の記憶にほかならないと言い、ゴジラをもう一度私たちの手に奪還して、それを創造しなおすべき時がきていると述べている。そして、市場やネットワークを踏みにじりながら、私たちの内部に失われた深さの感触を蘇らせる新しいゴジラが、ふたたび海中から浮上してくる姿を自分は想像すると述べて、「GODZILLA対ゴジラ」を締めくくっている。[35]

潜在体という生命

中沢新一は、「GODZILLA対ゴジラ」の十五年前に書かれた「ゴジラの来迎」のなかでも、ゴジラをアメリカ生まれの怪獣キング・コングと対比させていた。キング・コングは最初から自然の力のメタファーとして描かれ、そのニューヨークへの登場は、自然の力の文化的秩序に対する侵犯を意味していた。キング・コングは文化／自然、秩序／暴力、中心／周縁という二元論を前提にし、その構図のなかで大騒ぎを引き起こす。ニューヨークの住人たちはコングの侵入に恐れおののくが、背景にあるニューヨーク自体は少しも動揺しない。

これに対して、ゴジラの東京破壊には、そうした二元論的な構図は感じられない。ゴジラは巨大な体と放射録的な暗さを背負いながら都市に来迎するといったほうがふさわしい。

にしながら、自分の本性をあらわに示しているように見える。したがってゴジラは来襲するのではなく、黙示

入しその秩序を攪乱していくというのではなく、都市自らがゴジラを「よりまし（神霊が降る媒介となるもの）」

熱線によって防衛網を突破し、音もなく荘厳に破壊し尽くしていく。ゴジラの場合には、異質な力が都市に侵

　中沢は、現代の資本主義こそが黙示録的ビジョンを支えていると言い、それは統一や構造、あるいはコスモロジーにもとづいて世界を完成させることを永遠に不可能にしていると述べている。資本主義は永久に成熟ということを否定しようとし、そのなかに生きている私たちは、たえざる不均衡や循環運動そして解体をかかえ、全面解体への予感をひめながら、永久に未成熟のままに前進しなければならないという黙示録的ビジョンを多かれ少なかれ身につけている。[36]

「GODZILLA対ゴジラ」では、日本のゴジラがGODZILLAと対比され、「ゴジラの来迎」ではキング・コングと対比されている。それは、たんに日本と西欧、日本とアメリカにおける怪獣の比較研究にとどまってはいない。そこでは、日本と西欧の文化の根本的な差異の指摘が意図されている。GODZILLAやキング・コングは西欧の文化の象徴としてとらえられ、ゴジラは一貫して日本の文化の象徴としてとらえられている。

「GODZILLA対ゴジラ」と「ゴジラの来迎」を比較した場合、ゴジラのとらえ方には共通点がある。たとえば、中沢は「ゴジラの来迎」のなかでもゴジラの体軀についてふれ、その未熟性、幼児性について語っている。[37]それは「GODZILLA対ゴジラ」でもくり返されている。[38]また、ゴジラが街を破壊していくさまについて、「ゴジラの来迎」では音もなく荘厳に破壊し尽くしていくと形容されているのに対し、[39]「GODZILLA対ゴジラ」では恐るべき破壊をくり返しながら都市のなかを粛々と前進していくと形容されている。[40]形容

の仕方は異なるが、そこではゴジラによる都市の破壊の特異なさまが指摘されている。

しかし、両者のとらえ方はすべて共通しているわけではない。とくにゴジラの本質については異なった見方が提示されている。「ゴジラの来迎」では、都市自身の「よりまし」としてとらえられている。それは、都市そのもののなかに都市を破壊していく力が内蔵されていることを示唆している。そしてその内蔵された破壊への衝動は、資本主義のシステムの永久運動から発するものととらえられている。一方、「GODZILLA対ゴジラ」においては、都市自身の「よりまし」というとらえ方はされていない。かわりに潜在体、ないしは潜在空間と関係づけられ、ゴジラは潜在体から完全には分離していない、個体化されていない存在としてとらえられている。

中沢は、潜在体の定義をしていないし、その内容について説明を加えていない。GODZILLAは、生物個体としての可能性を、この世界ですでに完全に現実化しきっているのに対し、日本のゴジラは、現実の世界にあらわれていない巨大な潜在体を引きずっていると述べているだけである。これだけでは、潜在体がどういうものなのかはわからない。しかし、中沢の他の著作に目を通していくならば、彼が潜在体をどのようなものとしてとらえていたかが明らかになる。

中沢は、南方熊楠について論じた『森のバロック』のなかで、熊楠の構想した生命論について分析を加えている。西欧の思考法においては、生命システムは一つの主体としてとらえられてきた。そのため、自律性や個体性についての問題意識が発生してくる。これに対して、熊楠をはじめとする東アジアの生命論は、環境のなかで入れ子になった生命システムというイメージを強調してきた。そうした生命論においては、生命システムを一つの自己として環境から切り離し、自律させようという考えはなかった[41]。この文脈においては、潜在体は生命システムと置き換えることができる。両者は分離され固体化されないという点で、共通の性格を示している。

また中沢は『はじまりのレーニン』のなかで、レーニンの笑いに着目しているが、笑いの波打ちに身をゆだねきって笑いがとまらなくなると、一切の思考は打ち寄せる笑いの波頭にさらされて足元をぐらつかせ、堅い土台を掘り崩されて崩壊していくと述べている。[42]そのとき意識の「底」で、異質なものの力、ゾーエーとピュシスと物質の力が直接ふれているのが感知できる。中沢は、ゾーエーを生命システムを過剰にしたものとしてとらえている。[43]ここでも、「GODZILLA対ゴジラ」や『森のバロック』の場合と同様に、潜在化した生命システムが問題になっている。熊楠やレーニンにしても、さらにはゴジラにしても、彼らは潜在化された生命にふれ、それを発動させたものとしてとらえられている。

中沢は「小学生にもわかる宗教学入門」のなかでも、宗教の本質を生命を直接にあつかい、生命の真実にふれることとしてとらえている。[44]このとらえ方は『森のバロック』や『はじまりのレーニン』においても、そして「GODZILLA対ゴジラ」においても共通している。日本のゴジラは生命システムから完全に切り離されてはいない。生命システムという巨大な潜在体を引きずっている。その生命システムの強度が、都市や建物の破壊に結びついていく。

さらに「GODZILLA対ゴジラ」が「ゴジラの来迎」と異なるのは、都市を破壊していくゴジラが不思議な「デタッチメント（離脱）」の雰囲気を醸しだしているとされる点である。中沢は、東京を破壊しているときにも、ゴジラはどこか夢見心地なところがあると言い、現実の変化に必ずしも敏感に反応することなく、悠々たる現実離脱の態度を貫きながら、日本人の世界にくり返し出現してきたことを強調している。[45]「ゴジラの来迎」では、こうしたゴジラの現実離脱の態度にはまったくふれていなかった。

また「GODZILLA対ゴジラ」では、ゴジラに街を破壊される私たちの側のゴジラに対する心情が問題にされている。中沢は、ゴジラの死に対して私たちはただ喜びを感じるのではなく、沈痛な思いにかられると述べている。私たちはゴジラに対して一定の共感をもち、ゴジラが都市を破壊していくことにカタルシスさえ感じている。「ゴジラの来迎」においても、ゴジラがいとおしいという感情を呼びさますことが指摘されていた。[46] しかしそれは、ゴジラの幼児を連想させる体つきに対してのみ言われたものである。そこでは、都市を破壊するゴジラへの共感といったことは問題にされていなかった。

中沢は「GODZILLA対ゴジラ」の終わりの部分で、これからもゴジラがくり返し蘇ってくることを強調している。「ゴジラの来迎」では、その点も強調されてはいなかった。

都市と自然

中沢新一の「GODZILLA対ゴジラ」は、まさに彼の「オウム論」である。中沢は、ゴジラに仮託してオウムについて語っている。

中沢はそのなかで、カントールの超限数、アレフについてふれている。アレフとは、オウムの教団が唯一認めている関連会社の名称であり、のちには、破産管財人から「オウム真理教」の名称の使用を禁止されたオウムが名乗るようになった教団名でもある。オウムは、アレフという呼称を、中沢と同様にカントールからもってきたのであろう。中沢は、その事実を知っているにちがいない。それでも中沢が、「GODZILLA対ゴジラ」でアレフについて言及しているということは、それが彼の「オウム論」にほかならないという暗示になっているのではないだろうか。もし中沢が、「GODZILLA対ゴジラ」が「オウム論」と誤解されるのを恐れるならば、少なくともアレフについて言及することを避けたはずである。

中沢は、オウムをむしろＧＯＤＺＩＬＬＡとしてとらえているのかもしれない。中沢は、オウムがチベット密教を一つの出発点とし、グルのクローン化にまでいきつくサイバネティックス密教へと変貌をとげていったととらえている[47]。それは、日本のゴジラがＧＯＤＺＩＬＬＡへと変貌をとげていったのと同じプロセスとして考えられる。中沢が、「ＧＯＤＺＩＬＬＡ対ゴジラ」の最後で、ゴジラを私たちの手にもう一度奪還し、それを創造し直すべきだと述べているのも、サイバネティックス密教へと変貌してしまったチベット密教を奪還する必要があると考えてのことかもしれない。

中沢は、ＧＯＤＺＩＬＬＡがアメリカ人の意識に悪夢として何度も立ち返ってくると言い、その理由をフロイトの語る抑圧の機構に求めている。ＧＯＤＺＩＬＬＡなどのエイリアンが立ち返ってくる都市は、大規模な去勢と抑圧によらなければ、地上に存在することができない。都市の意識には底があり、底を作り出すためには抑圧が行なわれなければならない。人間の意識と同様に、抑圧されたものは消滅するのではなく、逆にくり返し意識に悪夢として立ち戻ってくる。

中沢はすでに見たように、『はじまりのレーニン』のなかでも底ということばを使っている。ことばが意識に底を作り出すことで「ガイスト（聖霊）」が生み出されるように、商品が資本主義社会の底であり、細胞であり、そこから資本主義のガイストが発生してくる[48]。

中沢の使う底ということばが何を意味しているのかは、わかりづらい。だがそれが、ある物に対して枠を与える基本的な要素としてとらえられていることはわかる。人間の精神が自らにとって好ましくないものを抑圧するように、都市もまたその存続にとって好ましくないものを抑圧する。しかし、抑圧によってそれが消滅してしまうわけではない。何かのきっかけがあれば、悪夢として、あるいはＧＯＤＺＩＬＬＡなどのエイリアンとして、くり返し立ち戻ってくる。それはアメリカのＧＯＤＺＩＬＬＡだけではなく、日本のゴジラについても言える。

一方、ゴジラは生命のシステムを象徴するものであり、中沢はそれが根源的な自然と強い結びつきをもっていることを指摘している。自然は都市の対極にあるもので、都市においては大きく変容し、あるいはそこから排除されている。しかし、都市に生きる人間にも根源的な自然への共感が存在する。

これは、GODZILLAの場合にも共通している。GODZILLAは動物の狡猾な知恵にもとづくメティス的なものを体現しているからである。中沢は、メティス的な知性をあやつるソフィストを都市の内部にもぐり込んだ狐と呼んでいる。メティスは、都市のなかにまぎれこんだ根源的な自然でもある。

このように、「GODZILLA対ゴジラ」においては、都市と自然が対比されている。それは、この「GODZILLA対ゴジラ」にかぎらず、中沢の著作全体にあてはまる。

中沢は数多くの本を刊行し、さまざまなところに文章を発表している。また、そのあつかう範囲は多岐にわたっている。専門の宗教にかぎらず、レーニンを論じる一方で、ゼビウスやポケットモンスターといったゲームについて論じ、さらには先の「文化時評」のように小説、ないしは小説形式の評論まで書いている。しかし、中沢の書いたおびただしい文章のなかで、都市についてはほとんどふれられていない。しかも、都市についてふれられた場合には、「GODZILLA対ゴジラ」のように否定的なものとして論じられている。

「最澄の冒険」という文章のなかで中沢は、最澄の比叡山への隠遁を、国家によって管理された奈良を中心とした都市仏教から離脱して、より自由な精神の世界へ逃げ去っていくこととしてとらえている。国家と都市に捕獲され、そのなかで肥え太っていく仏教から離脱し、仏教思想に本来備わっている自由の精神を生きようとした人々がめざした場所が、山にほかならないという。[49]

また、尾辻克彦・赤瀬川原平『東京路上探検記』の書評の冒頭で、中沢は地図が好きだと述べている。中沢は、街路図やふつうの地形をあらわした地図を見ていてもあきないが、それよりもっと気に入っているのが、ふつうの地図の上に植物の分布や動物の生態分布の様子、降雨量と熱帯樹林の広がりなどが、色を使って塗り分けられている地図だと述べている。中沢は、都会のなかに新しい名所を発見していく「トマソン（超芸術）」にふれて、トマソンの発見現場に立つと、自分たちは改めて、東京という都会をいとおしいと思う感情がわきあがってくると述べている。[50]

中沢は、「ゴジラの来迎」のなかで、ゴジラの幼い体つきについて、それがなんともいとおしい感情を呼びさますことを指摘していた。その同じいとおしいということばが、トマソンについても使われている。しかしそれは、あくまで都会における異物であるトマソンに対して言われたことで、東京という都市そのものがいとおしいとされているわけではない。中沢は、他の文章においてはほとんど、都市に対してではなく、自然に対するいとおしさを語っている。

中沢は『リアルということ』のなかで、人間が今本当に求めているものは、自然とのリアルな接触だと言い、今のところ宗教は、科学よりも、それに答える能力の点ではまさっているところもあると述べている。[51]この自然との接触ということは、これまで見てきたように、中沢の著作のなかでくり返し強調されており、それは彼の根本的なテーマにほかならない。

中沢は、オウムの宗教思想について、エネルギーを直接に露呈させるオウムのやり方がまちがったものであると言う一方で、そのやり方に根拠があるとも述べている。密教思想の本質は、マハー・ムドラーの段階までいくと、宇宙的エネルギーの流れを直接性において体験する、非密教的なものに変貌をとげていくという。[52]このエネルギーの露呈は、中沢がくり返し強調する自然とのリアルな接触とかなり近い。だからこそ中沢は、麻原が直感的に密教の本質を理解していた可能性を示唆しているのである。

では中沢は、オウムの何を問題にし、批判しているのであろうか。中沢は、オウムのヨーガ理論に情報論的な傾きがあることを指摘している。サイバネティックス密教の方向へむかったことで、オウムからは、生産の要素が欠落することになったという[53]。それは、オウムが都市的な宗教であることを意味している。現代の都市において隆盛をきわめているのは、コンピュータやネットワーク産業、ファーストフードやコンビニエンスストアといったサービス産業である。中沢は、オウムが都市的である点でそれを批判しながら、同時に都市化された現実の社会のあり方をも批判しているのである。

恐怖と憎悪

中沢新一は都市と自然を対比させ、ゴジラによる都市の破壊に生命システムとしての潜在体の表出を見ている。一方、村上春樹の『ダンス・ダンス・ダンス』の登場人物、五反田君は現代の社会システムを激しく呪詛している。両者はともに、中沢がソフィストと呼ぶ、状況にあわせて発言を変えることで説得力を発揮し権力を握っていく人間たちを憎悪している。

中沢も村上も、現代の社会を批判的にとらえている。二人は、東京という大都市に対して強い違和感や恐怖を感じ、その終焉を意識しているのではないだろうか。中沢は、ゴジラによる東京の破壊にカタルシスを感じると言う。村上は、東京の地下の闇に根源的な恐怖を感じると述べている。東京という都市は、東京に生まれ育ったのではない二人に、漠然とした恐怖と嫌悪の感情をいだかせている。

東京という都市は、長い伝統をもってはいない。それが日本の中心となったのは、十七世紀のはじめであり、その歴史は四百年ほどしかない。しかも、東京に住む人間たちのほとんどは、自分が、あるいはその両親や祖父母が地方から東京へ出てきたという経験をもっている。ちなみに私の二組の祖父母は、福岡と愛媛、そして栃木の出身者である。地方から東京に出てきた人間たちは、故郷での人間関係から切り離されている。その事実は、自由を与えるとともに、大きな不安を与える。だからこそ、創価学会をはじめとする宗教集団が疑似共同体としての役割を果たし、多くの地方出身者を吸収していった。東京の下町には、今でも地域のつながりが残り、そこには地域共同体が存在している。しかし、東京の大半の地域において、そこに外からやってきた人間は共同体を見出すことはできない。東京に住む人間のなかには、「漂流民」が少なくない。私の場合もそうだが、漂流民は転々と居住地を変えていく。

ユダヤ人が唯一絶対の創造神を強調するようになったのは、出エジプト後の漂泊の時代である。故郷から離れた人間たちを支えたのが、強力な唯一絶対の神だった。その意味では、東京の漂流民が、自分たちを支えるために唯一絶対の神を信仰するようになったとしても不思議ではない。しかし、ユダヤ人と東京の漂流民は、集団で漂泊し続けているか、個人あるいは小さな家族で漂流しているかという点で異なっている。神が真正の神と見なされるには、集団による信仰が必要である。

人は、東京という都市のなかで一人で生き抜いていかなければならない。人生が順調であるあいだはそれも苦にならない。しかし一度苦難が襲ってくると、危機に一人で対処することは難しい。そのとき、茫漠とした東京という都市は無機質で非情な世界に見えてくる。苦難に陥った人間にとって、他人はひどく幸福で平和な生活を送っているように見える。冬の寒い日に借金取りから逃れるために街をさ迷っている人間には、ファミリーレストランで会食している家族は至福の時をすごしているように見えてしまう。そのとき、東京という都市は、自分を抑圧し排除している強大な恐怖に見えてくる。

東京という都市は、そこに生きる人間に都市への恐怖と憎悪をいだかせるシステムを内在化させている。それが、中沢が「ゴジラの来迎」のなかで述べていた、都市自らが都市を破壊するゴジラを「よりまし」にするということの意味であろう。

オウムにおいては、現行の社会システムに対する強い批判があった。現在の日本社会は物質文明によって支配され、まちがったデータばかりを生み出している否定すべき世界だというのだ。そこには、東京という都市が、そこに住む人間に抱かせる恐怖と憎悪の感情がかかわっている。麻原彰晃は熊本の生まれだが、オウムという宗教ははじめ渋谷に本拠をかまえたことに示されているように、東京という都市に生まれた宗教である。そして、情報産業やサービス産業を取り込んだところでも、極めて都市的な性格を示している。

村上の小説は、しだいに東京を舞台にするようになっていった。舞台がかわったことで、村上の小説世界には変化が生まれた。神戸を舞台にした初期の作品では、登場人物と街とのあいだに親密な情緒的なつながりがあった。だが、東京を舞台にした中期以降の作品では、そのつながりは失われている。だからこそ、東京が舞台であると明示されても、読者はそこに東京らしさを感じることができない。

村上の小説では、喪失感が全体を支配している。初期の小説では「鼠」と呼ばれる、主人公の親友の失踪が喪失感を生んでいた。鼠は死に、また『ノルウェーの森』の直子も療養中のサナトリウムで死んでしまう。『ノルウェーの森』まで、喪失感は具体的な死という出来事にもとづいていた。しかし、しだいにその喪失感は漠然としたものになっていく。『ノルウェーの森』に次ぐ『ダンス・ダンス・ダンス』では、失踪はまだ死と結びついていた。しかし『国境の南、太陽の西』以降も、女性の登場人物が失踪するが、彼女たちは死んでしまったわけではない。理由もなく、彼女たちはどこかへ消えてしまう。

そこには、東京という都市の茫漠さが反映されてはいないだろうか。都市では人間と人間のつながりは希薄で、一度その関係が途絶えてしまえば、二人の人間はそのまま永遠に出会うこともなくなってしまう。少なくとも、そんな恐れが生み出されていく世界である。村上の小説は、茫漠とした東京を舞台に、そこで感じざるをえない喪失感から出発し、都市において人を失うことの恐怖、さらには人を奪っていく都市への憎悪を描いている。だからこそそれは、オウム事件の脚本であるかのように読めてしまうのである。

中沢のなかにも、村上の小説の主人公と同じような感覚が潜んでいるのかもしれない。村上の場合には、彼が感じた東京に対する恐怖や憎悪が小説の世界のなかで描かれ、処理されている。中沢の方は、そうした恐怖や憎悪は、あるいはチベット密教の修行のなかで処理されていったのかもしれない。しかし、十分にはそれが処理されなかった場合、恐怖や憎悪は完全に消滅することなく、どこかへ噴出していく。それは、オウムの信者たちが感じた現実の社会に対する憎しみと重なり合ってくる。

中沢はオウム事件後、宮坂宥勝の子息、宮坂宥洪とともに、東京の上野に「ゾクチェン研究所」を開設した。それは、チベット仏教ニンマ派の伝えるゾクチェン思想の研究や資料の収集を行なう日本ではじめての学術機関で、中沢がその所長となっている。さらに中沢は、東京に、現代文化と芸術、仏教を融合した「チベットハウス東京」の開設をめざしている。[54]

こうした中沢の動きは、オウム事件と決して無関係ではないであろう。中沢はオウム事件直後に発言していたように、どうやらチベット仏教に関心をもつ人間を実際に引き受けようとしているように見える。それは、中沢なりのオウム事件の総括なのであろう。

村上がオウム事件に関心をもったあとに書いた長編小説『スプートニクの恋人』では、それまでの「あちら側」の世界は描かれなかった。主人公のぼくは「あちら側」の世界からの誘惑に打ち勝ち、「こちら側」の世界にとどまっている。そこには、オウム信者の求めた「あちら側」の世界を否定しようとする村上の意志が示されているように思える。[55]

そして村上は、『神の子どもたちはみな踊る』の最後におさめられている「蜂蜜パイ」を、次のようにしめくくっている。淳平は主人公の短編小説家のことである。

これまでとは違う小説を書こう、と淳平は思う。夜が明けてあたりが明るくなり、その光の中で愛する人々をしっかりと抱きしめることを、誰かが夢見て待ちわびているような、そんな小説を。でも今はとりあえずここにいて、二人の女を護らなくてはならない。相手が誰であろうと、わけのわからない箱に入れさせたりはしない。たとえ空が落ちてきても、大地が音を立てて裂けても。(56)

『神の子どもたちはみな踊る』のなかで、他の五編は雑誌に連載されたもので、「蜂蜜パイ」だけが書き下ろしである。淳平の「これまでとは違う小説を書こう」ということばは、著者自身のことばであるように聞こえる。村上は、これまでとは違う小説を書こうとしているのであろうか。その片鱗は、『スプートニクの恋人』にも、『神の子どもたちはみな踊る』にも見えている。違う小説を書くことが、村上にとってのオウム事件の総括なのであろう。

それは、オウムに通じる暴力性を描いた『ねじまき鳥クロニクル』のさらに先にある小説になるであろう。いったいその暴力性の根源はどこに求められるのか。その根源に行き着くような小説が書かれたとき、オウムを乗り超えていくための道が開かれてくるのではないか。

第九章　バッシングと宗教学の方法

バッシング

私は、オウム事件が起こってからさまざまなかたちで批判や非難を受けた。それはまさに「バッシング」だった。私にむけられた批判や非難のなかには、客観的な事実をおさえた上での正確な批判もあったかもしれない。しかし大半は、事実無根、根拠薄弱な非難や誹謗中傷のたぐいだった。そのことに対して、私に責任がないなどと言うつもりはない。序章でもふれたように、かつて私がオウムに一定の評価を与えたことは事実だからである。ただし付け加えておくと、オウムを評価したのは私だけではない。中沢新一だけではなく、オウムに好意的だった文化人は少なくない。あるいはマスメディアにしても、一時期、麻原彰晃のことを積極的に持ち上げていた。

私に対するバッシングの引き金となったのが、一九九五年九月二十五日から『日刊スポーツ』紙上で行なわれた一連の報道だった。九月二十五日付の記事は、私が麻原から「スワミ・アカンダナンダ」というホーリーネームを与えられ、幹部扱いされていると報じた。私がホーリーネームをもらったことを喜んでいたという。その光景を目撃したという現役の信者は、前年五月に教団のあり方に疑問を感じ、私に脱会の相談をもちかけたところ、私から「私がどうこう言う立場ではないが麻原先生についていけば、いいことがある」と、脱会を引き留められたと語っているという。この記事は、一面全体を使って大々的に掲載された。翌二十六日付の同紙には、私が教え子をオウムに勧誘したという記事が掲載された。さらに続く二十七日付の同紙には、大学の講義でオウムを擁護する授業を行なったという記事が掲載された。

いずれも、全くの事実無根の事柄だった。ところが、テレビのワイドショーや夕刊紙が、この『日刊スポーツ』の記事をもとに、私がオウムの隠れ幹部で、教え子をオウムに送り込み、その犯罪行為に間接的に加担しているかのような報道を続けた。騒ぎは拡大し、激しいバッシングを通して、作られたイメージが世間に広まった。当時勤務していた日本女子大学には、「オウムを擁護する島田教授はけしからん」とか、「即刻大学を辞めさせろ」といった抗議電話が一日中鳴り続け、大学の業務に支障をきたしたと聞く。

私は、『日刊スポーツ』の記事が出た日、出張で京都の国際日本文化研究センターへ出かける予定だった。その際、駅の売店で『日刊スポーツ』を買い求めた。新幹線の車中では『日刊スポーツ』に目を通している人たちを数多く見かけた。しかし、出張中ということもあり、また京都から帰ってからは起こった出来事の処理に追われて、ワイドショーを見ることはできなかった。

私はその後、ある評論家とオウムの問題をめぐって対談をしたことがあった。その評論家は対談がはじまる前に、私に対する非礼を詫びた。ワイドショーで私を貶めるような発言をしたからだという。しかし私は対談の時点で、その評論家がテレビで私を誹謗する発言をしていることを知らなかった。そのため、詫びを入れられてもピンとはこなかった。のちにその評論家の発言をビデオで見て、彼がなぜ私に詫びたかを理解した。

私は、自分がワイドショーで誹謗中傷されていると聞き、テレビ局に番組のビデオを見せてくれるよう要求した。しかし、要求は受け入れられなかった。私はビデオを探した。アメリカでは、在留日本人向けに日本のテレビ番組をビデオ化したものがレンタルされていると聞き、アメリカにいる友人に問い合わせをした。だが、さすがにワイドショーのたぐいはレンタルされていないということだった。

私がビデオを探していた時期は、ちょうどTBS問題が起こっていたときだった。この問題が起きたことで、テレビ局が外部の人間に番組のビデオを見せることに慎重になった面があった。

しかし、当事者が、自分について報道された番組の内容を確かめられないというのは、おかしなことではないだろうか。テレビの影響力は大きく、個人のプライバシーを侵害する可能性をはらんでいる。誰にでも見せることには問題があろうが、当事者には、自分をあつかった番組の内容を、少なくとも放送後には検証できるシステムを確立する必要がある。

知人たちの協力によって、いくつかの番組に目を通すことはできた。番組のなかでは、私がやり玉に上がり、言いたい放題言われていた。ある番組では、コメンテーターの一人が、私の学者としての業績を評価するような発言をすると、司会者がそれを制し、私がオウムの教団とさも深い関係にあるかのような発言を行なった。

私はとくに、オウム被害対策弁護団のある弁護士の発言を確認したかった。その弁護士は女性週刊誌のインタビューに答えて、私が「大学のゼミという場を通して、(オウムへの) 勧誘まがいのことまでしている」と決めつけたうえで、私の教え子の父親にかんして、「杉並の教団付属病院への入院をすすめたのは島田裕巳です」と断言していたからである。弁護士は、家族から相談を持ちかけられた私が「あくまで家族の問題だ」と責任転嫁したとし、「自分が紹介して入院させておいて、なにが家族の問題だ。冗談じゃありませんよ」と、私を激しく非難していた。さらにホーリーネームの件についても、「これが本当だとしたら (島田は) 教団の外部スパイみたいなもの。社会的に抹殺するしかない」と述べていた。地下鉄サリン事件前日にオウムの人間が、私が前に住んでいたマンションに爆発物をしかけた事件も、私がオウムと親密である証拠とされ、「この事件で島田教授はオウムだとバレたようなものですよ」と語っていた。弁護士は「島田のゼミの内容がいかにひどかったかという情報がぜひ欲しい」と呼びかけ、私を「汚れた教授」と言い切り、「彼を社会的に抹殺するには日本女子大や卒業したOGに立ち上がってもらうしかありません」と激しく煽っていた。弁護士は、同様の趣旨の発言をワイドショーでも行なっていたと聞く。

その弁護士にかんしては、科学史家の米本昌平を中心に東京弁護士会に懲戒請求がなされた。請求の理由は、弁護士はオウム真理教被害対策弁護団の一員として事実を知りうる立場にありながら、私にかんして事実無根、あるいは事実を歪曲した発言をくり返し、社会から厳正中立を要求される弁護士の職業倫理に著しく反したというものだった。東京弁護士会は懲戒に値しないと決定したが、その理由としては、女性週刊誌の記事には一般に信憑性がないということがあげられていた(1)。

私は、日刊スポーツ社を名誉毀損で訴えた。訴訟を起こす前に、記事の訂正と謝罪を要求する内容証明を送付したが、日刊スポーツ社からは満足できる回答を得られなかった。記事の内容には自信があるというのだ。そこで私は、やむなく東京地方裁判所に提訴した。

裁判は、提訴から三年が過ぎた一九九八年十一月三十日に一審の判決が出た。それは奇しくも、私が大学を退職してちょうど三年目の日にあたっていた。判決は、私の側の全面勝訴に終わった。『日刊スポーツ』の報道に根拠がなく、またそうした記事を載せるにたる相当の理由がないことが認められた。日刊スポーツ社は控訴し、法廷は東京高等裁判所に移った。その後、裁判所の仲介による和解が成立し、一九九九年六月十三日付の『日刊スポーツ』社会面の一番下の段に訂正記事が掲載された（序章の註（1）を参照）。

勝訴するまでには、長い時間と多くのエネルギー、さらには多額の費用が必要だった。しかも、それによって得られたものはほとんどない。夕刊紙やワイドショーのすべてを訴えれば、さらに大きな成果が得られたかもしれないが、金銭的な面や手間を考えればそれは不可能である。ただし、日刊スポーツ社に対する訴訟に勝ったことで、私に向けられた疑惑には一応の決着がついた。

評価の理由

私が「オウム真理教はディズニーランドである」という文章を書いたのは、オウムが衆議院議員選挙に出馬した直後のことだった。オウムはその後、進出した熊本の波野村で地元の住民と対立し、逮捕者まで出すことになった。オウムと村との対立を取材していた熊本日日新聞の記者が「オウム真理教はディズニーランドである」を読んで、私のところへやってきた。それが私の波野村訪問に結びついた。

私は、波野村の道場「シャンバラ精舎」を訪れたとき、青いプレハブの群を目にした。道場の敷地のなかには、五十棟ほどのプレハブが立ち並んでいた。プレハブのあいだの道はひどくぬかるんでいて、長靴なしには歩けないほどだった。まさにそこは、開拓地のような場所だった。私は、その光景に接し、自分がかつて所属していたヤマギシ会のことを思い起こさずにはいられなかった。

私がヤマギシ会に参画したとき、はじめは埼玉県大宮市の指扇にある共同体で生活していた。そこには三棟の建物が建っていたが、どれもプレハブだった。おまけにそのプレハブは資材をしまっておくためのもので、壁は薄く、埼玉のひどく寒い冬を越すのはつらかった。あるいは三重県四日市市にあったヤマギシ会の拠点、豊里実顕地には、バラックのような土の床の食堂があり、長靴をはいたメンバーたちがあわただしく食事をかき込んでいた。当時のヤマギシ会は貧しく、食事も質素だった。そうした場所で生活したことのある私には、波野村の道場がヤマギシ会の共同体と重なって見えた。

波野村の道場の食堂では、野菜を入れたポリバケツのなかに電極を差し込んでいる光景に出会った。麻原彰晃の唱えるマントラ（真言）を電気信号に変換して流しているというのだが、それによって野菜のカルマが落ちておいしくなるというのだった。私には、その野菜の「カルマ落とし」の話がひどくばかげたものに思えた。しかし、現実の社会を捨てて、辺鄙な山奥の開拓地のような場所で自分たちの求めるものを追求しようとしている彼らの姿に、若いころの自分を見たのである。

私は、オウムの試みに賛同したわけではない。彼らの求めるものとかつて自分が求めたものとのあいだには、決定的なちがいがあるとも感じた。しかし、現実の社会の外側に、もう一つ別の社会を作り出そうとする試みを、くだらない夢物語として否定してしまうことには抵抗があった。たとえその試みが社会と衝突することがあったとしても、たんに対立関係にあるという理由だけで排除してしまうことには賛同できなかった。青年期には誰もが夢を見る。理想の世界を夢見て、その世界の実現に自分のすべてを賭けようとする。一度そんな夢を見た人間として、私はオウムの人間たちの試みを簡単には否定できなかった。

私は、波野村を訪れることになったとき、麻原と会うことになるとは考えていなかった。私を波野村に連れていってくれた熊本日日新聞の記者からも、その予定があるとは聞いていなかった。ところが、たまたま青山吉伸の初公判があり、麻原はふだん生活している富士山総本部道場から熊本まできていた。私は市内のホテルで彼と会い、話をすることになった。このとき麻原という人間に会わなかったとしたら、私のオウム観もずいぶんと異なるものになったであろう。麻原は話のなかで、ときに怒りをあらわにすることがあった。だが一方で、率直に教団の実情を語り、ユーモアのある受け答えさえした。

波野村を訪れてから九カ月が経った一九九一年九月、私は『朝まで生テレビ』の番組で、麻原やオウムの幹部たちと同席することになる。番組のなかで、麻原ははじめ怒りをあらわにすることが多かった。麻原は、幸福の科学の幹部や景山民夫にばかり発言の機会が与えられ、自分やオウムの幹部の発言は少なく不公平だと訴えた。また、この番組は若者と宗教をテーマとしているにもかかわらず、幸福の科学とそれに批判的な報道を行なった講談社の対決の問題に終始しているとして、約束がちがうと異議を申し立てた。麻原はこのままなら自分は退席すると言い出し、司会の田原総一朗と激しくやり合った。

しかし、麻原の態度は、番組が進むにつれて変化していった。麻原の口調はしだいに穏やかなものに変わっていった。怒りをあらわにしたり、激しくやり合ったりすることもなくなった。敵対関係にある幸福の科学の幹部たちに対しても、諭すような話し方に変わった。それは、議論が進むなかで、麻原が、自分たちの主張がある程度、他のパネラーや視聴者に理解され、受け入れられているという感触をえたことが原因になっているように見受けられた。自分たちが認められていないあいだは激しく反発し、認められればおとなしくなる。それは駄々っ子そのままである。しかし私は、この『朝まで生テレビ』での経験をもとに次のように考えた。

オウムは、これまで社会と激しくぶつかってきた。『サンデー毎日』からは叩かれ、波野村でも地域住民からの激しい反発を受けた。それはオウムが、世俗の社会つまりは私たちの生きている現実の社会のあり方を強く批判し、妥協をよしとしないからである。彼らはそうした体験を通して、自分たちが社会に受け入れられることはないと考え、強い態度で臨んできた。しかし、『朝まで生テレビ』のなかで見られたように、彼らは自分たちが受け入れられていると感じられるようになれば、攻撃的な姿勢を捨て、穏やかな姿勢で私たちに臨んでくる可能性がある。オウムの価値を否定し対立を煽るよりも、彼らの存在を認め、彼らを受け入れた方が、摩擦は少なくなるのではないか。私はそのように考え、彼らの存在意義を評価することで、オウムの社会に対する姿勢を変化させることができるのではないかと考えた。

オウムは、『朝まで生テレビ』への出演以降、社会に受け入れられていった。麻原は、一般の雑誌で著名人と対談を重ね、テレビのバラエティー番組にまで出演して人気者になった。宗教教団の教祖がマスメディアで人気者になるなどということは、今までになかったことである。「イエスの方舟」のリーダー、「千石イエス」こと千石剛賢の場合には、マスメディアの姿勢が変化することで、真摯な宗教家としての評価を獲得したが、麻原のようにバラエティー番組に出演するということはなかった。その点でも、オウム、とくに麻原はテレビ的な存在であった。

日本のマスメディアは、伝統的に宗教に対して批判的である。宗教学者の井上順孝は、戦前から続く「新宗教＝淫祠邪教観」を捨て去るべきだということを強調している。研究者はそれを捨てているが、マスコミ報道のなかには、一皮めくれば淫祠邪教観がちらついているという(2)。

オウムに対しても、マスメディアは最初の時点で、淫祠邪教としてあつかった。しかし、麻原という存在がテレビ的な魅力をもっていることがわかると、とたんにオウムを好意的にあつかうようになった。そこには、私を含めマスメディアに登場する人間が、オウムを積極的に評価したことも影響していただろう。その私のオウムに対する評価は、根本的にまちがっていたことになる。私は、オウムがテロリズムに結びつくような暴力性を備えていることを認識できなかった。オウムはむしろ、淫祠邪教の最たるものだった。その点では、宗教学者よりも、マスメディアの方がオウムを的確にとらえていたように見える。しかし、マスメディアも、オウムがテロリズムへ向かうとは予測できなかった。また、一時期ではあるがマスメディアはオウムを持ち上げたのである。

私は、一九九一年から九二年にかけて、オウムに対する社会の姿勢が変化していくのを目の当たりにし、オウムが社会に受け入れられた以上、もう自分がオウムを評価する必要もないであろうと考えた。オウムはそのころ、ロシアへの進出を試みていたが、一九九二年一月、上祐史浩から一緒にロシアへ行かないかと声をかけられた。オウムが旅行の費用はすべてもつと言ったが、私はその申し出を断った。私は、そこまでオウムに深入りすべきではないし、その必要もないと考えた。

その後、オウムのことはそれほど話題にならなくなった。たとえば、オウムを追い続けてきた江川紹子の『「オウム真理教」追跡2200日』を見ると、江川の『週刊文春』の記事は、一九九一年六月二十七日号から一九九四年九月一日号まで、三年以上にわたる空白があった。

統一協会の問題

オウムがロシアに進出し、半分忘れられていた時期にも、日本の社会では宗教のことが大きな話題になっていた。一九九二年には、アメリカ生まれの小規模な宗教教団「愛の家族」が、フリーセックス、幼児に対する性的虐待を行なっているとして、マスメディアの糾弾の対象となった。さらに、桜田淳子や山崎浩子といった著名な芸能人が、世界基督教統一神霊協会（統一協会）の合同結婚式への参加を表明したことをきっかけに、統一協会の行なっている「霊感商法」の問題が取り上げられ、統一協会は反社会的な宗教教団として厳しい批判にさらされることになった。

一九九三年には、山崎が脱洗脳され、統一協会を脱会するという出来事が起こる。そして、この出来事にあわせるかのように、アメリカ統一協会の元信者で、のちに脱会し「脱会カウンセリング」を行なうようになったスティーヴン・ハッサンの『マインド・コントロールの恐怖』が刊行され、「カルト」や「マインド・コントロール」ということばが広く使われるようになる。ハッサンは「破壊的カルト」という言い方を使い、破壊的カルトとして、統一協会や愛の家族の他に、サイエントロジー、人民寺院、ハレ・クリシュナ、超越瞑想（TM）、ラジニーシ・ムーブメント、エホバの証人（ものみの塔）、さらには創価学会インターナショナルをもあげている。破壊的カルトでは、マインド・コントロールによる人格破壊が行なわれているという[3]。

ハッサンの使うカルトやマインド・コントロールという概念は、一般には受け入れられたようだが、宗教学の研究者には簡単には受け入れられないものであった。宗教学の世界では、カルトという概念は特殊で神秘的な少数者の集団を意味するものとして用いられ、教団を組織するような宗教は、当初はおおむねカルトとして出発するものと考えられている。つまりカルトは、宗教集団の発展の一形態としてとらえられている。カルトは、やがてセクトとなって組織を確立し、最終的にはチャーチとして社会に安定した場を確保していく。宗教学の立場からすれば、特定の宗教教団を破壊的というかたちで否定的にとらえることはむずかしい。それは、価値判断をもちこみ、中立性を損なうことになるからである。

当時とくに私が強い疑問を感じたのが、マインド・コントロールの概念だった。ハッサンは、洗脳（ブレイン・ウォッシング）のかわりに、マインド・コントロールという概念を導入しているが、マインド・コントロールという概念は、洗脳の概念以上に曖昧なものである。宗教教団のメンバーとなった人間であれば、その程度は人によって異なっているであろうが、教団特有の見方にしたがって世界をとらえようとする。その見方は教団によって教えられたものであり、その点で信者は教団によってマインド・コントロールされていることになる。ただしそれは、宗教教団に限らない。会社や学校の組織でも、マインド・コントロールにあたる特定の価値観の刷り込みが行なわれている。

とくに私がマインド・コントロールという考え方に批判的だったのは、やはりヤマギシ会の体験があったからである。私は、ヤマギシ会に参画していたときの自分がマインド・コントロールされていたとは思いたくなかった。それでは、私の主体性は失われてしまうように思えた。そこで私は、『宝島30』に寄稿した文章のなかで、次のように述べた。

元信者にとって、入信していた頃の自分は、カルトによってマインド・コントロールされ、だまされていただけだと説明することは、自分の立場を正当化する上で都合がいい。たとえ霊感商法などに従事して、他の人間をだましていたとしても、自己の責任はすべて免責されるからである。(4)

ある人間が、カルトのメンバーであった時代にはマインド・コントロールされ、だまされていたのだととらえてしまえば、その時代の体験は意味のないものになってしまう。しかし私には、その時代がすべて無意味なものだとは思えなかった。あるいは思いたくなかったと言うべきかもしれない。

また私には、拉致監禁などによる強制的な脱洗脳の手法はもちろんのこと、ハッサンの言う脱会カウンセリングにも釈然としないものがあった。私がヤマギシ会に参画していたとき、脱洗脳や脱会カウンセリングの対象になっていたとしたら、やはり私の主体性というものは失われてしまうように思えた。

私はさらに、『宝島30』に寄稿した文章のなかで、統一協会をめぐるイデオロギー的な対立について言及した。というのも、統一協会は反共をかかげた国際勝共連合やその学生組織、原理研究会（原理運動）と密接不可分な関係にあったからである。国際勝共連合は、共産主義国を批判するだけではなく、日本の国内では日本共産党を敵視し、大学のキャンパスのなかでは原理研究会の学生と日本共産党の学生組織、民主青年同盟（民青）の学生たちとが激しく対立していた。したがって、それまで統一協会を批判してきたのは、主に日本共産党の党員やそのシンパだった。

ところが冷戦構造が崩壊し、共産主義勢力対反共運動という対立の図式が崩れると、国際勝共連合や原理研究会には反共運動としての存在意義が薄れた。統一協会が合同結婚式や霊感商法をめぐって糾弾されたのは、まさに共産主義をめぐる左右の対立が終焉をむかえつつあった時代においてなのである。

私は、統一協会批判の裏にイデオロギー的な対立があることを指摘し、次のように述べた。

そうした（冷戦後の）世界情勢のなかで、統一協会も反統一協会の立場をとる左翼勢力やキリスト教の諸宗派も、それぞれ自分たちの存在意義を社会に向けてアピールしなければならなくなった。だからこそ、山崎（浩子）は統一協会の広告塔にもなれば、反統一協会の広告塔にもなったのである。(5)

今から振り返ってみれば、こうした指摘が問題だったのであろう。あるいは、マインド・コントロールの概念に異議を申し立てたためなのであろうか。私は、反統一協会の運動を行なっている人間から批判を受けることになった。(6)

統一協会が霊感商法を行なっていたことはまちがいない。ただ私には、統一協会の問題を霊感商法だけに限定してとらえることに納得できないものがあった。統一協会を国際勝共連合や原理研究会といった反共運動の枠のなかでとらえなければ、その社会的な意味を理解できないと考えた。

同じ時期、『噂の真相』が、やがて『日刊スポーツ』でも取り上げられることになる、家族をオウムの付属病院に入院させた教え子の事件についてふれ、私がオウムの詐欺行為の片棒をかついでいると報じた。(7)『噂の真相』の記事はでたらめで、私はその時点で『噂の真相』を名誉毀損で訴えておくべきだった。しかし、『噂の真相』の記事を真に受ける人は少ないだろうと考えたのはまちがいだった。その後、この記事を利用しようとする人間が出てくることを予想できなかったのである。

オウム事件の一年前、一九九四年の春、『噂の真相』の記事のコピーを同封した怪文書が、日本女子大学の関係者に郵送されるという事件が起こった。最初は、私を除く教職員宛に匿名で送られ、次第にそれは学生の保護者にまで広がっていった。一度に送られたわけではないが、四年生から三年生、そして二年生といったぐあいに、最終的には全学年の保護者宛に郵送された。その怪文書は、日本女子大学に通う娘をもつサラリーマンが書いたという体裁になっていた。娘は四年生になるが、昨年から大学を休みがちで、「もう大学には行きたくない」と口走り、何かに怯え、家からも出ようとしない。心配したそのサラリーマンが妻に真相を聞き出させたところ、ある先生に大変な不信感と恐怖を感じ、大学そのものにも怯えるようになってしまったという。

この特定の先生というのが私のことである。私は講義かゼミで、学生にオウムへの入信を勧め、娘は断わったが、娘の友だちは無理にオウムに通わされ、その家族は私とグルになったオウムに土地をだましとられた。さらにその事件が記事になって公表されると、友だちの家に連日オウムの人間が押しかけるようになり、私にかけ合ったところ、責任逃れをしようとしただけではなく、人の弱みにつけ込み研究室かどこかの個室で二人きりだったのをいいことに、娘の友だちに関係を迫り乱暴したらしいという。娘がこの話になるとかたくなに口を閉ざすことから、母親は乱暴されたのは友だちではなく娘本人だと直感し、涙ながらに夫に訴えた。サラリーマンはことばにならない悲しみと怒りを感じたが、はっきりとした証拠がなく警察にも訴えられないし、相手が大学の先生では、娘の今後の学生生活のことを考えると、強くも出られないと述べている。そして、大学に対しては私に対する処分を要求し、保護者に対しては私の責任を追及するよう訴えていた。

この怪文書を誰が書き、誰が送りつけたかはわからない。私をおとしめ、大学を辞めさせようとする目的で書かれたものであることはたしかだが、全学にまかれたことを考えれば、個人によるものではなく、組織的なものと考えるべきであろう。

もちろん、訴えの内容は荒唐無稽で、学生にオウムへの入信を勧めたり、オウムの道場に無理やり通わせたことはない。まして、学生に乱暴を働いたなどということがあるはずがない。しかし保護者のなかには、内容のすべてではないにしてもその幾分かを信じてしまったり、またこういう怪文書が送られてくること自体に不安を感じた人たちもいたであろう。私が要求したにもかかわらず、大学からは公式に怪文書の内容を否定する機会を与えられなかったし、大学側が調査に乗り出すこともなかった。

それから間もない六月の終わりころ、第二の怪文書がまかれた。今度は学長をはじめとする大学の上層部や大学の保護者会の会長などにあてて、私の授業を録音したテープを同封した文書が送られた。今度は、私の授業をとっている一年生が書いたという体裁がとられていた。私は授業のなかで統一協会のことをとりあげ、教団の研修で使われている『原理講論』のビデオを見せたうえに、霊感商法はひっかかる方がどうかしていて、統一協会がやっているとはいえないと教団の片棒をかつぎ、しかも統一協会の教義がさもすばらしい教えであるかのように解説し、統一協会の宣伝まがいの授業をしたという。

この学生は、私の授業を聞いていると恐ろしい宗教に洗脳されそうで、自分や他の学生もいつ被害者になるか分からないと思うと述べ、最初の怪文書の父親と同様に、私に対して、大学としてなんらかの処分をしてほしいと訴えていた。この処分を希望する部分の書き方が共通していることから考えて、二つの怪文書は同じ人間の手になるものであろう。

授業のなかで統一協会についてとりあげたのは事実だが、その教義をすばらしいなどと言うはずはない。また、すでに述べたように、統一協会が霊感商法を行なってきたと認識しており、その点で統一協会を擁護しようなどとするはずがない。それは、同封されたテープを聞けばわかることで、テープを実際に聞いた人からは批判を受けなかった。

ところが、この怪文書とテープをもとにした記事が『週刊文春』の九月一日号に出たことで、私が統一協会を擁護しているかのような印象が世間に広まった。『週刊文春』の見出しには、「これでは統一協会広報も同然」

とか「統一協会の言い逃れと同じ」、さらには「統一協会からは肯定的評価」とあった。(8)

この授業をとっていた学生にあとから聞いたところによれば、テープが録音された日の授業には、学生とは思えない「見知らぬ狐目の美人」がまぎれこんでいたという。また、怪文書の書き手である一年生は地方出身者ということになっていたが、三十数名の受講生のなかに一年生で地方出身という学生は一人もいなかった。この記事によって、最初の怪文書を受け取った人たちの私に対する印象は、さらに悪化した。

オウムに対する強制捜査が開始されてから、私に対してさまざまな噂が飛びかった背景には、こうした捏造記事や怪文書があった。それはそもそも、今述べたように、統一協会の問題に端を発していた。

私はある弁護士から、私がバッシングを受けたのは、オウムの問題でではなく、むしろ統一協会の問題によるという話を聞いた。私はその話を聞いて、納得した。オウムを論じた人間のなかで、なぜ私だけがバッシングを受けたのか、その理由が理解できたからである。

教え子の問題

教え子の問題については、大学を辞めた直後『新潮45』に書いたことがあるが、仮に問題になった学生をA子と呼ぶ。A子は一九九一年度の後期に、私の担当した「史学基礎演習」という授業を受講した。この授業では、現代における宗教の問題をとりあげ、学生をいくつかの班に分けて個別のテーマを研究させた。

報道では、A子はオウムを担当したとされているが、事実はちがう。A子が担当したのは統一協会だった。しかも彼女は統一協会に出かけていったわけではない。逆に、別の学生とともに霊感商法の被害者の救済に当たっている山口広弁護士の事務所を訪れ、統一協会の元信者から霊感商法の実態について話を聞き、その結果を授業で報告した。

したがって、A子を実地調査の名目でオウムの道場に通わせたという事実はない。別の班の学生がオウムを担当したが、彼女たちも東京大学の駒場キャンパスで開かれた駒場祭での麻原彰晃の講演会に出かけ、聴衆の一人として話を聞いただけだった。麻原ともオウムの信者とも直接に接触していない。彼女たちの報告によれば、麻原の宗教や修行についての話はまったく理解できなかったとのことだった。

たまたまこの基礎演習の授業が続いていた十一月十四日に、千葉県の柏にある気象大学校の学園祭で、私と麻原との対談講演が企画された。対談講演の主催者はオウムの教団ではなく、学園祭の実行委員会だった。私は、基礎演習の授業のなかで、興味があれば聞きにこないかと学生たちに呼びかけた。基礎演習をとっている学生は十数人いたが、当日見にきたのは二人だけで、そのうちの一人がA子だった。私が手伝いのためにA子を同行させたとも伝えられたが[9]、それもちがう。講演をするときに、たまたまA子に私が持参したテープレコーダーをもってもらったことが、そのように伝えられたようだ。

A子は、そのときオウムの信者からパンフレットをもらい、資料請求の葉書を送ったらしい。私は、彼女がパンフレットをもらったことも、葉書を送ったことも知らなかった。ところが、彼女の家がオウムの杉並道場に近かったせいもあって、オウムの信者が彼女のもとへ直接やってきた。私は彼女から報告を受け、その様子に注意していたが、基礎演習が終了した時点で、A子はオウムは信じられないし、入信するつもりなどないと明言していた。

私は、このA子本人のことばから、彼女がオウムに深入りしていくことはないであろうと判断した。ところが、授業が終わって数カ月がたった一九九二年の暮れに、A子の母親から電話があった。娘に勧められてオウムとは知らずに病気の夫をその付属病院に転院させたが、病状の回復が思わしくなく退院させたいと考えているが、病院側が応じてくれないというのである。私は基礎演習の授業が終わってからは、大学でA子と顔を合わせたことがなかったため、それまで転院させたという事実さえ知らなかった。私はそのような事態が起こっていることに驚き、さっそく病院に電話し家族の意志を伝えた。

電話に出たのは林郁夫であったと記憶している。林は、患者の病状は回復しており、まだその時点では家族から退院を求められたことはないと言い、申し出があればもちろん話に応じると私に回答した。ただし林は家族が患者の看護に積極的でないと不満を述べ、さらには私のような立場の人間に仲介を依頼したことに対して、露骨に不快感を示した。

私はA子の母親に、病院側は退院の申し出に応じる用意があるとだけ伝え、林の示した不満や不快感については教えなかった。そのことを伝えれば、家族の側の病院に対する不信感はさらに強くなり、事態はいっそうこじれるのではないかと思えたからである。

その後、年が明けた一九九三年の二月末か三月はじめに、母親から手紙が送られてきた。病院側との関係はさらに悪化し、不動産を布施として要求されただけではなく、入院中の夫からは離婚を承諾するよう書類が送られてきたというのである。母親は、私ならオウムに対して影響力をおよぼせると考えたのであろう。あるいはマスコミを通して、オウムを糾弾することを期待したのかもしれない。しかし事態はあまりにこじれており、林の示した不快感も気になっていた。私が介入しても、事態は余計にこじれるだけではないか。私はそう判断し、母親に対して、離婚などの話については弁護士などの専門家に任せた方がいいのではないかとしたため、自分にできることは麻原に手紙を書くことくらいしかないと書き送ったが、母親からはそれ以上、連絡はなかった。

オウムの犯罪行為の数々が明らかになった今日の状況から考えれば、私は、より積極的に対処すべきだったのかもしれない。その点で、A子の家の方々の期待にそえなかったことは事実である。しかし、A子の勧めだけで、オウムの付属病院だとは知らずに転院を決めたという話が理解できなかったことも、私が消極的になった理由の一つだった。

私は、はじめてA子の母親から電話があったとき、事実関係をたしかめるためにA子を呼び出そうかとも考えた。しかし、彼女の勧めでオウムの付属病院に転院したのだとしたら、家族のなかでの彼女の立場はかなり難しいものになっているのではないかと思えた。A子を呼び出すことは、彼女を苦しめることになるにちがいないと判断した。

しかし、母親が最初、私に語った話には、事実と相違する部分があったようだ。A子の父親は十数年来、脳梗塞の後遺症に苦しみ、その看病疲れで母親も倒れたことがあったという。そうしたなかで、一九九二年一月、電話をかけてきた信者にA子がそのことを漏らすと、付属病院への入院を熱心に勧められた。A子には入院させる意思はなかったが、母親とともに付属病院の説明を受けに、近くにあったオウムの杉並道場へ出向いた。オウムの側からは、父親を薬漬けにはしない、金もかからない、介護もリハビリもすると説得され、母親は入院に同意したという[10]。

A子の母親が、そうした経緯について正確な情報を与えてくれなかったのは、なぜなのだろうか。オウムだとは知らずに転院させたという話と、道場で説明を受けて同意したという話のあいだには大きな開きがある。同意してのことだという話を聞いたならば、私はA子を呼び出していたであろう。

私は、林が露骨に不快感を示したために、自分が介入すればさらに事態はこじれると判断したのだが、林はこの事件において、いったいどのような役割を果たしていたのであろうか。私は、林の『オウムと私』が刊行されたとき、その点が明らかにされるのではないかと期待した。しかし林は、『オウムと私』のなかで詳しいことは述べていない。

林は、一九九三年後半の付属病院では、入院している患者たちに対する支部からの働きかけが活発になり、布施を目的にして、老人病院などからの転院や、高齢の財産もちの慢性病患者の入院に付属病院が利用されはじめたと述べている。家族や財産をめぐるトラブルでは林もかつぎ出されることがあり、裁判沙汰となった一件では、またも付属病院は批判や中傷にさらされることになったと述べている。林は、医療そのものでは、いままでどおり最大限の努力をしているとの誇りがあったが、純粋に病気の重症度を考え、申し込みの順に入院を決定していたころとはまったく変わってしまったと述べている。(11)

裁判沙汰となった一件とは、A子の家族の事件のことをさしているにちがいない。林は、それを支部の責任にしていた。そして、自分にはまったく責任がないかのような言い方をしていた。

記事の書かれた経緯

私が、A子をオウムに調査に行かせたという誤報が信じられたのは、おそらく私自身が、ヤマギシ会のもぐり込み調査を行なった経験をもっているからであろう。そうした調査の経験をもつ私ならば、自分の教え子にもそういう調査をさせたにちがいないと考えられたのかもしれない。

しかし私自身は、このもぐり込み調査という方法には賛成ではない。とくに大学生程度の年齢の若者に、身分を偽ってもぐり込ませることは危険である。その危険性は、私自身の経験が証明している。私はヤマギシ会に調査に行って感化され、そのメンバーになってしまった。まさにミイラとりがミイラになってしまったのである。また、もぐり込み調査には、道義的な問題がある。目的を偽ることは、教団をだますことになる。果たして調査という名目で、相手をだますことが許されるのだろうか。その点でも、もぐり込み調査には賛成できなかった。

だからこそ、基礎演習で宗教をテーマとしたとき、学生たちが直接宗教教団と接触することがないよう注意をはらった。また、A子らを山口広弁護士のもとへ行かせたのも、宗教による被害の実態についても学生たちに認識させる必要があると考えたからである。

この教え子の事件にかんして、私は私なりに最善を尽くしたつもりである。しかし、それはA子の家族の期待にかなうものではなかった。その点で、A子の家族に、私に対する怒りがあったことであろう。

教え子の事件の概略は今述べた通りだが、では、『日刊スポーツ』が報じたホーリーネームの問題についてはどうか。私が、麻原彰晃からホーリーネームをもらったなどということはありえない話だが、裁判の過程で、なぜそのような記事が作られたのかが明らかになった。

記事を書いたのは、社会部のYという記者であった。彼は、Iというオウムの現役女性信者からその情報を得たという。Iは、一九九五年七月に、Y記者のところに、それまで報道されていたオウムに批判的な記事について抗議の電話をかけてきた。彼女は十八歳で、入信歴が八年あり、「師長」というステージにあると打ち明けた。Y記者は、そこからIをオウムの現役信者と信じたという。

Iは、それから何度もY記者のところへ電話をかけてきて、教団内部の情報を教え、また線香や写真、説法テープといった「オウムグッズ」も送ってきた。Y記者は捜査状況や世論を伝え、狂信的な集団であるオウムからの脱会を勧めた。そうしたやりとりのなかで、Iが「島田先生はホーリーネームを持っている。今でいえば師長補の位にあった。私が脱会の相談をしたら、『麻原先生についていけばいいことがある』と言ってくれた」と述べたという。

このIの語ったことが、ほぼそのまま記事になったのだが、なぜY記者が、Iの言ったことをそのまま信じたかは不思議である。というのも、Iの言ったことには、オウムのことを取材したことがある人間ならすぐに気づく矛盾があるからである。

オウムでは、幹部ははじめ大師と呼ばれていた。それが、第四章でも述べたように、師の上に正悟師、その上に正大師のステージが設けられ、さらに一九九四年七月頃から、師は、師長、師長補、師の三つに、正悟師は、正悟師長、正悟師長補、正悟師の三つに分けられた。Iは十八歳で入信歴が八年だとY記者に語ったという。ならば、Iはわずか十歳でオウムに入信したことになる。しかもその若さで、クンダリニー・ヨーガを成就した師の一番上、師長のステージにあるというのである。

またY記者はIから、私が師長補の位にあったという情報を得たというが、ならば私はIよりも下のステージであったことになる。師長であるIが、その下の師長補である私に脱会の相談をもちかけたりするのだろうか。

Y記者は、Iの話をそのまま記事にしている。しかもY記者は、I以外に、私のホーリーネームの件について取材をしていない。私のところには二度ほど電話がかかってきた。私は最初の電話で、自分にホーリーネームが与えられているなどという話はまったく知らないと答えた。二度目には、大学との話し合いで、当分の間オウムの件については取材に応じないという約束を取り交わしていたので、取材には応じられない旨を伝えた。

Y記者は、私が大学に迷惑がかかるので取材に応じられないと答えたことを、何か私がまずいことでも隠しているかのように誤解し、裏づけをとるという取材の初歩に属するはずのこともしないまま、それを記事にした。しかもY記者の上司であるデスクも裏づけ取材のない記事の掲載を認めた。

私はY記者に会ったことはない。日刊スポーツ社の記者を名乗る男から電話を受けたことはたしかである。

しかし、その人物が本当に日刊スポーツ社の記者なのか、私にはわからなかった。電話取材では名刺が渡されることもない。なぜY記者は、私のもとを訪れ、私に直接確認しようとはしなかったのであろうか。

当時は、麻原が逮捕され、オウム信者たちの裁判が本格化しようとする時期にあたっていた。オウムへの関心は薄れつつあったものの、オウムは絶対の悪であり、それにかかわる人間も同じように悪だという風潮が強まっていた。そんな状況のなかで、報道の正確さや倫理という問題は吹き飛んでしまったのである。

元信者として

私がかつて所属していたヤマギシ会が、果たして宗教なのかどうかという点については議論があろう。ヤマギシ会は宗教法人ではない。ヤマギシ会の共同体、実顕地はおおむね農事組合法人の形態をとっている。ヤマギシ会自体も、自分たちの組織が宗教団体であることを否定している。

ただし、新宗教関係の辞（事）典類では、ヤマギシ会の項目が設けられていることが多い。松野純孝編『新宗教辞典』の「はしがき」では、編者が実際に接したおよそ二百の教団を収載したとし、宗教法人ではないが、一燈園（懺悔奉仕光泉林）、実践倫理宏正会、モラロジー研究所、ヤマギシ会については、新宗教の理解に資するためにおさめたと断わっている[12]。井上順孝他編『新宗教事典』でも、島薗進は、ヤマギシズムという心直しのシステムにもとづく共同体を作り、養鶏業や農業で成功をおさめたヤマギシ会を新宗教に含める人もいると述べている[13]。

このように、ヤマギシ会を宗教に分類することは十分に可能である。ということは、ヤマギシ会に入りそこから抜けてきた経験をもつ私は、ヤマギシ会の元信者であることになる。

ヤマギシ会の元信者である私は、宗教の世界の内側というものがどういうものであるのかを体験として知っている。それはヤマギシ会について言えるだけではない。他の宗教教団に対しても、その内側をある程度理解できるように思う。少なくとも私は信者の視点から、宗教の世界がどのように見えるのかを体験から理解している。

さらに私は、現役の信者ではなく、元信者である。それは、宗教の内側の世界を知っているというだけではなく、その世界から離れていくことの難しさを経験しているということでもある。私は、体は教団の外に出ていながら、頭のなかは依然として内側にとどまっているという、奇妙でまた混乱した精神状況を実際に経験した。

中沢新一の場合にも、私と似たところがある。中沢も、宗教学の研究をしているなかでチベット密教の世界に飛び込み、修行者としての生活を続けてきた。元々は信仰のなかった人間が、宗教学の研究の一環として宗教の世界に入り込み、その世界に感化されたという点で、私と中沢は共通している。ただし、私と中沢とのあいだには大きなちがいがある。私がヤマギシ会の元信者であるのに対し、中沢は今もチベット密教の現役信者である。

私はヤマギシ会を出たあと、ヤマギシ会の元信者が多数参加した「緑のふるさと運動」に参加した。この運動は、個別の共同体を超えたより自由な共同体の実現をめざす試みではあったが、ヤマギシ会の元信者が担い手となったことで、そのなかではヤマギシ会批判が展開された。

元信者にとって、出てきた教団に対する思いは複雑である。教団に対して不満を感じ、批判的に見ていることはたしかである。しかし、教団の外に出ても、その教団を批判し続けるということは、その教団に対して強い関心を失っていないことを意味する。批判は関心の裏返しでもある。元信者は、その教団に強い魅力を感じたからこそ入信したのであり、その価値を認めている。その思いは、脱会したからといってすぐに消滅してしまうわけではない。元信者は自分が出てきた教団に対する関心を失わず、またその思想や考え方に一定の価値があることを認めている。元信者の教団に対する感覚は、アンビバレントである。ある宗教に飛び込んでいくことは現実の社会を捨てることであり、脱会することは自分が一度は捨てたはずの世界に舞い戻ってくることを意味する。それは、本人にとって矛盾した状況であり、そこから悩みや苦しみが生まれる。

したがって宗教の問題は、私にとって他人事ではない。それは私自身の問題であり、元信者の立場から、一般の世間における宗教についての扱い方にどうしても疑問を感じてしまう。

しかも私の場合には、ヤマギシ会を脱会した後、宗教学の大学院に進み、宗教学者として研究を進めてきた。宗教学の立場は、宗教現象を客観的に研究していくことにあるが、宗教に対する客観的な姿勢は、ときに世間の宗教のとらえ方と対立する。そして宗教学者は、世間の宗教理解に偏見を見出してしまう。

坂本堤弁護士一家の失踪が明らかになった直後、中沢新一は麻原彰晃と対談を行なっている。中沢は当時、「ニューアカ（ニューアカデミズム）」の寵児として、浅田彰とともにマスメディアでもて囃されていた。マスメディアで注目されていた中沢がオウムの教祖と対談したことは、大きな話題になった。

中沢と麻原の対談を載せた『週刊ＳＰＡ』の編集長渡辺直樹は、東大宗教学研究室の中沢の後輩で、私とは同期にあたる。私は大学の四年生のとき、「新宗教運動の調査研究」というゼミに参加し、それがヤマギシ会とのかかわりに結びついていくことになるのだが、渡辺も、やはり同期であった四方田犬彦とともに、高橋信次を教祖とするＧＬＡを調査した。

渡辺は、オウム事件のあとに、対談を掲載したいきさつについて述べている。彼は、宗教学を学んだ人間として、かねてからマスメディアの宗教に対する報道に偏りがあることが気になっていたと言い、中沢と麻原の対談の目的は、オウムの宗教としての本質をあぶり出すことにあったと述べている。[14] 渡辺という宗教学を学んだ編集者の存在がなければ、中沢と麻原の対談は成立しなかったであろう。

植島啓司は、上杉清文と私との鼎談で、宗教学者がオウムの問題にふれると、オウム擁護、オウム寄りと見られ、社会から反発を受けてしまうのは当然だと述べ、逆にオウムを批判すると、先入観にあふれた一般的な社会道徳、社会的通念を応援するようなかたちになってしまうという、ダブルバインドの状況に陥ってしまうことを指摘している。[15] 植島は、東京大学の宗教学研究室が新宗教の調査研究を行なったときには、自分はもうそこを出ていたが、オウムにまったく興味がないというわけではなく、オウムの問題は宗教学者の学問的中立といった問題にふれるので、否応なくかかわらざるをえないと述べている。自分はオウムに対して最初から強い拒絶反応があったが、それをテレビで言うと一般のワイドショーの立場になってしまうので、マスコミにはほとんど接触をもたなかったし、『朝まで生テレビ』にも出なかったと述べている。[16] 植島は、なぜ宗教学者がオウム寄りにならざるをえないのか、その理由については述べていないが、それは、宗教学の方向性を踏まえてのことであろう。

宗教学の方向性

宗教の科学的、客観的な研究を標榜する宗教学の誕生は、一八七〇年に、オックスフォード大学の教授であったドイツ人のマクス・ミュラーが王立研究所（ロイヤル・インスティテュート）で行なった一連の講義にあるとされている。ただしそこでは、東洋の宗教の聖典や神話が研究の対象とされ、ミュラーが研究したのもインドの古代神話『リグ・ヴェーダ』などの文献資料であった。[17]

初期の宗教学においては、拙著『父殺しの精神史』でも述べたように、宗教の起源の探求が盛んに行なわれた。宗教の起源を説明する学説として、アニミズム説やプレアニミズム説、原始一神教説が唱えられ、十九世紀の終わりから二十世紀のはじめにかけては、宗教の起源をトーテミズムに求めようとする試みが相次いだ。[18]

初期の西欧の宗教学は、必ずしも宗教全般を研究の対象とはしていなかった。対象となる宗教は、東洋や古代あるいは原始未開の宗教であり、研究者自らのバックボーンであるキリスト教を除く宗教が、研究対象となっていた。キリスト教は、もっとも進化した宗教として高く評価され、その哲学的考察が行なわれたにすぎなかった。

西欧から日本に宗教学が輸入されたのは、十九世紀も終わりのことである。一八九六年には姉崎正治、岸本能武太らが「比較宗教学会」を設立し、一八九八年には宗教学の講義が東京帝国大学に課外として開設された。一九〇五年にはそれが正式な講座として認められている。

日本の宗教学は、西欧の宗教学の強い影響のもとにはじまったが、そこには西欧の宗教学にはない独自の伝統があった。鈴木範久は、江戸時代において、仏教や儒教あるいは水戸学の立場からキリスト教を排斥するために書かれた「破邪書」ないしは「破邪学」の伝統と、富永仲基の『出定後語』に代表される仏典の文献批判とを、宗教学の先駆としてあげている。

とくに宗教学の確立にとって重要な意味をもったのが破邪学の伝統だった。一八八七年に開設された哲学館（のちの東洋大学）で宗教学を講じた井上円了は、妖怪の問題を正面から取り上げ、「妖怪博士」とも呼ばれたが、一方ではキリスト教排撃運動の先頭に立った人物でもあった。彼の提唱した「実際的宗教学」は、宗教の布教の方法にまで説きおよんだ実用的、実際的な宗教研究の試みだったが、そこにはキリスト教を排撃するための武器として仏教を広めようとする意識が働いていた。

反キリスト教の立場を明確にしたのが、東京帝国大学ではじめて「比較宗教及東洋哲学」の講義を担当し、姉崎の師ともなった井上哲次郎であった。井上は文学部哲学及政治学の第一回卒業生で、ドイツに留学した後、帰国と同時に一八九〇年から帝大教授に就任している。彼は、帰国の前年に、留学先で井上円了から条約改正が近いことを聞き、その危険性を『内地雑居論』として発表した。内地雑居とは国内に外国人が居住するようになる状態をさし、井上はその状態が訪れることを強く恐れた。

この井上の恐れを現実のものとしたのが、内村鑑三による「不敬事件」であった。第一高等学校の嘱託教員であった内村が、教育勅語に拝礼しなかったとして各方面から非難を浴びたのは一八九一年のことだったが、一八九三年に刊行された井上の『教育ト宗教ノ衝突』は、内村に対する批判をさらに激化させることとなった。井上は、キリスト教の一神教的な性格が日本の秩序を乱し、国家の統合を弱めることを恐れた。

井上の講義は比較宗教とあるように、諸宗教の比較を志すものであり、その点では宗教学の先駆と考えることができる。だが、その後を継いだ姉崎の宗教学との間には大きな溝があった。井上の研究の目的は、あくまでキリスト教を批判し排撃することにあり、その中立性は疑わしいものだった[19]。

これに対して姉崎には、キリスト教を排撃しようとする意図はなかった。そこには、キリスト教の脅威が開国当時よりも薄れたという事情がかかわっていたかもしれない。姉崎は一九〇〇年、二十八歳のときに、東京専門学校での講義録をもとに『宗教学概論』を著わしている。土谷博によれば、これはC・R・E・フォン・ハルトマンに依拠したもので、土谷は、姉崎が分けた宗教心理学、宗教倫理学、宗教社会学、宗教病理学のうち、宗教病理学という項目の立て方にのみ独創性があらわれているという評価を下している[20]。

姉崎は、『宗教学概論』が刊行された一九〇〇年、東京帝国大学の助教授に就任し、同時にドイツに留学する。一九〇三年に帰国し、東京帝国大学宗教学講座の教授に就任するが、ドイツ留学以降は、『宗教学概論』

のような、宗教学の方法についての体系的な試みを行なうことはなくなった。姉崎は神秘主義の研究を行なったり、『復活の曙光』といった宗教評論を刊行したりするなど、宗教学の体系化の作業からは遠ざかっていく。

姉崎は一九〇六年の談話において、自らの『宗教学概論』についてふれ、それがその時点から見ればただ宗教の外殻のみにふれたもので、深き真髄にはおよんでいないものであったとし、否定的な見解さえ述べている。[21]そのかわりに姉崎は、宗教あるいは信仰の世界そのものに近づいていった。その代表的な著作が、日蓮の宗教思想について情熱的に語った『法華経の行者日蓮』である。この著作は、客観的な研究であるというよりも、日蓮を宗教家として高く評価することを意図したものだった。[22]姉崎は、『宗教学概論』の序文をドイツ留学の十日前に書き記し、そのなかで「他日の大成に先ちて」と述べていたが、『宗教学概論』にかわる宗教学の体系的な書物が著わされることはなかった。[23]姉崎は、その作業を捨てて、むしろ宗教の神髄を極めようとする方向に転じていった。

第七章で述べたように、麻原彰晃は中村元の『原始仏典』と増谷文雄の『阿含経典』を読み、そこから原始仏教の修行をはじめたと語っている。中村や増谷の述べた阿含経にもとづく原始仏教の教義は、麻原に大きな影響を与え、それはオウムの核にある現世否定、現世拒否の姿勢にまでおよんだ。原始仏教は根本仏教、初期仏教とも呼ばれるが、この根本仏教研究の先駆者となったのが姉崎にほかならなかった。

増谷は、それまで日本人は中国を経由して日本に伝えられた北伝の仏教しか知らなかったが、ヨーロッパの東洋学者たちの刺激によって、日本の仏教研究者たちはパーリ語の聖典による南伝仏教に注目するようになったことを指摘している。セイロン所伝のパーリ三蔵は、「上座部（Theravada）」所属のもので、大乗仏教の経典をまったく含んでいない。パーリ語聖典をもとにした、ヨーロッパの学者たちによる新しい仏教研究が目覚ましい成果をあげ、そうした学者のもとで学んだ日本の仏教研究者もしだいに多くなり、明治の後半から以降の日本の仏教研究は、原始仏教、根本仏教の研究をその主流とするようになり、面目を一新するにいたった[24]。姉崎の弟子であった増谷は、姉崎が根本仏教研究の先駆者であり、その最初のものが、『宗教学概論』刊行の前年、一八九九年に刊行された『仏教聖典史論』であると述べている。姉崎はそのなかで、「テキスト・クリティーク」という方法を仏教研究に導入した[25]。

姉崎は、それから十年近く経った一九〇八年、英文による『漢訳四阿含――その各部とパーリ・ニカーヤの相等部の対照表』を刊行している[26]。姉崎はそのなかで、「四阿含」と呼ばれる漢訳の『中阿含経』『増一阿含経』『長阿含経』『雑阿含経』の諸経に取り組んでいる。漢訳の阿含経には、その翻訳にあたって経の序列を変えたところがあり、姉崎はまずその復元作業を行ない、その上で、漢訳の阿含経とそれに対応するパーリ語の『パーリ・ニカーヤ』との対照表を作り上げた。姉崎の『漢訳四阿含』は、釈迦の実際の教えを明らかにするための基礎的な作業であり、姉崎は、その作業の上に、一九一〇年、『根本仏教』という大著を著わした。それは『パーリ・ニカーヤ』と阿含部の諸経をもとに、釈迦直接の教えを苦諦、集諦、滅諦、道諦の四諦に求めたものであった[27]。

すでに見たように、近代における日本の仏教研究は西欧の仏教研究の強い影響を受けてはじまった。もちろん富永仲基が『出定後語』のなかで展開したように、大乗仏教はのちに加上されたものだとする「加上説」のようなとらえ方もないわけではなかった。しかし富永は、加上されるものの下にある釈迦直接の教えを再構成しようとしたわけではない。西欧の仏教研究こそが、日本人に新しい仏教の見方を教えたのである。

西欧の仏教研究は、キリスト教研究に影響を受けている。仏教であろうとキリスト教であろうと、宗教というものはその宗教を開いた宗祖の直接の教えだけで成り立っているわけではない。歴史が進んでいくにつれて、さまざまな解釈が付け加えられ、また再解釈が行なわれて、新たな教義が生み出されていく。したがって、歴史を経た宗教の教えは、開祖が説いた教えとは大きく隔たったものになっていく。キリスト教では、イエス・キリストの十字架上における死と復活が、未来に訪れる最後の時における、人類全体の死と再生を予言するものと解釈されているが、そうした解釈は、もちろんのことイエス自身のものではない。パウロやアウグスティヌスといったキリスト教の聖人によって、徐々に築き上げられてきたものである。

しかし近代の人間は、築き上げられてきたものよりもオリジナルなものを重視する。そこには、宗教の起源を求めるのと同じ精神が働いている。近代のキリスト教研究は、後世において付加されたものを排除することで、堕落も世俗化もしていないもともとのイエスの教えを明らかにしようとした。イエスの直接の教えを記したものとして、新約聖書のなかに四つの福音書が存在する。マルコ、マタイ、ルカ、ヨハネの福音書である。このうち「ヨハネの福音書」は、神学的な色彩が強く、イエスの直接の教えを記したものではない。残りの三つの福音書には、イエスの直接の教えが記されているとされ、その三つを比較研究することによって、イエスが実際に説いた教えを再構成していくことが試みられた。

西欧における仏教研究は、こうしたキリスト教研究の影響を受けて発展した。キリスト教研究において、イエスのオリジナルな教えが再構成され明らかにされた以上、仏教の場合にも、その開祖である釈迦のオリジナルな教えを再構成し、それを明らかにする必要があった。

しかし仏教の場合には、キリスト教とは事情が異なっていた。イエスの言動を記した福音書はカトリック、プロテスタント、さらには東方教会を問わず聖典として定められている。信者たちも、聖書に親しみ、そこに記されたイエスの事蹟についてはよく理解している。

ところが仏教の場合、釈迦の実際の教えを記した経典が、各宗派すべてに共通する聖典として定められているわけではない。各宗派には所与の経典があるが、それは宗派によって異なっている。中国、韓国、日本、チベットといった大乗仏教の広まった地域で聖典として定められたのは、釈迦入滅後かなり時間が経ってから作られた大乗経典で、宗派によっては、釈迦ではなく、宗派の開祖のことばが聖典として定められている。部派仏教の広まった南の諸国では、パーリ語の経典が所与の聖典となっているが、パーリ語の経典すべてが釈迦の直接の教えを記したものではない。

生きた宗教

釈迦の直接の教えを記したものが、阿含経典、アーガマである。しかし、阿含経のすべてが釈迦に直接由来するわけではない。パーリ語経典では『相応部経典』、漢訳では『雑阿含経』と呼ばれる経典のなかに、釈迦の実際の教えが含まれていると考えられている。ところがこれまで、日本の仏教宗派のなかに、阿含経を所与の経典とする宗派はなかった。

開祖のオリジナルな教えを求める西欧の仏教研究、あるいはその影響を受けた日本の仏教研究が阿含経に着目し、そのなかから釈迦が実際に説いた教えを見出そうとしたのも、西欧のキリスト教研究の影響からすれば当然のことであった。姉崎正治はそれを根本仏教と呼び、釈迦のオリジナルな教えにもとづく仏教であることを強調したが、しだいに原始仏教という呼び名が定着していく。

また、日本の仏教研究が根本仏教、原始仏教の研究に傾いていったのは、研究者のあいだに、近世に寺請制が導入されて以降、日本の仏教が世俗化し堕落したという認識があったからである。西欧の宗教研究の影響を受けた日本の研究者はキリスト教を宗教のモデルと想定し、それを仏教と比較した。彼らは、仏教を中心とした日本の宗教が、徹底して現世を志向する土着の世界観を核としている点で、超越的な志向性をもつキリスト教よりも劣っていると考え、堕落した現実の仏教にかわる別の仏教、キリスト教に匹敵するだけの宗教性をもった仏教を求め、そこから阿含経に行き着いた。

この根本仏教、原始仏教を高く評価する日本の研究者の研究は、現実の宗教団体にも影響を与えることとなった。既成の仏教教団の場合には所与の経典が定められており、阿含経を取り入れることはなかったが、新しい教団の場合にはそれが可能だった。だからこそ、観音信仰を核としていた桐山靖雄の観音慈恵会が阿含経を取り入れることで、阿含宗へと発展し、その阿含宗の影響を受けてオウムが生み出されていったのである。

日本の仏教研究者の求めた方向が、阿含宗やオウムという現実の宗教団体を生み出していった。その意味で、研究者は、阿含宗やオウムの価値を否定することが難しい。逆にそうした立場からは、阿含宗やオウムをある面で、評価せざるをえない。

姉崎の弟子として、戦後の宗教学をリードしたのが岸本英夫であった。岸本の父は、姉崎とともに宗教学の草分けとなった岸本能武太であった。岸本は大学の卒業論文で、多種多様な宗教体験についてふれたウイリアム・ジェームズの『宗教的経験の諸相』をとりあげ、宗教神秘主義をテーマとした。それは、同じくドイツから帰国後に宗教神秘主義の研究を志した姉崎の影響でもあった。

岸本は、一九三〇年、姉崎の親友であったウッズ教授のいるハーバード大学に留学し、ヨーガの古典であるパタンジャリの手になる『ヨーガスートラ』の研究を行なう。岸本は、『ヨーガスートラ』で展開された哲学的な議論の背後に修行によって得られた体験を読み取ろうとした。体験によって得られた神秘的な境地が、どのようなかたちで象徴的な言語によって表現されているかが問題にされた。

岸本は、『ヨーガスートラ』に記された修行の予備的な段階である禁制、勧制からはじまって、身体的修練である坐法、調息、制感を経て、執事、静慮、三昧といった精神的修練にいたる七つの段階をたどっていくことによって開けてくる心的な境地こそ、神秘体験であるととらえた。さらに岸本は、『ヨーガスートラ』をキリスト教の神秘家、とくに聖テレサの著作と比較し、神秘主義における神秘階梯の一般論を打ち立てようとした。岸本は『ヨーガスートラ』の研究を学位論文にまとめあげ、それは一九五八年に『宗教神秘主義』として刊行されている。この『宗教神秘主義』の巻末には、『ヨーガスートラ』の邦訳がおさめられている。

麻原彰晃も『ヨーガスートラ』と劇的な出会いをしたと述べているが、彼が読んだのは佐保田鶴治による翻訳で、岸本のものではない。しかし麻原が岸本の『宗教神秘主義』を読み、それをオウムの種本の一つとしていたとしても不思議ではない。麻原の『ヨーガスートラ』理解の方向性は、岸本の理解と共通している。岸本は『ヨーガスートラ』の哲学的な議論の背後に修行体験を読み取ろうとし、麻原はそれを実践に移した。ただし麻原が岸本のものを読んだという証拠は、今のところ発見されていない。

岸本は『宗教神秘主義』の「序にかえて」のなかで、自らが行なった『ヨーガスートラ』についての研究は、特殊な趣味を持つ人々に任せるべきではないかと述べている。自分のような目的をもつ者は、閉鎖された観念的な世界の研究に時間を費すのではなく、もっと直接に人間生活を研究対象にし、実証的な研究に向かわなければならないという。

岸本は『ヨーガスートラ』を哲学の書と呼び、それが実践の書ではないことに満足できなかった。そして岸本はもっと直接に宗教に迫るため、山岳宗教の研究に乗り出す。岸本は文献による研究を行なうのではなく、それを捨て自ら山に登った。出羽三山での山伏の修行に参加し、山伏姿のまま家に戻ってきたこともあった。岸本は、山岳宗教に日本の神秘主義を見ようとした。しかし、その後の宗教学のあり方に影響を与えたのは、その研究の内容ではなく、岸本が山伏姿で修行に参加することを厭わなかった点である。岸本は生きた宗教を研究する必要性をくり返し訴えたが、まさに彼は生きた宗教のなかに飛び込んでいった。(28)

岸本は、彼の宗教学の集大成となった『宗教学』のなかで、主観的立場による神学的ないしは宗教哲学的研究と、客観的立場による宗教史的ないしは宗教学的研究とを区別し、科学的、実証的であるだけではなく、体系的であることとの重要性を強調している。岸本の言う客観的な立場こそが、価値中立的ということである。[29]

しかし岸本の場合、宗教学の客観性や価値中立性を強調する一方で、個人のなかに形成される信仰体制を「請願態」「希求態」「諦住態」の三つの類型に分け、請願態から希求態、さらに諦住態へという進展を想定した。[30]それは岸本自身が、日常の価値をそのまま受け入れながら、そこに高い次元の価値を見出していこうとする諦住態を高く評価していたからである。信仰の理想を示すことは、価値中立的であることと矛盾する可能性をもっていた。

私や中沢新一の師である柳川啓一は、岸本の弟子である。私が大学四年生の時、柳川が新しい宗教運動のもぐり込み調査を企てたのは、直接には親友であるアメリカの宗教社会学者ロバート・ベラーが、カリフォルニア大学の同僚だったチャールズ・グロックとともに、大学院生や若手の研究者にサンフランシスコのベイ・エリアで活動していた新しい宗教運動のもぐり込み調査を行なっていたからである。[31]柳川が、その調査に関心をもったのは、岸本の説いた生きた宗教を調べなければならないという主張に接してきたからであろう。柳川は伝統宗教における祭りや「講」と呼ばれる小規模の宗教集団に関心をもっていたが、新しい宗教運動を講としてとらえ、その活動に祭りに似た祝祭を見ようとした。[32]

私は、その柳川の調査ゼミに参加し、ヤマギシ会の世界へ飛び込んでいった。そして私の数年後、中沢はチベット密教の世界に飛び込んでいった。中沢はチベット密教の修行による神秘的な体験について述べていく際に、一昔前にカルロス・カスタネダのドン・ファン・シリーズがあらわれていなかったとしたら、こうしたフィールド・ノートをまとめて人類学の調査記録として発表することに、とまどいとためらいを感じたはずだと述べている。[33] カスタネダはブラジル生まれの人類学者で、幻覚性のサボテンについて学ぶために、ヤキ族の呪術師であるドン・ファンのもとへ弟子入りする。そしてそのシリーズのなかで、数々の神秘体験をつづっている。[34]

中沢の試みにカスタネダの影響があることはたしかであろう。だが、現実に存在する宗教のなかへ飛び込んでいくという試みは、岸本が唱え、柳川が実践した宗教学の一つの伝統でもあった。その伝統のなかで、生きた宗教へ飛び込んでいくことが重視されたのは、やはり既成の伝統宗教への批判があったからであろう。その伝統に属する研究者は、形骸化した既成宗教を、生きた宗教ではなくむしろ死んだ宗教としてとらえ、修行をともなった宗教的実践や新しい宗教運動のなかに生きた宗教を見出そうとしてきた。

オウムは、生きた宗教の典型である。オウムは、第六章で見たように、近代の仏教研究が釈迦直接の教えを含むものとして重視してきた阿含経を取り入れ、さらには『ヨーガスートラ』を哲学の書から実践の書へと読み替えて、現実に修行を実践した。しかもオウムでは出家制度がとられ、それは釈迦の時代の仏教教団、サンガであると主張されたのである。

宗教との距離

宗教学は、宗教についての客観的、中立的な理解を方向性としてかかげてきた。神学や宗学が、特定の宗教への信仰を前提とし、宗教についての主観的な理解をめざすのに対して、宗教学は価値判断を棚上げにして、宗教をあくまで一つの文化現象、あるいは社会現象としてとらえようとしてきた。

しかし、一方で宗教学には、客観的、中立的な研究に飽き足らないものを感じ、宗教の内側の世界に肉薄しようとする傾向もあった。もちろん、だからといって、宗教学が客観性、中立性を放棄してしまったわけではない。だが、宗教学は、研究対象とする宗教の世界に共感的な態度で臨み、そこからその宗教固有の価値を強調し、評価する方向にむかってきた面があった。

宗教学において、こうした二つの立場が生まれてきたのも、対象とする宗教の特異な構造にもとづいている。宗教についての定義は、宗教学者の数ほど存在するとも言われるが、宗教の形式、形態に着目した定義に、橋爪大三郎によるものがある。橋爪は、「宗教とは、必ずしも自明でない前提にもとづいて行動する、一群の人びとの活動の全体をいう」というかたちで、宗教を定義している[35]。

それぞれの宗教の世界には、神や仏といった超越的な存在への信仰が存在する。ところが、そうした超越的な存在が実在するのかどうかをたしかめることはできない。一部の人間に、超越的な存在が直接姿をあらわすこともあるが、大多数の人間は、その実在を確認する作業を経ないまま、それを信じている。橋爪の言う「必ずしも自明でない前提」とは、主に、それぞれの宗教において信仰される超越的な存在の実在のことをさしている。

超越的な存在は、それを信仰する人間には、動かし難い絶対の存在である。ところが、その信仰を共有しない人間にとっては、絶対の存在ではなく、その実在さえもが疑わしい。信仰をもたない者にとっては、信仰をもつ人間が、その超越的な存在を信仰しているという事実があるだけである。つまり、一つの事柄が、信仰をもつかもたないかによって、まったく異なる性格を示すことになる。片方にとっては、真理であるものが、もう片方にとっては、たんなる事実にすぎないのである。

宗教学者が、客観性、中立性を強調するとき、必ずしも自明でない前提への信仰を、あくまで一つの事実として理解しようとする。その際に、宗教について記述しようとすれば、「〇〇の神は、△△の人々によって信じられている」といった言い方をせざるをえない。ところが、そうした言い方は、信仰をもつ人間からすれば、絶対の真理をたんなる事実としてあつかうことで、超越的な存在の価値を貶めるものとしてとらえられる。そこに、宗教学者と信仰者との対立が生まれる。

もちろん、宗教学者としては、信仰者との対立を厭わず、あくまで客観性、中立性を貫き通すといった選択も可能である。しかし、信仰をたんなる事実としてとらえてしまえば、それは自らが価値を見いだせない対象を研究することになってしまう。研究者が、研究の対象を選ぼうとするとき、その人間の個人的な関心が反映されるのは自然なことで、関心のない事柄を対象として選ぶことは通常ありえない。

宗教学者は、一定の関心、さらに言えば、なんらかの共感をもっているからこそ、それを研究の対象として選択するわけで、研究の出発点として、対象に対して完全に中立的ではない。だからこそ、客観性、中立性という歯止めを必要とするとも言えるのだが、どうしても対象とする宗教の立場に近づいていきやすい。

たとえば、新宗教を研究する島薗進は、その著書『現代救済宗教論』の「あとがき」で、「新宗教研究に取り組んで以来、新宗教が世間によく理解されていないという思いは常に頭を離れなかった」と語っている。この発言は、社会の側にある、新興宗教に対する偏見を問題にしており、宗教の側の主張を代弁するようなかたちになっている。(36)

とくにそれは、大学紛争の時代以降の新興宗教研究についてあてはまることだが、宗教学の研究者は、新宗教を民衆による反権力の運動、ないしは実践、あるいは高度資本主義体制への正当な異議申し立てとしてとらえようとしてきた。だからこそ、既存の社会体制に組み込まれ、体制を支える役割を果たしている既成宗教ではなく、体制から外れた新興宗教が研究の対象として選ばれてきた。

私の場合にも、最初ヤマギシ会を研究の対象として選んだとき、コミューンという運動のあり方に、社会変革の可能性を見ようとした。私は、現実の社会のあり方に対して満足できず、社会変革の必要性を感じていた。それは、学生運動の余波を高校時代に受けた私の世代に共通した感覚であったように思う。

私はヤマギシ会から脱会し、またその後に参加した緑のふるさと運動での経験を通して、コミューンに社会変革への可能性を求めることはできないと考えるようになった。しかし、宗教が世俗化し、現実の社会のなかで、権力を志向したり、金儲けに走ることに対しては、依然として批判的だった。だからこそ、政治権力を握ろうとする宗教運動や、既成仏教宗派における戒名の問題を批判的に論じたのである。

オウムの場合にも、そのあり方は、既存の宗教に対する批判になっていた。とくに、仏教本来の出家の強調は、既成仏教教団に対する痛烈な批判であった。その点で、私の宗教観と、オウムの宗教観とは重なり合う部分をもっていた。そこから、一種の共闘関係が生まれたのである。

それは、オウムと私との個人的、あるいは私的な共闘関係であるにとどまらず、これまで述べてきたように、原理主義的な傾向をもつ新しい宗教運動と宗教学との共闘関係でもあった。すでに見たように、植島啓司が、宗教学者がオウムの問題についてふれると、オウム寄りにならざるをえないと指摘しているのも、この共闘関係を踏まえてのことであろう。

金井新二は、オウム事件が、現代の新（興）宗教研究そのものにとって格好の試金石であると言い、これに対してどのように対応するかで、研究者としての真価が問われると述べている。金井は、それに関連して三つの問題点を指摘している。

一つは、新宗教研究は西洋の近代主義やエスノセントリズム（自文化中心主義）を批判する姿勢をとってきたが、それが反西洋的新ナショナリズム的な伝統回帰主義の方向へむかっているのではないかという点である。そうした立場は、合理主義に対して、生命主義や神秘主義（霊性主義）といった非合理主義を強調し、呪術の復権すら語ることで、ロマン主義的なナショナリズムの風潮をもたらしつつあるという。

二つ目は、批判的距離の喪失という点である。共感的理解の名のもとに研究対象である宗教団体に接近しすぎ、その宗教の救済体験を共有するところまでいっている研究者がいる。金井は、これもまたロマン主義的体験主義の台頭であるとし、その姿勢を批判している。

最後が、教団に研究資金を出させ、宗教教団からの委託研究をしようとするプランがある点である。それは、産学協同と同じ方向性であり、学問の中立性という点から強い懸念を感じるという。

金井は、新宗教の研究者にそうした傾向が生まれたのは、前世代の新宗教研究が、新宗教に反感をもつ一般社会やマスコミにあまりに同調しすぎ、また西洋的研究方法や理論にかたよりすぎたと感じたからだろうと分析する。彼らは「新興宗教」という蔑称を「新宗教」という価値中立的な名称にかえ、新宗教の存在意義を学問的にも社会的にも認知させようとしたが、それは彼らの存在意義の主張でもあった。その意図は理解できるが、そこに行き過ぎがあったのではないかというのである[37]。

金井は、新宗教研究の問題点として論じているが、彼が指摘していること、とくに第一と第二の点は、新宗教研究にかぎらず、宗教学の研究全般にあてはまることではないだろうか。

宗教学の危機

宗教は本来、現実を超越した特異な論理をもっている。そして、その論理にもとづいて現実の社会のあり方を糾弾し、その社会に生きる人間の生き方を厳しく批判する。宗教は、腐敗堕落した現実の社会が遠からず終わりを告げることを予言する。その宗教の論理によって支配された世界の出現には、現実に存在する世界の崩壊が前提とされる。宗教は、社会の価値観や常識をはるかに超えていく。これまでの歴史をみれば、宗教は時に、その論理にしたがって、宗教を受け入れない人間を抹殺することをも正当化していくことが明らかになってくる。その宗教が説く信仰を受け入れない人間は、許すべからざる悪魔的な存在としてとらえられる。その宗教を信仰している人間には、宗教は幸福をもたらす絶対的な存在である。しかし、その宗教を信仰しない人間にとっては、宗教は自分たちの生活を脅かす危険な存在になることがある。

高尾利数は、オウムについて述べた論考のなかで、宗教とは人間の側から求められるようなものではなく、「向こう側」から突如としてあらわれ、否応なしの応答を迫ってくる出会いの経験であり、そこでは世間的な常識や一般的、社会的な価値や規範などが超越されてしまう全実存的な自己放棄・自己投企的な生き様が要求されると述べている。だからこそ多くの宗教において、出家や隠遁、現世否定や現世への反逆が本質的な要素となり、逆説的に言えば、反社会的になるのは当然だというのである[38]。

第五章で見たように、親鸞は、弟子の唯円にむかって、往生の条件として人を千人殺すことをあげていた。親鸞は、宗教的な論理が現実をはるかに超越するものであることを、師に忠実であろうとする弟子に警告した。

オウムは、第六章で見たように、原理主義的な傾向を示し、世俗を超越した論理をもっていた。それは、宗教本来のあり方への回帰をめざすものではあったが、その結果、宗教のもつ反社会性、さらに言えば、暴力性を発現させることになった。中沢新一は、『広告批評』の座談会で、オウムが「パンドラの箱」を開けてしまったと述べているが[39]、その箱のなかに入っていたのは、社会全体を破壊しようとする宗教の反社会性であり、暴力性だったのではないか。

日本においても、中世までは、宗教的な権力が世俗の社会のなかでも重要な地位を占めていた。大規模な仏教寺院は広大な荘園を所有し、僧侶が政治権力を掌握することもあった。しかし、織田信長による比叡山の焼き討ち、一向一揆の鎮圧、そして豊臣秀吉と徳川家康によるキリシタンの弾圧などによって、宗教的な権力は世俗的な権力の前に屈伏することになった。それは、日本の社会全体の「世俗化」を意味した。

徳川時代には寺請制が実施され、各家はキリシタンではない証として、特定の仏教寺院と寺壇関係を結ぶことを強制されるようになる。仏教寺院は檀家における誕生や結婚、旅行や死亡を記録する役所的な機能を果たすようになり、世俗的な権力の末端を担うことになった。

明治時代に入ると、今度は神道の国教化が試みられ、神道は宗教を超越した超宗教としての地位を確立していくが、それは神道が世俗の権力を支える役割を担わされたことを意味する。このように、近世から近代にかけて宗教は独自の力を失い、もっぱら世俗の権力に奉仕するようになった。

日本の社会は、近代に入るはるか以前の段階から世俗化されていた。その点は、ヨーロッパ諸国やイスラーム諸国とは異なっている。日本における宗教は、世俗化のなかで、現実の社会を超越する力を失っていた。その意味で、現代の既成宗教は、暴力性を発動させるような存在ではなくなっている。

宗教学者が、宗教に対する共感的な理解の必要性を説くことができたのも、こうした日本の宗教の世俗性がかかわっていた。日本の宗教が、超越性を強調し、反社会性、暴力性を発動させることがないからこそ、共感的な理解が成り立ったのである。

アメリカの社会学者、マーク・ユルゲンスマイヤーは、冷戦後の世界は、祭政一致の国家の実現をめざす宗教的ナショナリズムと、あくまで政教分離を推し進めようとする世俗的ナショナリズムの対立という、「新しい冷戦」によって規定されていることを強調している。ユルゲンスマイヤーは、原理主義ということばを嫌い、あえて宗教的ナショナリズムという言い方をしているが、たしかに世界各地では、原理主義的な宗教運動による、暴力的な手段を用いての既存の権力構造の転覆の試みが頻繁に起こっている。[40]

オウムの事件は、日本もまた、この新しい冷戦の枠組みから自由ではないことを証明した。現在の世界史的な枠組みのなかで、宗教は原理主義的な傾向を深め、反社会性、暴力性を発動させていく危険性を秘めている。

では、こうした状況下において、宗教学はいかにあるべきだろうか。

その問いに、簡単に答えが出るとは思えない。宗教学は、人類社会が宗教という桎梏（しっこく）から解放されなければ生まれなかった近代の学問体系であり、合理性を核としている。それは、合理性を超えた宗教とは、不可避的に対立する。その意味で宗教学は、根本的な矛盾をかかえていると言うことができる。その根本的な矛盾の解消は、容易なことでは実現できない。

オウム事件は、宗教学がかかえるこの根本的な矛盾を白日のもとにさらした。しかも、オウムという宗教が形成されるにあたっては、宗教学の研究成果が重要な貢献を果たしていた。宗教学はまさに、重大な危機に直面している。

この宗教学の危機は、宗教学を生んだ近代の社会がかかえる危機でもある。近代の社会は、合理性を追求することで、合理化できないもの、体系化できないものを排除してきた。排除されたものの代表が宗教であるが、しかし宗教は近代化が進むなかで消滅することなく生き延び、イスラーム革命などに見られるように、宗教の復興という事態さえ起きている。合理性の追求は、かえって非合理なものが拡大する余地を与える。宗教は、現代における重大な社会問題となっている。宗教は、社会に対立を生み、民族紛争や戦争の原因ともなっている。

現代における宗教という現象は、宗教学があつかえる範囲をはるかに超えてしまっているように見える。過去の宗教であるならば、従来の方法によって研究は可能かもしれない。だが、現代の生きた宗教について研究するためには、相当な覚悟を必要とするし、これまでとは異なる新たな研究手法の開拓が要請されている。逆に、問題が重要で困難であればあるほど、宗教についての研究の必要性は高まっているという面もある。

宗教学が、時代の要請に対応した新たな研究手法を開拓していくためには、オウムの起こした事件についての徹底した検討が不可欠であろう。なぜ宗教がテロリズムを生んだのか、その原因を徹底的に究明し、なぜ現代社会における宗教がそこまで行き着かなければならなかったのかを明らかにしていく作業を続けるなかでしか、新たな方法は生み出されないのではないだろうか。

宗教学者が、オウムを宗教にあらざるものとして宗教から排除してしまえば、オウムの事件を自らの問題として考えることができなくなってしまう。果たしてそれでいいのだろうか。オウムの事件は、宗教学者にとって、決して他人事ではありえない。宗教学は、オウム事件によって、鋭い問いを突きつけられた。その問いは、宗教学の存立そのものにかかわっている。今、宗教学者は、宗教学という学問が、本当に成立しうるのかどうかを考えていかなければならないのである。

第十章　オウム問題の現在

謝罪を拒否し続けた教団

地下鉄サリン事件が起こった直後、ロシアから帰国した上祐史浩を中心としたオウムの幹部たちは、盛んにテレビ番組に出演し、オウムに向けられた疑惑を否定し続けていた。それは、村井秀夫が殺され、麻原彰晃が逮捕されるまで続いた。

その後、破産に追い込まれた教団は、宗教法人格を剝奪され、任意の宗教団体として生き残った。そして教団は、一般の社会の感覚からすれば理解しがたいことだが、事件について謝罪を行なわないばかりか、逆に教団の人間が事件に関与したことさえ認めず、教団には危険がないという主張をくり返していた。

オウムでは、インターネット上に、「ＩＮＴＥＲＮＥＴオウム真理教」というウェブサイトを開設していた。そのサイトには、一九九九年九月に教団が休眠宣言を出すまで、「オウム真理教の現状と教団を取り巻く諸問題」というセクションが設けられていた。そのなかでは、オウムの教団に危険性がないことが強調され、謝罪できない理由が説明されていた。

その説明によれば、オウムの教義は原始仏教や原始ヨーガなど、東洋の伝統的な教えに根差しており、煩悩を完全に滅却した至高の境地、解脱・悟りを体系的な修行によって獲得することを真摯に追求するものだという。その点は、オウムを取材したマスコミも認めていることだとされている。警視庁公安部の捜査員までもが、「教義は良い。違法行為さえしなければ、修行はどんどんやってもらっても、施設を作ってもらっても構わない。百年経てばオウムも認められるだろう。宗教とはそういうものだ」と話していたという。

現存する信者は、事件の前も後も一貫して解脱と悟りを得るために修行を実践している。教団がテロ集団なら、宗教的な求道心をもって出家した信者が、そこにとどまるはずはない。またテロ組織ならば、その組織綱領にテロ活動を行なう旨記されているはずだが、オウムにはそうした綱領は一切ないという。

オウムに将来危険な行為におよぶ具体的な心配がないことは、破防法請求棄却の際に正式に認定されたことで、それは現在に至るまで変わっていない。オウムには危険行為におよぶ動機がなく、また危険行為におよぶ物理的能力はなく、全員の出家信者が危険行為におよばない旨を誓約した陳述書を公安審査委員会に提出したことが、破防法請求棄却決定における一つの要因となったという。

一九九五年六月に定められた「教団運営要綱」では、信者の違法行為を固く禁じ、仮に重大な法令違反を行なった場合は、事実上の除名処分になることを明確にうたっている。麻原は、一九九六年の破防法弁明の際に、「今後一切危険行為の指示を行なう意思がない」ことを明言し、麻原との接見ができない以上、麻原から指示を受けることは不可能である。また、本来危険性のないタントラ・ヴァジラヤーナの五仏の法則は封印し、現在一切信者の目に触れないようにしているという。

そして、謝罪に至るための要件が以下のように四つあげられていた。

（一）事実関係の確定
（二）背景・動機の解明
（三）現教団・現信者に結び付く問題点の分析
（四）今後の教団の宗教活動、信者の信仰の方向性の提示

地下鉄サリン事件で撒かれたものがサリンであるとする検察側の主張を裏づけるはずの実況検分や鑑識のプロセスが、ほとんど明らかになっていないという。また、松本サリン事件においては、検察側の冒頭陳述にあるサリン散布時刻とされる午後十時四十分以前に、サリンの自覚症状が出ていたとする公的な資料があるという。逆に謎はますます増えており、条件が整っていない以上、謝罪はできないというのだ。

このように、オウムの教団は自分たちの集団の危険性を否定し、今の段階では事実関係がはっきりしていない以上、謝罪はできないと主張していた。そして、教祖や信者が事件に関与したことを認めず、無罪を主張し続けた。

こうした教団の姿勢が、社会に受け入れられるはずはなかった。一九九九年二月、公安調査庁が「オウム真理教の組織実態の概要要旨」を発表すると、オウムをめぐる事態に変化が訪れる。このレポートでは、教団が好調なパソコン販売を軸に豊かな財政基盤を維持し、大規模な活動拠点の確保を画策して、進出先の各地で紛争を起こし、麻原絶対の姿勢を崩さず、終末思想を活発に喧伝（けんでん）していることが指摘された。

その後、ゴールデンウィークには、オウムの信者が原宿でパフォーマンスを展開し、公安調査庁の主張を裏づけるかたちとなった。マスメディアはオウムが復活したとさかんに報じた。オウムが進出した地域での住民とのトラブルが、テレビなどで頻繁に取り上げられるようになった。そして、オウムの活動を規制する法律を制定し、現在の教団が得ている資産を、サリン事件などの被害者の補償にあてる必要性が指摘されるようにな

り、実際に法律の制定作業が進められた。

その法律は、「無差別大量殺人を行なった団体の規制に関する法律（団体規制法）」として具体化された。団体規制法は、過去にサリンなどを使用して無差別大量殺人を敢行した団体に対して、観察処分と再発防止処分を下すことができると定めている。観察処分が下されれば、その団体は公安調査庁と警察の観察下におかれ、幹部や信者の氏名や住所、土地、建物の所在、資産等について三カ月ごとに報告しなければならない。また何か問題があれば、立ち入り検査を受ける。さらに報告を怠ったり検査を妨害したりすれば、公安調査庁長官の請求で、公安審査委員会が再発防止処分の決定を下すことになる。その場合には、団体施設の新規取得や賃貸、既存施設の使用、勧誘や寄付などが規制される。また無差別大量殺人を行なった当時の幹部らの、団体での活動も禁止される。

ジャーナリストの伊藤博一は、二月に公安調査庁のレポートが発表された一カ月ほどあとに、警視庁の捜査関係者から「今年は再びオウムの年になる……」と聞かされたと述べている。九月二十九日には、警視庁公安部と長野県警が、長野県木曾福島町の教団施設「蓮華」に強制捜査に入り、その施設の責任者である出家信者や元教団幹部が逮捕された。逮捕容疑は女性の信者を監禁したというものだった。オウムの教団は、強制捜査が入った日の夜、記者会見を開き、「休眠宣言」を発表した。強制捜査の理由となった監禁事件が起こったのは一年半前の一九九八年三月のことで、伊藤は、強制捜査は休眠宣言の記者会見を見越してのことだったのではないかと述べている(1)。

巧妙な生き残り策

オウムの教団は、団体規制法の観察処分の対象となることを避けるために休眠宣言を出したものと解釈されたが、休眠宣言のなかでは休眠の理由として、オウムに対する批判が強まり、信者の社会的な環境が悪化していることをあげていた。そのため信者たちは肉体的精神的に疲弊し、限界に近い状態にまで追い込まれているという。また、破産管財人の阿部三郎弁護士から、オウム真理教の名称使用を中止するよう求められ、教団活動の自粛を強く促されたことで、教団のなかに大きな動揺が広がったとも説明されている。

そして、決定的な出来事として、一九九九年九月二十二日、豊田亨と杉本繁郎の公判に出廷した麻原彰晃が、それまで拒否していた証人宣誓に応じ、自らの関与は否定したものの、弟子が直接に事件に関与したことを明確に認めたことがあげられていた。この麻原の証言は、多くの信者に驚きをもって受け取られたという。[2] 麻原は、地下鉄サリン事件について「(事件前の) 謀議などなく、事件後の報告もなかった」、「(事件の計画は) 井上嘉浩君が持ち込んだ」ものだと言って、井上の関与を認め、自らについて「私は無罪です」「地下鉄の『ち』の字も聞いたことがない」と改めて無罪を主張した。[3]

オウムの教団は、休眠宣言を出した翌日には足立区谷中の本部施設から退去した。また十月一日以降、教団としての対外的な宗教活動を全面的に休止し、破産管財人から使用禁止の通告を受けているオウム真理教の名称も一時使用停止にした。その後、十二月一日には、教団関係者の一部が事件にかかわっていたことは否定できないと判断するにいたったとし、教団は、被害者および国民全体に対して謝罪する声明を発表した。また、被害者に対する補償の意志を表明した。[4] その後、教団は実際に補償に踏み出した。

オウムの教団による回避の動きはあったものの、団体規制法は制定され、施行された当日の十二月二十七日には、公安調査庁長官によってオウムへの観察処分の適用が申請された。

一方、十二月二十九日には、懲役三年の刑を終えた上祐史浩が広島刑務所を出所し、教団に復帰した。そして、二〇〇〇年一月十八日、オウムの教団は「事件に関する総合的見解表明及び抜本的教団改革の概要」を発表した。そのなかで上祐は、一連の事件にかんして、裁判の判決や被告人の自供などによって複数の幹部を中心とする一部の構成員の関与が認められ、麻原の刑事責任についても裁判が係争中であるものの、現在の教団執行部の見解としては「関与したのではないかと思われる」という認識で一致したという見解を発表した。

ただし上祐は、「麻原の教団」が引き起こした事件については肯定できないものの、麻原は天才的な瞑想家であると言い、そのヨーガ的才能が遺した優れたヨーガや仏教の行法、瞑想法を引き継ぎたいとも述べた。遺したという言い方は、麻原がすでに亡くなっているかのような感じを与えるが、同時に村岡達子代表代行の名前で発表された「抜本的教団改革の概要」では、教団の所有する不動産を被害者への補償のために破産管財人に譲渡するとともに、教団名を「アレフ」と改称し、アレフでは教祖をおかず、村岡自身が代表に就くとされた。アレフは教団がこれまで唯一認めてきた関連企業の名称である。麻原については、観相の対象、霊的存在としてとらえるとし、その教えについても、インドヨーガ、原始仏教、大乗仏教の教えに限定した経典を作成し、それを基本経典とするという。(5)

オウムでは事件後、麻原を開祖として位置づけ、麻原の長男と次男を教祖と定めていた。したがって、教祖をおかないとするこの改革案では、麻原の長男と次男を教祖から外すことになる。それは麻原の家族の、教団への影響力を大幅に低下させることを意味する。上祐は麻原を完全に否定してしまっているわけではない。しかし、教団の改革案は麻原を教団運営から排除する試みとしても読める。もちろん、信者の多くは麻原を慕っている。信者たちのなかには、麻原からエネルギーをもらうために、毎日麻原のいる東京拘置所の周辺にやってくる者もいる。そうである以上、麻原を完全に否定してしまうことは困難であろう。だが麻原の長男、次男を教祖から外すことは、麻原外しの意味をもっている。

上祐は、一月二十九日には、村岡と荒木浩広報副部長とともに記者会見を行ない、自らが教団を守るために教団の事件への関与を否定していたことを謝罪し、純益のいっさいを被害者への補償にまわすため、パソコン企業を新法人として発足させ、新しい体制で教団運営にあたることを発表した[6]。

公安審査委員会は三十一日に、オウムに対する三年間の観察処分を下した。将来においてふたたび無差別大量殺人行為におよぶ危険性があり、活動状況を明らかにしていく必要があるというのである。この処分によって、オウムは公安調査庁と警察の監視下におかれながら宗教活動を展開し、オウム事件の被害者への補償活動を継続することになった。

オウムの教団が、休眠宣言以降、教団の信者たち、さらには教祖が一連の事件に関与したことを認めたことは、大きな変化であった。しかも教団は、被害者への補償を教団の活動の中心におくと言っている。教団が大きな方向転換をとげたのは、それだけ追い詰められているからであろう。教団が事件への関与を認めず、謝罪を行なわなければ、社会はその存在を許さない。また、そうした方針を貫けば、観察処分のもとで検査等を妨げたとして、再発防止処分へと発展していく可能性が高くなる。オウムには、社会と折り合いをつけていくしか道がなくなった。

上祐が教団に復帰する以前の段階では、教団の方針はきわめて曖昧なものであった。一部の幹部や信者たちの事件への関与を渋々認めたものの、麻原については関与を認めるかどうかの判断を留保するという、中途半端な方針で臨んでいた。教団に復帰した上祐は、そうした中途半端な方針では教団をめぐる困難な状況を乗り切れないと判断したのであろう。彼は矢継ぎ早に新たな方針を打ち出した。とくに、補償を行なうことを盾に、パソコン事業を含む教団の活動再開を宣言したことは、巧妙なやり方だった。教団の活動を許さないことが、補償を遅らせることに結びつく状況が作られたからである。

では、この方針転換によって、オウムは本当に危険な存在ではなくなったのだろうか。

麻原の影響

教団は、麻原彰晃が一連の事件に関与したことを認めた。二〇〇〇年一月二十九日の記者会見で、上祐史浩は、麻原が行なった殺人などの行為については肯定できないことを強調した。しかし一方で、麻原が天才的な瞑想家であるという評価は変えなかった。

問題は、この麻原の位置づけである。教団は、麻原や幹部たちが事件に関与したことを認めたものの、なぜ天才的な瞑想家がそのような事件を引き起こしたのかについては、何も語っていない。またその原因を明らかにしようとする作業を行なってはいない。そして、近い将来においてそうした作業を行なう意志も示していない。

麻原が事件に関与し、その行為を肯定できないというのであれば、それは麻原が過ちを犯したことを認めることになる。では、なぜ天才的な瞑想家であるはずの人間が、そのような重大な過ちを犯したのであろうか。それは幹部たちについても言える。彼らは麻原によって解脱し、高いステージにあると判断された。それは、麻原の作り上げた修行や瞑想の方法に根本的な誤りがあったことを意味している。つまり、麻原の作り上げた修行の方法にしたがった結果、無差別大量殺人という過ちを犯すことに結びついたのである。麻原の非を認めるならば、麻原の作り上げた方法を否定しなければならない。ひいてはそれは、麻原が天才的な瞑想家ではありえないことの証明にもなる。

教団が自分たちに危険性がないという主張を展開するならば、その理由を示さなければならない。現在の教団があげている理由だけでは、不十分なことは明らかであろう。現在の教団は、社会を破壊するような危険な行為は試みていないかもしれない。しかし、かつて教団が無差別大量殺人を敢行したことは事実であり、それは教団自身も認めている。ならば、教団としては、どうしてかつての教祖と仲間が無差別大量殺人におよんだのか、その原因を明らかにしていく作業を行なう必要がある。事件の真相の究明を行ない、究明された原因にもとづいて教団の根本的な改革が行なわれなければ、現在の教団に危険性がないという判断はとうてい下せない。

ではなぜ教団は、自らの手で事件の解明を行なおうとはしないのだろうか。教団にその意志があるのであれば、私が本書でここまで行なってきた程度の解明は十分に可能なはずである。私が資料として用いてきたのは、一般に流布しているものと教団の刊行物である。教団ならば、一般には公開されていない資料や情報を保有しているはずである。現在の教団が、事件の解明が可能な立場にいるにもかかわらず、その作業を行なおうとしていないのは、その意志がないものと判断するしかない。

一般には、とくにオウム裁判の法廷においては、オウムが無差別大量殺人を敢行したのは、麻原の社会に対する憎しみが衆議院議員選挙の敗北によって決定的なものになったからだとされている。その社会に対する憎しみがハルマゲドン信仰へと結びつき、麻原は自らの手で終末を実現し、社会を混乱に陥れるために、弟子たちに指示してサリンを製造させ、それを使用したという。

ここまで述べてきたように、こうした解釈には重大な問題があるが、この解釈をとるならば、事件の中心は麻原であるということになる。そうなると、麻原が指示を下すことができず、その影響力が低下すれば、オウムの危険性はなくなることになる。

公安審査委員会が破防法のオウムに対する団体適用を棄却したときにも、その点が棄却の理由となっていた。オウムが起こした事件のなかで、破防法の適用を考えなければならないほど凶悪で危険なものは、サリンの大量生成計画であり、サリンを使った松本と地下鉄のサリン事件であった。サリンを大量生成するためには、第七サティアンに作られていたような巨大なプラントが必要である。巨大なプラントを作るには科学的な知識と高度な技術力が求められる。さらにはプラントを作り、さまざまな薬品を購入するには、多額の資金が必要である。またプラントを作るための土地が必要で、土地を買うためにも多額の資金が必要である。結局は、資金力が大きなポイントとなってくる。

公安審査委員会は、事件後のオウムは宗教法人格を奪われて任意団体になるとともに、破産を宣告されているため莫大な資金を集めることができないと判断した。実際、サリンの生成が行なわれていた第七サティアンを含む上九一色村の施設は没収され、破産管財人の管理するところとなった。オウムの人間たちは、その活動拠点からの撤退を余儀なくされた。オウムは、サリンを大量生成するための巨大なプラントを失った。しかも破産宣告を受けたことで、ふたたびそうしたプラントを作り上げるための資金源も失った。だからこそ公安審査委員会は、オウムが近い将来サリンを生成し、それを使用して無差別大量殺人を実行することはありえないと判断した。(7)

公安審査委員会の棄却決定書のなかでは、麻原が破壊活動を指示すれば、構成員のなかに不法行為を試みる者が出る可能性は否定できないが、公判は拘留のまま続けられているので、実際に麻原が「違法行為の指示をなし得る場面は、到底想定できない」とされていた。(8)麻原が信者たちに指示を下す状況にないことが、事件後のオウムの教団が、近い時期に暴力的な破壊活動に向かう「明らかなおそれ」がないことの有力な証拠とみなされた。

逆に、同じ公安審査委員会が、オウムに対して団体規制法の観察処分を決定したときには、今度は、麻原の影響力が現在の教団にも及んでいることが、処分を下さなければならない理由としてあげられた。

オウムは「政治上の主義」を実現するための武装化の一環としてサリンの効果を試すなどのために、松本サリン事件を起こし、警察による強制捜査が「政治上の主義」推進の妨げになるとの危惧から地下鉄サリン事件を起こした。その首謀者が麻原であることは、明らかだという。

麻原は拘置中で、公判廷での言動以外に自らの意思を伝達する手段をもたないが、教団は麻原の指示であれば殺人も正当化されるという危険な教義を維持しており、麻原の公判廷での言動などを通して、教団のメンバーらに凶悪な重大事件を敢行するよう指示し、メンバーがそれを実行する可能性を否定できない。また当時の教団は、機関誌やインターネットのウェブサイトを通して、麻原に絶対帰依の意思を示し、セミナーでは「オウム真理教の根本にはグルが存在し、唯一の真理はグルである麻原に絶対的にしたがうことである」と説いていた。さらに教団のメンバーは、麻原の公判廷での意味不明な英語まじりのつぶやきから意味を見出そうとしており、麻原の公判廷での発言が教団のメンバーに驚きをもって受け取られ、それが教団による事件の本格的な検証の検討に結びついたことは、麻原の影響力の証拠だというのである。(9)

マハー・ムドラーという回路

公安審査委員会の判断は、法廷における麻原彰晃とその信者たちのパフォーマンスによって変化し、麻原彰晃が直接的なかたちで現存する教団に影響を与えられるかどうかが教団の危険性を判断するための決定的な基準として用いられている。

しかし、公安審査委員会の判断の根拠は、麻原が直接に影響を与えているか否かという点に限定されすぎているのではないだろうか。

麻原の法廷につめかけていた信者たちが、麻原の意味不明な証言や不規則発言から、メッセージを読み取ることに成功したかどうかは不明である。しかし信者たちは、その可能性を信じていたであろう。麻原が、その機会を巧妙に利用すれば、なんらかのメッセージを伝えることもできる。法廷から指示を下すことは必ずしも不可能ではない。麻原は被告として法廷という場に立つことで、信者たちに対してメッセージを発する機会を保持してきた。もちろん法廷で勝手に指示を下すことは不可能であるにしても、法廷でのパフォーマンスは新聞等で報道されてきた。

しかも麻原は、法廷に姿をあらわしてメッセージを発することがなくても、信者たちに影響を与えることは十分に可能である。

オウムにおいて、超能力の実在が信じられていることを思い起こす必要がある。オウムの信者たちは、麻原にさまざまな超能力が備わっていると、今でも信じている。麻原は『生死を超える』のなかで、四つの静慮を通過すると五つの神通、つまりは超能力がつくと述べている。五つの神通とは、変幻自在に化身できる神足通、神々の声を聞く天耳通、人の心を見抜く他心通、過去世を知る宿命通、相手の煩悩を理解する漏神通の五つである。このうち、メッセージの受け答えに関係するのが、天耳通と他心通の二つである。天耳通は、天の神々や人間あるいは近くや遠くのいろいろな声を間近に聞くことのできる能力とされている。他心通は、相手の心をはっきりと把握し視覚的にとらえることができる能力とされている。この二つの能力を備えていれば、遠く

の人間の声を聞き、またことばを使わずに相手の気持ちを読むことができるという。(10)

もちろん、こうした能力は誰もがある程度身につけている。雑踏のどこかで自分に関心のある事柄に話題が移っていくと、その話が急に聞こえてきたりすることがある。あるいは、何も言われなくても、その人の気持ちが手にとるようにわかると思えるときがある。しかし、それだけでは超能力とは言えない。オウムで言われている超能力とは、常識では考えられないほど高い能力のことをさしている。信者たちは、麻原なら、はじめて彼と会う人間の心のうちでさえすべて見通すことができると信じている。自分たちも修行を重ねれば、麻原と同様にそのような力を身につけることができると信じている。そのようなかたちで超能力を信じているオウムの人間たちにとって、人間同士のコミュニケーションには必ずしもことばによる媒介を必要としない。天耳通や他心通によって、どんな小さなつぶやきでも、遠くから耳にすることができるからである。さらには相手の心そのものを読むことも可能だと考えられているからである。

麻原の法廷にやってきたオウムの信者たちは、麻原が自分たちに対するメッセージをささやくのを耳にしたと信じ、麻原の心を読むことでその真意を理解したと信じたかもしれない。あるいは、自分が麻原のつぶやきを聞くことも心を読むこともできないのは、修行が足りないからだと考えたかもしれない。麻原と信者たちは、一般の人間たちの目には見えないかたちでコミュニケーションをとっていると信じているかもしれない。

麻原の教団への影響力について判断を下す際に、この超能力の問題以上に重要な意味をもってくるのが、マハー・ムドラーの問題である。

オウムのマハー・ムドラーについては、第三章と第四章で詳しく述べた。マハー・ムドラーは、グルが弟子のわからないようなかたちで課す試練のことである。弟子たちは、それがグルによるマハー・ムドラーであるのかどうかを察しなければならない。そして試練は、弟子にとってやりたくないこと、やれないことである。

やりたくないこと、やれないことを克服したとき、弟子はグルからヴァジラヤーナの修行法であるマハー・ムドラーを成就したと見なされる。

オウムの信者たちは、地下鉄サリン事件が起こり、教団に強制捜査が入ったあと、教団の危機的な事態をマハー・ムドラーとしてとらえ、そこに尊師の意思が働いているのではないかと考えようとしたのではないだろうか。さらに教祖や幹部たち、あるいは自らが逮捕されたという事態についても、マハー・ムドラーとしてとらえようとしたはずである。麻原は、第四章で見たように、逮捕をマハー・ムドラーとしてとらえていた。

オウムの一般の信者たちは、強制捜査が入ったあとでも、自分たちの教団が凶悪な犯罪に手を染めていたとは考えていなかった。そこで、オウムは無実で強制捜査は誤りであると信じ、自分たちにふりかかった苦難をなんとか乗り超えようとした。ところが、起訴された幹部や信者の裁判が進むにつれて、彼らが犯行にかかわったことは否定できない状況になった。オウムの教団は決して潔白ではない。しかも一連の犯罪は、麻原の指示で行なわれた可能性が高くなってきた。

そうした状況に立ち至った以上、教団としては、教祖や信者たちが犯行にかかわったことを認め、謝罪するしかなかったはずである。しかし教団は長い間、謝罪の方向にむかわなかった。犯行を認めることさえしなかった。それは、麻原が、起訴された犯罪にかんして自らの指示を認めなかったからである。

オウムの教団としては、一九九七年四月時点での麻原の意見陳述の段階で、一連の事件は麻原の教えを誤解した一部の幹部たちの独走によるもので、麻原はいっさい指示を下していない以上、罪はないという主張を展開することもできたはずである。しかし教団は、麻原の意見陳述から二年以上にわたって、謝罪も事件を認めることもしなかった。それは、教団に残された信者たちのあいだに、事件全体を麻原によってしかけられたマハー・ムドラーであるという解釈が存在したからではないか。

第五章で見たように、早坂武禮は、教団の自滅を麻原によるマハー・ムドラーとしてとらえていた。早坂は、無差別大量殺人についてはマハー・ムドラーの可能性を否定しているが、殺人を強いることはもっとも強烈なマハー・ムドラーになりうる。事件全体がマハー・ムドラーであるのかどうか、信者の側にはそれをたしかめる手立てはない。それは、マハー・ムドラーを仕掛ける側のグルとの接触が不可能だからである。だが、たとえ接触ができたとしても、グルである麻原はマハー・ムドラーであるかどうかを明らかにしないであろう。マハー・ムドラーであると明言してしまえば、それはその瞬間にマハー・ムドラーではなくなってしまうからである。

公安調査庁や公安審査委員会は、こうしたマハー・ムドラーの考え方を核としたオウムの教団の構造について、十分に理解していない。マハー・ムドラーや、あるいは尊師の意思の問題について考えなければ、オウムの危険性は判断できないのである。

ヴァジラヤーナからの決別

オウムの教団が試みている麻原彰晃外しは、麻原の教団に対する直接的な影響を排除しようとするものと見ることができる。二〇〇〇年一月十八日に発表された「事件に関する総合的見解表明及び抜本的教団改革の概要」のなかで、村岡達子代表は、新体制の発足にあたって、従来の信者からも改めて入会申込書と誓約書の提出を求めるが、その誓約書では、新団体の構成員はあらゆる法令を遵守し、無差別大量殺人行為はもちろん、人を殺傷する行為は絶対に行なってはならないことを明確にうたい、たとえ麻原前代表の指示であっても、違法行為をなすことは一切禁止していると述べていた。

しかし、麻原の教団に対する影響は、必ずしも直接の指示というかたちをとるわけではない。マハー・ムドラーの教えにおいては、麻原が指示を下さなくても、信者の側が麻原の意思を察して行動する。したがって、オウムの教団が自分たちに危険性がないと主張するためには、その前提として、少なくともマハー・ムドラーを修行法とするヴァジラヤーナの教えを放棄しなければならない。

「事件に関する総合的見解表明及び抜本的教団改革の概要」では、麻原の教えはインドヨーガ、原始仏教、大乗仏教の教えに限定するとされている。オウムはヨーガから出発し、ヨーガと原始仏教を組み合わせ、さらにはチベット密教を加えることで教義と修行の体系化を進めていった。その一応の集大成となったのが、第二章で見たように、大乗経典と銘打たれた『マハーヤーナ・スートラ』であった。インドヨーガ、原始仏教、大乗仏教の教えに限定するということは、この『マハーヤーナ・スートラ』の段階に戻ることを意味している。麻原がタントラヤーナを説き、カール・リンポチェの影響でヴァジラヤーナを説くようになったのは、『マハーヤーナ・スートラ』の刊行後のことである。

しかし、『マハーヤーナ・スートラ』以前の段階でも、麻原はチベット密教を取り入れていた。『マハーヤーナ・スートラ』の前に刊行された『イニシエーション』では、チベット密教のイニシエーションについてふれていた。麻原がチベット密教を取り入れるに当たっては、中沢新一の『虹の階梯』などが影響を与えていた。

問題は、オウムの教団が言う大乗仏教の意味するところである。オウムの教団は大乗仏教という表現を使うことで、大乗仏教とヴァジラヤーナ、金剛乗とを区別しようとしている。たしかに金剛乗という名称は、金剛頂経系統のインド後期密教を小乗や大乗と区別するために用いられた呼称である。仏教の研究者のなかには、密教を大乗仏教から独立したものとしてとらえる人間がいる。

しかし、密教＝金剛乗と大乗仏教とが截然と区別されるわけではない。三枝充悳は、後期大乗仏教の二大潮流である中観派と瑜伽行派の人々のあいだでは、密かに密教的な行法が行なわれ、次第にその数が増して、エクスタシー的な神秘体験をもつグループが生まれ栄えることで、密教が独立して進展するようになったと指摘している[11]。松永有慶も、密教が大乗仏教とまったく別個に、独自に教団を組織していた証拠は見当たらないと述べている[12]。

このように、大乗仏教と密教とは明確に区別されるわけではない。密教は大乗仏教の一つの発展形態である。さらに言えば、密教はヨーガを行法としてとりいれており、ヨーガと密教とは密接な結びつきをもっている。

麻原は一九九二年の三月と五月にスリランカを訪れているが、その前の段階からテーラヴァーダについて説くようになった。テーラヴァーダとは上座部のことであるが、上座部は部派仏教であり、小乗仏教のことである。麻原はそれ以前の段階で、ヒナヤーナ、小乗仏教について語っており、テーラヴァーダはそれとは異なるものとしてとらえられている。麻原は、第四章でふれたように一九九一年十一月十七日の上九一色教学センターでの説法で、一般にはテーラヴァーダはヒナヤーナ、小乗と同じであるとされるが、それは過ちで、テーラヴァーダの教えのなかに大乗、さらには秘密金剛乗の教えも含まれると述べていた。

また麻原は十二月五日の同じく上九一色教学センターでの説法で、テーラヴァーダとは、現実の生活のなかに身をおきながら、煩悩と対決し、それを止めてしまうことであると述べていた[13]。

原始仏教は南伝仏教のなかに含まれており、麻原の言うテーラヴァーダと原始仏教とが重なり合ってくる可能性がある。しかも、テーラヴァーダのなかには、タントラ・ヴァジラヤーナの教えも含まれている。麻原は、金剛乗とインドヨーガ、原始仏教、大乗仏教とを明確に区別していたわけではない。この四つの教えは複雑に絡み合っている。

アレフと名を変えたオウムの教団は、その基本経典として『アレフ教学システム』（Ⅰ～Ⅲ）を刊行している。その目次は、以下のようになっている。

この『アレフ教学システム』には、ヴァジラヤーナやポアといったことばはいっさい出てこない。殺人を正当化するような教えは含まれていない。オウムの教団としては、危険性を指摘された教えを削ることで、自分たちが個人としての解脱や悟りをめざす、決して危険な存在ではないことを印象づけようとしているのであろう。

しかし、『アレフ教学システム』のなかで、グルやマハー・ムドラーということばは残されている。ティローパとナローパの話さえある。あるいは、ワークの修行的な意味も依然として強調されている。第九章以降において、より高度な修行を区別しようとする見方は、顕教と密教を区別する密教的な世界観にもとづいている。そして、最後の第十章では、やはり依然として、オウムの教えの究極的な目標として、聖無頓着を含む四無量心が説かれている。『アレフ教学システム』において、ヴァジラヤーナやポアは削られたものの、オウムの基本的な教義に変更は加えられていない。そもそも、『アレフ教学システム』を構成しているのは、すべて麻原の説法なのである。

岩上安身は、評論家やジャーナリストのなかに、オウムの教団がタントラ・ヴァジラヤーナの教えを放棄すると宣言すれば、オウムの危険性はなくなり、健全な宗教団体として市民社会との和解、共存が可能になると発言する人間がいるが、タントラ・ヴァジラヤーナの教えはグルイズムと不可分の関係にあり、ヴァジラヤーナ＝グルイズムを抜きにしては、オウムの教義や修行体系、そして教団は成り立たないという指摘を行なっている(14)。たしかに、ヴァジラヤーナ＝グルイズムは、オウムの教義と修行体系の中核を構成している。その意味で、岩上が指摘するように、オウムがヴァジラヤーナ＝グルイズムを捨て去ることは相当に難しい。

しかも、オウムの教団がヴァジラヤーナ＝グルイズムの放棄を宣言したとしても、その宣言を信用してよいかどうかが問題になる。仏教の基本的な戒律である五戒のなかには、嘘をつくことを戒める不妄語戒がある。麻原もまた、第二章でふれたように、信者たちに五戒を課し、不妄語戒を勧めていた。嘘をつくことは戒律に違反する。ところがマハー・ムドラーの考え方においては、戒律をひたすら守ろうとする振舞いは戒律へのこだわり、執着としてとらえられる。マハー・ムドラーを実践するには、あえて嘘をつかなければならなくなってくる。実際、第六章で見たように、オウムに影響を与えたことが予想される『秘密集会タントラ』では、好んで嘘を言う人たちが、成就にふさわしい人たちであるとされている。

『オウム法廷』シリーズの第五巻には、「ウソつきは誰か」という副題がつけられている。降旗賢一は、その「あとがき」を、「誰かが嘘をついている」ということばではじめている。麻原の意見陳述のあと、被告となった信者たちは、それぞれの立場を主張しているが、弟子たちのあいだ、たとえば井上嘉浩と林泰男、岡崎一明と早川紀代秀のあいだでは対立が目立ち、その記録を読んだ読者は誰かが嘘をついていると感じたのではないかという。降旗は公判を傍聴してきた経験から、「ことによったら、みんなが互いに小さな嘘をつきあっているのかもしれない、とさえ思えてくる」とも述べている。麻原の教義自体が本当は巨大な虚構であり、嘘を積み重ねることで教団は成り立ってきたのではないかという(15)。

一般の裁判においても、被告や証人は必ずしも事実を証言するとはかぎらない。自らの罪を軽くするために、あるいは誰かをかばって嘘の証言をしたり、証言を拒否したりする人間がいる。もちろん嘘の証言をすれば偽証罪に問われるが、そもそも証言は個人の主観的な判断であり、そこには必ず利害がからまる。裁判官は、果たしてその証言が事実であるのかどうかを、他の証言や証拠から判断していかなければならない。ところがオウムの場合には、そこに教義がかかわってくる。嘘を勧めるマハー・ムドラーの教えがあり、オウムの信者たちは積極的に嘘をついているのかもしれない。その感は、裁判記録を読めば読むほど深まってくる。

現在の教団が、本当にヴァジラヤーナ＝グルイズムから脱却したかどうかを判断するためには時間が必要であろう。その判断が可能になるまで、オウムにはグルイズムが残っていると考えるべきであろう。グルイズムが成り立っているかぎり、マハー・ムドラーや尊師の意思を察するという行為が行なわれる可能性がある。それは、オウムの危険性が消えていないことを意味する。

オウムの教団が事件の原因の究明にいっさい熱意を示さないのも、ヴァジラヤーナ＝グルイズムがその教えのなかに深く浸透していることが明らかになることを好まないからではないだろうか。ヴァジラヤーナ＝グルイズムを否定することは、オウムそのものを否定することになり、それでは教団の存続は難しくなっていく。教団がいくら麻原外しを試みても、ヴァジラヤーナ＝グルイズムの放棄は困難である。その点で、公安審査委員会の指摘とは異なる意味で、教団に危険性が残っていると考える必要があるのではないだろうか。

さらに私自身の反省をこめて言えば、一連の事件が起こるまで、教団外部の人間はオウムが無差別大量殺人の方向へむかうとは考えていなかった。誰もオウムがサリンを作って、無差別に人を殺すことになるとは考えていなかった。現在の教団の危険性を考えるには、その点を思い起こす必要がある。

信者たちの行方

オウム信者の多くは、事件後も教団にとどまった。あるいは、逮捕され起訴された信者のなかには、刑期を終え釈放されたのちに教団に復帰した者も少なくない。また、教団を脱けた元信者の場合も、完全に教団との関係を断ったとは言えない状況にある。教団を脱けたものの、麻原彰晃に対する崇拝の念を失っていない人間は少なくない。

元信者のなかには、現在でも原始仏教やチベット密教に依然として関心をもち続けていると言う者が少なくない。そういう人間たちのなかには、瞑想や修行を続けている者もいる。彼らはオウムを脱会していながら、オウムを生んだ仏教やヨーガの世界から完全に切れてはいないように見える。

なぜオウムの現役の信者たちは、教団を脱会しないのだろうか。また脱会した元信者たちも、オウムとのかかわりを完全に切ってしまわないのだろうか。

鹿島とも子については、本当にオウムをやめたのか、実は脱けていないのではないかといった記事が出たことがあった。私が、彼女との対談の際にその点を問いただすと、彼女は次のように答えた。

そう思われるかもしれません。私はまだ瞑想をやったり、その手の本も読んでいます。オウムでの体験、あれはなんだったんだろうって、やっぱり考えますよ。今、わたしはいろんな方向から答えを探している、一生懸命確かめているんです。密教のお坊さんやＴＭ瞑想、サイババのところにも行きましたが、まだ結論みたいなものは出ていません。私がオウムを非難しないのは、それがわからないからなんです。この世に他人を非難できる人はいないと思いますし。もし、自分が霊的な成長のためにこの世に生まれてきたのだという事実があるなら、それは大変なことになるし……[16]。

私がヤマギシ会の共同体を脱けてきたときには、ヤマギシ会のあり方、現状に対して強い不満を感じたことが原因になっていた。ヤマギシ会の方向性と、自分の求めていたものとが大きく異なると感じたからこそ、私はヤマギシ会の共同体を出てきた。

ところが鹿島の場合には、オウムのあり方や現状に不満を感じたことが脱会の原因にはなっていない。彼女のなかには、オウムが起こした事件についての強い疑問が存在する。だからこそ、執行猶予の判決を受けたあと、教団に復帰するという道を選ばなかったのであろう。しかし彼女のなかには、オウムのなかでいい人たちとも会ったし、いい体験をしたという認識があるだけではなく、私の場合と異なり、オウムに対して不満や疑問を感じてはいない。その点について鹿島は次のように述べた。

たとえば、井上嘉浩さんは一番お世話になった恩人です。他の人に話せないような話もしました。そんな人があんなことをしてしまって、でも、だからといって掌を返すようなことは言えません。だから、そのへんが一番苦しんだところなんです[17]。

鹿島のいだいている感覚は、彼女にかぎらず、他の元信者たちにも当てはまることではないだろうか。彼らがオウムをやめたのは、必ずしもオウムに不満があったからではない。たしかに、彼らは無差別大量殺人を認めることはできないのだろう。だからこそ教団から身を引いたわけだが、教団のなかでの生活に不満をもっていない彼らには、教団がそのようなことをしたとはなかなか信じられない。

あるいは鹿島の最初に引いた発言のなかにある、「もし、自分が霊的な成長のためにこの世に生まれてきたのだという事実があるなら、それは大変なことになるし」ということばも、元信者たちのいだいている感覚を象徴している。

オウムには、シャンバラの考え方に示されているように、選民思想が存在する。オウムの信者たちには、自分たちが霊的に選ばれた特別な人間であるという認識がある。鹿島を含め元信者たちは、そうした認識を捨ててはいない。

元信者たちは、麻原や幹部たちがなぜ無差別大量殺人を行なったのか、その理由を考えてきたであろう。それは、彼らが教えられてきたこととは大きく異なっている。第五章でもふれたように、殺生戒を守ってきた一般の信者たちには、殺人は思いもよらないことである。しかし数々の事件がオウムの信者たちの犯行であることがしだいに否定できない状況になってきた。それでも元信者たちは、一連の事件を教祖や幹部たちのあやまちとしてとらえようとはしていない。そこにグルであり最終解脱者と称する麻原の、さらには麻原が体現するオウムの主宰神シヴァ大神の、なんらかの意図があると考え、その意図を推し量ろうとしている。彼らは、グルの意思、尊師の意思を察することを続けている。

それは元信者だけではなく、教団に残った信者たちについても同様であろう。現役信者の方が、元信者よりもいっそうそういう意識をもっているにちがいない。彼らは、麻原や幹部たちが、犯罪を行なったとは考えていない。そこに救済という目的があったものと考えようとしている。

その感覚は、法廷における麻原のパフォーマンスによって、より強化されたのではないか。麻原が一連の事件を指示したことを認めれば、信者たちのあいだに大きな動揺が走る。ところが、麻原は自らの指示を認めてはいない。そして、弟子たちの暴走に原因を求めている。

信者としては、あるいは元信者としては、麻原の言動を信じることで、麻原には責任がないと考えることができる。悪いのは尊師の意思を曲解した幹部たちだと考えることもできる。あるいは、まちがった方向に行きやすいほど、尊師の意思を理解することは困難なのだと納得しているかもしれない。

結局のところ、オウム事件を経ても、信者たちの信仰に大きな変化は起こっていない。信者たちは、やがて麻原の本当の意図が明らかになるとともに、オウムの宗教団体としての価値が復権されると信じているのではないか。だからこそ現役の信者たちは教団にとどまり、周囲から圧力を受けながらも信仰をもち続けようとしている。それは元信者たちについても言える。彼らは、麻原の意図というものが明らかになり、それが納得できるものであれば、教団に戻っていく可能性がある。

またこの点は、現役の信者と元信者の境目がきわめて曖昧なものであることを示唆している。当初、裁判所は、被告となったオウムの信者たちが教団を脱会しているかどうかで、改悛の情があるか否かを判断し、それが量刑に影響していた面がある。信仰をもち続けている被告にはより重い刑が科せられた。そこから、法廷戦術として脱会を宣言した被告もいた。オウムに観察処分が下された日に開かれた土谷正実の公判に弁護側証人として出廷したある現役の女性信者は、「執行猶予を得るために偽装脱会した」と証言した。彼女は、土谷の指導で麻酔薬を密造し、薬事法違反で懲役一年六カ月執行猶予三年の判決を受けている(18)。

そのためもあって、信者と元信者の境目はきわめて曖昧なものになっている。さらに、観察処分では、教団は信者の氏名、住所を報告しなければならない。教団のウェブサイトで信者数が一九九八年から九九年にかけて激減しているとされているのも、報告しなければならない信者の数を減らす目的があったのではないだろうか。これによって、信者と元信者の境目はさらに曖昧なものになってしまった。

オウムの元信者について、本当に脱会したかどうかを疑うことは、彼らの社会復帰を遅らせることにつながる。その点について、社会は慎重でなければならないが、オウムの信者と元信者との境界がきわめて曖昧なものであることは事実である。実際、教団の内と外を厳格に区別する指標は存在しないのである。

強いられる共生

現在、オウムに対しては団体規制法による三年間の観察処分が下されている。教団は三カ月ごとに、信者を出家と在家に分けて、その氏名と住所を報告しなければならなくなった。オウムの信者であれば、必ず公安調査庁や警察に把握される状況が生まれた。信者のなかには、それを嫌って脱会した者も少なくないと伝えられた。

あるいは、観察処分を前にして上祐史浩を中心とした幹部が出した教団の改革案は、従来の教団の方針と大きく異なるものであったため、教団のなかにはそれを認めない人間もいたのではないだろうか。とくに、麻原彰晃外しを試みた点は、信者に不満を生む危険をはらんでいる。それが教団の分裂に結びつく可能性も否定できない。

しかし、観察処分が下されたことで、ただちにオウムが消滅してしまうことにはならなかった。観察処分の先の再発防止処分にしても、彼らにとっては強制捜査が行なわれる状況が継続するだけで、信仰とそれにまつわる行為が禁止されるわけではない。個人として教義を学び、修行を実践することは許される。

そもそもオウムにおいては教団の組織的な活動は、第七章で述べたように、それほど大きな意味をもっていない。教団の存在意義は、それが修行のための場、つまりは道場を与えてくれるという点にある。信者たちは、修行の方法について知識を得ることができるのであれば、必ずしも教団を必要とはしない。

法で規制できるのは、団体での組織的な活動だけである。個人の信仰を法で規制することは、いかなる政治体制のもとでも不可能である。とくに日本のような民主主義国家においては、麻原の本を読んでいるだけで、あるいはオウムの修行を実践しているだけで、その人間を逮捕し裁判にかけるわけにはいかない。

しかも、団体規制法の適用は、憲法で保障された基本的な人権を侵害する可能性を含んでいる。規制する側がその適用の仕方を誤れば、思わぬ結果がもたらされる。そうなれば、逆にオウムを利することにもなりかねない。オウムの信者たちが基本的人権を侵害されたと訴えれば、その点から権力を批判する人間も出てくる可能性があり、オウムはその点を見越している。日本の国家権力は、団体規制法によってオウムに対する規制を合法化した。国家権力は、オウムと戦う武器を獲得した。しかしそれは、オウムにも、権力による弾圧の被害者であると主張できる武器を与えた。

さらに教団は、事件の被害者への補償という、教団による宗教活動、経済活動を行なうための大義名分を獲得した。団体規制法が制定された際には、同時に「特定破産法人の破産財団に属すべき財産の回復に関する特別措置法」が制定された。この特別措置法は、破産後に任意団体として存続する現在の教団が所有する財産を、被害者の救済等にあてることを可能にした。二つの法律の制定は、オウムを経済的に追い詰め、ひいてはその解体を目的としたものであったはずである。ところが、教団は被害者への補償を逆手にとって、宗教活動を補償のための資金を獲得するための手立てとして位置づけることで、教団の活動を正当化する道を開いた。

教団が、この新しい方針にしたがって、パソコン事業などで収益をあげ、その純利益を破産管財人に譲渡し、補償にあてる活動を続けていくとしたら、社会はオウムの活動をこれ以上規制することが難しくなっていく。教団の活動を規制することは、補償のための資金を確保できなくなることを意味する。

オウムの教団に対しては、一九九五年十二月、松本・地下鉄両サリン事件の遺族ら事件の被害者と国が破産を申し立てた。東京地裁は翌一九九六年三月二十八日、サリン事件等がオウムによる不法行為と認定し、被害者や遺族、労災保険金などを給付した国などに支払う賠償金がおよそ二十四億四千万円にのぼり、教団の資産を上回る債務超過に陥っているとして教団の破産を宣告した。建物を解体するための費用は、教団施設の評価額を上回った。[19]

その後、一九九七年八月には波野村の道場の土地が村に返還され、村は最後の和解金七千万円を支払い、これは破産管財人の手に渡った。教団が補償しなければならない賠償金の総額は現在のところ、四十億円ほどだと言われている。[20]二〇〇〇年七月四日、破産管財人とオウムの教団は、教団がその四十億円の残債務をすべて引き受け、今後五年間で中間配当額と同額の九億六千万円を支払うことで合意した。そして、破産管財人は、教団のパソコン事業について、経営の実情を外部に開示することを条件に、その再開を黙認するという方針を打ち出した。[21]

今のところ、観察処分が再発防止処分へとすぐに変更される可能性は少ないかもしれないが、三年にわたる観察処分が解けたあとも、観察処分が更新される可能性はある。オウムは、教団としての活動を継続しているばかりでなく、集団で生活することをやめていないからである。世論も、現状では観察処分の継続を求めざるをえない。しかし、教団が将来において賠償金を完済してしまう可能性はある。そうなると、教団は、それまで賠償にあてていた利益を、そのまま教団運営の資金として使うことが可能になる。それは、オウムが、より自由に活動できることを意味する。あるいは、賠償金の支払いを終えたことが、世論を変化させていくことにつながるかもしれない。オウムは、一定の責任を果たしたことになるからである。

オウムのこれからを予測することは難しいが、もっとも可能性があるのは、現在の事態が継続するということではないだろうか。オウムの教団は存続し、集団で居住する体制を変えない。その一方で、観察処分が更新されていく可能性が高い。そして、オウムが集団で居住する地域においては、住民による反対運動が展開される。もちろん、オウムが現実に危険な行為におよべば、再発防止処分が下されることになろうが、そうした具体的な危険性が明らかにならなければ、国が新たなオウム対策をこうじることは難しい。

それは、日本の社会が、オウムとの共存を覚悟しなければならないことを意味する。国民がそれを望まなくても、オウムは存続していく。国民はそうした事態に直面せざるをえないのである。

脱会者のケア

日本の社会がオウムとの共存を望まないとしたら、一つの方法として考えられるのが、教団に所属している信者を一人ずつ脱会させ、ひいては教団を解体に追い込んでいくというものである。

オウムの現役信者のなかには、教団のあり方にいっさい疑問をもたず、ひたすら自らの解脱をめざして修行をしている人間もいるであろう。しかし、そうした人間はかぎられている。多くの人間はさまざまな疑問や不満、あるいは不安をもちながら、それでも教団にとどまっていることであろう。

教団が、それまでの方針を変えて謝罪に踏み切ったことについても、団体規制法などが制定されようとしていたというだけではなく、一般の信者のあいだから、謝罪すべきだという意見が出ていたからだとも言われる。裁判で教祖や信者の事件への関与が明らかにされていくなかで、謝罪はおろか事件に関与したこと自体を認めようとしない教団の姿勢は、信者たちにさえ受け入れられなかった。

疑問を感じている信者のなかには、教団を出たいと考えている者もいるであろう。しかし教団を出たとしても、オウムの元信者であるというレッテルがつきまとう。元信者であれば、就職は不可能だとも言われる。過去の経歴を隠して職を得たとしても、いつそれがばれるか、不安な日々を過ごさなければならない。過去がばれて馘になるようなことが続けば、あるいは教団に戻るしかなくなっていく。

教団にいながら不安を感じている信者の精神状態は、教団を出てきたばかりの元信者の精神状態と大きく変わることはないであろう。それは、私自身がヤマギシ会を出ようと考え、そして実際に出たときに体験したことでもある。教団になじめない人間や出たばかりの人間の精神状態はきわめて不安定であり、その針が、教団にとどまったり復帰したりする方向にふれるのか、それとも教団をぬけ完全に決別する方向にふれるのか、はっきりしない状態が続く。

私の場合には、緑のふるさと運動という、いわば精神的なリハビリの場をもつことができた。私は同じ境遇にあるヤマギシ会の元信者たちと交流することで、ヤマギシ会から決別していく方向にむかうことができた。しかし、同じ時期、東京にはいなくて、緑のふるさと運動に加わることがなかった人間のなかには、ヤマギシ会に戻ってしまった人間もいる。

オウムの元信者の場合には、滝本太郎弁護士が主宰する「カナリヤの会」が緑のふるさと運動と似た役割を果たしている。カナリヤの会には、オウムの元信者が集まり、交流を深めることで、オウムから決別する道を歩もうとしている。

あるいは、カナリヤの会に参加しないでも、オウムの元信者同士が寄り集まっているところもある。ただ、そうしたグループの場合には、カナリヤの会とは異なり、オウムの教団との関係が曖昧である。たとえば、元暴力団の組長であった中田清秀のもとには、教団をぬけた元信者が三十人ほど集まっているが、中田のグループとオウムの教団は資金面でのつながりをもっているとも言われている(22)。

滝本弁護士は、企業が、元オウム信者と分かっただけで馘首しないよう訴えている。また二〇〇〇年二月一日には、滝本弁護士が事務局をつとめる「日本脱カルト研究会」が、元信者に対して差別をしないよう訴える上申書を内閣内政審議室に提出している。たしかに、社会的な差別が、オウムの元信者の社会復帰を困難なものにしている面がある。

しかし社会の側にしても、果たしてその人間が本当にオウムと切れているのか、判断がつきかねるという事情がある。

ジェイムズ・ルイスとディヴィッド・ブロムリーによる、一九八七年のカルトの元信者についての研究では、自発的脱会者（A群）、自発的に脱会カウンセリングを受けた者（B群）、強制的に脱会カウンセリングを受けた者（C群）の脱会後の精神状況を比較検討している。脱会後、意識の浮遊や変成状態があるかという問いに、A群では一一パーセントしかイエスと答えていないのに対して、B群では四一パーセントが、C群では六一パーセントがイエスと答えている。また悪夢があるかという問いでは、A群一一パーセント、B群四一パーセント、C群四七パーセントで、健忘症、記憶消失があるかという問いでは、A群八パーセント、B群四一パーセント、C群五八パーセントがイエスと答えている。たとえ、脱会カウンセリングが自発的なものであったとしても、脱会後に精神に異常をきたすことは、強制された場合と同じだというのである。

また、愛の家族、ハレ・クリシュナ、統一協会の自発的脱会者四十五名の場合、教団に対して怒りを感じた者が七パーセント、洗脳されたと感じた者が九パーセントであるのに対して、むしろ経験によって賢くなったと感じた者が六七パーセント、つまり三分の二にも達しているという。(23)

この研究は、脱会カウンセリングのあり方に疑問を投げかけているわけだが、脱会後に、元信者が意識の浮遊や変成状態を経験してしまうのは、苫米地英人の言うアンカーが適切に外されていないからではないだろうか。外されていないために、トリガーに接触して変性意識状態が発現してしまうのである。

オウムの場合には、他のカルトと呼ばれる集団とは異なり、修行という身体的な要素が大きな役割を果たしている。オウムの信者は、身体を通して洗脳されていく。したがって、オウムの信者の脱洗脳を行なうには、そうした身体的な側面の理解が必要であろう。いくらオウムの教義の矛盾をついたとしても、修行による身体的な感覚は消滅しない。

教団西信徒庁長官だった都澤和子の場合にも、苫米地によって脱洗脳された際、オウムの教義や麻原の説法の論理矛盾をつかれたが、自分で体験した神秘体験だけは否定できなかった。ところが苫米地から「天井を見てごらん、金粉を降らせてみるから」と言われ、自分の腕でキラキラとした金粉が光っているのを見て驚く。さらに都澤は、苫米地から「これはあくまで幻覚にすぎない。簡単なトリックでこういう幻覚を体験させることができるんだ」と言われ、自分の思い込みの最後の砦がガラガラと崩れてしまったと述べている。

苫米地は、都澤の脱洗脳を行なっていくなかで、いくつかのキーワードが仕掛けられているのに気づいたという。それを一つずつ外していくと、より深い意識下から次のキーワードが浮上してきた。最後に出てきたアンカーの鍵が「もしこれを解くものが現われたら、自滅せよ」というものだったという。

都澤は、かなり以前から漠然とではあるが、もしグルである麻原が死んでしまった場合、あるいはオウムという教団がなくなってしまった場合は、自分も生きている意味がないから、肉体を滅ぼしてしまおうという考えが頭にのぼってきていたと述べている。自殺はオウムの公式教義でかたく禁じられているので、こうした考えが浮かんでくること自体おかしなことだが、ぼんやりとそんな考えがわいてきて、教団が危機に陥ってからは、その頻度が増えた。そして、苫米地とのセッションが最終的な段階にきたとき、突然それが非常に大きな衝動として意識にのぼってきた。そのときは不思議に恐怖感はなかったが、精神的には緊迫していた。体調にも変化があらわれ、自然に呼吸数が減っていき、何もしなければ、このまま「入滅」してしまうような感じだったという。[24]

苫米地のとった方法でオウム信者の脱洗脳が可能であったとしても、脱洗脳を行なうには、現在、信仰をもっている人間をいったんは教団の外に連れ出さなければならないという難題がある。多くの場合、脱洗脳の対象になる人間は連れ去られることに抵抗する。彼らは脱洗脳されることを望んではいないし、それを恐れている。苫米地は、脱洗脳に失敗したのは、親が本人を彼のもとへ連れてくる手はずになっていたのに、途中で逃げられたケースであったと述べている。[25]

また、本人を強制的に連れ出すことは、本人の意思を無視することになるばかりか、拉致監禁として法律に違反する可能性がある。脱洗脳が成功しなければ、今度は、拉致監禁した人間が訴えられる可能性がある。その点でも、脱洗脳は危険をともなう行為であり、法律を破ることを覚悟しなければならない。アメリカで、脱洗脳を行なっている人間が逮捕されたり、「CAN（Cult Awareness Network）」と呼ばれた脱洗脳の組織が破産に追い込まれたりしたのも、脱洗脳のために拉致監禁という危険な行為を行なってきたからである。

アメリカでは、脱洗脳に対する批判が強い。「全米キリスト教協議会（NCC）」は、一九七四年、脱洗脳に対する反対決議を採択している。宗教団体が暴力や薬物、あるいは催眠などによって洗脳を行なっているなら、法の下で起訴されるべきだが、今のところその証拠はなく、むしろ暴力を用いているのは自称救出者の側だというのである。[26]

オウムに行かせないために

オウムは日本の社会に生まれた宗教であり、日本の社会がオウムを生み出したとも言える。

たしかに麻原彰晃という人物が存在しなければ、オウムという宗教は生まれなかったであろう。しかし、麻原は街頭に立って信者を勧誘したわけでもなければ、洗脳の手法を使って彼らを無理やり入信させたわけでもない。洗脳は、入信し出家したあとのことである。少なくとも末期までは、オウムの信者たちは、第七章でふれたように、オカルト雑誌の記事や広告でオウムのことを知り、自らオウムの道場に赴いて入信し、出家している。麻原は、オカルト雑誌の読者が求めるものが何かを理解できたのであり、その何かとは、現代の社会に生きる若者たちが感じる虚しさから脱却する道だった。

社会がまだ貧しい時代においては、宗教の役割は、恵まれない境遇にある人間たちに豊かになれるという希望を与え、その希望を実現する手助けをすることにあった。したがって、その時代に生まれる宗教は、高度経済成長時代の創価学会がそうであったように、強烈な現世利益を説いた。

社会に生きる若者たちが生きることに虚しさを感じてしまう現代のような時代には、虚しさからの解放を実現してくれる宗教が勢力を拡大していく。現実の社会は、虚しさから脱却していくための方法を示すことができないからである。

若者たちが生きることに虚しさを感じてしまうのは、一つには、社会に豊かさがもたらされ、それほど熱心に働かなくても、あるいはまったく働かなくても、親のすねをかじれば、食べていくことだけはできるからである。食べていくために働かなければならない状況におかれていれば、漠然とした虚しさを感じる余裕などない。その意味で、虚しさは、社会の豊かさの証である。社会が豊かになれば、必然的に虚しさを感じる人間が増えていく。現在の社会から豊かさが失われていけば、虚しさを感じる余裕もなくなり、オウムのような宗教に流れる若者もいなくなるかもしれない。しかし、虚しさを感じさせないために社会から豊かさを失わせていくことは不可能である。

社会が豊かになっても、虚しさを感じない人間もいる。たとえ虚しさを感じることがあったとしても、オウムのような宗教に向かわない人間の方が数としては多い。では、両者を分けるものは、何なのか。

オウムの信者となった人間たちは、オカルト的な世界に関心をもっていた。その関心からオカルト雑誌を読み、そこでオウムを知り、麻原を知るようになった。そして、記事や広告に誘われ、オウムの道場に行って入信し、出家している。オカルト的なものへの関心は、オウムが出現する一九八〇年代後半には、若者のあいだで一種のブームとなるほど高まっていた。それがオウムの温床となったことはたしかだが、オカルト的なものへの関心は、それ以前の世代の人間、たとえば私のように一九五〇年代に生を受けた人間のなかにも存在している。

一九五〇年代生まれをオカルト的なものへと誘った要因の一つは、一九七四年に来日した自称超能力者、ユリ・ゲラーによるテレビでのスプーン曲げのパフォーマンスだった。私は当時、大学の二年生だったが、クラスの友人たちとある友人の下宿へ行き、そこでユリ・ゲラーの番組を見ながら自分たちもスプーン曲げに挑戦したことを覚えている。

もちろん、私たちのスプーンは曲がらなかったが、私たちはユリ・ゲラーの能力を疑ったわけではなかった。知り合いのなかには、止まっていた時計が動き出したという者もいた。当時はまだデジタルの時計ではなく、ねじを巻く時計だった。そうした時計が動かなくなったのは、ほこりが積もった結果で、動かしたり手で温めたりすれば、動き出したらしい。

私はそれ以上、オカルト的なものへの関心を深めなかった。それは、私のクラスメイトたちについても言えた。ユリ・ゲラーのテレビでのパフォーマンスは、あくまでおもしろいテレビのプログラムとして受け取られただけで、私の周囲にオカルト的な世界へはまり込んでいくような人間はいなかった。

だが、仮に私が小学生や中学生であったとしたら、ユリ・ゲラーのパフォーマンスから受ける影響はちがったものになっていたであろう。実際、一九七四年当時、小学生や中学生だった人間たちが、のちには「オウム世代」と呼ばれるようになっていった。

日本の社会は一九七三年にオイル・ショックを経験するが、その後、経済の立て直しに成功し、一九八〇年代には本格的な消費社会に突入していく。オウム世代が青春を謳歌したのは、消費社会が到来した時代においてである。消費社会がバブルの時代に変わっていく状況のなかで、時代の流れに乗れない人間たち、金がすべてだという風潮に乗り切れない人間たちがオカルト的な世界への関心を深め、オウムへと流れていったと考えられる。オウムの信者となったのは、世代全体からすればごく少数である。あるいは、他の人間たちは、他の新新宗教、幸福の科学や阿含宗などに流れていったのかもしれないが、その数も、かつて創価学会に流れていった数とは比べものにならないほど小さい。

オウムの信者たちは、第七章で見たように、簡単に入信し出家している。入信や出家にあたって、大きな葛藤はなかったとも述べている。実はそこに、なぜ彼らがオウムに入っていったのかを解く一つの鍵があるのではないだろうか。

私はヤマギシ会に参画したとき、一人暮らしをしていた。親兄弟は大阪に引っ越し、私だけが高校三年のときから下宿生活をしていた。もし私が親たちと住んでいたとしたら、特講を受けることはともかく、参画すると言い出せば強く反対されたであろう。ところが、私は親たちと遠く離れて生活していたために、強い反対もないままヤマギシ会に参画することができた。

それは、オウムの信者たちについても言えることであろう。入信やとくに出家の際に葛藤がなかったということは、オウムの信者たちは周囲の家族の反対を受けなかったということではないだろうか。親たちは出家に賛成していたわけではないであろう。しかし、離れて生活していれば、子どもを引き留めることはむずかしい。あるいは、親の知らないあいだに子どもが出家しているということもありうる。

オウムの信者たちは、親と離れて生活しているか、もしくは親との関係が疎遠で、親の強い引き留めにあわなかったのではないだろうか。もちろん、学校を卒業し働いているならば、自分の道についていちいち親に許してもらう必要もない。あるいは、家族の側に、その人間を是非とも引き留めなければならない理由がなかったのかもしれない。オウムの信者たちの出家には、そうした家族関係の問題がかかわっているように思われる。

家族との関係が密な場合には、親はなんとか子どもを引き留めようとする。最初、警察などに、オウムに行った子どもが帰ってこないと訴えたのは、そうした親たちだった。家族の反対を押し切って出家することは、容易なことではない。出家する側に、家族に対する強い気持ちがあれば、反対されることで心が大きく揺れるであろう。しかし、さしたる葛藤もなく出家している信者たちの場合には、そうした家族関係が成立していなかったのではないだろうか。

オウムに行かせないための手立ての一つは、そうした家族関係に求められるのかもしれない。強い家族の絆があるならば、脱会も可能であろう。それは、脱洗脳の試みを行なう際にも言えよう。オウムの信者たちが事件後も教団にとどまったり、復帰していったのも、彼らには帰るべき場がないからなのかもしれないのである。

宗教のカルト化

オウムの事件が起こったとき、既成教団に魅力がないから、オウムのような新しい宗教教団に若者たちが流れていくのだとも言われた。そして、オウムの出現とそれが引き起こした事件は、宗教の危機としてとらえられた。事件の直後、各宗教団体の機関誌には、オウムについて論評する記事が掲載された。しかし、その種の記事は、オウムがいかに宗教から逸脱しているかを強調することに主眼がおかれ、宗教団体自らの問題としてオウムの問題をとらえ直そうとするものは少なかった。そして、事件から時が経つにつれて、既成の各宗教団体がオウム問題について積極的に提言を行なうこともなくなった。

『隣のオウム真理教』には、宗教団体に対するアンケート調査の結果が掲載されている。そのアンケートは、「1　社会はオウム真理教の信者をどう扱ったらいいと思うか」、「2　貴団体は、オウム真理教の信者もしくは元信者への心的ケアをする自信はあるか」、「3　上記2でYESの場合、心的ケアをするとしたら、どのような方法が最適だと考えるか」というものである。このアンケートは、一九九九年十月に実施された。

教団からの回答のなかで、1については、信教の自由は保障される必要があるが、オウムのように重大な犯罪をおかした教団の場合には規制の必要があるという意見が多い。オウムは法的に逸脱した点で、宗教本来の役割である精神的な安寧や安心には結びつかないというのである。2については、ほとんどの教団がYESと答えている。ただし、3の回答を見るかぎり、実際にオウムの信者、あるいは元信者のケアを行なったという教団はなく、ある教団だけが、元信者の出入りがあると述べたにとどまった。3の回答では、それぞれの教団が主張する信仰を受け入れさせていくことが心的ケアになると答えたものが多かった[27]。

もちろん、日本に存在するすべての教団が回答を寄せているわけではない。しかし、アンケートは主だった教団に送付されている。そのなかに、実際にオウム信者のケアにあたった教団もなければ、その体制を確立している教団もないということは、日本の宗教教団は今のところ、オウム信者の社会復帰に貢献していないということを示している。

これは、オウム問題の解決に、既成の宗教教団が機能しないことを意味しているように見える。もっとも、既成教団がオウムの信者を惹きつけるものに変貌したとしたら、それこそ大きな問題かもしれない。
世俗を超越しない日本の宗教は、現実社会に生きる人間に現世利益の実現を説いてきた。それは、第六章で見たように、戦後の新興宗教にまで受け継がれた。しかし、オウム世代の人間たちが宗教に求めるのは、現世利益の実現ではなく、虚しさから解放されるための現世からの離脱であった。その点で、オウム世代の人間たちが、既成の宗教に魅力を感じるはずはなかった。彼らにとっての宗教は、オウムのように現実社会からの離脱を説くものでなければならなかった。

オウム以外に、明確なかたちで現世否定、現世拒否の教えを説く宗教は、日本にはほとんど存在しない。現世否定を強調すれば、オウムのように出家や社会からの離脱を説かなければならない。オウムほど多くの出家信者をかかえる教団は存在しない。オウムの信者たちにとって、オウム以外で、オウムに最も近い宗教はチベット密教であろう。だが、チベット密教を核とした宗教団体は日本には存在しない。チベット密教の修行者はいるが、教団にあたるものはない。あるいは、第八章でふれた中沢新一の主宰するゾクチェン研究所にはその可能性があるのかもしれないが、今のところ宗教活動は実践されていない。

そもそも、オウムの信者たちは既存の宗教に対して不満や批判をもっていた。彼らは、世俗化し堕落した宗教には救済の力は備わっていないと考えた。その点で、オウムを抜けた元信者たちが、既成教団に魅力を感じ、そこに救いを求めるようになるとは考えにくい。だからこそ、『隣のオウム真理教』のアンケートに見られるように、各既成教団は、オウムの信者や元信者と接触した経験をもたないのである。

既成宗教が、オウムの信者、元信者に魅力のある存在になるためには、日本の宗教の歴史を逆転し、中世の段階にまで戻さなければならないが、それは不可能である。既成教団は、長い歴史のなかで社会と折り合いをつけ、現実の社会のなかで一定の機能を果たすようになってきた。その役割を放棄し、現実を超越する方向へむかうことは、結局オウムに近づいていくことになってしまう。

オウムの機関誌は『マハーヤーナ』と題され、オウムの教義を集大成した経典は、『マハーヤーナ・スートラ』というタイトルがつけられていた。マハーヤーナとは、大乗のことである。大乗仏教は、小乗仏教を批判するかたちで登場した。小乗仏教が修行者個人の悟りや解脱のみを求めるのに対して、大乗仏教は、修行者だけではなく、世俗の生活を営む人間すべてに救いをもたらそうとする宗教的な実践であった。大乗仏教は、自己の救いだけではなく、他者の救いを目標としてかかげた。

しかし、オウムの場合、大乗を強調しながら、他者の救済への関心は薄かった。麻原彰晃の説法を見ても、大乗的な実践はそれほど強調されていない。そして、オウムでは、マハーヤーナを超えるタントラ・ヴァジラヤーナが説かれた。タントラ・ヴァジラヤーナは、個人を迅速に解脱に導いていくための密教的な実践であり、そこではマハーヤーナ的な他者の救済は問題とされなかった。

現代の社会では、他者への関心が失われている。オウム世代は、「オタク世代」でもあり、ひたすら自己の世界を開拓しようとするオタク的な生き方からは、他者への関心を見出すことは難しい。おそらくそこには、第七章で見た共同体の崩壊といった現象が深くかかわっていることであろう。同じ共同体に属しているという自覚があれば、他者への関心が生まれる。しかし、共同体が存在しなければ、他者は自己にとって無縁な存在でしかない。

かつて宗教教団は現世利益を説き、その実現をたしかなものにするために、相互扶助組織としての性格をもつ共同体を形成していった。その利害が階級間で衝突することはあっても、現世利益を説いているかぎり、宗教教団はどこかで社会と折り合いをつけていく。

しかし、現代においては、社会で勢力を伸ばしていく宗教教団は、現世利益を説くよりも、現世否定、現世拒否の価値を説き、現実から距離をおいた場所に閉鎖的な集団を形成する傾向がある。信者にとっては、そうした閉鎖的な集団がすべてであり、現世利益の実現を求めない以上、現実の社会と折り合いをつけていく必要はない。

宗教教団が、現世利益を説かなくなったとき、信者の求める虚しさからの解放のためには、現実の社会を超えたヴァーチャルな世界の実在を説くしかなくなる。現実を捨てヴァーチャルな世界に生きることが、救済として説かれ、信者たちはヴァーチャルな世界にのめり込んでいく。

ヴァーチャルな世界の実現を強調する宗教教団は、「カルト」としてとらえられる。すべての宗教はカルトとしてはじまるが、現代の特徴は、カルトとしてはじまった宗教が、カルトの枠を越えることなく、カルトであり続けることにある。そうした事態は、宗教の「カルト化」としてとらえられる。現代の社会に出現した宗教は、ひたすらヴァーチャルな世界への関心をもち続けることで、カルト化していかざるをえない。

カルト化した教団は、独自の世界観、独自の論理にもとづく閉鎖的な世界を作り上げていく。その世界では、教祖の生き血に霊力が備わり、遺体は蘇生する。そこでは、現実の社会においては絶対に起こりえない神秘的な現象がいくらでも起こる。信者たちはそれを信じ、閉ざされた世界を絶対の世界として信仰し続ける。しかもその閉ざされた世界が、外にむかって開かれることはない。

カルト化した宗教は、奇怪な論理や奇抜な信仰を強調することで、社会と対立せざるをえない。カルト化した宗教は現世利益を求めないために、社会と折り合いをつけていく必要性をもたない。したがって対立は解消されず、社会と宗教との溝は決して埋まらないのである。

麻原の脱神話化

では今後、日本の社会はオウムに対していかに対処していくべきなのであろうか。

すでに述べたように、オウムが近い将来において完全に解体し消滅してしまうことは考えにくい。逆に、オウムが補償問題を解決していけば、新しい信者を増やし、一時教団を抜けていた元信者を吸収することで、拡大していく可能性がないとは言えない。オウムは、現代の日本社会の矛盾が生み出した宗教であり、その矛盾が解消されないかぎり、オウムは社会の受け皿としての役割を果たしていく可能性がある。

ただし、オウムが拡大していくためには、現世拒否、現世否定の姿勢を改める必要があろう。宗教が社会のなかに勢力を拡大していくには、その社会に生きる人間の現実的な欲求や欲望を満たしていかなければならない。そうした欲求や欲望は、きわめて現実的なもので、社会そのものを否定する方向にはむかわない。オウムが大きく教勢を伸ばすとすれば、現世利益を説くときだが、オウムの教えから考えて、その方向にむかうことはないであろう。

オウムの集団としての強さは、出家制度をとっていることにある。出家した人間たちには、給与などを支払う必要がない。これは、ヤマギシ会の場合にも共通して言えることだが、オウムの組織は人件費を考慮せずに生産活動にあたることができる。だからこそ、オウムの関連会社が販売していたパソコンは安価で、教団の経済を支えてきた。他の企業では、人件費が最大のネックになっている。オウムはそうした利点を活かして、経済活動から莫大な利益を得ることもできる。

社会の側は、すでに述べたように、法的な規制をかけることはできるかもしれないが、オウムを解体するための有効な手立てを持ち合わせていない。信仰をもっているだけで逮捕するといったやり方をすれば、オウムを解体に追い込めるかもしれない。しかし、日本でそうした法律を作ることは不可能である。中国の法輪功の場合でも、中国当局は法輪功の信仰を禁止したが、今でも信者による抗議行動がくり返されている。そもそも、ある特定の宗教を消滅させること自体が不可能である。

結局、社会の側がオウムに対してできることは、ごくかぎられている。そのかぎられたなかで、私が一つ必要だと思うのは、麻原の脱神話化である。

オウム事件が起こるちょうど四半世紀前の一九七〇年、作家の三島由紀夫は、自らが主宰する「楯の会」の会員たちとともに、自衛隊の市谷駐屯地で東部方面総監を人質にして自衛隊員に決起を呼びかけたのち、会員の介錯によって割腹自殺をとげた。この事件は、当時大きな衝撃を与えた。だが、三島の行為にかんしては、無意味でばかげたものという解釈が支配的だった。私は当時、高校の二年生で、授業中にそのニュースを聞かされたことを今でもはっきりと記憶している。私にも三島の行為はばかげたものにしか思えなかった。

しかし、それから三十年経った今の時点では、三島の行為をばかげたものと断罪する声よりも、むしろそこにやむにやまれなかった彼の純粋な気持ちを読み取ろうとする試みの方が多くなってきた(28)。

三島という存在は、今、「神話」になっている。オウムの事件が起こったときにも、三島のことが言及された。三島の神話は蘇り、かえってオウム事件によってその輝きを増したように思われる。三島は自らの手で神話を生み出そうとしたのではないか。現代という、神話からもっとも遠い時代に、新しい神話を意図して作り上げようとしたのではないか。私を含め、三島の行為を無意味なものとして切り捨てようとした人間たちは、結局のところ、三島に負けたのではないだろうか。

三島についての本は、今でも毎年刊行されている。オウム事件が起こった一九九五年から九九年まで、文庫化されたものを含め毎年六冊から七冊、三島についての本が刊行されている。二〇〇〇年秋からは、三島の新しい全集が刊行されている。三島は、今でも語るに値する存在であり、くり返し語られれば語られるほど、その神話は新たな輝きを獲得していく。

オウムの事件にかんしても、その直後には、ばかげた行為だという評価が一般的であった。そこに重要な意味を見出そうとする試みは少数にとどまった。その点で、状況は三島の事件の場合と似ている。ただし、三島が切腹によって亡くなってしまったのに対して、麻原の方は生きて法廷で裁判にかけられている。しかも、法廷での彼のパフォーマンスは、神話に値するものとは言い難い。

しかし、仮に麻原に死刑判決が下り、刑が確定して執行されたとしたら、どうなるのだろうか。そこに、麻原が殉教者として祭り上げられる余地が生まれる。そこから麻原の神話化が進められていく可能性がないとはいえない。というのも、日本の社会は、麻原の神話化を進めていく素材を提供しているところがあるからである。

一連のオウム事件は、すべて麻原の指示によって行なわれたと考えられている。オウムの信者たちは麻原からの指示に逆らうことができず、無差別大量殺人をもいとわなかったとされている。麻原はオウムという教団における絶対的な権力者であり、その影響力は、逮捕され裁判にかけられたあとも、団体規制法の観察処分を下す際に公安審査委員会の説明にあったように、けっして衰えてはいないと考えられている。

事実がその通りであるとするならば、麻原をオウムで唯一の絶対的な権力者としてとらえたとしても仕方がない。しかしこれまで論じてきたように、それは必ずしも事実とは言えない。オウムの信者たち、とくに幹部たちは、第四章や第五章で見たように、ときに麻原の指示を受けないまま独走していた。またときには、麻原に対しても強い影響力を発揮した。

オウム事件をふたたび起こさせないためには、麻原の脱神話化を進める必要がある。麻原を絶対的な権力者として神話化してしまうことは、麻原の再評価に道を開く危険性を秘めている。そして、麻原の脱神話化は、今でも麻原を信奉している現在のオウムの教団に揺さぶりをかけることにもなっていくであろう。

もちろん、脱神話化だけで、すべての問題が解決されるわけではない。しかし、麻原の脱神話化は、オウム問題を真の意味で解決していくための一歩になりうるのではないだろうか。

オウム問題の解決にむけて

本来なら、宗教家がオウム問題の究極的な解決に寄与すべきであろう。オウムは宗教であり、宗教家がオウムに問題を感じるのであれば、その問題点を分析し、現実に存在するオウムの教団、アレフに対して宗教上の論争を挑んでいくべきではないだろうか。それはとくに、オウムと共通項をもつ仏教教団に求められよう。

第六章でふれたように、オウムの事件が起こったあと、宗教教団もさまざまなかたちでオウムについて言及し、オウムを批判した。だが、それはオウムを宗教の枠のなかから排除しようとする意図をもっていた。あるいは、オウムが仏教からいかに逸脱したものであるかを指摘するものが多かった。オウムの問題を、あくまで宗教、仏教の枠のなかで論じ、オウムの暴力性、反社会性にこそ宗教の本質、仏教、とくに密教の本質が示されているととらえる立場は少数派にとどまった。そして、既存の宗教教団、とくに仏教教団が、オウムに対して宗教上の論争を挑むことはなかった。

もちろん、オウムが宗教とはまったく別のものであるのなら、仏教とは根本的に乖離したものであるのなら、宗教界、仏教界の姿勢も問題はなかったであろう。しかし、オウムが宗教としての本質を備え、また仏教や密教の伝統から考えた場合、必ずしもその枠を逸脱したものでないことは明らかである。
オウムに対して、宗教上の論争を仕掛けたとしても、オウムの側がそれに対して答えてくるかどうかはわからない。しかし、論争を仕掛ける前に、オウムが答えないであろうと仮定してしまうことは好ましいことではない。オウムがどの点で誤っているのか。その宗教のあり方、あるいは仏教や密教解釈のどの点に問題があるのかを、オウムの教義と修行の体系を徹底的に分析することによって明らかにしていく必要があるのではないだろうか。オウムの宗教としての問題が明らかになってくれば、それはオウムと対決する際の一つの武器となるはずである。

第七章でも見たように、オウムの信者たちは、オウムが正しい仏教である、あるいは原始仏教やチベット密教の伝統の上に正しく乗っているといった判断を下している。ところが、その判断がいったいどのような根拠のもとに下されたのかは曖昧である。果たして信者たちは、宗教について、あるいは仏教について十分な知識をもっていたのだろうか。その判断の曖昧さを明らかにするためにも、オウムの宗教としての分析と批判が必要なのである。

あるいはそれは、宗教家よりも、宗教学者の役割であるのかもしれない。宗教学者は、客観性、価値中立性をかかげる以上、特定の信仰の立場から、宗教の分析や批判を行なうことはできない。ある正統的な宗教や信仰から逸脱しているといった判断を下すことも難しい。しかし、宗教学者は、客観的な資料にもとづいて、オウムの宗教世界を再構成し、その体系のなかに見られる内的な矛盾を指摘することはできる。

オウム、あるいはアレフが進出した地域で反対運動を展開してきた人たちのなかには、地域の寺院の住職といった宗教家も含まれている。宗教家としては、地域住民の平和で安定した生活を実現するために、オウムに対する反対運動に率先して参加しなければならないという義務感をもつことであろう。しかし、そうした宗教家のなかには、反対運動の先頭に立つことだけが宗教家の役割なのかという点について疑問をもっている人たちがいる。たしかに宗教家の役割は、一人の住民としてではなく、あくまで宗教家としてオウムと対峙することにある。オウムと宗教的に対峙するためには、いったんはオウムの宗教世界を分析し、理解する必要がある。もちろん、宗教家個人がオウムについて分析を加えていくことには限界がある。その点で、宗派なり、宗派の営む研究機関において、そうした作業を行なっていく必要がある。あるいは、宗教学の研究機関なりが、分析を進めていくための情報や指針を提供していかなければならない。

さらに、オウムに対する分析と批判は、宗教的な次元にとどまるものではなく、社会的な次元へと進んでいかなければならない。社会的な次元とは、今日のオウムの教団、アレフを成り立たせている社会的、経済的な基盤のことである。

オウムは、宗教教団であるとともに、教団に出家した人間によって構成された生活体であり、さらには生活体を維持し、宗教活動を展開していくための経済活動体である。破産宣告を受けた教団が生き延び、さらに年間億単位の賠償金の支払いが可能なのは、オウムに経済活動体としての特異な性格があるからである。

オウムの出家信者たちは、出家の時点で全財産を供出する。現在の詳しい状況は不明だが、出家信者たちには少額の小遣いが渡されるだけで、給与が支払われることはなかった。これは、ヤマギシ会の場合とも共通している。もちろん、出家信者には生活費がかかるが、オウムの場合、さまざまな欲望は否定的にとらえられており、快適な住環境を用意する必要もなければ、豊かな食生活を保障する必要もない。そのため、パソコンの製造を行なっていたときには、安価でパソコンを販売することができた。ソフト開発を請け負っていたときにも、安価で開発を請け負えたのである。

オウムが効率的な経済活動体であることが、破産宣告以降にも生き延びることのできた大きな原因になっている。オウムは、人件費の負担という他の企業のかかえている問題を特異なかたちで解決することで、経済基盤を確立してきた。

逆に、オウムが、その経済基盤を失っていったとしたら、教団の存続も難しくなっていくであろう。しかし、オウムがパソコンを販売していた時代には、客たちはオウムのパソコンとわかっていながら、それを購入していた。オウムのパソコンは高性能で、しかも安価だったからである。ソフト開発にも同様のことが言える。ソフト開発の費用を軽減するために、安いオウムと契約する企業があったのである。

仮に、経済活動体としてのオウムの機能を低下させることができたとしたら、オウムの経済的な基盤は崩れ、それにともなって教団の求心力は弱まっていくであろう。それは、出家信者の共同生活の場の解体に結びついていくかもしれない。そうなれば、信者たちは社会に分散し、出家としての生活を送ることができなくなっていく。それは、教団の力を削ぐことに結びついていく。

オウムの経済的な優位性を低下させるためには、社会の側がそのための努力をしていく必要があろう。経済的な優位性をもたせないために、パソコン、プログラム関連の分野における省力化、機能の高度化などを進め、オウムが必ずしも経済的に優位ではない状況を作り上げていく必要がある。

オウムのパソコンにしても、ソフト開発にしても、それは必ずしもオウムに独自な技術によるものではない。オウムは、安価な輸入品や既存の技術を利用している。オウムは閉鎖的な集団を構成しているが、その面では外側に向かって開かれている。外部の製品や技術がなければ、オウムの技術は成り立たない。そこに、オウムの経済的な基盤を突き崩していくための一つのヒントが隠されているのではないだろうか。社会は、その点を考えていく必要がある。

オウムをいかにして解体に追い込んでいくのか。これまでは、その方法について十分な議論は尽くされてこなかった。たしかに、議論をしたとしても、決定的な解決策が見いだされるとはかぎらない。しかし、その努力もしないままに、無駄だと決めつけることは生産的とは言えない。

果たして、日本社会は、オウムの問題について、十分な分析をしてきたのだろうか。あらゆる問題の解決は、十分な分析からしかはじまらないのである。

終章　私たちが学ぶべきこと

信じやすい心

オウムについての考察を終えるにあたって、いったい何が問題であったのかを、より一般的な文脈から分析を加え、その上で日本の社会がオウム事件から何を学ぶべきかを考えていきたい。

降旗賢一は『オウム裁判と日本人』のなかで、オウムの信者たちには、言われたことをそのまま信じてしまう傾向があることを指摘している。降旗は、その例として麻原彰晃の一番弟子、石井久子が一九九八年四月八日に早川紀代秀の法廷に出廷したときの証言をあげている。石井は、麻原からインドのヒマラヤへ行って最終解脱し、神々や仏があらわれてそれを祝福してくれたと言われたとき、麻原には外的な変化はなかったが、「麻原さんがそう言っているんだからそうなんだ」と思ったと述べている。

降旗は、信じた人がそう言うから、「そうなんだ」と信じたというほとんど絶望的な思考停止ぶりはどこからくるのかと問いかけ、麻原と会って、少しばかりの能力を見せられ、自分にも神秘体験が現われたというだけで、麻原を絶対的な善、自分よりはるかに巨大で優れた人格と錯覚し、麻原の言動すべてに計り知れない深遠な意味があるかのように考えてしまうオウム信者の単純さを指摘している(1)。

それは、第七章で述べたオウム信者の安易な入信や出家ともかかわっている。オウムの信者たちは、麻原や幹部たちから「入信だよ」「出家のカルマが出ている」と言われただけで、たとえ入信や出家を考えていなくても、悩みを感じることもなくすぐに入信し、出家している。彼らは麻原や幹部たちから言われたことをそのまま受け入れてしまっている。

私はかつてオウムを含めた新新宗教や自己啓発セミナーに惹かれる若者たちが「信じやすい心」の持ち主であるという分析を行なったことがある。たとえば、自己啓発セミナーの参加者は、セミナーの場で「人生は選択である」というメッセージをくり返されることで、そのメッセージをそのまま無批判に受け入れてしまう。

いったいそれはどうしてなのだろうか。

現代の若者たちは、高校を卒業するまでの十二年間、あるいは短大や専門学校を卒業するまでの十四年間、さらには四年制大学を卒業するまでの十六年間、学校の世界で生活している。最近では大学院に進学する者も多く、修士課程を修了するまでの十八年間、博士課程を終えるまでには二十年を超える月日を、学校という世界で生活することになる。その意味で、若い世代の人格形成において学校の比重はきわめて大きなものになっている。

学校はたんに知識を伝達するための場ではない、それ以上に社会の価値観を子どもたちに教える機能を果たしている。その際に重要な役割を果たすのが数々の学校行事で、集団登校や朝礼、掃除や学級活動といった日常的なものから遠足や運動会、学芸会や修学旅行といった特別なものまで、日本の学校における行事の数は実に多い。行事はどれも集団によって行なわれる。しかも、整然としたかたちで実施されることが重視され、そのための訓練がともなう。卒業式にさえ予行演習があり、規律正しい姿を示すことが求められる。服装の面でも集団のなかでの統一が重視され、制服が一般化している。公立の小学校ではおおむね制服はないが、登下校のときには皆同じ色の帽子をかぶらされたりする。

生活上の態度として、学校で戒めの対象になるのが自分本意の勝手な行動である。それは利己主義、あるいはエゴイズムとして批判され、集団と協調せずに自己中心的な態度をとる生徒は厳しくしつけられる。そのために、子どもたちは集団のなかで自分が目立ってしまうことを極力警戒し、自分だけが特異な行動をとって外れ者になり、仲間からはじき出されないようにつとめる。

教育というシステム自体が、従順な人間を育てることに寄与している。先生の教えることや教科書に書かれていることはすべて正しい真理だとされ、そのまま覚えるように求められる。疑問を感じ、それをとことん追究していくことは受験に役立たないとして否定される。いい学校に進学したいなら、教えられたことをそのまま受け入れて知識を増やしていくことが得策だと陰に陽に教えこまれる。学校という場で長く生活することで若者たちの精神は濾過され、彼らは従順で素直な、言われたことをそのまま受け入れる、協調性のある人間に育て上げられていく。彼らは疑うことを教えられていない。疑うよりも、信じることをたたき込まれてきている。(2)

オウムでは、第四章でふれたように、疑念をいだくことが否定され、それはアンカーとして埋め込まれている。修行を行なっている人間は、グルや教団を疑ってはならない。それは、グルへの絶対的な帰依が求められた結果である。もちろんそこには苫米地英人が指摘するように、薬物を使ったイニシエーションの影響がある。だが、オウムの信者となった若者たちは、もともと人を疑わないように育てられている。だからこそ疑念をいだくことに対して抵抗感をもってしまう。

人をむやみに疑うことは好ましいことではない。しかし、だからといって人を簡単に信じてしまっていいものだろうか。必ずしも善意の人間ばかりではない。相手をだまそうとしたり、利用しようとしたりする人間は必ずいる。人を信じることが危険な結果に結びつくことさえある。ところが、学校ではひたすら他人を信じるように教えられる。

また学校では、人の気持ちを察することを教えられる。それはとくに国語の授業を通して行なわれる。国語では、小説の登場人物の気持ちを察することを求めるような設問が数多く用意されている。小説には、必ずしも登場人物の気持ちは描かれていない。それでも、行間を読んで、登場人物の気持ちを察していかなければならない。人間の気持ちを察することができるとされるのは、人間は善意の存在であるという前提があるからである。決して悪意を察するような設問は用意されていない。

家庭でも、こうした価値観が強調される。親は子どもに人を疑うなと教え、また人の気持ちを察して行動するようにしつける。それは、会社的な価値観とも連動している。会社では、上司の気持ちを察することが部下に求められる。その意味で、学校はサラリーマンの養成機関の役割を果たしている。

オウムという教室において、グルである麻原が先生であり、信者たちはその生徒である。先生＝麻原は、生徒＝信者の思いもよらない事柄でも、なんでも知っている。先生＝麻原の答えは絶対である。生徒＝信者はそれを受け入れるしかない。そして先生＝麻原は、マハー・ムドラーの教えを説くことで、先生＝麻原の気持ちを察して行動するよう生徒＝信者に仕向けた。だからこそオウムの信者たちは、降旗の言う絶望的な思考停止の状態に陥ってしまったのである。

それは、現代の社会に存在する他の宗教団体についても言えることだろう。あるいは、人を信じようとしてきたにもかかわらず、何かのきっかけで、たとえば失恋といった出来事を契機に人を信じられなくなった人間が、人を信じられる世界を求めて宗教に入っていくのかもしれない。宗教は社会の鏡であり、社会のかかえる矛盾が集約された世界なのである。

人間が他の人間を信じることができなければ、共同して、あるいは協調して作業や仕事を進めていくことは不可能になる。相手は自分を利用しているのではないか、どこかで抜け駆けしようとしているのではないかという疑いがあれば、一緒には働けない。その意味で、人を信じるという日本的な価値観は、日本人の勤勉さを背後から支えてきた。

しかし、人を安易に信じてしまう人間は、自分を殺し、信じた相手に過度に依存していくことになりやすい。その人に従っていれば、すべてはうまく行く、問題は起こらないと思いこんでしまい、自分の頭でものを考えなくなってしまう。オウムにおいて成立したグルイズムは、日本的な価値観によって支えられていたのであり、オウムのメンバーとなった人間たちは、その価値観を学校を通して教えこまれていた。

オウムの信者たちは学校教育を通して日本的な価値観を内面化したものの、学校を卒業し社会に出たとき、現実の社会は必ずしも善意に満ちあふれた人間ばかりではないことにとまどい、そこに虚しさを感じて、オウムに飛び込んでしまったのではないか。オウムには、彼らの面倒を先生のように見てくれる麻原がいたのである。

理科系信者

オウムにエリートの若者が多いということは、すでに波野村でトラブルが起きたときから言われていた。

私が一九九〇年暮れに波野村の道場を訪れたとき、熊本日日新聞の記者から、信者のなかに工学部や理学部を卒業したあと企業に就職した経験をもつ人間や、医学部、法学部を出て医師や弁護士になった人間たちが少なくないことを教えられた。それは、波野村の施設を見てもわかることだった。施設はほとんどが信者たちの手作りだということだったが、設備のなかには科学的な知識や工学的な技術が必要とされるものも少なくなかった。

熊本日日新聞の記者は、オウムの信者を年代別に分けると、青年層が圧倒的に多く、半数以上は十代後半から二十代の若者と見られると述べていた。教団運営の中核を担っているのも、そうした若者たちであり、そのなかには、世間では「エリート」と呼ばれる医師や教師などの専門職や一流企業社員だった人間が目立つというのだった。(3)

その代表としてあげられていたのが、京都大学在学中、最年少で司法試験に合格した青山吉伸と、早稲田大学理工学部大学院の修士課程を修了し、宇宙開発事業団に就職した経験をもつ上祐史浩の二人だった。こうしたオウム信者の特徴が、オウム事件の後に注目されたわけだが、エリートの代表である上祐が、さかんにテレビに出演し、英語を駆使し雄弁をふるったことが強く影響していた。

この事実は、自然科学者にとって大きな衝撃だった。しかも、オウムの信者になった人間たちばかりでなく、自然科学系研究者の予備軍のなかにも、宗教やオカルトに関心をもつ人間が少なくないことが判明したのである。

佐倉統は、オウム事件がテレビをにぎわしていたころ、いわゆる「オウム・サイエンティスト」の問題について質問を受けた自然科学系の大学院生たちが、テレビのインタビューに答えて、いくら科学的に調べても解決できない神秘が残ってしまうので、オカルトや宗教に惹かれることもしばしばあると異口同音に語っていたことに言及している。(4) 大学で教育に携わる者として、これほど衝撃的な発言はないという。自然科学系の研究者の予備軍は、同時にオウムの予備軍でもあった。

ただし、オウムの信者すべてが、理科系のエリートだったわけではない。早坂武禮は、学歴優秀なエリートは、全体の比率からすれば多くはないことを指摘している。青山や上祐のように余裕をもって世の中を自在に渡れる人間たちが光の部分であるのに対して、日常生活のなかで焦燥感や挫折感を感じる機会が多い影の部分の人間たちの方が多く、後期になるほどそうした人間が増えたという。オウムには、軽度の知的障害、精神障害のある者、コンプレックスに悩んでいる者も多かったという(5)。

早坂は、出家信者の元の職業は、医者、看護婦、薬剤師、弁護士、公認会計士、公務員、大企業・中小企業のビジネスマン、自衛官、警察官、デザイナー、週刊誌記者、大学生、フリーター、ヤクザ、ソープ嬢、ヘルス嬢、AV嬢、テレクラ経営者、ホームレス等々におよんでおり、社会の縮図となっていると述べている(6)。

しかも、オウムには、理科系エリート信者の対極に位置する「石垣出家」と呼ばれる人間たちがいた。一九九〇年四月中旬に石垣島で開かれたセミナーについては、すでに第四章でふれた。石垣島のセミナーでは、出家を考えていなかった人間が出家してしまった例が少なくなかった。こうした人間たちが石垣出家である。早坂によれば、石垣出家は修行に打ち込もうとはせず、その一人はオウム食など食べられず、食欲や性欲が抑えられないと嘆き、「僕らのような石垣出家は特別なんですよ……」と語っていたという(7)。

たしかに、オウムの信者すべてが、青山や上祐のようなエリートだったわけではない。信者のなかには、自衛官や警察官が少なくなかった。しかし一方で、オウム信者のなかに理科系の大学を出た人間、エリートと呼ばれるにふさわしい経歴の持ち主が少なからず存在したことは事実である。オウムと同じ時期に話題を集めた幸福の科学の場合にも、教祖の大川隆法は東京大学の法学部の出身で、大卒のエリート信者も少なくない。しかし、オウムほど、その割合や数も多い宗教教団はこれまで存在しなかった。

仮に、オウムに理科系大学出身の信者がいなかったとしたら、サリンの大量生成を目的としたプラントを作ることはできなかったであろう。プラントは複雑で、素人が簡単につくれるようなものではない。また、オウムの教団が、事件の前から今日までパソコンの販売によって経済的に支えられているのも、パソコンについて詳しい知識をもつ信者がいるからである。この点は重要である。というのも、理科系大学出身の信者たちの存在があったからこそ、オウム事件は起こったと考えられるからである。

ではなぜ、理科系大学の出身者たちはオウムに入信、出家してしまったのだろうか。

理科系大学の出身者たちは、真面目な優等生であったはずである。現在の日本の教育制度においては、こつこつ勉強する優等生でなければ理科系の大学に進学することはむずかしい。彼らは、学校というシステムに適応していた。だからこそ、すでに述べたように、学校で教えられたことと現実とのギャップから、宗教の世界へ飛び込んでしまったのであろう。

理科系の大学では、早い段階から専門教育が行なわれる。もちろん、一般教養的な科目を履修する機会もあるが、それは結局、異なる分野の専門教育の初歩を学ぶにすぎない場合が多い。科学というものが、いったいどういう意味をもっているのか、あるいはどのような限界をもっているかを学ぶ機会は少ない。しかも、理科系大学に進んだ学生たちは、中学高校の時代に、懸命に受験勉強をしてきたため、より広い視野を育む機会に恵まれていない。

科学は決して万能ではありえない。それは、科学がいくら進歩しようと変わらない。科学では解決のつかない問題は残る。しかし、学校教育を経て信じやすい心を身につけてきた理科系大学の学生たちは、そうした科学の限界について十分に認識してこなかったのではないか。だからこそ、科学には解決のつかない問題があり、それは宗教によってしか解決できないという主張を、安易に受け入れてしまったのであろう。

科学者として大成するには、ある種の創造性が必要である。自ら新しいアイディアを出していく能力が求められる。しかし、日本の教育システムで育て上げられてきた科学者は、課題を自分で見出すよりも、与えられた課題にひたすら取り組むことの方を得意としている。オウムにおいては、科学者に次々と課題が与えられた。しかも、潤沢な資金が供給された。オウムの科学者たちは、それがいったいどのような結果をもたらすかを深く考えないまま、サリンを生成するという課題に取り組んでしまった。そして、実際にサリンを作り出してしまったのである。

性的抑圧と暴力

第二章でふれたように、麻原彰晃の最初の著作『超能力「秘密の開発法」』の初期の版には、セックスの技法を使うタントラ、左道、房中術について説明されていた。その方法では、セックスの相手と実際に性交しながら修行を進めていく。この説明は後の版ではすべて削られてしまう。ただし『イニシエーション』の最後では、タントラのイニシエーションについて述べられ、それは性的なイメージにあふれていた。

密教の世界は性のイメージでおおわれている。それはとくにチベット密教、あるいはチベット密教に強い影響を与えたインドの後期密教に著しい。第六章でふれた後期密教の経典、『秘密集会タントラ』、『ヘーヴァジュラ・タントラ』、『カーラチャクラ・タントラ』は、それぞれ「父タントラ」、「母タントラ」、「双入不二タントラ」の系統に属しているが、父系タントラでは、仏陀とその性的パートナーが性的ヨーガを実践しマンダラを生成するプロセスを追体験することが核になっている。母系タントラでは、性的ヨーガを通して脈管やチャクラといった霊的器官を駆動させるテクニックが使われる(8)。オウムは、そうしたチベット密教の影響を受けている。

オウムの修行は、クンダリニーというヨーガのエネルギーを覚醒させることからはじまるが、クンダリニーは性のエネルギーである。それは、第六章で見たように、クンダリニーから生まれた真言密教の軍荼利明王が、シャクティと呼ばれる性の力への崇拝から生まれたところに示されている。クンダリニーが性のエネルギーであるからこそ、麻原は、オウムの修行者たちに性交や自慰を行なって性エネルギーをロスすることを戒めた。

第七章で見たように、クンダリニーを覚醒させる修行から得られる体験は、セックスにおけるオルガズムの体験と似ていて、修行者にセックスで体験される以上の快楽を与えた。また、修行を通して性欲から解放されたと言う人間がいるのも、オウムの修行が性エネルギーを昇華させることで神秘体験をさせるものだからであろう。

オウムに集まってきたのは、主に十代後半から三十代はじめの若者たちであった。若者たちにとって、性の問題はもっとも重要な関心事であり、彼らは強い性の欲望をいだいている。ところが、オウムにおいては、性の欲望は煩悩として否定され、ひたすら性の欲望を抑えることが求められた。

もちろん、禁欲によって高まった性のエネルギーを使ってクンダリニーを覚醒させることができれば、セックス以上の快楽を得ることができるのかもしれない。しかし、それまで性欲を抑えることは容易ではない。実際、オウム信者のなかには性関係を結んでしまう人間が少なくなかった。鹿島とも子は、「ワーク以外にも、信者は結構好きなことをしてました。みんな勝手に車で出かけたりしてましたよ、温泉に行ったり。みんな若いですから、破戒なんかも……要するに男女の関係ですよね」(9)と述べている。オウムでは、性関係を結んでしまうことは「破戒」と呼ばれた。

一方で、麻原は家族をもち、一番弟子である石井久子とも性関係を結び、子どもをもうけている。『約束された場所で』に登場する岩倉晴美は、麻原から性関係を結ぶよう誘われたが未遂に終わったと言い、麻原とセックスをすることが「特別なイニシエーション」と呼ばれていたと述べている[10]。

麻原は在家の修行者として、自由に性関係を結ぶことができた。これに対して、一般の信者たちは出家修行者として性関係を結ぶことを戒められていた。しかも、オウムの修行は性のイメージがあふれ、それは潜在的なかたちで出家修行者たちの性の欲望を刺激した。オウムの信者たちは、性的に抑圧されていた。麻原と性関係を結ぶ信者はごく少数で、男性の信者には関係がなかった。また破戒をした人間の名前は張り出された。

オウムの修行は性的なエネルギーを利用したが、クンダリニーの覚醒によって本当に性のエネルギーは昇華されるのであろうか。修行を進めたとしても、クンダリニーの覚醒がうまくいかなかった者も少なくなかったはずである。その点で麻原は、性的な抑圧のきつい集団を作り上げてしまった。抑圧された性のエネルギーは、どこかにはけ口を求める。そのはけ口は暴力的なものになりやすい。昨今、陰惨な暴力的な事件が十代に多発しているのも、そうした性の問題がかかわっている。

神戸の連続児童殺傷事件の少年に対する精神鑑定の主文では、少年の性の欲望について次のように述べられている。

　思春期発来前後のある時点で、動物の嗜虐的殺害が性的興奮と結合し、これに続く一時期、殺人幻想の白昼夢にふけり、現実の殺人の遂行を宿命的に不可避であると思いこむようになった。

少年は異性に関心をおぼえる時期に、偶然猫を殺して射精してしまった。それから、猫を殺して性衝動を満たしていたが、やがて殺人妄想にさいなまれるようになる。そして、ヒトラーの『わが闘争』をもとに殺人を正当化する理屈を作り上げ、自分も死を怖れず、殺人という目的を「勇気と情熱をもって」やりとげようとした。土師淳君を殺害後、少年のなかで吹きすさんでいた性衝動や殺人妄想は、きれいになくなったという。少年は、家庭における親密体験の乏しさを背景に、弟いじめと母親からの体罰との悪循環の下で、「虐待者にして被虐待者」としての幼児期を送ったという。[11]

神戸の少年の場合には、引きこもりといった方向にはむかわなかった。しかし、他の少年たちの場合、いじめから引きこもりへという道を歩み、そこから暴力性をはぐくんでいくことがある。もちろん、引きこもりの原因はさまざまであろう。だが、引きこもるという行為は、外側にむかって自己を表現し、解き放っていくという行為の対極に位置している。引きこもってしまえば、外部に自己のエネルギー、つまりはその核にある性エネルギーを解き放つことは難しい。引きこもりのなかで、エネルギーはひたすら自己の内側にため込まれていく。ため込まれた性エネルギーが発露を求めるとき、それが暴力に結びつきやすい。第六章で見たように、オウムの信者たちは引きこもりの傾向を見せていた。

第八章で、村上春樹の小説世界とオウムとの共時性について論じた。とくに『ねじまき鳥クロニクル』で表現された暴力性が、オウムの暴力性に通底していくことを指摘した。『ねじまき鳥クロニクル』の主人公、〈僕〉は妻のクミコの失踪によって、自己のアイデンティティの喪失の危機に見舞われ、ひたすら自己の内面へと沈潜化していった。その象徴が井戸の底での神秘的な体験である。そして、〈僕〉がギター弾きに激しく殴りかかるのは、その体験の後のことである。

村上の小説では性の問題が重要な役割を果たしている。『ねじまき鳥クロニクル』でも、失踪したクミコからの手紙のなかで、彼女は知り合いの男性と性関係をもち激しく交わったことを告白している。ところが、〈僕〉とのあいだでは本物の性的な快感をもてず、「あなたに抱かれることは素敵だったけれど、でも私がその時感じるのはすごく漠然とした、まるで他人ごとのようにさえ思える遠い感覚だけでした」という。[12] その手紙を読んだ〈僕〉は「クミコについていったい何を知っていたのだろう」と激しい喪失感に襲われる。それは、井戸の底に下りていった体験と、ギター弾きを殴った体験のあいだに起こった。

性の抑圧と暴力は深い結びつきをもっている。麻原はチベット密教を取り入れることによって、徹底して現実の性を抑圧するシステムを作り上げた。オウムのシステムのなかで、性の実現はヴァーチャルな世界でしか許されない。しかし、性の衝動はヴァーチャルな世界で十分には昇華されなかったように見える。そして、オウムの信者たちは陰惨な暴力事件に走った少年たちのように、外部の社会が自分たちをいじめ、虐待しているように感じていた。オウムの暴力性の根源には、こうした性の抑圧の問題があるのではないか。サリンの生成と散布の計画において重要な役割を果たした村井秀夫は、オウムのなかでもっとも禁欲的だった。

責任回避型社会からの離脱

日本の社会、とくに政府機関は、オウム事件が起こった後、事件についての調査研究を行なうことはなかった。それは、第八章でもふれたように、議会などがオウムについて調査を行なったアメリカやロシアの場合とは対照的である。一方で、第十章で述べたように、オウムの教団自体も、なぜ自分たちが陰惨なテロ事件を起こしたのかを分析することはなかった。このオウムの教団の姿勢は、オウム事件について十分な分析を行なってこなかった日本社会の姿勢とまさに重なり合っている。

日本の社会は、村上春樹が強調するように、オウム事件の直後に事件についての徹底的な調査研究を行なうべきだった。宗教法人の解散や破防法の適用申請といった対策ばかりが先行し、事件の原因を究明しようとする試みは十分になされなかった。原因の究明を求める声自体が決して大きなものにはならなかった。オウム事件から四年半が過ぎた時点で、あわてて団体規制法を制定し、オウムに観察処分を下さなければならなかったのも、事件の究明が十分になされなかったことが原因になっていたであろう。

日本には、村上が指摘するように、責任回避型の社会体質が受け継がれてきている。第二次世界大戦に敗れた後、なぜ日本が無謀な戦争に突入していかなければならなかったのか、その原因の究明は十分には行なわれなかった。ただ戦争放棄、軍隊の放棄という対策だけが先行した。極東軍事裁判で戦犯は裁かれたものの、それは連合国側によってで、日本の社会が主体的に戦争の原因を究明し、その責任の所在を明らかにする努力を行なうことはなかった。

オウム事件は、本来なら日本の社会のあり方を問い直す絶好の機会であったはずである。いったいなぜオウムという宗教が日本の社会に生み出されてきたのか、そこには日本の社会に存在する矛盾がかかわっている。その点を分析していけば、日本社会がかかえている問題の重要な一部が明らかになり、その問題にどうしたら対処できるかが明確になったはずである。

オウム事件は宗教の問題であるとともに、日本的な組織の問題でもある。オウム事件は、日本の組織がかかえている根本的な矛盾を露呈することになった。その点について考察を進めていかないかぎり、現在の日本社会がかかえている問題への展望は開かれていかない。

オウム事件は組織の事件であり、組織犯罪である。組織犯罪の解明においてもっとも難しい点は責任の所在についてである。すべての事件を麻原彰晃の指示によるものととらえてしまえば、事件の構図は単純化される。しかし、これまで述べてきたように、信者たちは麻原の指示通りに動いただけだというとらえ方は現実と遊離している。数々の事件で殺人に関与した信者たちの責任は重い。しかも、殺害に関与した信者たちのなかには、一般の信者ではなく幹部たちが数多く含まれていた。幹部たちの責任にはより重いものがある。

麻原に大きな責任があることも事実である。麻原は、直接信者たちに殺人を指示したこともあった。しかし、それ以上に重いのは教祖としての責任の問題である。麻原は、事故死と殺人を隠蔽し、殺人を正当化する教えを説くとともに、信者、とくに幹部たちが独走して行動する余地を与えた。事件のなかには必ずしも麻原の指示によるものではなく、幹部たちの独走によるものもあろうが、彼らを独走させた責任は、教祖としての麻原にある。

責任の所在がもっとも曖昧なのが、直接犯罪行為にかかわっていないものの、教団を動かしていた幹部の責任である。第四章で述べたように、オウムの教団はロシアへ進出して以降、変貌をとげていった。その変貌は、教団を動かしていた人間の意図にそったものであろう。たとえば『ヴァジラヤーナコース　教学システム教本』にヴァジラヤーナの教えがまとめられ、それが集中的に説かれることで、信者たちは殺人への迷いを断ち切っていった。ヴァジラヤーナの教えを説いたのは麻原だが、それを編纂した人間の責任も相当に重い。

井上嘉浩が、サリン事件にかんして、青山吉伸や石川公一が逮捕されないことに強い疑問を感じているのも、そうした事情があるからである。教団を動かしていた者の責任は、実際にサリンを撒いた信者の責任よりも、実は重いのではないだろうか。

オウム事件の構図は、他の組織犯罪の構図と同じ性格をもっている。組織の上にある人間は、犯罪を行なった人間に直接指示をしていないかもしれない。しかし、上の人間が下の人間に犯罪行為に加担するよう仕向けたり、そうした方向に動かざるをえないような状況を作り上げたのだとすれば、上の人間の責任を問わなければならない。

社会の側が問題を分析し、責任の所在を明らかにしていく作業を行なうことは、教育的な価値をもつ。それは、信じやすい心の持ち主を減らしていくことにも役立っていく。オウムが日本の社会の鏡であるとするなら、社会は鏡に何が映っているのかを見つめる必要がある。日本の社会に生きる一般の人たちには、オウムの人間たちは自分たちとは縁のない奇妙で愚かな人間に見えるかもしれない。しかし、鏡をさらにじっくりと眺めるならば、その奇妙で愚かな顔が実は自分の顔であることがわかってくる。

オウムの信者たちが理想とする境地は、聖無頓着の意識である。聖無頓着の意識に立った人間は、周囲で起こっている事柄にいっさい心を動かされなくなる。それは、一般の宗教家が究めようとする高度な意識の状態であり、悟りという事柄に近いようにも見える。しかしそれは、現代の社会でもっとも問題になっている周囲や他者に対する無関心により近い。

オウムは、日本の社会とまったく無縁な異物ではない。オウムは日本の社会そのものであり、社会の矛盾が集約した世界である。日本の社会は、その矛盾を体現したオウムという存在を克服していかないかぎり、先へは進めないのではないか。

宗教教育の必要性

日本の学校制度のなかで、宗教について学ぶ機会はごくかぎられている。私立の学校のなかには、宗教団体が経営母体になっているものが少なくない。たとえば、全国の私立高校の約三分の一は宗教団体を母体としている。そのなかで、カトリックとプロテスタントをあわせたキリスト教系の学校が全体の六割を占めている。

宗教系の学校では、宗教についての科目が用意されている。とくに宗教教育に熱心なのがカトリック系のミッション・スクールである。ミッション・スクールでは、週に一度「宗教」や「聖書」といった科目を履修することが義務づけられている。それは、生徒がカトリックの信仰をもっているか否かとは無関係に行なわれる。始業時や終業時に、教会で唱えられるのと同じ「主禱文」を唱える時間が設けられている学校も少なくない。

ミッション・スクールに長年通えば、生徒はキリスト教的な価値観、世界観に慣れ親しみ、信仰を獲得するかどうかはともかく、それを受け入れていくことになる。それは、たんに宗教関係の科目が用意されているというだけではなく、ミッション・スクールで教えるキリスト教信者の教師の価値観、世界観に特徴があるからである。

北川直利の調査によれば、「お日柄を気にするか」という質問に、信者の教師は一八・九パーセントしか「気にする」と答えていない。非信者の教師で四一・二パーセントが「気にする」と答え、それが統計数理研究所などの実施した全国調査では、五三・三パーセントが「気にする」と答えている(13)。

ミッション・スクールの教師、とくにキリスト教信者の教師は、日本人一般とは異なった価値観、世界観をもっており、それが日常接する生徒たちにも影響を与えていることが予想される。実際、私の知るミッション・スクール出身者は、そうした教育を受けていない人間とは異なる価値観、とくに宗教観をもっているように見受けられる(14)。

しかし、宗教団体に基盤をおいていない私立学校や公立の学校では、宗教について学ぶ機会はまったくといっていいほど用意されていない。倫理社会といった科目のなかでキリスト教や仏教の思想について学ぶことはある。しかしそれはあくまで聖書や仏典に記された思想であり、哲学であり、信仰の問題が問われることはない。

憲法で政教分離をうたった日本の社会において、公立の学校で宗教教育を行なうわけにはいかない。そもそも日本には国教はなく、いったいどの宗教を教えるかという問題から議論していかなければならない。憲法で政教分離が強調されているのも、戦前の社会においては、神道が他の宗教を超える宗教に<u>あらざる</u>宗教として、事実上国民に強制されたという苦い過去があるからである。だが、公教育において宗教教育が行なわれていないため、生徒たちは宗教について学ぶ機会を奪われたままになっている。

一九八〇年代の後半以降、つまりは日本の社会がバブル経済に突入して以降、宗教をめぐる状況は大きく変わり、宗教が社会問題化することが多くなってきた。そのなかで、もっとも深刻な問題がオウムの事件だったわけだが、他の宗教団体も、巨額の金がからむ事件や、常識では理解できない珍奇な事件を起こすようになってきた。以前にも宗教をめぐるトラブルはあったが、質的な面でも量的な面でも、最近の事件は深刻な問題を投げかけている。

こうした宗教をめぐる事件は、マスメディアによって報道されている。とくに統一協会の合同結婚式（「祝福」）のように芸能人がかかわっている場合には、センセーショナルな報道が続く。しかし、マスメディアの報道は宗教を外側から否定的にとらえる傾向が強い。それは、宗教教団の一つの側面をとらえていることになるが、宗教教団を真っ向から否定する報道を続けることは、かえってそうした教団に入信していく人間を作り出す危険性を秘めている。

ある人間が、否定的に報道されている教団の人間と接触したとする。教団の人間は真摯に信仰を追求しているように見え、接触した人間に対して親切に対応してくれたとする。すると、その人間は報道されているイメージとは異なる事態に接して、実はまちがっているのは教団ではなく、マスメディアの側であると考えてしまいやすい。そして教団と接触した人間は、それまで宗教についての十分な知識がないため、教団の人間から言われたことをそのまま信じ、それがすばらしい宗教なのだと思いこんでしまう。

マスメディアは伝統的に宗教に対して批判的、否定的な姿勢をとってきた。明治時代には、天理教が厳しい批判を受けた。戦後では、創価学会に対して膨大な批判的報道がなされている。しかし、そうした報道は教団を否定的にあつかうことに急で、主観的な方向に傾き、中立性を失っているものが少なくない。マスメディアを通しては、必ずしも宗教についての中立的な情報が伝えられない状況にある。

そうした点からも、宗教についての中立的な情報を伝え、宗教に対する見方を教える宗教教育の必要性は高まっていると言えよう。宗教についての知識を与えられれば、それは信じやすい心から脱却するための手立てとなるはずである。

公教育のなかに宗教教育を取り入れていくことは、簡単ではない。そもそも、そうした教育を行なうことのできる教師の数はかぎられている。宗教教育を取り入れるには、まずそれを担当できるだけの教員の養成が不可欠である。また、教育の内容を決めていく作業にも、さまざまな困難がともなうであろう。

その代替案としては、宗教についての知識を提供する公的な機関の設立という方法が考えられる。「宗教教育センター」といった機関を作り、宗教についての啓蒙活動を展開するとともに、現代の社会に起こる宗教の問題について調査研究していくのである。

また、それに併行して、宗教界が宗教問題を解決していくための指針を提起し、具体的な問題を解決していくために、個人と教団とを仲介するような機関の設立を進めていくことも必要となるであろう。日本の宗教教団は、宗教問題の解決に対して寄与しようとする姿勢に乏しい。もちろん、そこには信仰という難しい問題がかかわっているが、一九八〇年代後半以降の宗教問題の深刻さから考えて、宗教界がこのまま手をこまねいているわけにはいかないはずである。

私たちのこれから

第九章で述べたように、宗教の世俗化は日本人の選択であった。

ところが、オウムという宗教は、この日本人の選択に真っ向から挑戦した。オウムは神秘体験によって現実を超越した世界に到達することをめざし、修行を強調した。そして、世俗社会からの離脱を意味する出家を強調した。オウムは、こうした特徴をもっていた以上、超越的な価値観を認めない日本の社会と対立せざるをえなかった。

人間が超越的な世界観に惹かれるのは、その人間が現実の社会に対して強い不満をもっているときである。社会のあり方に満足できないものを感じながらも、社会を変えていく力をもたない人間が、社会に対する批判として超越的な世界観を選択する。原理主義的な宗教運動を社会的に恵まれない階層の人間たちが支えていることが、その点を証明している。第六章で見た、インドの『秘密集会タントラ』が殺人を強調するのも、その教えを説く対象となる人間たちが、殺生を生業としなければならない、社会的に差別された人間たちだったからである。

日本の社会において、新しく勢力を伸ばした宗教団体が超越的な論理を強調してこなかったのは、そこに集まった人間たちが社会的に恵まれない階層に属してはいたものの、社会には豊かになれる余地があったからである。人々の不満は、経済的な不平等という現実的な問題に対して向けられたもので、その不満は、経済的な豊かさの実現によって解消することが可能だった。

しかし、オウムの人間たちがいだいていた不満は、そうした現実的な問題に対してではなかった。その不満は抽象的で、解決が困難だった。オウムは不満を解消するための手立てとして修行を提示した。修行のなかでは容易に神秘体験をすることが可能で、その体験は不満をかき消す役割を果たした。そして信者たちは、神秘体験を通して現実を超える世界の実在を実感した。そこで、オウムという宗教は世俗化した日本の宗教から決別する道を歩んでいった。

それは、宗教を世俗化させることでその危険性を摘み取っていくという日本人の選択が、正しいものであったことを証明しているようにも見える。宗教が超越的な世界観を主張したとき、現実の世界は価値の低いものとして切り捨てられていく。そこからは、現実を否定する運動が生み出され、それが現実の社会に脅威を与えることになる。

しかし、現実を超越する運動を否定したとき、今度は現実を批判するための論理を構築していく場を失ってしまうことにもなりかねない。宗教というものは、宗教社会学の世界で指摘されるように、現実の秩序を維持する機能を果たすとともに、現実を批判し、秩序に挑戦する機能を果たしてきた。

戦前、日本の社会が軍国主義体制を確立し、侵略戦争への道を歩んでいったとき、それに抵抗したのは共産主義者、社会主義者であり、一部の宗教家であった。共産主義のイデオロギーも、キリスト教の終末論の世俗版としての性格をもち、宗教と同様に超越的な論理から現実を批判する。そうした現実を超越する論理をもたないところからは、軍国主義や侵略戦争への批判は生まれにくい。世俗化という日本人の選択は、社会を批判する論理を失うという代償をともなわざるをえなかった。そして、社会を批判する論理の喪失は、倫理や道徳の喪失へと結びついていく。倫理や道徳を確立していくには、現実を超越する論理が必要となる。

宗教の世俗化が進んだ日本の社会のなかで、倫理や道徳の基盤となってきたのが村をはじめとする共同体であった。共同体には特有の倫理道徳が存在し、その共同体に属している人間の行動を規制してきた。共同体に反逆する人間には「村八分」という罰が下される。その罰を怖れて、人々は共同体の規範に従ってきた。

ところが、第七章でも見たように、今や日本人は共同体の崩壊という事態に直面している。共同体という基盤を失ったとき、倫理や道徳を確立していく手立てを見出すことがきわめて困難になっていく。人を殺すことに倫理的な抵抗感を感じなくなってしまったのも、倫理道徳の基盤が失われてしまったからである。

では、どうすればいいのだろうか。

私がヤマギシ会に入っていった一九七〇年代なら、共同体の再構築といった主張に共感、共鳴する人もいたであろう。しかし、二十一世紀を迎えた現在においては、共同体を再構築していく可能性はきわめて乏しい。それに、私を含め長く都市で生活してきた人間たちには、共同体へのノスタルジーそのものが失われている。共同体という面倒な世界に生きるよりも、それに属さない生き方をしたい。そう考える人間が多数派を占めるようになってきた。

私は、一九九一年に刊行した『いま宗教に何が起こっているのか』の終わりの部分で、日本人が意識しないまま信仰している「日本教」が「終末を迎えたときに、私たちは個人として世界と直接に対峙しなければならなくなるであろう。そのとき、私たちは人間が孤独な存在であることを自覚せざるをえない。その孤独な生は、何によって支えられるのだろうか。それが、一九九九年に向けて私たちのもっとも重要な課題なのである」と述べた[15]。それは、オウム事件が起こる三年半ほど前のことであった。

一九九九年には世界の終わりと言えるような出来事は起こらなかった。しかし、その前にオウム事件が起こり、私たちの生を一体何によって支えるべきかは、より見えにくくなってしまった。

状況は困難さを増している。

しかし、私たちはこの状況に絶望する必要はない。人間が生きるということは常に困難をともなう。自分たちを支えるものを失ってしまうという体験を、これまで人類はくり返してきた。問題は、その危機を直視するか否かにある。危機を直視したとき、たとえかすかな手がかりであろうと、その状況を乗り超えるための道を見出すことができるはずである。人類の歴史が、その可能性を証明している。

たしかに、孤独はつらく、苦しい。しかし、私たちは長い歴史を経て、さまざまなしがらみから解放され、はじめて孤独を得ることができた。オウムの人間たちは、その教祖を含め、孤独に耐えられなかったのではないか。私たちは孤独に耐え、その孤独を楽しみながら、自分の頭を使って、これからを考えていかなければならないのである。

註

序章

(1) 一九九九年六月十三日付『日刊スポーツ』の社会面最下段に、日刊スポーツ社は以下のような訂正記事を掲載した。

訂正　一九九五年九月二十五日付一面で、『日本女子大学教授島田裕巳氏がオウム真理教から教団名（ホーリーネーム）を与えられていた』、同氏が『麻原の弟子』及び『信者の脱会引き留め役を務めていた』との記述は誤りでした。また同二十六日付の関連記事で、同氏が意図的に教え子を教団に誘ったかのような誤解を与える表現がありました。同氏の名誉に関し、ご迷惑をおかけしたことをおわびします。

(2) エッセイストの中野翠は『サンデー毎日』（一九九一年十月二十日号）のコラムで、「すごく驚いたのは、麻原彰晃氏の発言が思いのほかマトモでスジが通っていたことだ」と述べていた。そのマトモさを示す例として、中野は幸福の科学の会員が、私に向かって「神を信じていない人に宗教学者になる資格はない」と発言したのに対して、麻原が「宗教学者は神を信じてはいけないのです。淡々とした態度で研究するべきです」と言い切ったことをあげていた（『1991私の青空』毎日新聞社、二六九—二七〇頁）。作家の山田詠美も『朝まで生テレビ』を見たところ、麻原について「そんなに奇異な感じを受けなかった。むしろ、ひとつの宗教を率いている顔」だったと述べている（山田詠美・中沢新一『ファンダメンタルなふたり』文春文庫、二〇頁）。

(3) 「平成の『宗論』を読む」『週刊朝日』一九九一年十月十一日号、三〇頁。

(4) 『宗教の時代とは何だったのか』講談社、二〇〇一二〇四頁。

(5) 毎日新聞社会部編『オウム「教祖」法廷全記録1　恩讐の師弟対決』『オウム「教祖」法廷全記録2　私は無実だ』『オウム「教祖」法廷全記録3　元愛弟子への無期判決』『オウム「教祖」法廷全記録4　元信者への死刑判決』『オウム「教祖」法廷全記録5　「新法」成立で揺れる教団』いずれも現代書館。降旗賢一『オウム法廷—グルのしもべたち』上下『オウム法廷②—グルvs.信徒』上下『オウム法廷③—治療省大臣林郁夫』『オウム法廷④—松本智津夫の意見陳述』『オウム法廷⑤—ウソつきは誰か』『オウム法廷⑥—被告人を死刑に処する』いずれも朝日文庫。

（6）瀬口晴義『検証・オウム真理教事件―オウムと決別した元信者たちの告白』社会批評社。林郁夫『オウムと私』文藝春秋。早坂武禮『オウムはなぜ暴走したか。―内側からみた光と闇の2200日』ぶんか社。村上春樹『約束された場所で―underground2』文藝春秋。
（7）高橋英利『オウムからの帰還』草思社、田村智・小松賢壽『麻原おっさん地獄』朝日新聞社。
（8）コスモメイトは現在ではワールドメイトを名乗り、深見は深見東州を名乗っている。
（9）『オウム法廷②』下、一二四―一二八頁。
（10）『朝日新聞』一九九九年七月八日付夕刊、第十五面（以下、新聞の引用については東京本社版による）。石川は二〇〇〇年三月七日に開かれた土谷正実の公判にも弁護側証人として出廷し、車中でサリンということばは絶対に出ていない、そういう計画と気付くようなことは聞いていないと証言している（『朝日新聞』二〇〇〇年三月八日付朝刊、第二社会面）。
（11）『オウム「教祖」法廷全記録1』一九九―二〇〇頁。
（12）同書、三二二頁。
（13）『オウム法廷⑤』九〇頁。
（14）『朝日新聞』一九九八年四月二十五日付朝刊、第三社会面。
（15）『週刊フライデー』一九九九年七月二日号、六頁。
（16）『オウムと私』一五一頁。
（17）西村新人類によるウェブサイト『VAJIRAYANA真理の探求』（http://www.bekkoame.ne.jp/i/sinzinrui/）より。そこでは、「決意Ⅰ～Ⅳ」＋「決意Ⅴ」の全文が紹介されている。なお高橋英利は『オウムからの帰還』（一六二―一六三頁）で「ヴァジラヤーナ決意」について紹介している。それは以下のようなものである。
徹底的に悪趣をポワするぞ。徹底的に悪趣をポワするぞ。悪趣をポワするぞ。／救済を成し遂げるためには手段を選ばないぞ。／救済を成し遂げるためには手段を選ばないぞ。／秘密の戒律をしっかり守るぞ。／これこそが、最も早く最高の境地に到達する道である。／これこそが、最も早く最高の境地に到達する道である。／さあ、私は完全なるヴァジラヤーナの実践を行なうぞ。／完全なるヴァジラヤーナの実践を行なうぞ。／完全なるヴァジラヤーナの実践を行なうぞ。／そしてたとえ命を捨てたとしてもヴァジラヤーナの実践を止めないぞ。／たとえ命を捨てたとしてもヴァジラヤーナの実践を止めないぞ。／安心してヴァジラヤーナの実践を行なうぞ。／安心してヴァジラヤーナの実践を行なうぞ。／さあ、いよいよ聖書に説かれているハルマゲドンは近い。／さあ、その最終戦争において、必ずや聖なる軍隊に属し、悪趣をポワするぞ。／悪趣を一人でも二人でもポワするぞ。悪趣を一人でも二人でもポワするぞ。／ポワする事こそが救済である。ポワする事こそが最高の功徳である。／そして、ポワする事こそが自分自身を最も高い世界へ至らせる道である……。

高橋によれば、信者たちはこの「決意」を声に出して三百回読み上げなければならなかったという。高橋はこれが出家信者をヴァジラヤーナに縛りつけるためのあからさまなマインド・コントロールにほかならないと述べている。「ヴァジラヤーナ（の）決意」の全文も、ウェブサイト『VAJIRAYANA 真理の探求』で公開されている。

(18)『オウムと私』二四八―二五五頁。

(19) オウムでポワがポアとなったのは、『宗教の時代とは何だったのか』（九二頁）でも指摘したように、麻原の目が不自由で文献を他の人間に読んでもらっていたことが影響しているものと思われる。

(20)『オウムと私』二六三頁。

(21) 同書、二七六頁。

(22) 同書、四一〇頁。

(23)『オウム法廷』上、一〇〇―一〇四頁。

(24)『オウムと私』二四〇頁。

(25) 同書、二五六、二八三頁。

(26)『オウム法廷③』一九四頁。

第一章

(1)『朝日新聞』一九九八年十月二十三日付夕刊、第二面。

(2)『オウム法廷③』三一一―三一二頁。もう一人の地下鉄サリン事件実行犯、横山真人には一九九九年九月三十日、死刑判決が下されているが、そこでも事件は、麻原を中心とした教団の幹部が強制捜査を阻止するために敢行したものであるととらえられている（『読売新聞』一九九九年九月三十日付夕刊、第二面）。

(3)『オウム法廷②』上、三一一頁。

(4)『オウム法廷④』一一二頁。

(5) 坂本堤弁護士の妻、坂本都子さんの父、大山友之さんは、事件の際に玄関の鍵が開いていたというのは夫婦の性格から考えてありえないと、坂本事件の実行犯たちが法廷で語っているストーリーに納得していない（『朝日新聞』一九九九年十一月二日付朝刊、第三社会面）。

(6)『オウム法廷』上、一〇五―一〇八頁。

(7) 同書、一二九―一六九頁。

(8) 同書下、一〇七―一四一頁。

(9)『オウム法廷②』上、一六七―一七九頁。

(10) 渡辺脩・和多田進『麻原裁判の法廷から』晩聲社、二六―二八頁。

(11)『オウムと私』三八七―三八八頁。

(12)『オウム「教祖」法廷全記録1』一九二頁。
(13)『麻原裁判の法廷から』七一—七二頁。
(14)同書、八七—八八頁。
(15)『オウム「教祖」法廷全記録1』三六〇頁。
(16)『オウム法廷④』八七—一〇九頁。
(17)『オウム「教祖」法廷全記録2』一六三頁。
(18)『朝日新聞』二〇〇〇年六月七日付朝刊、第三十六面。
(19)同紙、二〇〇〇年六月三十日付朝刊、第三十六面。
(20)「オウム『11月戦争』の恐怖」後編『宝島30』一九九六年一月号、四六—四七頁。
(21)『「オウム真理教」追跡2200日』文藝春秋、五〇八—五一七頁。
(22)「麻原彰晃がグルに化けた日」『現代』一九九六年七月号、一四〇頁。
(23)「『知的な野獣』生み出す現代の悲劇」朝日新聞社編『何がオウムを生み出したのか—17の論考』ASAHI NEWS SHOP、一七二頁。
(24)『現代宗教の可能性』岩波書店、一一五頁
(25)『オウム法廷③』五四—六六頁。
(26)「麻原彰晃『狂気の誕生』」『現代』一九九六年五月号、を参照。
(27)「麻原彰晃『予告された爆発』」同誌、一九九六年六月号、を参照。
(28)『救世主の野望』三七頁。
(29)「涙と苦悩の日々に別れを告げて—偉大なるこころの旅」『マハーヤーナ』No.27、一七一頁。
(30)『現代』一九九六年五月号、五二—五三頁。
(31)『現代宗教の可能性』一四一頁。
(32)『現代』一九九六年六月号、五三頁。
(33)同誌、一九九六年七月号、一三八頁。
(34)『オウム法廷』下の巻末におさめられた年表や検察側冒頭陳述では、「オウム神仙の会」の誕生は一九八四年二月十四日とされている。しかし一九八五年の夏に行なわれた『トワイライトゾーン』の取材では(高井志生海「麻原彰晃と私と『トワイライトゾーン』」別冊宝島『オウムという悪夢』二二五頁)、オウム神仙の会の名前はあげられていない。また、『トワイライトゾーン』のレポーター高井は、麻原が団体のトップではないことを強調していた。その点から考えて、オウムの教団が述べているように、オウム神仙の会の誕生は一九八六年四月のことであったと考えられる(「救済の軌跡」第二回、『マハーヤーナ』No.17、一八二頁)。
(35)『現代』一九九六年七月号、一四三—一四四頁。
(36)「麻原彰晃 vs.荒俣宏　サイキック対談」『03(ゼロサン)』一九九一年六月号、五五—五六頁。
(37)『流行通信オム』一九九一年九月号と『十人十色』同年

九月号では、麻原がインタビューに答え、『サンサーラ』同年十月号では田原総一朗と、『スタジオ・ボイス』同年十一月号では中島渉と対談を行なっている。また、『女性佛教』同年十・十一月合併号には、麻原が文章を寄稿している。

(38)『i-DJAPAN』一九九一年十二月号、『DIAMOND BOX』同年十二月号、『Mジャパン』同年十二月号、『週刊SPA』同年十二月十一日号で、麻原はインタビューに答えている。『サンサーラ』一九九二年一月号では栗本慎一郎と、『別冊太陽』七七(一九九二年春号)では山折哲雄と対談を行なっている。また、中沢新一とは『ブルータス』一九九一年十二月十五日号で、二度目の対談を行なっている。

(39)『とんねるずの生でダラダラ行かせて』一九九一年十月三十日放送、『テレビタックル』同年十二月三十日放送。その後、ビートたけしとは『バート』一九九二年六月二十二日号で対談も行なっている。

(40)供託金の額は一人当たり二百万円であった。オウムの候補者はすべて法定得票数に達しなかったので、供託金は全額没収された。候補者は二十五名で、教団は五千万円の損失を被った。他に選挙用に各種のパンフレットを作成するなど、選挙運動の費用がある。

(41)『オウム法廷④』二七二―三〇九頁。

(42)『オウムと私』九七頁。

(43)波野村での反対運動について、林郁夫は、どこでも地域住民の反対運動が起こるのは、先回りして反オウムの感情を吹き込む横浜弁護士会やオウム被害者の会のしわざではないかと考え、どうして彼らが真面目に修行をしようとする自分たちを排除しようとするのかと、いらだちと無力感と悔しさのまじりあったものを感じていた、と述べている(前掲、一一二頁)。

(44)「オウム真理教はなぜ最終戦争を覚悟したか」『何がオウムを生み出したのか』九―二二頁。

(45)渡辺学「海外でのオウム研究最新リポート」別冊宝島『隣のオウム真理教』を参照。

(46)『終末と救済の幻想―オウム真理教とは何か』渡辺学訳、岩波書店(Robert Jay Lifton, Destroying the World to Save It: Aum Shinrikyo, Apocalyptic Violence, and the New Global Terrorism, Metropolitan Books)一一八頁。リフトンは作家の辺見庸との対談でもオウムについて語っている(『不安の世紀から』角川書店、を参照)。

(47)リーダーの解釈は以下のとおりである。オウムの教義の核心には、この世は罪悪にまみれ人生は苦に満ちているという観念がある。そのためオウムは従来の日本の新宗教とは異なり、社会から撤退し清貧の生活を送ることの重要性を主張した。オウムには、一定数の成就者、解脱者が生まれれば、世界を崩壊へ向かわせる否定的なエネルギーを押しとどめ破局的な危機を回避し、シャンバラ王国という理想世界を実現できるという千年王国論があり、その衝動が外部の社会との紛糾や対決へと発展していった。そして衆議院議員選挙敗北の屈辱と挫折感から被害者意識に満ちた陰謀理論と内閉的な信者の囲い込みに向かい、教団の危機感がハルマゲドン到来の信念へと発展し、少数者が破局を生き延びるため密かに武装化に熱中するようになった。その暴力性は対外的に発動しただけではなく、内部の暴力をも増幅させ拉致監禁や暴力的な修行に結びついていったというのである（**Ian Reader, A Poisonous Cocktail: Aum Shinrikyo's Path to Violence, Nordic Institute of Asian Stusies**）。なおリーダーの解釈については『現代宗教の可能性』七一―七五頁、の島薗の紹介による。

(48)『宗教の時代とは何だったのか』一七三―一八〇頁。

(49)『トワイライトゾーン』一九八五年十月号、一二〇頁。

(50)同誌、一九八八年一月号、三三―三五頁。

(51)『イニシエーション』一〇七―一一五頁。

(52)『尊師ファイナルスピーチ』Ⅱ、三九―四〇頁。

(53)『仏教真理　十二縁起（麻原彰晃の世界ＰＡＲＴ12）』八二―八三頁。

(54)『超越神力』ＰＡＲＴ2、二五一頁。この本では、説法が行なわれたのは一九八九年十一月三十日となっているが、『尊師ファイナルスピーチ』Ⅱでは一九八七年十一月三十日となっており、『尊師ファイナルスピーチ』Ⅱの方が正しいものと思われる。

(55)『マハーヤーナ』№20、七八頁。

(56)『実践真理』四号、一八頁。

(57)『尊師ファイナルスピーチ』Ⅳ、一九四―二〇六、二一一―二一七、二二七―二三七頁。

(58)『Ｔｈｅ 説法1―世紀末の危機を乗り越えるために（麻原彰晃の世界ＰＡＲＴ18）』二四頁。

(59)同書、一二四―一三三頁。

(60)『尊師ファイナルスピーチ』Ⅳ、三五七―四三〇頁。

(61)『ヴァジラヤーナコース　教学システム教本』一六〇頁。

(62)『戦慄の予言―君は人類最終戦争を生き残れるのか（麻原彰晃の世界ＰＡＲＴ20）』六五頁。

(63)『ヴァジラヤーナコース　教学システム教本』二一三頁。

(64)同書、二三八頁。

(65)同書、一三〇頁。

(66)同書、二八八頁。

(67)『日出ずる国、災い近し』一一七―一三二頁。

(68)『オウム法廷』上、四二―四四頁。

(69)同書、八一―八三頁。

(70)同書、二四七―二四九頁。

(71)同書下、二六―三一頁。

(72)『オウム法廷②』下、二一四—二二〇頁。
(73)『オウムと私』一六五—一六七頁。
(74)同書、二九七頁。
(75)『検証・オウム真理教事件』一七—一八頁、『約束された場所で』一四一頁。
(76)『約束された場所で』四九、五六、六六頁。
(77)同書、一八五—一八六頁。
(78)『オウムからの帰還』一六〇頁。
(79)『オウム法廷②』上、九八—九九頁。
(80)『現代宗教の可能性』八二—八三頁。
(81)同書、八六頁。なおリフトンは『終末と救済の幻想』を書くうえで島薗と議論をしたというが、両者のとらえ方はこの点で真向から対立している。
(82)『仏教真理　六波羅蜜（麻原彰晃の世界PART8）』一七七頁。
(83)『オウム「教祖」法廷全記録3』三二七—三二九頁。
(84)『オウム法廷』上、二六七—二六八頁。
(85)『オウム「教祖」法廷全記録1』二一九頁。
(86)『オウム法廷③』一五六頁。
(87)『オウムと私』四三二頁。
(88)同書、三九四—三九五頁。
(89)『オウム「教祖」法廷全記録1』八四頁。なおオウムでは、修行に応じてステージが定められており、一九九四年七月ころまではクンダリニー・ヨーガの成就者は「師」、マハー・ムドラーの成就者は正悟師、そして大乗のヨーガの成就者は「正大師」と呼ばれていた（『オウム法廷②』上、二二七頁）。
(90)横山真人は一九九五年十二月二十七日に開かれた自らの初公判で、地下鉄でサリンを撒いた事実は認めたものの、不特定多数の人間を殺害するつもりはなく、サリンが人を殺すほどの薬物とは知らなかった、と殺意を否認している（『オウム法廷』下、七三頁）。
　林泰男も一九九八年三月二十六日に開かれた麻原の第七十一回公判に出廷し、地下鉄サリン事件にかかわった動機について、弁護人とのあいだで次のようなやり取りを行なっている。

弁護人　他の信者は「麻原さんを信じていた」と言っているが、林さんは麻原さんと全然違っていた。それがよく分からない。
林　麻原は狂っていたとしても、麻原が当初、説いていた仏教の根本的教義は正しい。
弁護人　麻原さんが狂っているというのは。
林　毒ガス攻撃を受けているとの被害妄想は狂っていると。ただ、それ以前の仏教的な教えはそれなりに正当だった。麻原が仏教の教えから逸脱していった部分には、ついて行けなかった。

弁護人　逸脱とは。

林　サリンを作ったり、自動小銃を作ったりという部分です。（『オウム「教祖」法廷全記録３』三二八頁）

また林は同年四月二十四日に開かれた麻原の第七十六回公判で、麻原弁護団の団長と次のようなやり取りを行なっている。

団長（地下鉄サリン事件の）計画が現実的だと思わなかったのは、（教団内で）サリンができるはずはないと思っていたからですね。

林　はい。

団長　下見をするよう指示されたのに、しなかった大きな理由も、サリンができるわけがないと思っていたからですか。

林　はい。（『朝日新聞』一九九八年四月二十五日付朝刊、第三社会面）

ではなぜ林は、ついていけないと思っていたサリンを撤いてしまったのだろうか。その点について林は同年五月二十二日の第八十回公判で、一番大きな目的をたがえるのは反逆に近い行為ととられてしまうからだと述べ、教団組織あるいは麻原からの制裁の可能性をあげている（同紙、一九九八年五月二十三日付朝刊、第三社会面）。

（91）『宗教の最後のすがた―オウム事件の解決』春秋社、二七―二八頁。

（92）「サリン事件は正しかった―山崎哲インタビュー」『宝島30』一九九五年九月号、七三、七八―七九頁。

（93）「オウムはカルトか」『中央評論』二一三号、二八、三四頁。

（94）「『尊師』のニヒリズム」『イマーゴ』一九九五年八月臨時増刊号、二七六―二七七頁。

（95）拙稿「私の『中沢新一論』」『宝島30』一九九六年六月号を参照。

（96）『虹の階梯―チベット密教の瞑想修行』平河出版社↓中公文庫（改稿）。

第二章

（1）麻原の第二回公判における検察側冒頭陳述では、「オウム真理教」への改称は一九八七年七月ころであったとされている（『オウム法廷②』上、二四頁）。ただし麻原自身は一九八七年六月二十四日の丹沢集中セミナーでの説法で、すでにオウム真理教に名前が変わった理由について説明している（『宗教の条件―これがオウム真理教（麻原彰晃の世界ＰＡＲＴ14）』一〇二―一〇七頁）。オウム真理教への改称は一九八七年六月以前だった可能性がある。あるいは六月以前に改称が予告されていたということも考えられる。

（2）オウムの用語は原語の意味を直訳したものである。たとえば阿羅漢にあたるサンスクリット語arhanには、施しを受けるに値する聖者、の意味がある（「阿羅漢」『岩波仏教辞典』一五頁）。オウムはそれを「供養値魂」と訳したわけである。
（3）『宗教の時代とは何だったのか』九九―一〇四頁。
（4）『原始仏典』は一九七四年に、『阿含経典』は一九七九年に刊行されているが、ともに初期の仏典の翻訳と解説である。
（5）『超能力「秘密の開発法」』二〇―四三頁。佐保田訳のヨーガ経典とは『ヨーガ根本経典』『続・ヨーガ根本経典』『解説ヨーガ・スートラ』などをさすものと思われる。すべて平河出版社刊。
（6）『現代』一九九六年六月号、四六頁。
（7）『オウム真理教と阿含宗』平河出版社、一八―一九頁。
（8）『検証・オウム真理教事件』一一三頁。
（9）『オウム真理教と阿含宗』一九頁。
（10）『現代』一九九六年六月号、五三頁。
（11）『超越神力』PART3、四五頁。
（12）たとえば、一九九〇年十一月二十四日の富士山総本部道場での説法（『尊師ファイナルスピーチ』Ⅱ、五四五頁）。
（13）『現代』一九九六年六月号、五四頁。
（14）「救済の軌跡」第一回、『マハーヤーナ』№16、一一四―一一九頁。
（15）「虚々実々のエンターテイメント、その本音とタテマエ」別冊宝島『いまどきの神サマ』一二八頁。
（16）『トワイライトゾーン』一九八五年十月号、一一八―一二三頁。
（17）『オウム法廷④』一二三―一二四頁。
（18）『現代』一九九六年七月号、一三八―一四〇頁。
（19）『超能力「秘密の開発法」』大和出版、四四頁。
（20）同書、五〇―五三頁。四つの記憶修習述は仏教の「四念処」のことで、麻原はそれを四念処と呼ぶこともあった。
（21）同書、六一―七四頁。
（22）同書、七四頁。
（23）同書、七五―八一頁。
（24）同書、九二―九八頁。
（25）同書、一〇四―一〇六頁。
（26）同書、一一四頁。
（27）同書、一一七―一二〇頁。
（28）同書、一二一―一四七頁。
（29）同書、一五一―一九一頁。
（30）同書、一六六―一八五頁。
（31）『現代宗教の可能性』四五頁。削除された部分については、序章の註（16）でふれたウェブサイト『VAJIRAYANA真理の探求』で公開されている。
（32）『尊師ファイナルスピーチ』Ⅱ、六―九頁。

(33) 同書、一九頁。
(34)『生死を超える』増補改訂版、二一四頁。
(35) 同書、三〇頁。
(36) 同書、三七—四〇頁。
(37) 同書、四六—六六頁。
(38) 同書、六八—七二頁。
(39) 同書、七四—一一一頁。
(40) 同書、一一二—一二五頁。
(41) 同書、一二六—一三二頁。
(42) 同書、一三三—一四六頁。
(43) 同書、一八〇頁。
(44) 同書、一九五、二一〇、二三二、二三五、二四四—二四五、二五五、二六五、二七三、二八五、二九八—三〇一頁。
(45) 同書、一四六頁。
(46)「救済の軌跡」第二回、『マハーヤーナ』No.17、一八五—一八七頁。
(47)『検証・オウム真理教事件』七〇頁。なお、この山下は、高山文彦の『現代』での連載では、斎藤誠として登場している。
(48) 同書、七一頁。
(49)「救済の軌跡」第二回、『マハーヤーナ』No.17、一八八—一九二頁。
(50)『イニシエーション』一八—三二頁。
(51) 同書、三三—四九頁。
(52) 同書、五〇—五九頁。
(53) 同書、六〇—六六頁。
(54) 同書、六七—七八頁。
(55) 同書、七九—九一頁。
(56) 同書、九二—一〇五頁。
(57) 同書、一一八—一二九頁。
(58)『宗教の条件』一〇三頁。
(59)『検証・オウム真理教事件』八二—八三頁。
(60)『救世主の野望』四一—四二頁。
(61)「そのとき、私は光だった。」『マハーヤーナ』No.2、六二—九六頁。
(62) 同書、九六頁。
(63)「アングリマーラ大師ここに誕生す」『マハーヤーナ』No.3、七八—一〇三頁。
(64)「今蘇った、救済者マイトレーヤ」『マハーヤーナ』No.5、一〇八—一四〇頁。
(65)『マハーヤーナ』No.1、九七頁。
(66)『マハーヤーナ』No.2、三頁。
(67) 麻原は、一九九六年五月十五日に東京拘置所で行なわれた破防法弁明手続きの意見陳述のなかで、自分が尊師と呼ばれるようになったのは、一九九一年からだろうと述べている。皆が先生と呼ばれるようになり、先生の先生ということで尊師と呼ばれるようになったというのである（『オウム法廷②』上、一一〇頁）。『マハーヤーナ』では、一九八七年から尊師の呼び名が使われていたわけで、麻原の言うことは、事実に反している。

(68)『マハーヤーナ・スートラ―大乗ヨーガ経典』九四頁。

(69)『マハーヤーナ』№7、六頁。

(70)『マハーヤーナ・スートラ』二〇―二六頁。

(71)同書、二七―三二頁。意志の強化は、忍辱とも呼ばれる。それは、ただひたすら修行を行なうことである。一九八七年八月三十日の世田谷道場の説法では次のように説明されている。「忍辱というのは、ただひたすらなんだよ。例えば、マントラを唱え続けなさいといったら、ただひたすらマントラを唱え続けると。例えば、紙折りをやりなさいといったら、ただひたすら紙折りをやると。例えば、営業をやりなさいといったら、ただひたすら営業をやると。例えば、デザインをやりなさいといったら、ただひたすらデザインをやると」（『仏教真理　六波羅蜜』二〇頁）。

(72)これは、仏教で言われる五戒にあたるもので、それぞれ不殺生戒、不偸盗戒、不邪淫戒、不妄語戒にあたる。ここでは五戒のなかの不飲酒戒については言及されていないが、別の箇所、たとえば一九八七年九月十四日の大阪支部の説法では、「酒を飲むな」という不飲酒戒に言及されている（『絶対の真理（麻原彰晃の世界ＰＡＲＴ５）』一七九―一八一頁）。

(73)『マハーヤーナ・スートラ』三八―五〇頁。

(74)同書、五〇―六二頁。

(75)同書、六四―六九頁。

(76)同書、七四頁。

(77)同書、八〇―八一頁。

(78)同書、九〇―九二頁。

(79)同書、九三頁。

(80)同書、一〇一―一〇八頁。

(81)同書、一二八―一三二頁。

(82)『マハーヤーナ』№21、七二頁。

(83)「『狂気の集中修行』行われる」『マハーヤーナ』№8、一五二―一六七頁。

(84)「生か死か三月十五日（火）ケイマ大師、決死の地中サマディに挑む」『マハーヤーナ』№7、三〇頁。

(85)「『水中エアー・タイト・サマディ』徹底レポート」『マハーヤーナ』№11、五四―六六頁。

(86)「大乗船『マハーヤーナ』号―故郷に向けて、いざ出航」『マハーヤーナ』№14、九頁。一九九七年七月三日に開かれた麻原の第四十三回公判に出廷した岡崎一明は、一九八七年の三月から五月のあいだに総本部道場建設の話が出たと証言している（『オウム「教祖」法廷全記録２』三一三頁）。
(87)『マハーヤーナ』No.7、二五頁。
(88)「主宰神シヴァの祈りをこめて……」『マハーヤーナ』No.8、六頁。この時期になるとオウムは、解脱を科学的に証明しようとするようになった。その時期はしばらく続くが、それは一九八七年までには見られなかったことである。そこには、村井秀夫をはじめ大学や大学院で自然科学を学んできた人間たちが入信し出家してきたことが影響を与えているであろう。
(89)「はばたけ真理のひな鳥達」『マハーヤーナ』No.15、一四九頁。
(90) 麻原は水中エアー・タイト・サマディによって成就者の証明、富士山噴火の回避、道場建立地の浄化、という三つの目的を達成したとしている（『マハーヤーナ』No.11、八四頁）。
(91)「オウム事件とは何だったのか」『広告批評』一八四号、二六頁。

第三章

(1)「新たなる足跡を残して―歩み始めた仏陀への道」『マハーヤーナ』No.12、一五四―一五五頁。
(2)『生死を超える』増補改訂版、一二六―一三二頁。
(3)『マハーヤーナ』No.1、三四―三七頁。
(4)『マハーヤーナ』No.9、五八―五九頁。
(5)『マハーヤーナ』No.12、一五六―一七四頁。
(6)「麻原彰晃、世界を行く『真理の翼は世界に向けて』」『マハーヤーナ』No.13、一七―一八頁。
(7) 同書、二六頁。
(8)「麻原彰晃、世界を行く『真理の翼は世界に向けて2』」『マハーヤーナ』No.14、一七―一八頁。
(9) 同書、二三―四四頁。
(10) 同書、二四頁。
(11)「最新著作『マハーヤーナ・スートラ―大乗ヨーガ経典』を語る」『マハーヤーナ』No.7、六―七頁。一九八八年一月（日は不明）に上町の教団本部で行なわれた説法のなかでも、麻原は「今年は去年に加えてタントラヤーナというものを打ち出す」と述べている（『尊師ファイナルスピーチ』Ⅳ、一一頁）。
(12)『マハーヤーナ』No.9、六四―六五頁。
(13) 麻原が予告した『タントラヤーナ・スートラ』が刊行されることはなかった。『マハーヤーナ・スートラ』が刊行された一九八八年にも、それ以降今に至るまで刊行されていない。
(14) そこには麻原の生まれが影響しているのかもしれない。麻原が生まれたのは熊本県八代郡金剛村だった。つまり金剛村に生を受けた麻原がのちに金剛乗を説いているわけである。それは偶然の一致にすぎないのかもしれない。だが金剛という名前のついた土地はそれほど多くはない。現在金剛と名のつく市町村は存在しない。金剛村だけではなく金剛市や金剛町も存在しない。少なくとも麻原は金剛ということばに幼いころから親しみをもっていた。

(15)『マハーヤーナ』No.14、五八―五九頁。

(16)同書、四四頁。

(17)『ヴァジラヤーナコース　教学システム教本』四―一四頁。なおワークということばが使われるようになったのは、アルメニア生まれの神秘家ゲオルゲイ・グルジェフの影響である可能性がある。グルジェフは精神修養の性格をもつ日常の作業をワークと呼んだ。麻原がグルジェフの著作を読んでいなかったとしても、精神世界の運動を経由して伝わった可能性は考えられる。

(18)『マハーヤーナ』No.15、一四八頁。なお開設セレモニーの三年前ということは一九八五年になるわけだが、第一章で述べたようにオウム神仙の会の誕生は一九八六年四月と考えられる。石井の誤解とも考えられるが、オウム神仙の会が発足した日時については再考の余地がある。また麻原は、富士山総本部道場開設の三カ月半前、一九八八年四月二十日の東京（場所不明）の説法では、自分を除くとスタッフの数は百二名だと述べていた（『尊師ファイナルスピーチ』Ⅳ、一九頁）。

(19)『マハーヤーナ』No.11、九五頁。

(20)『宗教にだまされるな（麻原彰晃の世界ＰＡＲＴ４）』一三二、一三七頁。

(21)『マハーヤーナ』No.13、四八頁。

(22)『マハーヤーナ』No.19、八二―八六頁。

(23)『マハーヤーナ』No.3、五頁。

(24)同書、七―八頁。

(25)同書、六頁。

(26)『マハーヤーナ』No.5、二八頁。

(27)『超能力「秘密の開発法」』三三一―三三三頁。

(28)『宗教の条件』二二頁。

(29)『仏教真理　五蘊無我（麻原彰晃の世界ＰＡＲＴ10）』四二―四五頁。

(30)『麻原彰晃の世界　第一巻』一〇七―一一二頁。

(31)『亡国日本の悲しみ』一八九―一九〇頁。

(32)『尊師ファイナルスピーチ』Ⅱ、四三八頁。

(33)『オウムと私』八五頁。

(34)『尊師ファイナルスピーチ』Ⅱ、二二頁。

(35)同書、三八頁。

(36)『MONTHLY真理』第三十号掲載。ただし、私はそれを確認できていない。引用は、『尊師ファイナルスピーチ』Ⅱ、四一頁。

(37) 青山吉伸の変化については『宗教の時代とは何だったのか』の五一—五二頁でふれた。出家修行者の世俗化は在家主義から出家主義への転換にともなう必然的なものであったと考えられる。
(38)『マハーヤーナ』No.15、一七三頁。
(39)『マハーヤーナ』No.18、一七頁。
(40)『マハーヤーナ』No.15、一七六—一七七頁。
(41)『マハーヤーナ』No.18、四七—五八頁。
(42) 同書、七二—八六頁。
(43) 同書、一三八—一四一頁。
(44)『尊師ファイナルスピーチ』Ⅱ、一八五頁。
(45) 同書、一九一頁。
(46) 同書、一二五頁。
(47)『マハーヤーナ』No.20、八一頁。
(48)『マハーヤーナ』No.15、一六頁。高山文彦によれば、富士山総本部道場が開設される前に麻原が全国の支部をまわったおり、一カ所で百人ほどの信者たちにシャクティーパットを施したが、以前とは異なりクンダリニーが覚醒するまで一人に対して何時間もシャクティーパットを施すことはなく、一人につき十分で切り上げてしまったという(『現代』一九九六年八月号、一九二頁)。
(49)『尊師ファイナルスピーチ』Ⅱ、一八八頁。
(50)『マハーヤーナ』No.20、一〇四頁。なお『尊師ファイナルスピーチ』Ⅱでは、この説法は九月二十日に行なわれたとされている。
(51)『ヴァジラヤーナコース 教学システム教本』二二頁。
(52)『マハーヤーナ』No.24、六三—六六頁。
(53)『マハーヤーナ』No.32、三二—四五頁。
(54)『マハーヤーナ』No.19、七六—七七頁。
(55)『マハーヤーナ』No.9、六一頁。
(56)『ヴァジラヤーナコース 教学システム教本』九頁。
(57)『尊師ファイナルスピーチ』Ⅱ、一八四頁。
(58)『マハーヤーナ』No.20、八一頁。
(59)『マハーヤーナ』No.27、一一六—一二八頁。
(60)『オウムと私』一一二—一一六頁。
(61)『オウムはなぜ暴走したか。』一五六—一九四頁。
(62)『オウム法廷②』下、一四〇—一四一頁。
(63) 同書、一八六頁。
(64)「涙と苦悩の日々に別れを告げて—偉大なる心の旅」『マハーヤーナ』No.27、一八四—一九四頁。
(65)「約束された救済者への道」『マハーヤーナ』No.29、一一四—一五二頁。
(66) 同書、一五四頁。
(67)『オウムはなぜ暴走したか。』三五九頁。
(68) 同書、一八六頁。
(69)『オウム「教祖」法廷全記録1』三六三頁。

(70)『オウム「教祖」法廷全記録3』一六九頁。
(71)『約束された場所で』四一頁。
(72)『オウム法廷②』下、一一八―一一九頁。
(73)『オウム法廷⑤』二一一頁。
(74)『尊師ファイナルスピーチ』Ⅱ、五六八頁。
(75)『仏教真理・八正道（麻原彰晃の世界PART7）』一六二頁。
(76)『尊師ファイナルスピーチ』Ⅱ、六〇九頁。
(77)『オウムはなぜ暴走したか。』三五八頁。
(78)『仏教真理　十二縁起』一七〇―一七一頁。
(79)『オウムはなぜ暴走したか。』三五八―三五九頁。
(80)『約束された場所で』三六―三七頁。
(81)同書、一四二―一四三頁。
(82)『オウム法廷②』下、四一頁。
(83)『オウムと私』一七八―一七九頁。
(84)『オウム法廷③』二三頁。
(85)『オウム法廷』下、二一二―二一三頁。
(86)『オウム法廷』上、二一七頁。
(87)『オウム法廷②』下、二一八頁。
(88)『約束された場所で』七九頁。
(89)同書、一三二頁。
(90)『オウムからの帰還』一五四―一五五頁。
(91)同書、一五五―一五六頁。
(92)『約束された場所で』四四頁。
(93)『マハーヤーナ』No.19、八九頁。
(94)『マハーヤーナ』No.13、四一頁。
(95)同書、八八頁。
(96)『尊師ファイナルスピーチ』Ⅱ、一〇〇二―一〇〇三頁。
(97)『MONTHLY真理』第三十号掲載。本章の註（36）を参照。引用は、『イマーゴ』一九九五年八月臨時増刊号、二七三―二七四頁から。
(98)『仏教真理　六波羅蜜』一三三―一三四頁。
(99)『絶対の真理』一五四頁。
(100)『オウムはなぜ暴走したか。』三七六―三七八頁。
(101)『オウムからの帰還』一〇二頁。
(102)『オウムはなぜ暴走したか。』一四七―一五二頁
(103)同書、一三七頁。
(104)同書、二四〇―二四七頁。
(105)『尊師ファイナルスピーチ』Ⅱ、四三六頁。
(106)『オウム法廷⑤』一八四頁。

第四章

(1)『オウム法廷②』上、二六―二八頁。
(2)『ヴァジラヤーナコース　教学システム教本』八三―八四頁。

(3)『オウム法廷④』一四五頁。
(4)『オウム法廷⑤』一〇二―一〇三頁。
(5)『検証・オウム真理教事件』七七頁。
(6)『ヴァジラヤーナコース　教学システム教本』三一―三三頁。
(7)同書、四九―五二頁。
(8)同書、八三―八五頁。
(9)『絶対の真理』八八―九〇頁。
(10)『マハーヤーナ』№32、四五―四九頁。
(11)『オウム法廷④』二一八頁。
(12)『ヴァジラヤーナコース　教学システム教本』三四頁。
(13)同書、四一頁。
(14)『オウム法廷④』二一八頁。
(15)『オウム法廷』下、二四〇―二四七頁。新實智光は、二〇〇一年一月二十四日に開かれた自らの公判における被告人質問で田口事件への関与を認め、その殺害の日付を一九八九年四月四日とはじめて特定した（『朝日新聞』二〇〇一年一月二十五日付朝刊、第三十三面）。
(16)リフトンは、真島の死は一般に「偶発的」と説明されているが、それは誤りで、彼は暴力的な修行によって殺されたのだとしている（『終末と救済の幻想』三四―三五頁）。
(17)『オウム法廷④』二一九頁。
(18)宗教法人には、個々の神社、寺院、教会などを単位とする「単立法人」と、単立法人をまとめる宗派などを意味する「包括法人」の二つの種類がある。単立法人は都道府県が、包括法人は文化庁の宗務課（現在は宗教法人室）が認証を行なっている。ただし税制面での優遇措置があるため、現状では簡単には認証されない。宗教法人認証の要件としては、帰依の対象となる本尊が存在すること、その団体が本尊を祀る場所を所有していること、信者がいること、宗教団体としての活動の実績があることなどが求められる。オウムの場合、本尊をシヴァ大神に定め、それを祀る場所を所有していた。また第三章で見たように、宗教法人の認証を申請する時点で三千人を超える信者をかかえ、設立から間もないとはいえ宗教活動の実績があった。都としては、オウムが宗教法人としての要件を満たしている以上、認証せざるをえなかったものと思われる。
(19)『救世主の野望』八―一八頁。
(20)強制捜査以前、私はテレビ局の控え室で、坂本弁護士の母、坂本さちよさんと話をさせていただいたことがあるが、失踪が明らかになった直後、なぜ警察が熱心に捜査してくれないのかいぶかしく思った、と語っておられた。
(21)『尊師ファイナルスピーチ』Ⅳ、九二頁。
(22)同書、九六頁。
(23)『オウム法廷』下、一七七―一八五頁。ＴＢＳの側は一九九六年四月三十日に、坂本弁護士のインタビュー・ビデオをオウム側に見せたという問題について検証番組を放送しているが、担当者はオウム側にビデオを見せたことを否定した。

(24)『オウム法廷②』下、二七二頁。
(25)同書、上、二八九頁。
(26)『オウム法廷』下、二三八頁。
(27)『オウム「教祖」法廷全記録2』三八頁。
(28)『オウム法廷⑤』三五頁。
(29)同書、一〇六頁。
(30)『オウム「教祖」法廷全記録3』一五頁。
(31)『オウム「教祖」法廷全記録2』六六頁。
(32)「輝け転輪聖王の道―日本の政治を正すために」『マハーヤーナ』№27、一四六頁。
(33)『オウム「教祖」法廷全記録2』三二〇頁。
(34)『マハーヤーナ』№27、一四六―一四七頁。
(35)同書、三八―三九頁。
(36)『オウム法廷』下、三七―三八頁。
(37)同書、八四―八五頁。
(38)『超越神力PART2』一九四―一九五頁。
(39)『オウム法廷②』上、一〇三―一一六頁。
(40)『麻原彰晃の世界　第一巻』二七六―二七七頁。
(41)『オウム法廷②』上、一七三―一七五頁。
(42)『救世主の野望』九二―九四頁。
(43)『オウム真理教とムラの論理』文庫版、一一頁。
(44)同書、六〇―六三頁。
(45)同書、一五九―一七五頁。
(46)『麻原彰晃の世界　第一巻』一一四頁。
(47)『オウムはなぜ暴走したか。』八五―八九頁。
(48)『オウム法廷④』一六六頁。
(49)『オウム法廷』下、二五九頁。
(50)『宗教にだまされるな』一四八―一五九頁。
(51)『尊師ファイナルスピーチ』Ⅱ、六六二頁。
(52)麻原が通っていた盲学校の教師たちは、盲学校時代の麻原について語っているが、麻原に対する評価は全体に否定的である。たとえばある元教師は次のように述べている。「盲学校の生徒には、大なり小なり社会に対する憤りや、被害者意識、劣等感があるんですよ。しかし、普通の生徒はそんなことなど口に出さずに、社会に協力していこうという気持ちをもっていた。ところが、智津夫には、それがないんです。自分のために、まわりを利用しようという意識ばかりがあった。社会の常識は、自分の敵だと思うとった。そして長兄にくらべて智津夫にはひとの上に立ちたいという名誉欲が人一倍強くありました」(『現代』一九九六年五月号、三七頁)。他にも同様の見解がある。ただしこういった見解は、麻原が凶悪な教団の教祖として糾弾されるようになってからのもので、そうした状況が反映されている可能性がある。
(53)『尊師ファイナルスピーチ』Ⅱ、二四―二五頁。
(54) 同書、七六七―七六八頁。
(55)『現代宗教の可能性』一〇三―一〇四頁。
(56)『尊師ファイナルスピーチ』Ⅱ、四三四頁。
(57)『マハーヤーナ』№33、五二―五四頁。
(58)『BYWEEKLY真理』五号、一一―一二頁。
(59)『尊師ファイナルスピーチ』Ⅱ、九〇七頁。もともとは、麻原の『超越神力PART4』に掲載されたとあるが、私は確認できていない。
(60)『世界は尊師を待っている』一六二―一六三頁。
(61)『尊師ファイナルスピーチ』Ⅱ、九二八頁。
(62)『オウムと私』一五〇頁。
(63)『日本列島クーデター計画』ヒカリコーポレーション。
(64)「オウム『11月戦争』の恐怖」前編、『宝島30』一九九五年十二月号、二四―三四頁。
(65)『オウム法廷②』上、五一―五二頁。
(66) 同書、三三三頁。
(67)『オウムと私』一五四―一五七頁。
(68) 同書、二八〇頁。
(69) 同書、二八一―二八三頁。
(70)『オウム法廷』上、二五〇―二五四頁。
(71)『オウムからの帰還』一二八―一三一頁。
(72)『約束された場所で』四一頁。
(73)「アシッド大作戦」『あぶない二八号』第一巻、一七六―一七七頁。
(74)『洗脳原論』春秋社、四―五頁。
(75) 同書、八―九頁。
(76) 同書、一四―一五頁。
(77) 同書、一九―三一頁。
(78)『マハーヤーナ』№10、八八頁。
(79)『オウム法廷②』上、一一一―一一二頁。
(80)『麻原おっさん地獄』六七―六八頁。たとえば、一九九三年十二月二十五日には、亀戸道場で、ブロック長会議が開かれている（『尊師ファイナルスピーチ』Ⅳ、三三四頁）。
(81)『オウム法廷』下、八六―八八頁。
(82)『オウム法廷②』上、一〇八―一一六頁。
(83)『オウムと私』一二〇―一二二頁。
(84)『オウムはなぜ暴走したか。』二六〇―二六一頁。
(85)『宗教の条件』一五―二五頁。
(86)『尊師ファイナルスピーチ』Ⅱ、三六二頁。
(87) 上級信者向け『マハーヤーナ』№37、六四頁。『マハーヤーナ』は、№36から、一般信徒向けと上級信者向けの二つに分かれて刊行されている。
(88)『オウム法廷②』上、二七頁。
(89)『オウムはなぜ暴走したか。』三三九―三四四頁。

(90) 同書、三八一―三八二頁。
(91) 『オウムと私』二六一―二六三頁。
(92) 『オウムはなぜ暴走したか。』二九四―二九六頁。
(93) 『オウム法廷②』下、二五六頁。
(94) 『朝日新聞』二〇〇〇年二月二十八日夕刊。
(95) 降旗賢一『オウム裁判と日本人』平凡社新書、二一二―二一五頁。
(96) 『朝日新聞』一九九九年六月十一日付朝刊、第三社会面。

第五章

(1) 金子大栄校訂『歎異抄』岩波文庫、五五―五六頁。
(2) 『悪と往生―親鸞を裏切る「歎異抄」』中公新書、二三―二四頁。
(3) 『オウム法廷④』二五八―二七一頁。
(4) 『朝日新聞』一九九八年十月十六日付朝刊、第三社会面。
(5) 同紙、一九九九年一月十五日付朝刊、第三社会面。
(6) 同紙、一九九九年一月二十九日付朝刊、第三社会面。
(7) 同紙、一九九九年五月三十一日付朝刊、第三社会面。
(8) 『オウム法廷⑤』一八七頁。ノンフィクション作家の井上静は、オウムにおいて、信者たちは「白い愛の戦士」と名付けられていたが、『宇宙戦艦ヤマト』の副題が「愛の戦士」たちであったことを指摘している。また上祐などの信者たちは『宇宙戦艦ヤマト』のファンだったという(『宇宙戦艦ヤマトの時代と思想』世論時報社、一八一―一八二頁)。
(9) 「オウム真理教はディズニーランドである」別冊宝島『いまどきの神サマ』(→宝島社文庫)を参照。
(10) 宮崎学『オウム解体―宮崎学vs上祐史浩』雷韻出版、七四―七五頁。
(11) 『オウムはなぜ暴走したのか。』三三二頁。
(12) 『朝日新聞』二〇〇〇年五月二十八日付朝刊、第三十七面。
(13) 『オウム法廷②』上、二九四―二九五頁。
(14) 『オウムと私』二六七―二七〇頁。
(15) 『オウム法廷②』上、二三四―二四〇頁。
(16) 「前世と差別―仏教の本質に迫る」『現代』一九九二年二月号、一四八頁。
(17) 「オウムの広告塔と呼ばれて」『隣のオウム真理教』一四六頁。
(18) 『オウム法廷⑤』七六頁。
(19) 同書、一九三頁。
(20) 『オウム裁判と日本人』一五〇―一五二頁。
(21) 『オウム解体』三〇頁。
(22) 『オウム法廷②』上、一一―一七頁。
(23) 『オウム法廷②』上、一八八頁。

(24)同書、一六八―一六九頁。
(25)同書下、二六―二八頁。
(26)同書、二〇五頁。
(27)同書、二三九頁。
(28)『オウム法廷④』二八四頁。
(29)同書、二七二―二七三頁。
(30)同書、三〇九頁。
(31)『オウム法廷』上、二二四―二二五頁。
(32)同書下、一〇五頁。
(33)『オウム法廷②』上、一六六頁。
(34)同書下、一七四―一七五頁。
(35)同書上、一六五―一六六頁。
(36)『麻原彰晃の世界　第1巻』一一〇―一一一頁。
(37)『オウム「教祖」法廷全記録1』一四八頁。
(38)『オウム法廷』下、七六頁。
(39)『約束された場所で』一九五頁。
(40)『オウム法廷②』下、一九〇頁。
(41)『オウム法廷』下、二〇五頁。
(42)『オウム法廷④』一二一頁。
(43)『オウム法廷⑤』三七頁。
(44)『オウムはなぜ暴走したか。』二六五―二六八頁。
(45)同書、二六八―二七五頁。
(46)同書、三七四頁。
(47)『オウム裁判と日本人』、二一二頁。
(48)『「救い主」が殴られるまで―燃えあがる緑の木　第一部』『揺れ動く〈ヴァシレーション〉―燃えあがる緑の木　第二部』『大いなる日に―燃えあがる緑の木　第三部』すべて新潮社刊。
(49)『宙返り』下、講談社、三九〇頁。
(50)『オウム裁判と日本人』二一〇―二一一頁。
(51)本書、二六―二七頁を参照。
(52)『オウム法廷』上、一四八頁。
(53)『オウム法廷②』上、二〇七頁。
(54)同書、二六二―二六三頁。
(55)『オウム法廷②』下、四八頁。
(56)同書、一四八頁。
(57)『オウム法廷⑤』一五九頁。
(58)『真理information』四〇号、七―八頁。
(59)『オウムからの帰還』一一一―一一五頁。
(60)『宗教の時代とは何だったのか』一〇八―一一一頁。
(61)『オウム「教祖」法廷全記録4』二七頁。
(62)『滅亡の日』二―三頁。
(63)麻原は、『タターガタ・アビダンマ　第三誦品』の「序」で、「いつものことながら、『タターガタ・アビダンマ』は、わたしの高弟の一人であるヴァンギーサ、および『サキャ神賢直説根本仏典』翻訳チームの弟子たちの大いなる協力によって……」と記している。第三誦品は、『ナンダマーター（Nandamata）』、第四誦品は、『絶対の真理に関係つけられた経典（Sacca-Samyutta）』の翻訳と解説で構成されている。

(64)『マハーヤーナ』№22―№43を参照。
(65)『宗教の時代とは何だったのか』九一頁。
(66)『オウムという悪夢』三〇―三一頁。
(67)『日本の政治』東京大学出版会、二三四頁。
(68)同書、三四七頁。
(69)同書、二〇九頁。
(70)東洋大学井上円了記念学術センター編『壊乱―現代宗教の危機』すずさわ書店、一二二頁。
(71)『ヴァジラヤーナコース　教学システム教本』四九―五一頁。
(72)『マハーヤーナ』№23、八九頁。
(73)『マハーヤーナ』№20、八六―八九頁。
(74)『尊師ファイナルスピーチ』Ⅱ、二六一頁。
(75)『ヴァジラヤーナコース　教学システム教本』一五四頁。
(76)『亡国日本の悲しみ』一六六―一八九頁。
(77)『洗脳原論』五二―五三頁。
(78)『オウム法廷④』二〇九―二一三頁。
(79)『尊師ファイナルスピーチ』Ⅳ、四四―四五頁。
(80)『親鸞復興』春秋社、二二五―二二六頁。
(81)『「オウム現象」の解読』筑摩書房、四九―五〇頁。
(82)『宗教の時代とは何だったのか』九九―一〇二頁。
(83)『生死を超える』増補改訂版、五一頁。
(84)『生と再生―イニシエーションの宗教的意義』堀一郎訳、東京大学出版会、一八〇―一九六頁。
(85)『虹の階梯』二三〇―二四五頁。
(86)『生死を超える』増補改訂版、五一頁。
(87)同書、七〇頁。
(88)『現代』一九九六年七月号、一四〇頁。
(89)『超越神力』ＰＡＲＴ１、一四六頁。
(90)『検証・オウム真理教事件』一〇三―一〇五頁。
(91)『イニシエーションとしての宗教学』を参照。

第六章

(1)「宗教による殺人―人間が人間を殺してよいか」『オウム真理教事件（仏教別冊・法藏館）』一七二頁。
(2)「末法の世こそ正しい法華経を」『日蓮宗新聞』一九九五年五月一日付（『福神』第一号、六四―六五頁を参照）。
(3)「福笑いをこめてふりかえる―福神研八年間の歩みと展望」『福神』創刊準備号、八―九頁。
(4)「オウム真理教とは何か」『オウム真理教事件』四二頁。
(5)同書、一八―一九頁。

（6）同書、二二一―二二三頁。
（7）同書、二二六頁。
（8）同書、二一八頁。
（9）『オウム法廷②』上、一六―一七頁。
（10）「苦行と布施―オウム真理教の根本教義」『福神』第一号、三三七頁。
（11）「タントリズムとオウム真理教」『宗教と社会』別冊、七三―七八頁。
（12）麻原は第三章で見たように、ダライ・ラマからイニシエーションを受けている。また、一九九二年三月二十五日にはスリランカのムッレーリャワでチャンドラシリ僧と、二十七日にはバランゴダでアーナンダ・マイトリー高弟と、仏教研究所ではラーフラ僧と会見している（『世界は尊師を待っている（麻原彰晃の世界PART17）』を参照）。
（13）『現代宗教の可能性』一二四―一四二頁。
（14）『密教―超能力の秘密』。以下、桐山の著作はすべて平河出版社刊。
（15）『現代宗教の可能性』一四三―一四八頁。C・W・リードビーター『チャクラ』本山博・湯浅泰男訳。
（16）『現代宗教の可能性』一五一―一六四頁。
（17）『人間改造の原理と方法―原始仏教から密教まで』五四、八一頁。『倶舎論』は、世親の著作で、詳しくは『阿毘達磨倶舎論』と言う。
（18）『オウムはなぜ暴走したのか。』一七一頁。
（19）『阿含経講義　輪廻する葦―ロム　エタン　ロゾウ　トランスミグラン』二二五―二二六頁。
（20）『尊師ファイナルスピーチ』Ⅱ、七頁。
（21）『仏教真理　十二縁起』二八頁。
（22）『マハーヤーナ・スートラ』一一八頁。
（23）『尊師ファイナルスピーチ』Ⅱ、二六八頁。上級信者向けの『マハーヤーナ』№36に掲載されているが、私は確認していない。
（24）『仏教真理・八正道』二六頁。
（25）『麻原彰晃の世界　第一巻』三三六―三四五頁。
（26）『超能力「秘密の開発法」』三四頁。なお、そこでは阿含経は、阿含教と表記されている。
（27）同書、三三五―三三六頁。
（28）『マハーヤーナ』№21、一〇八―一一七頁。
（29）『オウムと私』六一頁。
（30）『密教』二八一―二九七頁。
（31）同書、二九八―三〇〇頁。
（32）「軍荼利明王」『岩波仏教辞典』二一六頁。
（33）『密教』三〇一、三五〇―三五八頁。
（34）『超能力「秘密のカリキュラム」』（改訂版）四六―八五頁。
（35）『ヨーガ根本経典』一三五―一四五頁。

(36)『検証・オウム真理教事件』七三頁。『魂の科学』は、木村一雄訳、たま出版刊。
(37)『オウムと私』七四頁。
(38)『実践・魂の科学』は、木村慧心訳、たま出版刊。
(39)『マハーヤーナ』№2、二四頁。
(40)『魂の科学』六五―六六、三一二頁。
(41)同書、四三二頁。
(42)『仏教真理　十二縁起』二七頁。
(43)『魂の科学』二七五頁。
(44)同書、四三一―四四〇頁。
(45)『尊師ファイナルスピーチ』Ⅱ、七五頁。
(46)『チャクラ』を参照。
(47)『神智学大要』仲里誠桔訳、たま出版。
(48)『魂の科学』六五頁。
(49)『検証・オウム真理教事件』七三頁。ダンテス・ダイジの著作は、森北出版から、『ニルヴァーナのプロセスとテクニック』『アメジスト・タブレット・プロローグ―純粋冥想の道標』『絶対無の戯れ』の三冊が刊行されている。雨宮の知人の話によれば、彼は行き詰まって自殺したという。
(50)『尊師ファイナルスピーチ』Ⅱ、一九頁。
(51)『虹の階梯』巻末から戻って一九頁目。
(52)同書、三三六頁。
(53)同書、一四二頁。
(54)同書、一四五―一五四頁。
(55)同書、一五六頁。
(56)同書、一七六―一七七頁。
(57)同書、一七八―一七九頁。
(58)同書、一八〇頁。
(59)『尊師ファイナルスピーチ』Ⅱ、七頁。
(60)『現代宗教の可能性』一〇一頁。
(61)『虹の階梯』一八四―一八五頁。
(62)同書、一八七頁。
(63)同書、同頁。
(64)『イマーゴ』一九九五年八月臨時増刊号、一五四頁。
(65)『虹の階梯』二八〇頁。
(66)『マハーヤーナ』№5、二六頁。
(67)『虹の階梯』二八三―二八四頁。
(68)『原始仏教の思想』上下、春秋社刊。
(69)『原始経典　阿含経』筑摩書房刊。
(70)『仏教真理・八正道』三〇頁。
(71)『宗教にだまされるな（麻原彰晃の世界ＰＡＲＴ４）』二九頁。
(72)『仏教真理　六波羅蜜』一三七―一三八頁。
(73)「詳説　阿含経」『マハーヤーナ』№22、八頁。
(74)『マハーヤーナ・スートラ』一〇一―一〇二頁。

(75) 同書、一〇七—一〇八頁。
(76)『阿含経講義　輪廻する葦』一四七頁。
(77)「5　過去・未来・現在（3）」『阿含経典』第二巻、一九—二〇頁。
(78)「24　生じる」同書、五四頁。
(79) 同書、五五頁。
(80)『阿含経典』第一巻、七一—八〇頁。
(81)『サリン—1995.3.20』黙出版、九五—九七頁。
(82)『秘密集会タントラ和訳』法藏館、三頁。
(83)『サリン』九八頁。
(84)『秘密集会タントラ和訳』二三頁。
(85)『サリン』九八頁。
(86)『秘密集会タントラ和訳』二四四—二四五頁。
(87)『サリン』一〇五頁。
(88)『オウムと私』一五八頁。
(89) 松長有慶校訂『秘密集会タントラ校訂梵本』東方出版刊。のちに『松長有慶著作集』第五巻、法藏館、『秘密集会タントラ和訳』に収録。
(90) 野口圭也「後期密教の思想と実践—父タントラ・母タントラ」立川武蔵・頼富本宏編『インド密教』春秋社、六一—六三頁。
(91)「仏教原理主義とテロルの理論」『宝島30』一九九五年六月号、四一—四二頁。
(92)『オウム真理教事件』一二四—一二五頁。
(93)『宗教経験のトポロジー』社会評論社、二五—二七頁。
(94)「無我」『岩波仏教辞典』七七九頁。
(95)『日本仏教史—思想史としてのアプローチ』新潮社、八〇頁。
(96) 同書、一一七頁。
(97)「如是我聞」『岩波仏教辞典』六四〇頁
(98)『仏教入門』岩波新書、二四頁。
(99)『宝島30』一九九六年二月号、二四頁。
(100)「四無量心」『岩波仏教辞典』三七五頁。
(101)『仏教入門』一一五頁。
(102)「捨」『岩波仏教辞典』三七五頁。
(103)『密教』岩波新書、二四—二八頁。
(104)『オウム真理教事件』二四頁。
(105)『現代宗教の可能性』一一一—一一二頁。
(106) 特講については、拙著『フィールドとしての宗教体験』『イニシエーションとしての宗教学』ちくまライブラリー、『宗教の時代とは何だったのか』を参照。
(107)『山岸会事件雑感』快適社（引用は『研鑽資料第一集』山岸会本部、二二頁）。
(108) 今防人『コミューンを生きる若者たち』新曜社、一三一—一三三頁。
(109) アサヒグラフ編『にっぽんコミューン』朝日新聞社、

一八二頁。
(110)山岸会事件については、水津彦雄『日本のユートピア—日本的共同体の実証研究』太平出版社、一四四—一四五頁、を参照。
(111)SPGFについては、拙稿「死者を生きていると信じる人々」『福神』第三号、を参照。

第七章

(1)試写会で配布されたパンフレットより。
(2)「サティアンから見た日本」『MSNニュース&ジャーナル』(ウェブサイト)一九九八年十二月十日。
(3)「荒木君のひとりごと」『INTERNET オウム真理教』(ウェブサイト)。
(4)『MSNニュース&ジャーナル』一九九八年十二月十日。
(5)『約束された場所で』二三三頁。
(6)荒木は、事件の際に、路線や車両によって被害状況が異なっていたこと、無臭であるサリンに臭いがあったこと、そして被害者にサリンでは考えられない症状が出ていたという報告がなされたことをもとに、原因はサリンだったのか、サリンだけだったのかという疑問を呈していた。そして荒木は「多くの人を殺傷した『狂気』をめぐる事件の構図が書き換えられることがあるとするならば、『オウム真理教の地下鉄サリン事件』は、いかなる意味で『オウム真理教』の地下鉄『サリン』事件と言い得るのであろうか」と述べていた。荒木は、「オウム真理教の地下鉄サリン事件」を「オウム真理教」の地下鉄「サリン」事件というかたちで、括弧の位置をずらすことによって、オウムとサリン事件とを切り離そうとしていた。荒木が事件の真相を知りたいと言うのは、なぜオウムがあのような事件を起こしたのか、その原因を知りたいということではなかった。オウムが事件の犯人ではないことを知りたいということだった。
(7)『約束された場所で』三五—三六頁。
(8)同書、七三—七五頁。
(9)同書、九四—九七頁。
(10)同書、一一七—一二〇頁。
(11)同書、一四〇—一四三頁。
(12)同書、一六〇—一六九頁。
(13)同書、二三五頁。
(14)『オウムと私』九九頁。
(15)『マインド・コントロールから逃れて—オウム真理教脱会者たちの体験』恒友出版、八七頁。
(16)同書、一〇九頁。
(17)同書、一二〇頁。
(18)同書、一二八頁。

(19)『約束された場所で』一二一頁。
(20)同書、七七頁。
(21)同書、一四四頁。
(22)『宗教なき時代を生きるために』法藏館、一五頁。
(23)『オウム真理教とムラの論理』四四―四六頁。
(24)『約束された場所で』一三七―一四一頁。
(25)『ヴァジラヤーナ・サッチャ』No.12、二三、四四頁。
(26)『オウムはなぜ暴走したか。』二二五―二二七頁。
(27)同書、二三三―二三四頁。
(28)『オウム真理教とムラの論理』二九―三〇頁。
(29)『約束された場所で』一六三―一六七頁。
(30)『検証・オウム真理教事件』三三―四三頁。
(31)『尊師、麻原彰晃が斬る(麻原彰晃の世界PART2)』一二三―一四一頁。
(32)『オウム真理教とムラの論理』四〇―四一頁。
(33)『検証・オウム真理教事件』一五六頁。
(34)『約束された場所で』二八―三六頁。
(35)『検証・オウム真理教事件』一三六―一四〇頁。
(36)『オウム真理教とムラの論理』三〇―三一頁。
(37)『約束された場所で』七一―七三頁。
(38)同書、一一四―一一七頁。
(39)『オウムはなぜ暴走したか。』二〇七―二一〇頁。
(40)同書、二一二―二一五頁。
(41)『オウム真理教とムラの論理』四三―四四頁。
(42)『約束された場所で』九四―九五頁。
(43)『検証・オウム真理教事件』一六八―一七五頁。
(44)同書、二〇三頁。
(45)切通理作「お前が人類を殺したいなら―おたくジェネレーションとオウム真理教」『宝島30』一九九五年八月号、四九頁。
(46)『検証・オウム真理教事件』二二九頁。
(47)『虚構の時代の果て』一八一頁。
(48)『宝島30』一九九五年八月号、四九頁。
(49)『オウムはなぜ暴走したか。』二一八―二一九頁。
(50)同書、二一九―二二一頁。
(51)同書、二二一―二二三頁。
(52)同書、二二三―二二六頁。
(53)『オウム真理教とムラの論理』三四―三五頁。
(54)同書、三八―三九頁。
(55)『「オウム真理教事件」完全解読』勉誠出版、一四二―一四三頁。
(56)『約束された場所で』一一六頁。
(57)『イマーゴ』一九九五年八月臨時増刊号、二五八頁。
(58)『オウムはなぜ暴走したか。』二三三頁。
(59)同書、二二一頁。
(60)『イニシエーション』二一九頁。

(61) 同書、一四一頁。
(62) 『「オウム現象」の解読』筑摩書房、二六〇頁。
(63) 『生死を超える』増補改訂版、三六頁。
(64) 『麻原彰晃を信じる人びと』洋泉社、七〇―七一頁。
(65) 同書、二五二頁。
(66) 『オウムはなぜ暴走したか。』二二四―二二五頁。
(67) 『オウムからの帰還』九一頁。一九九七年六月十九日に開かれた岡崎一明の公判に出廷した草創期の元信者は、サンガの作り方は、その元信者がオウムに入信する前に所属していたインド系の宗教団体の方法をそのまま採用したもので、元信者はその際に、出ない、逃げないという誓約書を書いた方がいい、と主張した、と述べている（『オウム法廷⑤』六二頁）。
(68) 『約束された場所で』三七―三八頁。
(69) 同書、四〇頁。
(70) 同書、七八頁。
(71) 同書、八一―八二頁。
(72) 同書、九七―九九頁。
(73) 同書、一二一―一二二頁。
(74) 同書、一四八―一四九頁。
(75) 同書、一七一頁。
(76) 真木悠介『気流の鳴る音―交響するコミューン』ちくま文庫、一六頁。
(77) 『オウムはなぜ暴走したか。』三八―四一頁。
(78) 『イマーゴ』一九九五年八月臨時増刊号、二七七頁。
(79) 『宗教生活の原初形態』上、古野清人訳、岩波文庫、八〇―八七頁。
(80) 『個室―引きこもりの時代』日本評論社、七―一〇頁。

第八章

(1) 『村上春樹、河合隼雄に会いにいく』岩波書店、七八―七九頁。
(2) 『アンダーグラウンド』六八五―七〇五頁。
(3) 同書、七二〇―七二二頁。
(4) 『約束された場所で』二六二―二六八頁。
(5) 『村上春樹、河合隼雄に会いにいく』一二―一六頁。
(6) 『世界の終わりとハードボイルド・ワンダーランド』上、新潮文庫、五七頁。
(7) 同書下、二五五頁。
(8) 『アンダーグラウンド』七二二―七二五頁。
(9) 『ダンス・ダンス・ダンス』下、講談社、一六二頁。
(10) 同書上、二二七頁。
(11) 『ねじまき鳥クロニクル―泥棒かささぎ編』第一部、一四八頁。
(12) 同書、七七頁。

(13)同書、二八四―二八七頁。『ねじまき鳥クロニクル―鳥刺し男編』第三部、一〇五―一三三、三〇三―三二七、三六九―三八六、三九九―四一七頁。
(14)『ねじまき鳥クロニクル―予言する鳥編』第二部、三二一―三三三頁。
(15)「肉体が変われば、文体も変わる」『ブルータス』一九九九年六月一日号、二七頁。
(16)村上は、『ねじまき鳥クロニクル』の第三部を執筆していたとき、その合間に、マイケル・ギルモアの『心臓を貫かれて』上下、文春文庫、の翻訳を行なっていた。『心臓を貫かれて』は、仮出所中に二人の男を殺し、自ら死刑を望んだゲイリー・ギルモアについてその弟が書いたノンフィクションである。このノンフィクションには、さまざまな肉体的、精神的な暴力が描かれている。村上は、暴力的なノンフィクションの翻訳をしながら、暴力的な小説を書いていたことになる。
(17)『ねじまき鳥クロニクル』第二部、六五―六七頁。
(18)同書、一五六頁。
(19)同書、第一部、一四五頁。
(20)同書、一二八頁。
(21)「オウム真理教の信者への手紙」『週刊プレイボーイ』一九九五年五月三十日号、四八頁。
(22)『中央評論』二一三号、二六―二七頁。
(23)『週刊プレイボーイ』一九九五年五月三十日号、四六頁。
(24)『中央評論』二一三号、二六頁。
(25)『イマーゴ』一九九五年八月臨時増刊号、二七八頁。
(26)「男性同盟のいきつくところ」同書、八六頁。
(27)『広告批評』一九九五年六月号、二七―三〇頁。
(28)吉福伸逸『流体感覚』雲母書房、一三七―一三八頁。
(29)「小学生にもわかる宗教学入門―宗教学って何だろう」中央大学総合政策学部編『小学生にもわかる大学の学問』藝神出版社、三三頁。
(30)一九九五年四月二十六日に共同通信より配信されたもの。
(31)「宗教学者・中沢の死」『週刊プレイボーイ』一九九五年四月二十五日号、五二頁。
(32)「文化時評・とびきりの黄昏」『へるめす』一九九六年五月号、一四七―一五二頁。
(33)『女は存在しない』せりか書房刊。
(34)『雪片曲線論』青土社刊。
(35)『女は存在しない』三三―七二頁。
(36)「ゴジラの来迎―もうひとつの科学史」『雪片曲線論』一四七―一五二頁。
(37)『雪片曲線論』一四五―一四六頁。
(38)『女は存在しない』五〇頁。
(39)『雪片曲線論』一四八頁。

(40)『女は存在しない』五三頁。
(41)『森のバロック』せりか書房、二七六頁。
(42)『はじまりのレーニン』岩波書店、一七〇頁。
(43)同書、一〇五頁。
(44)『小学生にもわかる大学の学問』二八―二九頁。
(45)『女は存在しない』五三頁。
(46)『雪片曲線論』一四五頁。
(47)『イマーゴ』一九九五年八月臨時増刊号、二六〇―二七一頁。
(48)『はじまりのレーニン』一六七頁。
(49)『野ウサギの走り』思潮社、四五九―四六〇頁。
(50)『幸福の無数の断片』河出文庫、二四一頁。
(51)『リアルということ』幻冬舎文庫、一四頁。
(52)『イマーゴ』一九九五年八月臨時増刊号、二五八―二五九頁。
(53)同書、二七一―二七七頁。
(54)『中外日報』一九九九年三月二十七日付、第一面。
(55)『スプートニクの恋人』講談社、を参照。
(56)『神の子どもたちはみな踊る』新潮社、二〇一頁。

第九章

(1)「伊藤芳朗弁護士　島田裕巳教授への怒りの特別メッセージ」『週刊女性』一九九五年十月十七日号、二一四―二一六頁。弁護士への懲戒請求については、米本昌平『知政学のすすめ―科学技術文明の読みとき』中央公論社、を参照。
(2)『新宗教の解読』ちくまライブラリー、一六頁。
(3)『マインド・コントロールの恐怖』浅見定雄訳、恒友出版、を参照。
(4)「山崎浩子は、『矢ガモ』である」『宝島30』一九九三年七月号、七六頁。
(5)同書、八一頁。
(6)浅見定雄「島田裕巳この罪深き〔宗教学者〕よ」『マルコポーロ』一九九三年七月号、同「島田裕巳の〔マインド・コントロール〕体験」同誌、同年八月号。
(7)「宗教学者・島田裕巳のスタンスが問われる重大疑惑を衝く」『噂の真相』一九九三年八月号。
(8)『週刊文春』一九九四年九月一日号。
(9)たとえば、藤田庄市『オウム真理教事件』朝日新聞社、一六七頁。藤田は、民事訴訟の訴状をもとに書いている。
(10)「島田教授が問われる責任」『アエラ』一九九五年十月十六日号、一六頁。
(11)『オウムと私』一三四頁。
(12)『新宗教辞典』東京堂出版、i―ii頁。
(13)『〔縮刷版〕新宗教事典　本文編』弘文堂、五頁。

(14)「マハーヤーナからヴァジラヤーナへ」『イマーゴ』一九九五年八月臨時増刊号、一〇〇頁。

(15)「オウム真理教事件をめぐって」『福神』第一号、一四頁。

(16) 同書、二五―二六頁。

(17) ミュラーの講義は、『宗教学入門』湯田豊・塚田貫康訳、晃洋書房、におさめられている。

(18)『父殺しの精神史』法藏館、の、とくに第二章「父殺しの精神史」を参照。

(19)『明治宗教思潮の研究―宗教学事始』東京大学出版会、を参照。

(20)「日本における『宗教学』の特質と今後の問題」日本宗教学会第五十九回学術大会国際シンポジウム『宗教研究の新たな動向』二五頁。

(21)『明治宗教思潮の研究』二九九頁。

(22)『法華経の行者日蓮』講談社学芸文庫、を参照。

(23)『宗教研究の新たな動向』二五頁。

(24)『阿含経典』第一巻、六―八頁。

(25)『根本仏教　阿含経典講義』筑摩書房、一三―一四頁。

(26) 原題は、The Four Buddhism Agamas in Chinese: A Concordance of their parts and of corresponding counterparts in the Pali Nikayas.

(27)『根本仏教』一四―一六頁。

(28) 岸本については、拙稿「自己の死を見つめる―岸本宗教学の誕生」『フィールドとしての宗教体験』法藏館、を参照。

(29)『宗教学』大明堂、五―九頁。

(30) 同書、三七―四一頁。

(31) Charles Y. Glock and Robert N. Bellah eds., The New Religious Consciousness, University of California Press.

(32) 柳川については、拙稿「ビヨンドの思想―聖と俗のかなたに」『フィールドとしての宗教体験』を参照。

(33)「孤独な鳥の条件」『チベットのモーツァルト』せりか書房、一五頁。

(34) カスタネダの著作としては、『呪術師と私―ドン・ファンの教え』『呪術の体験―分離したリアリティ』『呪師に成る―イクストランへの旅』『呪術の彼方へ―力の第二の環』『呪術と夢見―イーグルの贈物』真崎義博訳、二見書房、『未知の次元』名谷一郎訳、講談社学術文庫、などがある。

(35)『言語派社会学の理論』洋泉社、八五頁。

(36)『現代救済宗教論』青弓社、二五頁。

(37)『現代宗教への問い―宗教ブームからオウム真理教へ』教文館、一六四―一六七頁。

(38)『宗教体験のトポロジー』二六―二七頁。

(39)『広告批評』一八四号、五〇頁。

(40)『ナショナリズムの宗教性と世俗性』阿部美哉訳、玉川大学出版部、を参照。

第十章

(1)伊藤博一「オウム新法をめぐる公安当局の見えざるシナリオ」『隣のオウム真理教』六六―六八頁。
(2)休眠宣言については、宗教団体・アレフ広報部のウェヴサイト（http://info.aleph.to/）を参照。
(3)『読売新聞』一九九九年九月二十三日付、第三十四面。
(4)謝罪声明（「十二月一日教団正式見解」）については、宗教団体・アレフ広報部のウェブサイトを参照。
(5)「事件に関する総合的見解表明及び抜本的教団改革の概要」については、宗教団体・アレフ広報部のウェブサイトを参照。
(6)記者会見で発表された声明については、宗教団体・アレフ広報部のウェブサイトを参照。
(7)松本や地下鉄のサリン事件で使われたサリンは、すべて第七サティアンのプラントで作られたわけではない。中川智正の第三回公判で朗読された松本サリン事件の検察側冒頭陳述では、中川と土谷正実の指導のもとに、森脇佳子、佐々木香世子、寺嶋敬司が、土谷のホーリーネームから名前をとられた「クシティガルバ棟」で、サリンの生成のために必要なメチルホスホン酸ジメチルを生成し、さらにそこからジフロを取り出し、全部で五段階の工程のうち、第四工程までを完了したと述べられている。そして、中川たちは、第七サティアンの反応釜にジフロとジクロ（メチルホスホン酸ジクロライド）を入れ、そこにイソプロピルアルコールを流し込んで、反応させ、最後の第五工程を完了し、サリンを生成したという（『オウム法廷』下、一一一―一一四頁）。ここでは、第四工程までは、クシティガルバ棟の実験室で完了し、最後の工程で第七サティアンの反応釜が使われたとされている。しかし、中川の初公判で朗読された地下鉄サリン事件の検察側冒頭陳述では、地下鉄サリン事件で使われたサリンは、残存していたジフロを、遠藤誠一のホーリーネームから名前をとられた「ジーヴァカ棟」で、イソプロピルアルコールと反応させることで生成されたとされている（同書上、一四四―一四六頁）。第四工程までは、クシティガルバ棟で作ることができた。そして、最後の工程、第五工程についても、ジーヴァカ棟で完成することができた。ということは、サリンの生成が、第七サティアンの巨大プラントを必ずしも必要とはしないということではないだろうか。量がそれほど多くなければ、サリンは実験室でも生成可能である。オウムに資金力がなければ、巨大プラントは作ることはできない。したがって、サリンの大量生成は不可能である。しかし、それほど資金がなくても、知識のある人間さえいれば、実験室でサリンを生成することができる。しかも、土谷こそ、筑波大学大学院で有機化学を学んでいるものの、中川は医師であり、遠藤も帯広畜産大学と京都大学で遺伝子工学、ウィルス学を学んだ、化学の専門外の人間である。理科系の教育を受けた人間なら、それを専門にしていなくても、十分にサリンを生成することができる。つまり、資金力を失ったとしても、それは、オウムがサリンを生成する能力を失ったことを意味しているわけではない。公安審査委員会は、そういった点については検討を加えていない。

(8) オウム破防法弁護団『オウム「破防法」事件の記録―解散請求から起訴決定まで』社会思想社、一九五頁。

(9)『朝日新聞』二〇〇〇年二月一日朝刊、第三社会面。

(10)『生死を超える』増補改訂版、二四四―二四五、二五五、二六五、二七三、二九八―三〇〇頁。

(11)『仏教入門』一九二頁。

(12)『密教』二〇頁。

(13) 本書、一九一―一九二頁、を参照。

(14)「ヴァジラヤーナは眠らない」『隣のオウム真理教』一一―一二頁。

(15)『オウム法廷⑤』三〇九頁。

(16)「オウムの広告塔と呼ばれて」『隣のオウム真理教』一四七頁。

(17) 同書、一四八頁。

(18)『朝日新聞』二〇〇〇年二月一日付朝刊、第二社会面。

(19)『オウム法廷』下、二五六頁。

(20)『朝日新聞』二〇〇〇年二月二十八日付朝刊、第二十九面。

(21) 同紙、同年七月五日付朝刊、第二社会面。

(22)「中田清秀グループの土地購入と消えた七億円の謎」『隣のオウム真理教』を参照。

(23) 渡辺学「《カルト》論への一視点―アメリカのマインド・コントロール論争」『南山宗教文化研究所　研究所報』第九号、八六―八七頁。

(24) 岩上安身「都澤和子元幹部が語る『オウムの高レベル洗脳』」『現代』一九九七年二月号、一一五―一一八頁。

(25)『洗脳原論』八三頁。

(26)『南山宗教文化研究所　研究所報』第九号、八六頁。

(27)「『新宗教』『伝統仏教各宗派』のマイ・オピニオン」『隣のオウム真理教』を参照。

(28) たとえば、徳岡孝夫『五衰の人―三島由紀夫私記』文春文庫、を参照。

終章

(1)『オウム裁判と日本人』三三一―三四頁。

(2)拙著『信じやすい心—若者が新々宗教に走る理由』PHP研究所、七〇—七二頁。
(3)『オウム真理教とムラの論理』三二頁。
(4)「百年後、科学は社会を支える基盤たりえているか」『オウム真理教事件』一九六頁。
(5)『オウムはなぜ暴走したか。』二二八頁。
(6)同書、一三四頁。
(7)同書、一二一—一二五頁。
(8)ツルティム・ケサン、正木晃『チベット密教』ちくま新書、三六—三九頁。
(9)『隣のオウム真理教』一四五頁。
(10)『約束された場所で』一七二—一七三頁。
(11)高山文彦『「少年A」十四歳の肖像』新潮社、一五〇—一五一頁。
(12)『ねじまき鳥クロニクル』第二部、一八五—一九六頁。
(13)『ミッション・スクールとは何か—教会と学校の間』岩田書院、一〇八—一一八頁。
(14)拙著『神と空』海鳴社、三三—六四頁。
(15)拙著『いま宗教に何が起こっているのか』講談社、二一三頁。

あとがき

一九九五年三月、私は大阪から神戸へむかうために、阪神電車に乗っていた。

神戸にむかうのに、普段なら新幹線で新神戸まで行くか、大阪からＪＲなり阪急電車で行くかするのだが、二カ月前に起こった阪神淡路大震災のため、私は利用することの少ない阪神電車に乗るしかなかった。

電車は、阪神の梅田駅を出発し、大阪府と兵庫県の県境を越えて、神戸方面にむかっていた。しばらくすると、私は、電車に乗った人たちが、皆、窓の外の景色を見つめながら、呆然としているのに気がついた。窓の外には、震災によって破壊された街が広がっていた。大阪を離れ、神戸へと近づいていくにつれて、破壊の度合いはひどくなっていった。

震災以来はじめて神戸を訪れた私は、震災の被害がいかにひどいものであるかを、テレビや新聞を通して知っていたはずである。にもかかわらず、実際に目にするその光景は、信じ難いほど悲惨なものに映った。同じ電車に乗り合わせた人たちには、あるいははじめて見る景色ではないのかもしれない。しかし、その光景を見るたびに、人々は呆然と外を見つめているほかなくなってしまうように見えた。

神戸に着いてからは、知り合いの案内で被災地をめぐった。そこには、私がそれまでの人生で見たこともない光景が広がっていた。それは、戦争の末期に焼け野原になった街の光景に似ていた。

私は、翌日東京へ戻った。

東京へ戻ったさらに翌日、それは三月二十日だった。朝、テレビは、地下鉄の霞ヶ関駅あたりで、有毒ガスによる事件が起こったことを伝えていた。すぐには、それがサリンによるものだとは明らかにされなかった。

私は、用事があって、家の外へ出た。するとそこには、自転車に乗った警察官がいた。警察官は、私の家を訪れようとしていたようだった。あるいは、私の家の様子をうかがっていたのかもしれない。警察官は、私が前に住んでいたマンションに、その前の晩、何か爆発物のようなものが仕掛けられたことを教えてくれた。

そのときの警察官の話では、それほど重大事ではないかのような印象を受けた。また、実際には、爆発物とともに、犯行声明文があったようなのだが、警察官は、その点にはまったくふれなかった。

私の頭には、オウムのことがよぎった。というのも、そのころ、オウムの教団からは、『ヴァジラヤーナ・サッチャ』などの出版物が送られてくることがあったが、その際の宛先が、爆破物を仕掛けられたマンションになっていたからである。

その後、爆発物を仕掛けたのがオウムの信者であることが判明し、犯行にかかわった信者たちは逮捕、起訴され、裁判にかけられた。

それが、私にとってのオウム事件のはじまりであった。

それ以来、私はくり返し、なぜオウムの信者たちは地下鉄でサリンを撒かなければならなかったのかを考え続けてきた。彼らは、東京の上空から大量のサリンを撒こうとしていたとも言われる。オウムは、大地震以上の惨状を作り出そうとしていた。私には、なぜ彼らがそこにまで到らなければならなかったのか、その理由が理解できなかった。

私は、一九九〇年の暮れに、波野村の道場を訪れ、麻原彰晃に会って以来、何度かオウムの人間たちに会ってきた。麻原をはじめとするオウムの人間たちには、たしかに理解できないところがあった。しかし、一方で、刺殺された村井秀夫のように、真面目人間の典型のように見える信者もいた。私には、彼らがテロリズムに走らなければならない必然性がなかなか見出せなかった。

今回、本書を書きはじめてから、出版にこぎつけるまでに三年の歳月を要した。その間、私は本書を書き上げる作業にかかりっきりになっていた。それほど、オウムとオウムが起こした事件は、数多くの謎を含み、容易には解明できなかった。

もちろん、本書の分析によって、オウムとその事件の本質が完全に解明されたとは言えないであろう。そこには、事件の中心にあった村井が殺されたことと、裁判にかけられた麻原が事実上何も語っていないことが大きく影響している。しかし、オウムの教義が、どのようなかたちでテロリズムへと発展していったのか、そのメカニズムは解明できたのではないかと思っている。

オウムの問題は、本書の冒頭でもふれたように、私の人生を大きく変える出来事となった。私は、さまざまなものを奪われ、困難な立場に追い込まれることになった。

私がオウムとかかわりをもつ最初のきっかけになったのは、「別冊宝島」の『いまどきの神サマ』に書いた「オウム真理教はディズニーランドである」という文章であった。波野村を訪れたのも、この文章が地元紙の記者の目に止まったからだった。「オウム真理教はディズニーランドである」の原稿執筆を依頼されるまで、私はオウムについて格別関心をいだいていたわけではなかったし、また、オウムの実態についてもほとんど知らなかった。私がオウムの存在を知ったのは、『サンデー毎日』の糾弾キャンペーンを通してであった。

しかし、一方で、私とオウムとのかかわりは、必然的なものであったようにも思える。それは、私がヤマギシ会の「特講」を受けたときから、すでに決まっていたようにも思える。私が、いったんはヤマギシ会に参画しながら、そこを出て、大学院で宗教学を学んだという経験が、オウムとの結びつきを生んだのである。そして、私よりも前に、私と同様に宗教の世界へ飛び込んでいった中沢新一が、オウムとのかかわりをもった。

なぜ中沢や私といった宗教学者が、オウムとかかわりをもつようになったのか、その理由については本書のなかで論じた。オウムと私たちとは、共通した基盤から生み出されてきたところがある。私たちが宗教学を志したときから、オウムとかかわらざるをえない方向へ踏み出してしまったようにも思える。

そうである以上、私はオウムの問題にどこかで決着をつけなければならなかった。私としては、本書を刊行して、ようやく一応の決着がついたものと考えている。

ただし、オウムの問題は、完全に過去の問題になってしまったわけではない。それは、オウムの教団が、アレフと名を変えて存続しているということだけを意味しない。もちろん、現存するオウムの教団に対していかに対処していくかは大きな問題であり、その点については、これからも考え続けていかなければならない。しかし、それ以上に重要なことは、オウムを生み出した日本社会のあり方は根底において変わってはいないという点である。さらに、世界史的な枠組みの中で、原理主義的な宗教運動は、いかなる国、地域においても、その勢力を拡大し、社会を破壊する方向にむかう可能性を秘めているのである。

本書を書き上げるまでには、さまざまな方々の助力と励ましが必要であった。

バッシングに巻き込まれたことで、友人、知人、大学の教え子、そして何よりも家族に心配をかけ、迷惑をかけた。その励ましと支えなしには、本書は完成できなかったであろう。

さらに、オウム事件後に、いくつも新たな人間関係を結ぶことができた。それは、私のこれからを方向づけ、勇気づけ、支えてくれるにちがいない。

すべての人に感謝。

二〇〇一年四月一日

島田裕巳

装幀・ロゴデザイン　高麗隆彦

島田裕巳（しまだ ひろみ）

1953年東京生まれ。東京大学大学院人文科学研究科博士課程修了。専攻、宗教学。オウム事件に際し、事実誤認報道に基づくメディアのバッシングに遭い、日本女子大学教授を辞任。その後、オウムの考察を糸口に、探究の対象を現代日本社会の構造全体に拡げ、その成果は本書に結実した。またこの間、劇作にも手を染め、戯曲作品『五人の帰れない男たち』『水の味』が上演された。著書に『戒名』(法藏館)、『宗教の時代とは何だったのか』(講談社)、『個室』(日本評論社)ほか多数、訳書に『エリアーデ世界宗教史』第3巻（共訳、筑摩書房）などがある。

オウム―なぜ宗教はテロリズムを生んだのか―

二〇〇一年七月三〇日　初版第一刷発行
二〇〇五年六月三〇日　初版第三刷発行

著者　島田裕巳
発行者　中嶋廣
発行所　株式会社トランスビュー
東京都中央区日本橋浜町二―一〇―一
郵便番号　一〇三―〇〇〇七
電話　〇三(三六六四)七三三三
URL http://www.transview.co.Jp
振替　〇〇一五〇―三―四一一一七

組版　(株)ソマード　印刷・製本　(株)シナノ

ISBN4-901510-00-2 C1036